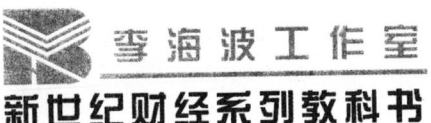

新世纪财经系列教科书

企业管理概论

QIYE GUANLI GAILUN

（第二版）

主编 李海波 刘学华

副主编 岳国震 田学斌 贾晓松

U0781233

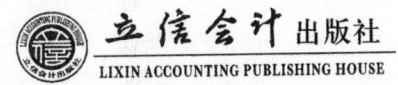

立信会计出版社
LIXIN ACCOUNTING PUBLISHING HOUSE

图书在版编目(CIP)数据

　　企业管理概论/李海波,刘学华主编. —2 版. —上
海:立信会计出版社,2007.12
　　(新世纪财经系列教科书)
　　ISBN 978-7-5429-0876-6

　　Ⅰ.企… 　Ⅱ.①李…②刘… 　Ⅲ.企业管理—教材
Ⅳ.F270

　　中国版本图书馆 CIP 数据核字(2007)第 188645 号

责任编辑　　洪梅春
封面设计　　周崇文

企业管理概论(第二版)

出版发行	立信会计出版社		
地　址	上海市中山西路 2230 号	邮政编码	200235
电　话	(021)64411389	传　真	(021)64411325
网　址	www.lixinaph.com	电子邮箱	lxaph@sh163.net
网上书店	www.shlx.net	电　话	(021)64411071
经　销	各地新华书店		

印　刷	常熟市梅李印刷有限公司		
开　本	890 毫米×1240 毫米	1/32	
印　张	13.5	插　页	1
字　数	353 千字		
版　次	2007 年 12 月第 2 版		
印　次	2017 年 6 月第 17 次		
印　数	48 201—49 300		
书　号	ISBN 978-7-5429-0876-6/F		
定　价	26.00 元		

如有印订差错　请与本社联系调换

前　言

　　随着经济体制改革的不断深入，社会主义市场经济体制的逐步建立，我国企业管理的现状越来越不能满足经济发展的新要求，企业管理的实践提出了许多迫切需要解决的新问题。为了适应建立社会主义市场经济体制下的现代企业管理科学的需要，我们编写了《企业管理概论》一书。本书出版以来，在全国各省、市、自治区发行，连续再版印刷，受到广大读者的欢迎和有关专家的好评。

　　本书从企业管理的基本理论入手，结合我国目前企业管理的实践，对现代企业管理的理论和方法进行全面的探讨。本书共分四篇十七章，主要介绍了企业管理的基本理论、企业经营理论、企业生产管理和企业财务管理等内容。本书的特点是深入浅出、理论先进、知识面广、结构严谨、系统性强，适合各类院校以及职业技术教育、上岗培训、专业技术资格考试、自学进修的需要，也可供各级管理干部培训使用。

　　本书由我国著名会计学专家、中国注册会计师、曾受聘担任全国专科教育人才培养工作委员会副主任、中国生产力学会常务理事、中国会计学会理事、中国审计学会理事、享受国务院政府特殊津贴的李海波教授，著名会计学专家刘学华教授为主编，会计学专家贾晓松为副主编。参加编写的人员有：李海波、刘学华、贾晓松、张翠琼、王凯、陈栋梁、李志松。

本书编写过程中,参考了国内外出版的部分教材和著作,在此深表谢意。

由于时间仓促,书中难免缺点错误,敬请读者批评指正。

《企业管理概论》编委会

目　　录

第一篇　总　　论

第二篇　企业经营管理

第三篇　企业生产管理

第四篇 企业财务管理

第 一 篇

总 论

第一章

绪　言

第一章

企业与企业组织

第一节　企业的含义与特征

一、企业的含义

企业既是商品生产与商品交换的产物,又是一个动态变化的经济单位,它随着人类社会的进步、生产力的发展及科学技术水平的提高而不断地发展、进步。在资本主义社会之前,虽然也有一些手工作坊具有一定的生产规模和一定量的劳动者,但这些手工作坊生产的产品只是为部落、家族、奴隶主、封建皇室等所享用,不是为了进行商品交换,不发生经营活动,它们并未形成社会的基本经济单位,因此,从严格意义上讲,它们不是企业。只是到了资本主义社会,随着社会生产力的提高和商品生产的发展,社会的基本经济单位才发生了根本的变化,才产生了严格意义上的企业。企业的初期形态,主要是由资本所有者雇佣较多的工人,使用一定的生产手段,在分工协作的基础上从事商品的生产和商品的交换而形成的。

纵观企业的发展历史,大致经历了三个时期:① 手工业生产时期:主要是从封建社会的家庭手工业到资本主义初期的工场手工业时期;② 工厂生产时期:随着资本主义制度的发展,西方各国相继进入了工业革命时期,工场手工业逐步发展到建立工厂制度,这时才产生了作为真正意义上的企业;③ 企业生产时期:从工厂生产时期过渡到企业生产时期,企业才确立和形成为一个基本经济单位。

尽管从人类社会经济生活中产生的企业已有 300 多年历史,但对于"企业"的具体含义,目前国内外还没有一个统一的表述。我们通常所说的企业,一般是指从事生产、流通或服务等活动,为满足社会需要进行自主经营、自负盈亏、承担风险、实际独立核算,具有法人资格的基本经济单位。基于此,企业可分为工业企业和商业企业两类。工业企业是从事工业性生产的经济组织,它利用科学技术、合适的设备,将原材料加工,使其改变形状或性能,为社会提供需要的产品,同时获得利润。商业企业则是指从事商业性服务的经济实体,它以营利为目的,直接或间接向社会供应货物或劳务,以满足顾客的需要。

作为一个企业应具备的基本要素有:

(1) 拥有一定数量、一定技术水平的生产设备和资金;

(2) 具有开展一定生产规模和经营活动的场所;

(3) 具有一定技能、一定数量的生产者和经营管理者;

(4) 从事社会商品的生产、流通等经济活动;

(5) 进行自主经营,独立核算,并具有法人地位;

(6) 企业的生产经营活动要获取利润。

其中最本质的要素是企业的生产经营活动要获取利润,但企业追求利润并不是企业的唯一目的,企业还必须承担一定的社会责任,利润只是企业为社会提供服务的合理报酬,是企业服务的结果。因此,企业一方面需要利润,否则企业就不能生存和发展;另一方面,企业还要把为社会提供服务作为自己的宗旨。

二、企业的特征

(一)企业的基本特征

从企业的发展史和企业的要素表述中,可发现企业具有如下基本特征:

(1) 企业是商品经济条件下的社会经济基本单位。企业是商品经济条件下从属于社会大系统的一个微观系统。它是在人类历史长河的一定阶段内,社会生产力发展到一定水平的产物,是随着商品生产的高度发展而形成的社会经济基本单位。

（2）企业是独立的商品生产者和经营者。企业是产权关系明确、具有独立利益的资金运动实体。它具有自主经营、自负盈亏、独立经济核算的重要经济特征。在市场活动中，企业是具有明确收益与风险意识的利益主体，基于自身的利益进行独立的经营决策和市场选择，根据市场信号变化所提供的信息从事各类交换活动。

（3）企业是以"法人"对应于企业的经济特征的，企业在法律上具有"法人"资格，是独立享有法律权利和承担民事义务的企业法人。

（二）现代企业的新特征

（1）现代企业以社会生产力为基础，在产供销各个环节、技术、经济各方面都与外部有着密切的联系。任何企业都是受外部环境影响和制约的开放系统，企业应按照市场需要和国家宏观调控的要求组织生产经营，需要从外界获取所需的资源，企业的产品必须通过市场转移到用户手中，其使用价值才能得以实现。但是企业的外部环境是不断变化的，在商品经济高度发展、科学技术日新月异的现代社会中，企业要想实现生存和发展，必须提高适应外界变化的能力，积极地投身于市场竞争。

（2）现代工矿企业大规模采用机器和机器体系进行生产，并有系统地将现代科学知识应用于生产。企业生产效率和质量的提高，越来越依赖于机器或机器体系的完备程度、依赖于科学技术的进步和劳动者知识水平的提高。

（3）工业企业生产过程具有高度的比例性和连续性。随着企业生产过程机械化、自动化程度的提高，以及流水线生产等先进合理的生产组织形式的广泛采用，对生产能力的比例性和时间配合的连续性要求越来越高。

（4）现代企业内部分工精细，协作密切，计划严谨。生产过程的各个阶段、各道工序、经营活动的每个环节，甚至每个职工的行动都必须根据机器体系的客观要求来合理分工和组织协作，以保证生产经营活动的顺利进行,从而使预期目标得到最大程度的实现。

第二节 企业的组织形式和结构

一、企业的组织形式

简单地讲,企业的组织形式就是指企业组织经营的形态和方式。其主要涉及三个方面:

(1)资金来源,即由谁投资的问题。这一点是决定企业组织形式的最根本的因素。资金不但是任何企业进行生产经营活动必不可少的物质前提,而且还直接决定着企业的财产关系、责任关系和组织关系。

(2)分配利润、承担风险。企业的赢利如何分配,由谁承担责任、风险,这反映了企业的财产关系、责任关系,是组织形式中的本质内容。

(3)运用资金、决策行为。在企业中,所有权和经营权经常是分离的。生产资料的所有者不一定是运用资金的经营者,而负责决策企业经营行为的人,也未必就是企业的所有者。由谁运用资金、由谁决策企业的经营行为、由谁负责企业的业务管理等问题反映了企业的组织关系。

企业的组织形式主要有如下几种基本类型:

(一)个体企业

个体企业又称独资企业。我国在《私营企业暂行条例》中规定:"独资企业是指一个人投资经营的企业,独资企业投资者对企业债务负无限责任。"即个体企业是由业主个人出资兴办,由业主自己直接经营的企业。业主享有企业的全部经营所得,同时对企业的债务负有完全责任,如果经营失败,出现资不抵债的情况,业主要用自己的家财来抵偿。

这种企业组织形式简单、规模较小，既可保持经营特色，又可灵活机动地适应不断变化的各种需求，便于分散设立，方便顾客。但是，由于个人资金、能力等的局限，不可避免地限制了企业的发展，个人转业、死亡等变故也直接影响企业的存亡。在市场经济国家，个体企业通常存在于零售商业、"自由职业"、个体农业等领域。

（二）合伙制企业

英国公司法规定："合伙是为获取利润而从事营业的人们之间存在的相互关系。""每个合伙人的责任是无限的。"

我国《私营企业暂行条例》则规定："合伙企业是指两人以上按照协议投资、共同经营、共负盈亏的企业。""合伙企业应有书面协议。""合伙人对企业债务负连带无限责任。"即合伙制企业是由两个或两个以上的个人联合经营的企业，合伙人分享企业所得，并对营业亏损共同承担责任。它可以由部分合伙人经营，其他合伙人仅出资并共负盈亏，也可以由所有合伙人共同经营。

这种企业组织形式比个体企业更易筹集资金，它设立容易，手续简便。合伙人不以出资为限，都有表决权。但合伙人在转让股权时，须经全体合伙人一致同意。因此，在决策效率、资金转让等方面有一定的局限性。目前，律师事务所、会计师事务所、诊疗所等常常采取这种组织形式。

（三）合作制企业

合作制企业是以本企业或合作经济实体内的劳动者平等持股、合作经营、股本和劳动共同分红为特征的企业制度。合作制企业是劳动者自愿、自助、自治的经济组织。实行合作制的企业，外部人员不能入股，它的产权分属于企业职工或合作社社员所有。

这种企业组织形式有利于调动企业职工的积极性，有利于增强企业活力，降低成本，提高经济效益。合作制适用于我国城乡的小型工商企业及各种服务性企业。这些企业，一般都以劳动出资型为主，本小利微，工资收入比较低。如果实行股份合作制，企业职工在工资收入以外还能按股本金获得红利。

(四)无限责任公司

无限责任公司,是指由两人或两人以上的股东组成的法人单位。全体股东提供公司资本,并对公司的债务承担无限连带责任。由于无限公司是法人单位,所以在出现债务时,不能对个别股东起诉,只能对公司起诉。无限责任公司一般采用股份资本的形式,每个股东都有参与管理的权力,但在实际中,一般都通过协商,委托其中一人或几人负责执行具体管理事务。

这种企业组织形式的企业开办手续较为简便,组织精干,因出资人用全部财产担保,对债权人的责任大、信誉好。但不利的一面是出资人的责任、风险太大,筹集资金渠道有限,转让资金较为困难,因此在国内外都没有得到大的发展。

(五)有限责任公司

有限责任公司又称有限公司,在英、美等国称为封闭公司或私人公司。我国《公司法》规定:有限责任公司由2个以上50个以下股东共同出资设立。股东以其出资额为限对公司承担责任,公司以其全部资产对公司的债务承担责任。这种公司不对外公开发行股票,股东的出资额由股东协商确定,股东之间并不要求等额。股东拥有的股权证书不能自由流通,若转让,须在其他股东同意的条件下才能转让,并要优先转让给公司原有股东。公司的股东人数通常有最低和最高的规定,我国规定有限责任公司必须有2人以下30人以上的股东方能设立,因特殊需要公司股东超过30人的,须经政府授权部门批准,但最多不得超过50人。

这种企业组织形式设立程序比较简单,不必发布公告,也不必公开帐目,尤其是公司的资产负债表一般不公开,公司内部机构设置灵活。但不利的一面是由于不能公开发行股票,筹集资金的范围和规模一般较小,难以适应大规模生产经营活动的需要。因此,有限责任公司这种形式一般适合于中小企业。

（六）股份有限公司

股份有限公司又称股份公司，在英、美等国称为公开公司或公众公司。我国《公司法》规定：股份有限公司，其全部资本分为等额股份，股东以其所持股份为限对公司承担责任，公司以其全部资产对公司的债务承担责任。

这一企业组织形式筹资能力强，可以广泛吸收社会闲散的资本集中使用，有效分散投资风险。公司所有权和经营权的分离使股东个人的变故不会影响公司的长期存在和发展。股份有限公司也有若干缺点，如：设立程序比较复杂；定期公布财务状况，保密性较差；少数大股东可能操纵公司；股东流动性大等。在市场经济国家，大中型企业通常都采取股份有限公司形式。

二、企业的组织结构

企业的组织结构是指构成企业管理组织各要素的排列组合方式，也就是组织各部门及各层次之间所建立的一种人与事、人与人的相互关系，它是管理者实现组织目标的手段。健全的企业组织结构是由清晰的职位顺序、流畅的意见沟通渠道及有效的协调合作所组成的体系。这种组织体系在设计时一般遵循专业化分工原则、统一指挥原则、分层授权原则、责权利相结合原则及弹性原则。

企业的组织结构主要有以下几种：

（一）直线制

这是工业发展初期的一种比较简单的组织结构，是指企业管理权力由最高管理者经过下级管理人员直到组织最基层执行人，以垂直方式传递、流动的组织结构。如图1-1。

该组织结构的优点是：结构简单，责权集中，指挥灵活，管理费用低；缺点是：企业缺乏必要的横向沟通和协调，管理者的任务繁重，对管理者素质与技巧要求高。它适用于规模较小、生产技术比较简单的企业。

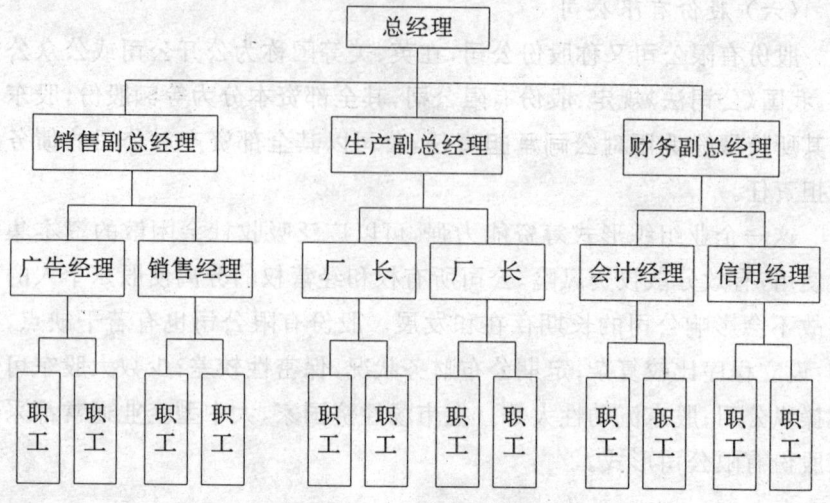

图 1-1 直线制组织结构

（二）职能制

这种结构是指在组织中按管理职能组织专业分工,设立若干职能管理机构,各职能部门在业务范围内直接管理下级各执行机构中相关业务活动的组织结构。如图 1-2。

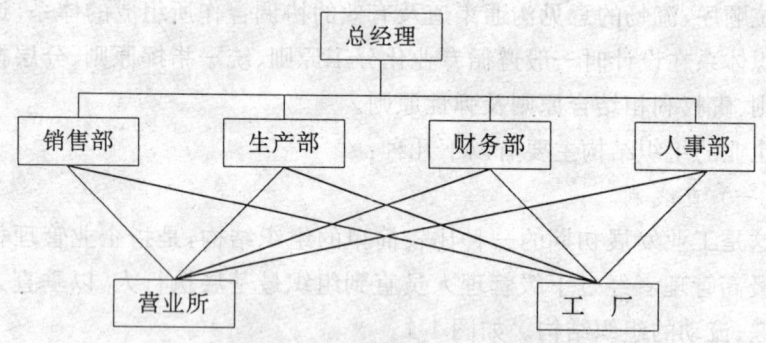

图 1-2 职能制组织结构

该组织结构的优点是:各职能机构都可以进行指挥,工作细致,职能作用发挥充分,减轻了直线领导人员的工作负担;缺点是:容易形成多头领导,往往出现职责不清的局面,抢功与推过并存,并且使管理受到职责约束,易于产生本位主义。由于其缺点比较明显,现代企业一般都不采用职能制。

（三）直线—职能制

直线—职能制,也叫生产区域制,或直线参谋制。这种组织结构是指在企业内设置两套系统:一套是按命令统一原则组织的指挥系统;另一套是按专业化原则组织的职能系统。职能机构和人员是直线指挥人员的参谋,不能直接对部门发号施令,只能进行业务指导。如图1-3。

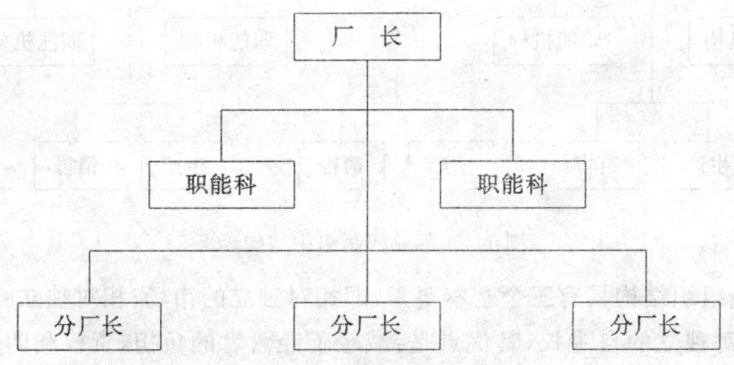

图 1-3　直线—职能制组织结构

该组织结构的优点是:集中领导,统一指挥,职责清楚,灵活性强,能发挥专业管理的作用;缺点是:协调困难,信息反馈迟缓,办事效率低。为克服这些缺点,可设立各种综合委员会或建立各种会议制度。这种组织结构是在直线制和职能制的基础上取长补短建立起来的,因此绝大多数企业都采用这种组织结构。

（四）事业部制

这种组织结构是指把企业按产品或地区分成各个事业部,从产品设计、原料采购、生产制造、产品销售直至售后服务,完全由事业部负责的一种组织结构形式。可分为产品事业部（又称产品部门化）和区域事业部（又称区域部门化）两大类。如图1-4。在事业部太多时,可形成超事业部组织结构。

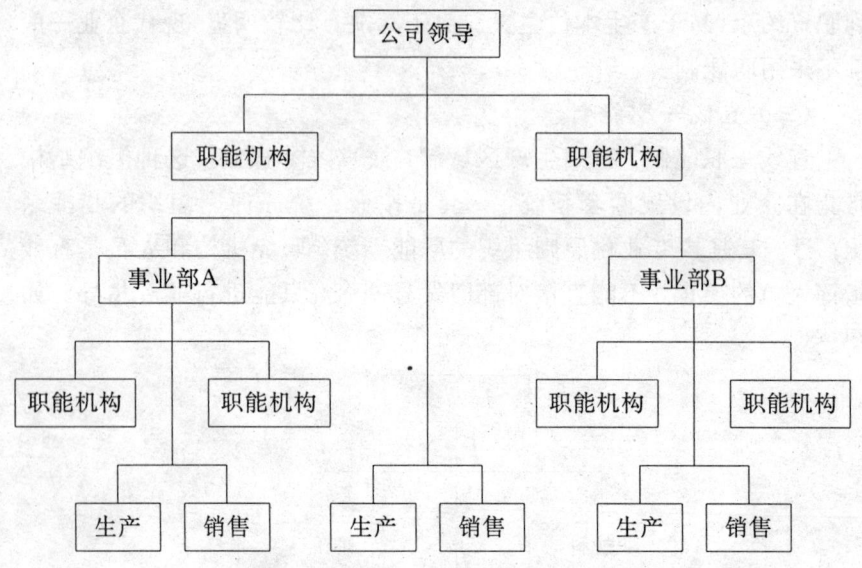

图 1-4　事业部制组织结构

　　该组织结构具有三个基本要素,即相对独立的市场;相对独立的利益;相对独立的自主权,其优点是:减轻了经营者的负担,责权利明确,能充分发挥各职能机构和事业部的作用;缺点是:追求眼前利益,机构臃肿,整体协调性差。它适用于规模庞大、品种繁多、技术复杂的大型企业,是国外较大的联合公司所采用的一种组织结构,近几年我国一些大型企业集团或公司也引进了这种组织结构。

　　(五)矩阵制

　　这种组织结构又称规划—目标型结构,是指为了完成综合性任务而设立的实行双重领导的组织结构,即把既有按职能划分的垂直领导系统,又有按产品(项目)划分的横向领导关系的结构,称为矩阵制组织结构。一般情况下,按项目划分的部门工作人员是从各职能部门抽调组成的,组成后由项目经理领导,项目完成后,这些人各回原来的职能部门。如图1-5。如果将时间和地区等因素考虑进去,该组织结构可变成立体型组织结构。

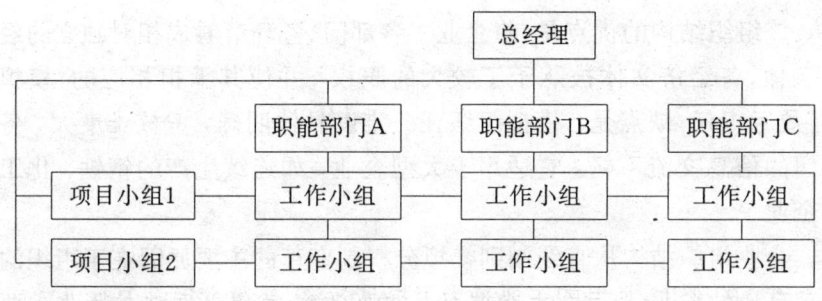

图 1-5　矩阵制组织结构

　　该组织结构的优点是：灵活机动，任务清楚，能充分发挥专家所长，职能部门与技术部门容易沟通；缺点是：双重领导，容易产生矛盾，组织稳定性差。它适用于一些重大攻关项目。企业可用来完成涉及面广的、临时性的、复杂的重大工程项目或管理改革任务，特别适用于以开发与实验项目为主的单位。

　　（六）模拟分权制

　　这种组织结构是指对企业内部各部门、各环节模拟成立经济实体，实行相对独立经营与相对独立核算，以改善经营管理，提高工作效率的一种组织结构。它是介于直线—职能制和事业部制之间的一种组织结构。如图 1-6。

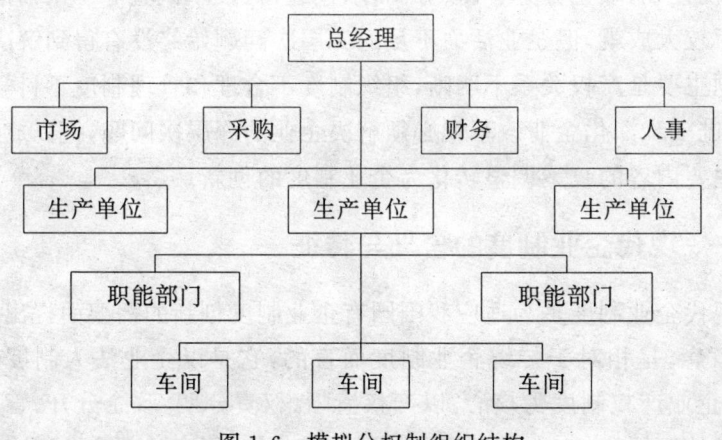

图 1-6　模拟分权制组织结构

该组织结构的优点是：将企业中各部门、各环节看成相对独立的经济实体，各经济实体被赋予了较大的职权，并使其承担相应的"模拟性"盈亏责任；缺点是：模拟组织任务难以具体明确，考核难度大，各部门的信息交流不畅。它适用于大型企业，如连续生产的钢铁、化工等企业。

企业组织结构从直线制到模拟分权制变革的主要原因在于组织的外部环境的变化，其目的主要是为了提高效率，变革过程中的阻力主要来自个人和组织。任何企业组织，不管采用哪一种组织结构形式，都必须随着社会环境的变化而变化，企业组织结构变化的趋势是从刚到柔，从传统的金字塔型走向大森林型。将来有效的组织结构可以由一些单元或组件构成，任务完成后就拆卸，甚至可以扔掉。

第三节　我国现代企业制度的建立

我国传统的企业制度是与计划经济体制相适应的一种企业制度，其主要不足是：企业行政机构化；产权模糊化；组织形式非法人化；外部管理非法制化；收入分配均等化等。改革开放以后，我国采取了简政放权、减税让利、政企分开、两权分离、承包经营、改革试验等一系列措施，取得了较大成就。但企业活力不足的深层次问题始终没有得到解决，这些问题主要是产权关系不明晰，组织制度不合理和管理制度不科学。因此，要进一步深化企业改革就必须解决企业的深层次问题，把以放权让利为主要内容的政策调整转化为企业制度的创新。

一、现代企业制度的含义与特征

现代企业制度是为适应我国国有企业制度创新的需要而提出来的特定概念，是相对于传统企业制度而言的，它是以企业法人制度为基础，以企业产权制度为核心，以产权清晰、权责分明、政企分开、管理科学为条件而展开的，由各项具体制度所组成的，用来处理企业基本经济关系的企业组织和管理制度,它不是指某一项具体的制度,而是一个制度体系。

现代企业制度区别于其他类型的企业制度的原因在于现代企业制度具有其自身的基本特征。这些特征具体如下:

(1) 产权关系明晰。企业拥有出资者投资形成的全部法人财产权,成了独立享受民事权利、承担民事责任的法人实体。

(2) 企业以其全部的法人财产依法自主经营、自负盈亏、照章纳税、对出资者承担保值增值责任。

(3) 出资者按投入企业的资本额享有选择管理者、资产受益和重大决策等重要权利,企业破产时出资者只以其投入企业的资本额为限对企业债务承担有限责任。

(4) 企业按照市场需求组织生产经营,以提高劳动生产率和经济效益为目的,政府不直接干预企业的生产经营活动,企业在竞争中优胜劣汰。

(5) 建立科学的企业领导制度和组织管理制度,调节所有者、经营者和职工之间的关系,形成激励和约束相结合的机制。

二、现代企业制度的基本内容

现代企业制度并非一朝一夕便可建立。我国要建立现代企业制度,必须要把现代企业制度中的几种关键制度建立好,这样我国的现代企业制度才有生命力。

(一)现代企业产权制度

产权制度是对财产权利在经济活动中表现出来的各种权能加以分解和规范的法律制度,它是以产权为依据,对各种经济主体在产权关系中的权利、责任和义务进行合理有效地组合的制度安排。

企业投资人对其投入的资产享有最终所有权,而企业则对出资者所投入到企业的资产整体享有法人财产权。投资者的最终所有权随着它的股东化而丧失了诸如占有权、使用权、支配权和部分收益权,剩下的是作为股东依法享有资产受益、选择管理者、参与重大决策以及转让股权等权利。而法人企业则享有出资者所投入资本而形成的资产的占有、使用、处分和部分收益权。当然，企业作为一个整体，它要对投资者负资本保值和增值的责任。因此，通过产权制度实现了对所有者和使用者的产权分割和权益界定，使产权明晰化，从而使资源的优化配置得以实现，这是现代企业产权制度的核心内容。

对于国有企业而言，建立现代企业制度的关键就是要确立企业产权制度，落实企业法人财产权及企业真正的法人地位。为此，需要理顺产权关系，实行出资者（即国家）所有权与法人财产权的分离。明确全民所有制企业资产属于国家，国务院代表国家行使财产所有权。而国有企业在依法占有、使用、处分和部分收益于国家资产的同时，以独立的资格对自己的经营向国家负责。

（二）现代企业法人制度

建立现代企业制度，必须完善我国的企业法人制度。法人制度就是通过赋予企业或有关组织法律上独立的人格，使其独立承担民事责任、享有民事权利，也包括赋予企业法人地位的各项法律及规定。在传统的计划经济体制下，国有企业作为国家行政机构的附属物，没有独立的法人地位。国家是唯一的投资主体，无法形成竞争。而企业法人制度不仅使企业获得了永续的生命，而且也是实现最终所有权与法人财产分离，从而实现现代产权制度的重要契机，同时也是企业具有有限责任的前提。

企业法人的设立必须有出资者，且出资者向企业提供不低于法定限额的注册资本，这些注册资本一旦投入企业，就不能随意撤出企业。企业法人必须有自己的法人财产、组织机构、章程、法定代表人。企业取得了法人资格，就建立了自己独立的信用，可以对外负债，同时要承担债务责任。

（三）组织制度

公司企业在市场经济的发展中，已经形成了一套完整的组织制度。

最明显的特征是：所有者、经营者和生产者之间通过公司的权力机构、决策和管理机构、监督机构形成各自独立、权责分明、相互制约的关系，并通过法律和公司章程得以确立和实现。

公司的组织结构一般为：股东会是公司的最高权力机构，有权选举和罢免董事会和监事会成员，制定和修改公司章程，审议和批准公司的财务预决算、投资及收益分配等重大事项；董事会是公司的经营决策机构，其职责是执行股东会的决议，决定公司的生产经营决策和任免公司总经理等；监事会是公司的监督机构，由股东和职工代表按一定比例组成，对股东大会负责；公司的总经理负责公司的日常经营管理活动，对公司的生产经营进行全面的领导，并对董事会负责。

现代企业的组织制度具有：集体决策的特征、经理负责执行的特征、独立监督等特征，这种科学的公司治理结构在股东会、董事会和经理人员之间形成了责权分明的管理体系。目前西方发达国家中的企业组织制度又出现了所有权结构从过去的高度集中向广泛的多元化、分散化转变及董事会的作用从管理向监督转化等发展趋势。

我国的现代企业组织制度还应具有如下两个特征：① 要发挥企业党组织的政治核心作用，保证监督党和国家方针政策的贯彻执行。企业党组织的机构设置和人员配备，本着高效、精干的原则，由企业自主决定。② 实行职工民主管理。增强职工群众的主人翁责任感，调动他们的积极性和创造性。

（四）现代企业管理制度

科学的管理制度是现代企业制度的重要内容。从克服我国现有企业管理制度的弊端和提高企业的经济效益出发，重点是从企业的机构设置、用工制度、工资制度和财务会计制度等方面，建立严格的责任制体系。

（1）企业机构的设置。应根据生产经营特点和市场竞争的需要，按照职责明确、结构合理、人员精干、权力与责任对等原则，由企业自主决定机构的设置。要重点强化开发、质量、营销、财务和信息等管理系统，提高决策水平、企业素质和经济效益。大型企业和企业集团根据自身情况可逐步形成投资中心、利润中心和成本中心的管理体系格局。

（2）建立现代企业用工制度。改革国家直接管理用工的方式，用工主体由国家转向企业。企业依法享有用工自主权，劳动者依法享有择业自主权，使劳动合同成为确立和调整劳动关系的基本方式。企业和劳动者之间的劳动关系，以双方平等自愿签订劳动合同的方式建立，以合同作为保障双方合法权益的依据。消除企业内干部与工人之间、不同用工形式之间、不同所有制企业之间的职工身份界限。要进一步完善社会保障体系和劳动力市场，形成用人单位和劳动者双向选择、合理流动的就业机制。

（3）建立现代企业工资制度。改革的方向是实现完整意义上的企业自主分配，使劳动力市场的供求状况对工资水平起基础性作用。经营者的收入与资产的保值增值及企业的利润相联系，职工的收入根据其劳动技能和实际劳动贡献来确定，贯彻按劳分配原则，充分发挥工资的激励作用。当前要重点将各种补贴、津贴及其他福利性收入全部纳入工资，使职工收入货币化、规范化。

（4）建立现代企业财务会计制度。认真实施《企业会计准则》，建立与国际惯例相一致的企业财务会计制度体系。改变按不同所有制、组织形式、经营形式分别确定企业财务会计制度的做法。强化企业内部财务管理，完善企业审计制度。通过内部审计和社会审计力量形成对企业的审计监督制度。

（5）加强职工队伍建设和企业文化建设，全面提高企业素质。培养职工优良的职业道德精神，树立团结协作、敬业爱厂、遵法守信、开拓创新的精神。

三、建立现代企业制度的配套措施

建立现代企业制度需要有与之相适应的外部环境的支持与相关配套措施来保证。应着力做好以下几方面的工作：

1. 完善市场体系

在现代企业制度下,企业是自主经营、自负盈亏的独立法人实体,按照市场需求组织生产经营,政府不得干预,企业直接面对市场。因此,企业需要一个良好的流通渠道和竞争性的市场环境,即一个相对健全的市场体系,包括商品市场、金融市场和劳动力市场。

2. 健全法律制度

市场经济中经济主体之间的契约化、经济主体的多元化、经济活动自主化、公平竞争有序化、宏观调控间接化以及经济管理制度化,都必须通过系统、完备、成熟的法律制度来调节、制约和规范。因此,市场经济的发展,现代企业制度的建立,必须要有健全的法律制度。这些法律制度主要包括:确立市场主体的法律制度,如《企业法》、《公司法》等;确立市场运行规则的法律制度,如《破产法》、《反垄断法》和《反不正当竞争法》等;确立宏观调控机制的法律制度,如《投资法》、《预算法》、《信贷法》、《银行法》、《税法》等;确立社会保障方面的法律制度,如《社会保障法》、《公共安全法》、《教育法》、《就业法》、《保险法》、《未成年人保护法》、《社会救济法》、《残疾人保护法》等;另外还有特定的经济行为立法,如《国有资产投资法》、《专利法》、《市场管理法》、《合同法》、《技术转让法》、《商标法》、《产品质量法》、《计量法》等。

3. 建立社会保障体系

社会保障既是对公民基本生存权利的保障,也是对社会经济体制运行的一种保障。要建立现代企业制度,就要为企业创造一个良好的社会环境,其中,最重要的内容之一就是要建立和健全有效的社会保障体系,包括建立失业保险制度、养老保险制度、工伤保险制度、医疗保险制度,以及死亡保险制度等。建立社会保障体系的作用主要表现在:有利于落实企业劳动用工权、有利于为企业创造公平的竞争条件、有利于人才的合理流动等。

4. 转变政府职能

要建立现代企业制度,发挥市场在经济运行中的调节作用,必须要转变政府的职能,使之由直接管理企业,转变为宏观间接调控。首先,从主要管理国家企业转向面对包括国有企业、集体企业、私营企业及个体工商者等在内的各种经济成分,并通过政策引导和依法征税行使管理。其次,从主要管企业转向主要管市场。由定指标、批项目变为培育市场,用税收、价格、利率等经济杠杆调控市场,建立市场规则,为企业进入国内外市场创造条件。再次,从主要采用行政手段直接控制、干预企业的生产经营活动,转为综合运用经济、法律、行政手段进行宏观管理、调控,引导企业按社会经济发展的要求和全社会利益进行生产经营活动。

第 二 章

管理与企业管理

第一节　管理概述

管理无处不在。管理活动是人类社会的重要活动内容。管理深入到人类生活的各个领域、多个层面,发挥着日益重要的作用。特别是人类进入 21 世纪后,知识经济时代的到来,经济的全球化、市场化趋势逐渐增强,管理的内涵将更加丰富,管理的领域将更加广阔。

一、管理的含义

管理活动同人类的历史一样悠久,可以追溯到原始社会。面对食物资源稀缺、凶猛动物的侵害和恶劣的自然条件,逐渐形成了人类最初的利益共同体——原始人群。人们合力捕食猎物,共同驱赶猛兽。抵御自然灾害,完成个人所无力完成的活动,以延续生命,生存发展。在合作中,人们的生产能力在性别、年龄等自然分工的基础上进一步分化。人们发现,他们同其他人一道工作能够增强自己的体力,可以更好地满足自己的需要。在群体内部,逐渐形成了基于不同技术和能力的任务分工。为了实现合理分工,人们建立起一个权威或权力的等级分层结构,由某个人或某些人专门承担保证整个组织不断实现其目标的任务。他们负责安排每个人的工作任务、解决意见分歧、决定重大事项、监督劳动以实现组织目标。由此,管理活动从直接生产劳动中分化出来,成为区别于狩猎、采集、制造、战斗等活动的新"工种"。管理提高了群体的工作效率,在人们为实现目标而寻求合作的过程中形成,并随着实践的不断发展而演进。

　　管理的内容十分丰富,涉及的领域十分广泛。它几乎存在于人类社会实践活动的各个方面,涉及人类生活的各个领域。有人认为,凡是有人群、有集体活动或劳动的地方,都需要管理,如政治、经济、军事和文化、教育和卫生等各方面的管理。离开了管理,社会秩序就无法建立起来,社会活动就无法正常进行。

　　人类历史上,管理的内容和领域经历了由简到繁、由粗放到集约的变化。在资本主义社会以前,管理的内容主要是国家政治、军事的管理,其他方面的管理很少,即便有也很薄弱。管理的主体主要是皇帝、官吏。进入资本主义社会,特别是19世纪以来,管理普遍发展起来。人类生活的社会化、组织化趋势得到了强化,从生产到生活都与管理联系起来,人类生活再也无法与管理分离。

　　管理活动也伴随着人类社会的发展而不断发展。在人类社会的不同发展阶段,人们对管理的理解有所差异。同时,人类社会存在各种性质不同、目标各异的社会组织,人们在不同的组织中从事活动的性质和内容也不尽相同。因此,管理的概念不是固定不变的,它随着社会生产和管理实践的不断发展而变化,人们对它的认识也在不断深化。现将有代表性的观念择要列举如下:

　　1. 管理就是通过他人来完成工作

　　管理者的任务在于指导、协调其他人的努力和活动,以便更好地达到共同的目标。管理是一种有意识、有组织的群体活动,而不是盲目的、个人的本能的活动。生产越是朝着分工精细、协作严密的方向发展,就越需要人对生产要素进行组织和协调,以发挥群体活动的效果。

　　2. 管理就是决策

　　决策贯穿于管理全过程。任何工作都必须经过一系列的比较、分析、选优和判断才能完成,分析、判断过程即为决策过程。

　　3. 管理就是信息的收集和处理

　　管理活动从广泛收集信息、掌握信息开始,然后处理信息,明确该怎么干。当组织的成员掌握了一定量的信息之后,才能有的放矢地开展工作,完成组织的任务。这是从现代管理的角度对管理概念的概括。

4. 管理就是计划、组织和控制

计划、组织、控制这些基本活动是解释管理概念的关键所在,反映了管理活动的功能、过程和手段。计划是指管理工作必须对可能发生的情况进行预测,根据预测确定目标,然后制定方案、政策及具体行动步骤,以保证目标的实现;组织是指为了实现计划而建立起来的一定的组织机构,并且进行合理的分工和授权,建立良好的沟通渠道,对完成计划任务起到保证作用;控制是与计划紧密相关的,它包括制定各种控制准则,检查工作是否按计划进行,对工作中的偏差进行纠正。

另外,管理学者哈比森和迈尔斯认为,从更广阔的范围着眼,管理具有三重概念。

(1) 从经济学角度看,管理是一种经济资源。同土地、劳动力和资本一样,管理也是一种生产要素。随着工业化程度和市场化程度的提高,管理对劳动和资本的替代程度也有所提高,人们对管理的需求也相应增长。世界上的工业发达国家和一些实力强大的跨国公司,它们不仅向外输出产品、技术和资本,也向外输出管理,利用外国的资源、市场,通过管理获得自己的利益。因此,一个发展迅速的企业或其他社会组织里,经理人员、管理者的素质越来越重要。

(2) 从行政组织学角度看,管理是一种职权系统。管理最初由少数上层人物来决定普通成员的一切行动,后来又产生了家长式的方法,此后便出现了规章管理,它的特点是以明确一贯的政策与程序来对待劳动群众。现代的管理趋向于采取民主参与的方法。

(3) 从社会学的角度看,管理是一个阶层或一批优秀人物。管理者必须成为智力和教育方面的优秀人物,进入管理阶层越来越需要教育和知识的基础,而不是依仗家庭或政治关系。

上述种种定义都从不同侧面反映了管理的特性。总体上看:"管理就是对工商企业、政府机关、人民团体,以及其他各种组织的一切活动的指导。它的目的要使每一行为或决策有助于实现既定的目标。"政府机关、企事业单位、科研单位、学校、军队等有人群共同活动的单位，都离不开管理，以指导人们完成工作、达到目的。

管理是人类共同劳动的产物，也是共同劳动得以进行的必要条件。共同劳动需要管理。共同劳动是许多劳动者通过一定组织形式结合在一起进行的劳动。马克思说："一切规模较大的直接社会劳动或共同劳动，都或多或少地需要指挥，以协调个人的活动，并执行生产总体的运动——不同于这一总体的独立器官的运动——所产生的各种一般职能。"这里的指挥，即管理。管理对于共同劳动的作用表现为，把个体劳动组织起来，组织分工、协作，协调劳动中发生的关系，即个人之间、个人与集体之间的关系。只要有两个或两个以上的人，为了完成他们个人所不能单独完成的目标，把他们的劳动和资源结合在一起时，就需要一个管理过程。由于每个成员都只是在完成总任务中的一部分，所以需要协调。协调是管理的本质，使个人的努力与所要取得的集体目标协调一致是管理的目的所在。

我们认为，管理是指管理者或管理机构，在一定范围内，通过计划、组织、控制、领导等工作，对组织所拥有的资源（包括人、财、物、时间、信息等）进行合理配置和有效使用，以实现组织预定目标的过程。这就表明：管理是一个过程；管理的核心是达到组织目标；管理达到目标的手段是运用组织所拥有的各种资源；管理的本质是协调，组织、协调是管理活动与人类其他活动相区别的主要标志。

二、管理的性质

马克思主义管理理论认为，管理的性质是二重性的。这是建立社会主义管理科学的理论基础和根本出发点。

任何社会的管理都具有二重性。管理的二重性是指自然属性和社会属性。"指挥劳动"是同生产力和社会化大生产相联系的，是进行社会化大生产的一般要求和组织领导协作过程的必要条件，具有自然属性；"监督劳动"又同生产关系和社会制度相联系，是由共同劳动所采取的社会结合方式的性质产生的,是维护社会生产关系和实现社会生产目的的重要手段,具有社会属性。

马克思在分析资本主义生产过程的管理时曾指出:"凡是直接生产过程具有社会结合过程的形态,而不是表现为独立生产者的孤立劳动的地方,都必然会产生监督劳动和指挥劳动。不过它具有二重性"。

管理的自然属性也叫组织技术属性,主要是解决企业生产经营过程中的组织与分工协作关系,即实现劳动力和生产资料的直接生产过程的社会结合。这是管理的一般属性,或叫一般职能,主要是发展生产力,与企业生产资料所有制无关。所以,不同社会制度下的企业管理,在自然属性方面没有区别。管理的社会属性也叫社会经济属性,主要是反映企业生产资料所有关系,因其与生产关系和社会制度相联系,所以在不同社会制度下有本质的区别。

管理为什么有二重性呢?这是因为生产经营过程本身带有二重性。直接的生产经营过程必须由劳动者和生产资料相结合,这种结合所产生的一系列矛盾,表现为生产力的组织,这就是由生产力引起的管理的自然属性;但是任何生产经营过程又都必须是在一定生产关系下进行的,在一定生产资料占有的形式下进行,反映着生产资料所有者、经营管理者和劳动者之间的利益关系,这就形成了管理的社会属性。

管理的二重性是相互联系、相互制约的。一方面,管理的自然属性不可能孤立存在,它总是在一定的社会形式、社会生产关系条件下发挥作用;同时,管理的社会属性也不可能脱离管理的自然属性而存在,否则,管理的社会属性就会成为没有内容的形式。另一方面,管理的二重性又是相互制约的。管理的自然属性要求具有一定的"社会属性"的组织形式和生产关系与其相适应;同样,管理的社会属性也必然对管理的科学技术等方面产生影响或制约作用。

管理二重性原理,是指导人们认识和掌握管理的特点和规律,实现管理任务的有力武器。管理的二重性强调了加强管理的重要意义,同时表明在学习、借鉴外国先进的管理经验时,应做到兼收并蓄,洋为中用。

三、管理的职能

行业不同、部门不同,管理活动的具体内容、方法也不相同,但是它们所表现出来的管理职能却是一致的。因此,对管理职能的研究有助于我们对管理的原理和方法作一般性的把握。

管理学者和实际部门工作者对管理职能的概括不尽一致,主要有"一职能"(组织或决策),"二职能"(计划、控制)、"三职能"(计划、组织、控制),"四职能"(计划、组织、领导、控制),"五职能"(计划、组织、领导、控制、协调)等五种观点。

我们认同"四职能说",即管理职能分为计划、组织、领导和控制四个方面。

1. 计划

从静态看,计划是未来行动的方案,包括未来行动所要达到的目标及相应的措施;从动态看,计划是一种联系现在与未来的行动,通过对过去和现在情况的分析,对未来进行预测,描绘未来的图景,并努力实现预定的目标。

在管理科学中,研究的是计划的动态过程,也就是说,要研究计划是如何产生的这一过程,从而探索制定计划的一系列科学程序和方法,为管理提供科学的计划决策。

管理的计划职能是要选择组织的整体目标和各部门的目标,决定实现这种目标的行动方案,为管理活动提供基本的依据。因此,计划职能是管理的首要职能,是从现在通向未来的桥梁。

2. 组织

"组织"一词最直观的意思就是机构或企业的代名词。从管理活动实践的角度看,作为管理的一项基本职能,它的含义是指静态的人的集合组成的机构和动态的组织活动过程的统一。具体来说,动态的组织活动过程是通过分工与合作,设置相应的职位机构,使每一个职位的权力与责任相结合,以达到某种特定的目标。

因此,管理的组织职能实质上就是要设计和维持一整套职位系统,使人们在从事集体活动中合理分工合作,以完成共同目标。具体包括以下几个问题:第一,确定为完成任务所需的工作种类和工作量;第二,根据需要决定建立相应的新的长期或短期的组织机构;第三,明确完成各项工作的人员及其责任;第四,把完成工作所需的相应权力授予有关人员。

3. 领导

领导是一种影响并感召人们和群体去追求某些目标的行为与过程。虽然管理者的任务不仅仅是领导,但有效的领导是管理成功的关键。领导的实质体现在感召力和追随上,也就是说,感召力和人们的追随意愿使一个人能成为领导人。人们愿意追随那些能够满足他们需要和要求的人;领导者也要在了解人们的需要和要求的前提下,运用所具有的权力,影响和感召人们实现组织的目标。因此,领导职能的内容是激励、指导、引导和促进。

领导工作是管理者通过运用权力、权威,影响和指导各类人员努力达到目标的活动过程。管理者必须懂得如何调动和保护人的积极性,了解个体和群体的行为规律和沟通方式,掌握有关的领导理论和模式。

4. 控制

控制是促使组织的活动按照计划规定的要求展开的过程。控制职能用一定的计划、标准对组织活动各方面的实际情况进行检查,发现差距,分析原因,采取措施,予以纠正,保证工作按原计划顺利进行。或者根据实际情况变化,对计划作出适当调整,使其更符合实际。它包括确立标准、找出差距、纠正偏差、调整计划等内容。

控制职能与计划职能密不可分。计划是控制的前提,为控制提供目标和标准,没有计划就不存在控制;控制是实现计划的手段,没有控制工作,计划是不会自动实现的。控制活动为计划的实现提供了保证。

管理的四个职能是相互关联、不可分割的一个整体。通过计划职能,明确组织的目标与方向;通过组织职能,建立实现目标的手段;通过领导职能,把个人的工作与所要达到的集体目标协调一致;通过控制职能,检查计划的实施情况,保证计划的实现。管理的这四种职能的运用,归根结底是为了实现组织的目标。

第二节 管理理论的演变

同许多理论一样,管理理论随着人类的管理实践和生产的发展而发展,逐渐形成众多的管理思想流派。从其演变和发展的轨迹看,主要经过了四个时期,即:传统管理时期、科学管理时期、近代管理时期、现代管理时期。

一、传统管理时期

一般认为,传统管理时期是指从 18 世纪上半叶到 19 世纪末结束。传统管理时期或说早期管理思想,是指科学管理理论确立前这段时期的管理思想,是现代管理思想的幼年时期,也是现代管理的萌芽和基础。

工业革命是一场技术革命,更是一场社会革命,在管理制度和管理思想方面也引起了巨大的变革。第一次工业革命以 1769 年瓦特发明蒸汽机为开端,资本主义的工业生产由手工工场手工业过渡到采用机器生产的工厂,工厂制度已完全确立了其统治地位,要求资金、设备、劳动力等生产要素大规模集中,这就产生了需要管理人员、训练雇佣工人、合理管理企业生产活动等一系列问题。回答这些问题,就成了当时一些学者的任务。

这一时期的企业管理尚处于积累实践经验的阶段。这一阶段的管理思想,仍然是一些零星的、散见于早期管理先驱者的著作中的个别论述,尚未形成专门性、系统性的专著。但是,这一时期的专家学者如亚当·斯密、大卫·李嘉图、查尔斯·巴贝奇、罗伯特·欧文等进行了有价值的探索和研究,为科学管理思想的形成奠定了基础。

1. 亚当·斯密

英国古典经济学家亚当·斯密在其名著《国民财富的性质和原因的研究》(简称《国富论》)中,根据历史事实论证了分工是怎样促进国家富裕的,得出了"富裕起因分工"的结论。分工之所以能够提高劳动生产率,原因在于:

(1) 分工可以使劳动专门化,提高工人的技巧和熟练程度,提高劳动效率。

(2) 分工使每人专门从事某项作业,可以节省与生产没有直接关系的时间,从而即使在不延长工作日的情况下,也可以增加与生产直接有关的时间。

(3) 分工使专门从事某项作业的劳动者比较容易改进工具和发明机械。

斯密的分工理论不仅论证了分工对提高劳动生产率和增进国民财富的重要作用,而且还间接指出了管理的必要性。斯密的主张适应了当时生产发展的需要,也成为企业管理理论的一条重要原理。此外,他还提出了生产合理化概念、"经济人"观点和经济效果概念等等。他认为,经济现象是基于具有利己主义目的人们的活动所产生的,人们在经济行为中,追求的完全是私人利益。但是每个人的利益又为其他人的利益所限制,这就迫使每个人都必须顾及其他人的利益,由此而产生了相互的共同利益,进而形成总的社会利益。社会利益正是以个人利益为基础的。而这些追求个人利益的人,就是他所说的"经济人"。斯密的理论不仅为经济学的发展作出了重大的贡献,也为管理学的形成和发展奠定了基础。

2. 大卫·李嘉图

大卫·李嘉图是英国资产阶级金融家、古典政治经济学的杰出代表和完成者。他于1817年出版《政治经济学及赋税原理》,在经济学界产生了深远影响。他的研究从批判亚当·斯密把耗费劳动和购得劳动混为一谈开始,提出商品价值由劳动时间决定的原理,把价值与交换价值区别开来。尽管李嘉图未能解决资本与劳动相交换和价值规律的矛盾，不能解决等量资本获取等量利润规律与价值规律的矛盾，但他进一步研究了资本、工资、利润和地租，提出了比较成本学说。他认为，工资越低、利润越高，工资越高、利润越低，它们之间存在着制约关系。这些重大发现，为西方管理科学奠定了理论基础。

3. 查尔斯·巴贝奇

查尔斯·巴贝奇是英国剑桥大学数学教授，是数学家和机械学家，他进一步发展了亚当·斯密的观点。他于1832年出版了《论机器和制造业的经济》一书，对专业分工、机器与工具的使用、生产管理、成本分析、人际关系等诸多内容进行了分析，并先于泰罗提出了时间研究和报酬制度问题。他认为，劳动分工应按照个人的技巧水平进行专业分工，指出专业分工能提高生产率的原因是：缩短学习各种作业的时间，节省工序转换和更换工具所耗费的时间；由于重复同一操作，技术熟练，可加快工作速度，并有利于制造专用工具和设备，以缩短加工过程。巴贝奇强调劳资协作的利益一致性，提出以"边际熟练"原则（即对技艺水平、劳动强度定出界限）作为付酬的依据。他还主张实行有益的建议制度，鼓励个人提出改进生产的建议，并对有益的建议按提高生产效率的不同效果给予奖励。早在1882年，巴贝奇就设计成功了一台小型手摇差值机，尽管受当时工艺条件限制，这个发明只停留在草图阶段，但仍不愧为世界上第一台计算机的雏形。巴贝奇为在管理中使用先进的科技工具开辟了道路。

4. 罗伯特·欧文

罗伯特·欧文最早注意到了企业内部人力资源的重要性。他提出要重视工厂工作中人的因素，企业应该致力于人力资源的开发与投资。他在自己的工厂里进行了一系列改革试验，如改进工人的劳动条件、缩短工人的劳动时间、提高童工的就业年龄、提供免费就餐、改善工人住宅等。通过试验，他认识到，重视人的因素，尊重人的地位，可以使工厂获得更多的利润。欧文在人力资源管理方面的开拓性实践，成了行为科学管理理论的先导。

此外,这一时期对管理理论进行研究和作出贡献的还有丹尼尔·麦卡姆勒、安德鲁·尤尔、德拉维勒耶、汤恩等等。

传统管理时期的管理思想处于管理理论的萌芽和发育阶段。这是与当时的社会生产力发展状况和管理特点紧密联系在一起的。当时的企业管理基本沿袭16世纪以来工厂手工业的家长式经验管理。主要特点是由资本家直接担任管理者,主要依靠个人的主观经验和直观判断组织领导生产活动,缺乏统一的操作规程、统一的办法和标准;工人的培养主要依靠师徒相传的方式,凭自己从师傅那里学来的经验进行操作,处于经验管理为主的时期。因此,无论从内容还是从形式看,管理思想处于以经验为主导的管理科学的开创时期,专家学者对管理的探讨和研究为科学管理理论的产生奠定了基础。

二、科学管理时期

19世纪下半叶至20世纪初,西方各主要国家先后完成了从自由资本主义向垄断资本主义的过渡,资本主义快速发展,企业规模不断扩大,生产技术愈益复杂,分工日趋细化,生产的社会化程度也大大提高,出现了管理职能与资本所有权分离的现象。企业开始大规模采用机器体系进行生产,而大规模生产对生产过程的连续性、均衡性要求提高,原有的资金管理、生产方法和程序、管理方法和模式远不能适应新的生产经营的要求,迫切需要将过去积累的管理经验系统化和科学化。另外,由于资本家残酷剥削、压迫工人,激起了工人的不满,出现了工人故意消极怠工、出工不出力的现象。在这样的背景下,如何提高劳动生产率就成为资本家、企业管理人员、工程技术人员关注的焦点,科学管理理论应运而生。

科学管理时期的主要特点是管理工作逐渐成为一种专门的职业,由经理、厂长作为资本家的代理人执行管理职能。管理方法也在过去凭经验管理的基础上,经过总结、研究和提高,向着科学化、规范化、标准化、制度化、系统化的方向发展。

科学管理时期的管理理论又被称为"古典管理理论"或古典管理学派。它是现代管理学理论的一个重要基础。行为科学学派和现代管理学派都是在古典管理学派理论的基础上发展起来的。古典管理学派是由科学管理理论和组织管理理论两部分构成的。科学管理理论主要研究的是对工作的管理，以提高工作（劳动）的效率，其代表人物有泰罗和吉尔伯斯、甘特和爱默生等人；组织管理理论主要研究的是对组织的管理，以提高组织的效率，其代表人物有法约尔和韦伯、穆尼和厄威克等人。

（一）泰罗与科学管理理论

1. 科学管理理论的产生

美国工程师弗雷德里克·温斯洛·泰罗是科学管理理论的创始人。泰罗 1856 年生于美国费城一个律师家庭，早年在英国的埃克塞特学校上学，后考入美国哈佛大学。1875 年因眼疾中止了他的大学生涯，去当制模工和技工学徒。他于 1878 年进入费城的米德尔维尔炼钢厂当技工。通过夜校学习，他获得了斯蒂芬工艺学院的机械工程学位，1884 年升任主任工程师。他发明了高速金属切削工具，其专利权使他不再为生计奔波。他免费从事管理咨询工作，推广科学管理理论和方法。泰罗当过学徒、普通工人、工长和工程师，有着"从士兵到将军"的经历，这使他有更多的机会去充分地了解工人，去发现和改进管理中的各种重大问题。

泰罗对工人们"磨洋工"的现象体会极深。他认为这主要是由于没有确定一个科学的"劳动定额"和"定额工资"标准造成的。他主张应确定一个科学的定额标准和工资标准，鼓励工人多生产，工人生产多了应该多拿工资，企业主也可多得利。于是他着手从事"时间和动作研究"，先后进行了著名的搬铁块、铲铁砂和金属切削三项试验。

（1）搬铁块试验。他确定了"重劳动测试方法"，认为每一个搬运工人有特定的精力消耗，必须给他以复原的时间：一个搬运 100 千克生铁的工人应有 43% 的时间来承担这一重量,其余 57% 的时间应让他休息,以恢复体力。通过对一个工人的特殊训练,创造了增产 300% 的显著成绩,工资也从 1.1 美元增加到 1.8 美元。其他工人学习了这种方法,都增加了产量和工资。

(2)铲铁砂试验。为了确定工作指标,他研究了铲砂工人的体力因素,他发现每一铲子最适宜的重量是 21 磅,而且对每一种不同的工作,铲子应有适当的形状。

(3)金属切削试验。为了能准确地确定劳动定额,他研究了一个车工的劳动,他对这个工人的全部工作的每个部分进行鉴定,并对凡是可以测量的部分进行测量,去掉多余无效的动作,使一个车工工作的动作和时间大大减少,提高了切削的效率。

通过这三个实验,在深入分析和研究 19 世纪美英等国管理实践的基础上,泰罗先后发表了《计件工资制度》(1895)、《车间管理》(1903)和《科学管理原理》(1911)等著作,系统地阐述了他的科学管理思想,提出一整套管理理论,形成了后来被人们称为"科学管理"或"泰罗制"的管理制度。

2. 科学管理的主要内容

(1)科学管理的根本目的是谋求最高工作效率。泰罗的科学管理以"经济人"假设为前提。他认为,最高的工作效率是工厂主和工人共同达到富裕的基础。泰罗从企业主和工人都有经济利益的要求这一根本需求出发,来探索提高劳动效率的方法。他认为:科学管理包括了管理者和劳动者的一场思想革命,"这场革命将要把管理者和劳动者两个方面的注意重点从分享经济价值(分配盈余)转移到增加可供分享的价值。"而科学管理恰好可以实现"增加可供分享的价值"这一目的。具体而言,科学管理主要解决如何提高管理人员和工人的劳动生产率的问题。只要获得足够的效率就能获得价值的增加,资本家的利润和工人的工资都会获得满意的结果。

(2)科学管理方法是实现最高工作效率的重要手段。在管理实践中,建立各种明确的规定、条例、标准,使一切工作科学化、制度化,是提高管理效能的关键。

(3)实施科学管理的核心是要求管理人员和工人双方在精神和思想上来一次彻底的变革。1912年,泰罗在美国国会证词中强调,科学管理是一场重大的精神变革。用管理者与工人合作来取代劳资双方的对立,用管理者与工人责任共担来取代过分推卸责任给工人。他要求工厂的工人树立对工作、对同伙、对雇主负责的观念;同时,他也要求领工、监工、企业主、董事会等管理人员改变对同事、对工人以及对一切日常问题的态度,增强责任观念。在这些原则指导下,泰罗提出了一系列提高劳动生产率的方法,主要有定额管理、工作研究、标准化管理,以及根据分工和管理职能专业化的原则所提出的计划与执行相分离等等。

3. 科学管理的原则

根据以上观点,泰罗提出了科学管理的原则:

(1)提出科学的劳动方法。对工人劳动的每种要素都要制定科学的工作方法并以此取代陈旧的凭经验的工作方法,选用最合适的劳动工具,集中先进、合理的操作动作,制定出各种工作的标准操作规程。

(2)科学利用工时。通过对工人工时消耗的研究,规定完成合理操作的标准时间,制定各工种的劳动时间定额。

(3)科学选拔和培训工人。用科学的挑选、训练和教育来取代工人的自选工作和摸索自学,使工人的能力与工作的需要相配合而成为"第一流的工人",以便提高工人的工作技能。

(4)实行差别计件工资制度。差别计件工资制度的目的是使工人能够按照科学的工作方法进行劳动,提高劳动生产率。其基本做法是按照标准的工作任务(即工作定额),确定两种不同的工资率。对完成工作定额的工人,以较高的工资率计件支付工资;对完不成定额的工人,则按较低的工资率支付工资,甚至使他们得不到基本的工资。这样,通过工人工资上的差别,让工人在竞争和相互憎恨中自发地提高劳动强度,提高劳动生产效率。

（5）实行职能工长制度。泰罗在工厂的基层管理阶层设立了各种各样的工长，如生产工长、质量工长等，实现管理工作专业化，以加强对工人劳动的管理。这些工长的任务是负责把科学的工作方法教给工人，保证工人按科学的工作方法进行劳动。工长担负的更重要的工作是监督和敦促工人劳动，防止工人偷懒和磨洋工。

（6）实行"例外原则"。把企业日常管理事务授权给下级管理人员处理，高层领导人员拥有对重大事情的决策权和监督权，保证高层领导能够集中精力抓大事。

由于泰罗在管理领域中所做的大量开拓性工作，他的理论成了资本主义生产管理科学的基础；泰罗本人也因此被西方称为"科学管理之父"。列宁在谈到泰罗的科学管理时曾深刻地指出："资本主义在这方面的最新发明——泰罗制——也同资本主义其他一切进步的东西一样，有两个方面，一方面是资产阶级剥削的最巧妙的残酷手段，另一方面是一系列的最丰富的科学成就，即按科学来分析人在劳动中的机械动作，省去多余的笨拙的动作，制定最精确的工作方法，实行最完善的计算和监督制等等。……应该在俄国研究与传授泰罗制，有系统地试行这种制度，并且使它适应下来。"

科学管理理论的其他代表人物还有吉尔伯斯夫妇、甘特和爱默生等人。吉尔伯斯是动作研究专家，被称作"动作研究之父"，其夫人被誉为"管理的第一夫人"。甘特早年当过泰罗的助手，他发明了图解法（"甘特图表"）来阐明计划，从而有可能较好地进行管理控制活动，他还提出了比泰罗的"差别计件工资制"更优越的"计件奖励工资制"，这种制度在美国实行后取得很大成功。哈林顿·爱默生被人们称为"效率的大祭司"，1912年发表了《十二项效率原则》。

泰罗及其追随者所创造与发展的科学管理理论的原则和方法在实践中运用后，产生了良好的效果。近年来，许多国家的管理学者又重新强调了泰罗制的重要性，中国的一些企业家也开始关注泰罗制的研究和应用效果问题。美国著名的管理学家彼得·德鲁克认为，泰罗等人创立的科学管理理论是"对西方思想作出的最有力和最持久的贡献。"作为一种有效地提高了体力劳动生产效率的方法,其所包含的精神和方法对于找到提高脑力劳动的效率的途径无疑具有重要的借鉴意义。因此,泰罗及科学管理理论在管理思想史上有着十分重要的地位。当然,随着时代的发展和生产力的进步,泰罗制赖以存在的基础——"经济人"假定在现实中受到越来越大的挑战,这种挑战为近、现代管理理论的发展提供了契机。

（二）法约尔与组织管理理论

亨利·法约尔被称为"现代经营管理之父"。他不仅是一般管理理论的创始人,而且是现代管理过程学派的开山鼻祖。他出生于法国一个资产阶级家庭,1860 年毕业于圣艾蒂安国立矿业学校。与泰罗的经历不同,法约尔没有当"士兵"的经历,而是一开始就在法国的一流企业任职,曾担任康门塔里—福尔香博矿山公司总经理。经过他的努力,这个濒于破产的企业起死回生,到他退休时,该公司的财务状况已经根本好转,在法国产业史上留下了光辉的业绩。因而法约尔的研究不是停留在分析生产过程中工人的劳动效率上,而是从企业管理整体出发,着重分析高层管理的组织效率、管理的一般原则和企业经营问题。他认为自己在管理上的成功不是由于个人的领导能力,而是因为应用了一般管理原则的结果。同时,他认为一般管理的原则不仅适用于企业而且适用于一切组织。法约尔是第一个明确提出和阐述"一般管理"理论的人。他在 1916 年发表了《工业管理和一般管理》一书,对管理学的一般原理进行了透彻的分析。

1. 经营的职能

法约尔认为,管理是企业经营的六项职能之一,一个企业的经营活动包括六个方面:

（1）技术职能。包括设计、工艺、生产、制造和改制等。

（2）商业职能。包括采购、销售和交换,产品销不出去就意味着企业的毁灭。

（3）财务职能。包括资本的筹集、运用。

（4）安全职能。包括保护财产和人员。

（5）会计职能。包括财产清点、资产负债表、成本、统计、核算。

（6）管理职能。包括计划、组织、指挥、协调和控制五个要素。

2. 管理的职能

法约尔首次提出管理的五大基本职能，认为这是管理人员应有的活动。他把管理的要素当作管理的职能来看待，以此说明管理的过程。

（1）计划。计划是管理的重要职能。管理者应对影响企业未来发展的事态作出预测，并制定出指导未来决策的行动计划。

（2）组织。组织包括企业的组织结构、活动和相互关系的规章制度，还包括职工招募、评价与训练。

（3）指挥。管理人员对下属活动给予指导，做到指挥统一。

（4）协调。整合企业活动与个人的努力，实现共同目标。

（5）控制。为达到既定目标而完成的监督、考核、纠偏等活动。

3. 管理的原则

法约尔对管理科学的重要贡献在于他明确了管理的含义和为提高组织效率提出了著名的"十四项管理原则"。这十四项管理原则是：

（1）分工。分工适用于从工人到管理人员的一切组织成员。分工可以提高生产率，是组织进步和发展的必然手段。

（2）权力与责任。权力是指挥和要求别人服从的权利；责任是权力的当然结果和必要补充。权力和责任相互一致、互为因果且应当对称，委以责任而不授予相应的权力是组织上的缺陷。

（3）纪律。纪律为管理所必需，没有纪律，任何组织都难以维系。纪律应尽可能严明、公正。

（4）统一指挥。组织中的一个成员只能接受一个上级的命令，双重指挥会使权力和纪律遭到破坏。

（5）统一指导。一个组织或部门只能有一个首脑和一个计划。统一指导是统一指挥的前提。

（6）个人利益服从整体利益。整体大于它的各部分的总和,一个组织实现总目标比个人目标更为重要。任何个人都不应把个人利益放在组织整体利益之上,主管人员要进行公正的协调。

（7）报酬。分配报酬必须公平,应使个人和组织都获得最大可能的满足。

（8）集权。任何组织权力的集中和分散程度,应根据管理者的性格、下级人员的素质以及组织的情况而定,不应千篇一律。

（9）等级链(权力线)。从最高层次到最低层次的各级管理人员应该建立明确的权力等级结构,保证上下沟通灵敏。

（10）秩序。不仅"物皆有位,物在其位",以保证工作效率,而且必须"人皆有位,人称其职",使每个成员都能作出最大贡献、发挥最大作用。

（11）平等。组织应以同样的原则和态度对待每一个成员。人们会因受到公平的对待,以忠诚和献身的精神来完成他们的任务。

（12）人员保持稳定。人事不断变动,工作将永远不能顺利进行。应鼓励管理人员和职工长期为组织服务。

（13）首创精神(主动性)。首创性是事业发展的巨大源泉。管理人员应充分信任下属,放手让其发挥创造性。

（14）集体精神。必须注意保持同一集体中团结、协作、融洽的关系。通过利益的一致来实现努力的统一。

法约尔还提出对管理者能力与教育的基本要求:① 身体条件;② 智力条件;③ 精神条件;④ 全面教育;⑤ 专门知识;⑥ 经验。此外还要接受管理培训。

法约尔的理论经过后人的研究与实践后证明,总的说来仍是正确的,对于今天的企业管理仍有着重要的现实意义。

除法约尔外,组织管理理论的代表人物还有马克斯·韦伯、詹姆斯·穆尼、林德尔·厄威克。韦伯对管理科学的主要贡献是提出了"理想的行政组织体系"理论,被誉为"行政组织理论之父"。他认为理想的行政组织体系至少要做到：① 成员有明确的分工；② 上下级之间有责、权、职分明的结构；③ 组织成员之间是工作与职位之间的关系，不应受个人情感的影响；④ 组织内部任何人都必须遵守共同的法规和制度；⑤ 选拔、任用任何人都必须一视同仁，严格掌握标准。这样的行政组织体系才具有精确性、稳定性、纪律性和可靠性，才能高效率运行。

詹姆斯·穆尼提出了进行组织管理的三条原则，第一次为近代的组织管理理论提供了一个概念的结构；林德尔·厄威克的《行政管理原理》是管理文献中一个十分重要的里程碑，把科学管理和古典组织管理结合起来，开始形成了古典管理理论。

古典管理理论经历了从泰罗到法约尔、厄威克的发展，趋于完善。他们对管理的许多基本问题作了深入的研究和精辟的回答，提出了自己的理论观点，为管理科学的发展作出了巨大的贡献，但是他们的理论也不可避免地带有局限性。泰罗把工人看作是"经济人"，认为一切活动均出于利己的经济动机；法约尔在组织管理中，强调组织形式和规章制度，较为忽视人的主动性和创造精神。他们的理论在提高劳动效率和组织效率方面起了很大作用，但是集中于"对工作的管理"，忽视了管理中"人"的因素，而人却是管理中最重要的因素。这是不可忽视的缺陷。

三、近代管理时期

近代管理时期由 20 世纪 20 年代至 50 年代。第一次世界大战后，随着社会经济的发展，企业规模不断扩大，对管理提出了更高的要求。同时，工人的生活水平和文化素质有了相应的提高，国际工人运动不断发展，继续沿用过去那种仅用满足经济利益的要求来刺激劳动生产率的方式已经不能适应社会发展的要求了。这就促进了围绕人进行管理的行为科学的产生。

行为科学是西方主要的管理理论，它是应用心理学、社会学和人类学研究组织中人的行为及其产生的原因，通过满足人的社会心理需求来调动积极性的一门综合性科学。它的特点是，强调管理要以人为中心,着眼于人的社会心理需要,把人看作是"社会人"。与古典管理理论相比,行为科学把人的需求从经济领域扩展到更广泛的社会领域,因而更符合人的本性,更能适应社会发展的要求。

行为科学管理理论大致可分为两个阶段。第一阶段称为"人群关系"或"人际关系"学说阶段,侧重于"社会人"的研究,产生于 20 世纪 20 年代;第二阶段从 50 年代初开始,正式形成"行为科学"学说,侧重于"自我实现人"和"复杂人"的研究。

行为科学学派主要包括人际关系学说,需要(激励)理论,人性理论、领导理论等内容,其主要代表人物有梅奥、马斯洛、麦克雷戈等人。

(一)梅奥及其人际关系学说

埃尔顿·梅奥是人际关系理论的主要创始人。梅奥出生在澳大利亚,1926 年担任美国哈佛大学企业管理学院产业研究室主任。从 1927 年开始,他负责芝加哥西方电器公司霍桑工厂的调查研究工作,与其助手费里茨·罗特利斯伯格一起指导了有名的"霍桑实验"。

实验分四个阶段,内容有:① 车间照明变化对生产效率的影响;② 工作时间与工作条件的实验;③ 大规模访谈,了解工人的工作态度与思想感情;④ 线圈绕制工作室观察实验。

梅奥和罗特利斯伯格等人通过实验和调查研究发现,影响工人生产积极性的主要是像"士气"、"归属感"等方面的社会心理因素:工人社会地位低下,积极性不高;一搞实验,受到各方人士的重视,不管工作条件如何变化,都比平日努力。

1935 年,梅奥发表了《工业文明的人类问题》一书,提出了人际关系学说。其主要内容有:

(1)企业职工是"社会人"。人不是孤立的,而是从属于某一工作集体,并受集体影响的。人除了经济方面的需求之外,还有追求友情、安全感、归属感等社会和心理方面的需要。

(2)重视非正式组织的作用。企业中不仅存在正式组织,而且还存在着非正式组织,这种非正式组织是企业成员在共同工作的过程中,由于抱有共同的社会感情而形成的非正式团体。这些团体能影响职工的行为,应重视它对提高劳动生产率的作用。

(3)新型领导能力在于提高"士气"。这是提高生产效率的主要方法。企业领导要善于了解职工的行为方式及其原因,善于听取职工的意见,正确处理人际关系,保持正式组织与非正式组织之间的平衡协调,通过提高职工的满足度来鼓舞士气。这就要求管理人员不仅要有"技术能力",还要有保证组织成员之间合作的"社会能力"。

梅奥的人际关系学说,围绕"社会人"假设展开,侧重研究人群关系,在泰罗的科学管理和法约尔的组织管理之外,开辟了一个新的领域,为行为科学的形成和发展奠定了基础。

(二)关于人的需要、动机和激励的理论

激励是指管理者通过刺激产生动机的内外因素,促使员工的行为指向企业目标的活动。激励理论是行为科学的基本理论,它就企业中调动人的积极性这一基本问题作了系统、详尽的分析。激励理论的代表性理论是需要层次论和双因素理论。

1. 马斯洛与需要层次论

美国心理学家亚伯拉罕·马斯洛在《人类动机的理论》、《激励与个性》等著作中,把人的需要按其重要性和发生的先后顺序排列成五个层次:第一层次是生理的需要。包括人的衣食住行等维持生活所必需的物质需要。第二层次是安全的需要。包括工作保障、人身安全、免除风险和威胁等需要。第三层次是社会或社交的需要。包括参加组织、获得友谊、赞许和群体归属感等等。第四层次是尊重需要。人们的归属需要一旦满足就会有自尊和被人尊重的需要,这种需要产生了对权力、声望、地位和自信这样一类的满足愿望。第五层次是自我实现的需要。一个人需要做他适合做的工作,从而发挥自己的潜能,实现自我价值。这是一种使人能最大限度地发挥个人的才能、个性和潜在创造力的需要,是最高层次的需要。

马斯洛的需要层次理论从需要出发研究人的行为,通过满足人的

物质和精神两方面的需要来调动人的积极性,这无疑是科学的。这种理论告诉我们,管理者不能只从职工的物质需要着眼,还应该注意和重视职工的精神需要,关心和尊重人。

2. 赫茨伯格和双因素理论

美国管理学家赫茨伯格在他的《工作的激励因素》、《工作与人性》等书中,提出了"激励—保健因素理论",也称"双因素理论"。他认为,影响工作动机的因素有两类:一类是工作的外部因素,这些因素使满足保持在合理的水平上。特点是,没有这些因素,职工会感到不满,但有了这些因素并不构成激励,如公司政策和管理、监督、工资、工作条件、上下级之间的关系等。这类因素被称作"保健因素"或"维持因素"。另一类是工作本身内在的因素。特点是,没有这些因素不会使职工感到不满,但有了这些因素就会产生激励作用,如工作成就、得到赏识、提升等。这类因素被称作"激励因素"。

赫茨伯格发展了马斯洛的需求层次论。他的理论告诉我们,在激励职工动机时,必须具体问题具体分析,准确区分两类因素。一方面要为职工提供一个良好的工作环境,以消除职工的不满情绪;另一方面要积极有效地使用激励因素,调动职工的积极性。例如,奖金本是职工的激励因素,但是如果采取平均分配的方法使用,就会被工人作为生活费用的补贴,就成为保健因素了,自然失去了应有的激励作用。

(三)关于人性的理论

1. 麦克雷戈和 X—Y 理论

美国麻省理工学院社会心理学教授道格拉斯·麦克雷戈在《企业的人性方面》一书中,提出了企业管理中的人性理论,称为 X—Y 理论。

X 理论认为:人的本质是坏的,工人生来就是懒惰的,缺乏进取心,喜欢以自我为中心,对组织需要漠不关心;多数人宁愿服从而不愿负责任;对多数人必须运用监督、强制、甚至惩罚的手段。

麦克雷戈认为这种理论对人的本性的假设是错误的,这样估计和对待人性,就会引起职工的敌视和反抗。他主张对人性作相反的假设,用 Y 理论代替 X 理论。

Y 理论认为:人并不总是被动的,工人并非生来就厌恶劳动,如果能提供适当的环境和机会,人们是会渴望发挥其才能和潜力的;强制和惩罚不是实现组织目标的唯一手段,多数人愿意对工作负责,并富有创造才能和主动精神;人们能够通过自我管理和自我控制去实现目标。

麦克雷戈把 Y 理论称为:"人员管理工作的新理论",其管理原则就是目标一致、自我指挥和自我控制,相信大多数人都具有相当高的愿意解决组织问题的想象力和创造力。管理的任务就是创造一种环境,使个人和组织的目标融合一致,个人的满足就是组织的成就。这为后来产生的"目标管理"奠定了理论基础。

2. 阿吉里斯和不成熟—成熟理论

美国哈佛大学教授克里斯·阿吉里斯对企业中的人的个性和组织关系问题进行研究后,提出了"不成熟—成熟"理论。他认为,在人的个性发展方面,与人的成长过程一样,也会经历一个从不成熟到成熟的连续发展过程,会发生下列七个方面的变化:从被动到主动;从依赖到独立;从少量的行为到能表现多种行为;从浅薄、淡漠的兴趣到较深和较强的兴趣;从目光短浅到目光远大;从附属地位到同等或优越的地位;从不明白自我到明白自我和控制自我。

该理论认为,传统的管理组织强调专业化、限制个人独立自主和创造性的发挥,影响人的成熟和自我实现;传统的领导方式把成年人当成小孩对待,束缚了他们对环境的适应和控制能力,也阻碍了人们的成熟。

要促进人们行为的成熟,领导就应针对下属的成熟程度分别指导,如可以通过扩大职工的工作范围,采取参与式的以职工为中心的领导等方式,这就可以依靠职工的自我控制来消除个性和组织之间的不协调。

(四)关于领导理论

行为科学作为研究企业组织中人的行为的科学,既要研究员工的行为,还要研究企业领导者的行为。所以,对领导者的心理和行为的研究便形成了专门的理论。

1. 利克特与支持关系理论

美国密执安大学的伦赛斯·利克特在 1961 年出版的《管理的新模式》一书中,提出了该理论。他认为,对人的管理是最重要的管理工作,必须善于使职工建立和维持对自己个人价值和重要性的感觉,并把自己的知识和经验看成是对自己个人价值和重要性的一种支持,这种关系就叫作支持关系。他指出,管理领导方式有专权的命令式、温和的命令式、协商式、参与式四种基本类型。一个企业的领导者在管理中如果以职工为中心,较多关心职工的需要和愿望等,则该企业的生产率就较高;同职工接触时间较多者,领导方式愈是民主、合理者,其生产率亦愈高。

利克特认为:① 领导者必须努力使职工认识到他们在工作中的经验和知识是对他们个人价值和重要性的一种支持,以增强参与意识;② 应该采取集体决策和集体监督;③ 给组织确立远大目标,通过实现目标来达到组织的目的和满足个人需要。

利克特的研究结果表明,采取这种领导方式从事经营管理活动的管理者,一般都是极有成就的领导人;以这种方式来管理企业,在制定目标和实现目标方面是最有成效的。

2. 领导方式连续统一体理论

美国的罗伯特·坦南鲍姆和华伦·施密特在 1973 年发表的《如何选择领导方式》中,提出了"领导方式连续统一体理论"。这种理论认为,在企业的领导方式中,从专权式的领导方式到极为民主的领导方式之间,存在着多种多样的领导方式。至于到底应选择哪一种领导方式,不能一概而论,要考虑经理、职工、形势、长期战略等多方面因素,才能在这个连续统一体中选择一个最合适的领导模式。有效领导者应能适应环境与跟从者的需要来选择和改变他的领导方式。

近代管理时期的行为科学是对科学管理理论的修正,使过去以

"事、物"为中心的管理转变为以"人的行为"为中心的管理。在研究方法、人性假设、领导方式、组织研究等诸多方面都比科学管理有了较大调整与改进。

四、现代管理时期

现代管理时期是指从第二次世界大战以后至今的管理理论发展阶段。现代管理学派的产生是同二战以后科学技术的进步、生产力的巨大发展、生产社会化的程度日益提高相联系的。面对经济科技水平的全面发展的局面，无论是古典管理学派，还是行为科学都显示出它们的局限性，都无法适应现代经济生活的需要，迫切要求新的管理理论的产生。于是，当代西方的一些管理学派如雨后春笋，相继出现。这些学派主要有：社会系统学派、决策理论学派、系统管理学派、经验主义学派、权变理论学派、管理科学学派、人本管理、战略管理、创新管理、企业形象识别系统理论等等。这些学派统称现代管理学派，形成"管理理论的丛林"。我们主要介绍社会系统学派、决策理论学派、系统管理学派、管理科学学派和战略管理理论。

现代管理学派与古典管理学派和行为科学学派研究的领域有所不同，前者已开始由企业内部逐渐向外部延伸，试图在企业内部条件与外部环境的结合上寻找最佳适应点；后者则主要集中在企业内部的工作管理和人的管理上，着眼于提高企业工作效率和人的积极性。

（一）社会系统学派

美国的管理学家切斯特·巴纳德是最早用系统观点来研究企业管理问题的人，由此创立了社会系统理论。他毕业于哈佛大学，曾任贝尔电话公司总经理，是一流的学者和企业家。1938年，他发表了《经理的职能》一书，奠定了他在现代管理理论中的重要地位，有人称巴纳德为"现代管理之父"。

巴纳德的社会系统理论的主要观点是：

（1）组织是一个协作的系统。协作系统由组织系统、物质系统、人的系统及社会系统构成。① 组织系统。组织是由人的行为构成的系统，其实体是人的行为。② 物质系统。它是由各种物质设备、产品等物质手段构成的系统，相当于企业的生产经营系统。③ 人的系统。它是由管理者和职工组成的人的集团，相当于企业的人事系统。它通过组织的活动而组织起来，受到管理，为实现组织目标而工作。④ 社会系统。它是一个组织同其他组织交换效用的系统，即交换系统。相当于企业的购销系统，通过组织的活动与外界进行物质、能量和信息等方面的交换。

（2）组织包含三个基本要素：① 共同目标。没有目标，就没有协作，也就没有协作的愿望。这是协作的必要前提。② 协作愿望。它是指个人要为组织目标贡献力量的愿望，其效果是个人努力的凝聚。协作的愿望是个人努力持久的基础。③ 信息联系。它是把组织目标实现的可能性和对组织有协作愿望的个人联接起来，使之成为有机体的信息传递过程。建立和维护信息系统是正式组织的首要问题，是管理者的主要职能。

（3）经理人员的职能：① 建立和维持一个信息联系的系统。经理人员必须规定组织的任务，阐明权力和责任的界限。② 获得组织成员个人的必要贡献。包括招募和选拔能最好地作出贡献并协调地进行工作的人。③ 树立组织目标。

巴纳德的社会系统理论在管理科学史上具有划时代的意义。现代组织理论充分适应了现代大型企业集团集约化经营对管理的需要，使得大规模的管理活动能够以目标为网络，以系统为单位，以信息为灵魂，使复杂的管理关系变得清晰、富有层次和条理，对大型企业取得管理的规模效益发挥了极为重要的作用。

（二）决策理论学派

该学派的代表人物是美国卡内基—梅隆大学计算机科学和心理学教授、1978 年度诺贝尔经济学奖获得者赫伯特·西蒙。西蒙以巴纳德的社会系统理论为基础，吸收了行为科学、系统理论、运筹学和计算机程序等科学内容,创立了决策理论,其代表作为《管理决策新科学》。

决策理论的主要内容有:

(1) 管理就是决策。决策程序就是全部管理过程,管理就是决策,决策贯穿管理的始终。不仅最高管理阶层要决策,各级管理人员也都是"决策者"。

(2) 决策过程的三个阶段。决策不是瞬间的行动,而是一个复杂的过程。一般须经过三个阶段:搜集情报阶段、拟订计划阶段和选定计划阶段。

(3) 决策的准则是令人满意。决策应该以"令人满意"的原则代替传统的"最优化"原则。原因是在主客观条件的约束下,决策者不可能作出完全理性的决策,不可能达到最优效果。而只能通过组织成员的共同努力来弥补个人有限的理性,作出"令人满意"的决策。

(4) 决策的种类是程序化和非程序化。程序化决策是指例行性的、常规的、反复性的决策,针对那些经常重复发生的问题;非程序化决策是指一次性的、缺乏一定规律的、带有创新性的决策,针对那些涉及诸多因素、偶然发生的问题。管理者应更重视非程序化的决策。

西蒙是巴纳德社会系统理论的继承人,他们两人的理论构成了现代管理理论的主要内容,因此有人也将现代管理理论概括为"巴纳德—西蒙理论"或"系统—决策理论"。决策理论为现代企业如何适应日益复杂的经济形势和瞬息万变的市场环境指出了一条正确的发展途径。决策过程使企业管理活动富于科学性,减少主观盲目性,使企业能够在复杂多变的环境中生存、发展。

(三) 系统管理学派

该学派的代表人物有卡斯特、罗森茨韦克等,其代表作有《组织与管理》、《系统理论和管理》等书。系统管理理论与社会系统理论和决策理论有密切联系,但又有不同的侧重方面。巴纳德虽最早用系统观点研究管理,但他基本上把企业看作是一个封闭系统;西蒙等人虽把企业看作是一个开放的、动态的系统,但研究重点在企业的决策行为方面。

系统管理理论认为,工商企业是一个开放的人造系统,它同周围的环境(顾客、竞争者、工会组织、供应商、政府等)之间存在着动态的相互作用,并具有内部和外部的信息反馈网络,能够不断地自行调节,以适应环境和自身的需要。

企业包含四个子系统:① 技术子系统,指企业中的人、机器和物料、资金等。② 职能子系统,指企业中的各个部门,如生产、销售、财务和人事部门等。③ 情报子系统,指企业内各部门、各环节的信息交流和沟通。④ 控制子系统,指组织性控制和随着情况变化的适应性控制。从系统观点来考察和管理企业,可以使企业的各级管理人员不至于因为只注意某一些专门领域的特殊作用,而忽视企业的总目标,也不至于忽视本企业系统在更大系统中的地位和作用。

(四)管理科学学派

该学派主要制定和运用数学模型与程序的系统,用数学符号和公式来表示计划、组织、控制、决策等合乎逻辑的程序,以求出最优解。管理与数学的结合,使管理发生了质的变化,由定性管理向定量管理转变,使管理更加科学化、精确化、高效化。尽管这一理论注意生产过程中的物质因素较多,对人的因素注意较少,但它反映了社会化大生产的规律性。在当前电子计算机普及和网络经济快速发展的条件下,管理科学理论的发展与应用前景看好。

该学派正式形成于 20 世纪 50 年代,代表人物有英国物理学家、诺贝尔奖获得者布莱克特、美国的埃尔伍德·伯法等。其特点是考虑管理问题时运用系统的观点,多种学科交叉配合的方法以及模型和定量化的方法。管理科学应用的基本步骤是:观察和分析,确定问题,建立模型,求解,对模型及其解进行验证,建立对解决方案的控制手段,将解决方案付诸实施。

(五)战略管理理论

战略管理始于 20 世纪 60 年代中期。由于生产能力的提高和买方市场的逐步形成,市场竞争加剧,企业面临着市场日益萎缩的威胁,如何把握市场需求的变化,开发新的市场,以及如何处理好企业与环境的关系,就成为企业管理的中心问题。到了80年代,战略管理的理论日趋成熟和完善,将企业管理的发展推向了一个新的阶段,把管理的领域由内部拓展到外部,为管理者打开了一个全新的视野。战略理论的代表人物有安索夫、纽曼、波特、大前研一和韦利克等,这一时期的主要理论著作有《公司战略》、《企业战略》、《战略管理》、《竞争战略》和《策略家的智慧》等。我们主要介绍安索夫的战略理论。

安索夫是美国国际大学教授,是战略管理理论研究的开创者,他提出的战略管理理论在管理学界产生了深远的影响。他在《战略管理》一书中,从企业战略计划在其实施阶段如何才能成功着手,以环境、组织和战略三者为支柱,建立了企业战略管理框架,并根据它们的相互关系,提出了企业适应环境的五种类型。他认为,战略管理的模式由环境、预算行为、战略领导等要素及其相互关系组成。

环境分为稳定性、反应性、预期性、探测性和创造性五个层级。环境变化的特点是环境的高层级的上升速度加快,环境变动的可预知性降低,组织的应变能力对某一变动的不适应性逐渐增大,这就要求企业设法提高应变能力。

战略预算就是组织对于战略行动所承诺的必要资源的预算,包括推销和开创预算。推销预算是支持组织销售产品及购买其必要资源所需的预算,其高低与企业所受的环境阻力有关;开创预算是支持企业开创性活动所需的预算,其高低与企业所受的创新压力有关。对每一层级的环境变化,企业应分别确定一个相应的战略预算的临界量。

战略领导就是对企业战略行为的影响力,它决定企业的生存和发展。企业领导者的任务是制定企业的基本宗旨以及衡量其实现程度的标准;确定对于战略选择应遵循的范围;指挥企业按照选定的战略模式行动。

安索夫认为,当环境、战略模式和组织这三者一致时,企业的效益就能提高;反之,则效益降低。例如,环境属稳定型,若采取创造型战略,就会招致失败。组织、环境和战略三者要相适应、相协调，才能避免摩擦和矛盾，企业战略才能成功。

第三节　企　业　管　理

一、企业管理的定义与任务

（一）企业管理的定义

所谓企业管理，就是在一定的生产方式和文化背景下，由企业经理人员或经理机构依照一定的原理、原则和方法，对企业的人、财、物、信息等生产要素进行计划、组织、协调、控制，以提高经济效益，实现盈利目标的活动的总称。

企业管理的定义是企业管理学中最基本和最重要的概念之一。它概括了企业管理学的基本内容和各部分内容之间的关系，应该深刻理解和把握。

企业管理的定义，首先，表明任何管理都是在一定的生产方式下进行的，即在一定的生产资料所有制的条件下进行的。这就决定了管理的性质，反映了管理的二重性。其次，表明任务管理都是在特定国家和民族的传统文化背景下的管理，既有管理的共性，又有国情和文化的特殊性。第三，表明企业管理不是随意进行的，而是要按照一定的规律和方法，即必须依据一定的管理原理、原则和方法进行。第四，表明企业管理的对象是企业中的人和物及其经济活动，即企业管理既是对工作的管理，又是对人的管理，同时又是对企业的人、物及经济活动的全部要素的系统管理，反映了管理理论的基本内容。第五，表明企业管理是通过管理的职能实现的。最后，表明企业管理的目的是取得最佳的经济效益，即以尽可能少的投入获得尽可能多的产出，同时表明企业管理是一个动态的过程。

企业的管理活动大致可分为两个方面：一方面是属于企业内部的

活动,即以生产为中心的基本生产过程、辅助生产过程以及产前的技术准备过程和产后的服务过程,对这些过程的管理统称为生产管理。另一方面是属于企业外部的,联系到社会经济的流通、分配、消费等过程,包括物资供应、产品销售、市场预测与市场调查、对用户服务等,对这些过程的管理统称为经营管理,它是生产管理的延伸。

管理和经营最初是结合在一起的,随着企业规模的扩大和活动内容的复杂化,管理逐渐从经营中分离出来,开始由少数兼职或专职管理者承担,继而成为一个专门的职能。最后,形成了具有许多层次和结构的管理系统。

随着市场经济的发展,企业管理的职能逐渐由以生产为中心的生产型管理发展为以生产经营为中心的生产经营型管理。因此,企业管理的任务是,不仅要合理地组织企业内部的全部生产活动,而且还必须把企业作为整个社会经济系统的一个要素,按照客观经济规律,科学地组织企业的全部生产经营活动。

(二)企业管理的任务

1. 科学、合理组织生产力,提高企业资源的利用效率

科学、合理组织生产力是企业管理的基本任务。它包括两个方面的含义:

(1)通过合理组织,使企业现有的生产要素得到合理的配置和高效利用。具体来说,就是要把企业现有的人、财、物、信息、科学技术等生产要素合理地组织起来,恰当地协调它们之间的结构,实现企业生产组织的合理化,人尽其才、物尽其用,提高资源的利用效率。

(2)通过全面创新,不断开发新的生产力。第一,改进劳动资料,采用新的更先进的劳动资料;第二,改进生产技术,并采用新的技术来改造生产工艺、流程;第三,发现新材料或开发原有材料的新用途;第四,对职工进行技术培训,并引进优秀科技人才与管理人才。

科学、合理组织生产力的过程是一个系统工程,也是一个连续不断的渐进的过程,朝三暮四、半途而废是提高企业管理效率的大敌。

2. 改善社会生产关系，创造良好的社会环境

社会生产关系以至社会环境的改善，无疑会对企业的生产经营发挥巨大的支持和促进作用。企业管理总是在某种特定的社会关系下进行的，既定的社会生产关系是企业管理的基础，它从根本上决定着企业管理的社会属性，从全局上制约着企业管理的基本过程。因此，企业管理的基本任务之一就是要维护其赖以产生、存在和发展的社会关系。同时，由于生产关系具有相对稳定性，在相当长的一个历史阶段内，其基本性质可以保持不变，而生产力却是非常活跃、不断变革的因素，必然与原有的生产关系在某些环节、某些方面发生矛盾。这时，为了保证生产力的不断发展，完全有必要在保持现有生产关系基本性质不变的前提下，通过改进企业管理手段、方法的途径对生产关系的某些环节、某些方面进行调整、改善，以适应生产力不断发展的需要。

二、企业管理发展的主要趋势

随着经济全球化、贸易自由化、企业跨国化、社会经济网络化、科技经济一体化趋势的增强，企业间围绕争夺市场空间、争夺消费者的竞争日趋剧烈，企业管理理论的创新也层出不穷，21 世纪的企业管理在管理思想、管理方法、管理手段、组织结构等方面必将出现新的特点。

1. 创新管理成为主流

创新是 21 世纪的主题。满足现状就意味着落后，裹足不前必然遭到市场的淘汰。企业要生存和发展，就要不断创新。20 世纪 80 年代以来，企业创新围绕一个主题展开，即在市场竞争日趋白热化的条件下，如何创造需求、创造市场，以在竞争中取胜。这也是 21 世纪管理发展的主线。创新是企业家精神的核心，是企业实现战略发展的必然要求。企业家通过创新可以创造新的资源来生产社会财富，或者使现有的资源具有更大的创造财富的能力，是企业在竞争中赢得优势的关键。

创新管理，也叫管理创新，是指企业不断根据市场和社会的变化，重新整合人才、资本、科技、信息等要素，以适应市场，满足市场需求，同

时达到自身效益和社会职责目标的系统化的管理过程。创新管理的实现需要把握以下原则：树立创新观念；实现战略创新；牢牢把握市场导向；实现组织结构的小型化；实行内部竞争；加强信息交流。

2. 人本管理、柔性管理受到重视

人本管理不同于见物不见人或把人作为工具、手段的传统管理模式，而是在深刻认识人在社会经济活动中的作用的基础上，突出人在管理中的地位，实现以人为中心的管理。主要包括：依靠人——全新的管理理念；开发人的潜能——最主要的管理任务；尊重每一个人——企业最高的经营宗旨；人的全面发展——管理的终极目标；凝聚人的合力——组织有效运转的重要保证。人本管理的精髓是：顺应人性、点亮人性的光辉；确立人生的价值，实现人生的价值；个人与企业融为一体，共创繁荣和幸福。实现人本管理需要建立一套动力机制、压力机制、约束机制、保证机制、选择机制、环境影响机制等，以激发全员的创造力，提高管理的效能。

与此相对应，柔性管理是指依据组织的共同价值观和文化、精神氛围进行的人格化管理。与"以规章制度为中心"的刚性管理不同，柔性管理是突出"以人为中心"的"人性化管理"。它在研究人的心理和行为规律的基础上，采用非强制方式，依靠员工内心深处激发主动性、内在潜力和创造精神，把组织目标转化为员工的自觉行动。柔性管理能够激发人的创造性，能够适应瞬息万变的市场环境，满足"顾客化生产"所要求的个性消费需要。它具有效果的持久性、激励的有效性等特点，强调尊重人的价值和人的需要，培养企业的向心力、凝聚力，强化内部团结和人与人之间关系的重要性。

3. 知识管理领风骚

随着人力资本在经济发展中的作用的日益强化，知识资源的重要性得到体现，知识就是资源，知识就是财富。知识管理应运而生。所谓知识管理，就是以企业知识为基础和核心的管理，是对企业生产和经营所依赖的知识及其收集、组织、创新、扩散、使用和开发等一系列过程的管理。企业知识管理的目标是创造和利用各种知识并使知识为企业所拥有。实施知识管理,必须进行企业结构的调整,建成知识型企业;建立为企业员工进行交流提供便利的设施和环境;设立知识主管;建立透明、公开、民主化的决策机制;创造有利于每位员工创造力发挥的文化氛围;建立人力资源管理系统;转变企业营销观念等。知识管理更加重视管理的系统性、整体性,强调了建立学习型组织的重要,改善心智学习、开展团队学习和锻炼系统思考能力,提高应变能力。最终目标就是通过知识的学习、创造、扩散、应用,实现企业的价值,提高企业的附加价值和竞争力。

4. 绿色管理风行

这是与人们消费结构和消费层次的转变密切相关的。绿色管理思想来源于现实社会对环保需要的渴求和在此基础上的绿色生产的推广。绿色生产的内容包括树立绿色价值观、使用绿色技术、获得绿色认证、开展绿色营销等。这是企业经营管理价值观的深层次的改变,涉及到企业的长远发展和人类的可持续发展的重大课题。绿色管理就是将环境保护的观念融入企业的经营管理之中,从企业经营的各个环节着手来控制污染与节约资源。在绿色管理思想的指导下,企业积极研究环保对策,将环保投入作为企业开拓市场、降低成本、实现高效益的有效手段。

5. 基于互联网络的管理创新

随着互联网络的普及和电子商务的发展,企业管理也将相应发生一系列的变化。

(1)企业管理组织创新。与信息传递方式紧密相依的企业管理组织结构,由原来从上至下的金字塔型结构向网络型的组织结构转变,高层决策者可以与基层执行者直接联系,基层执行者也可以根据实际情况及时进行决策,企业各个层次、各个员工之间实现了信息交流的便捷、畅通、高效,综合性管理部门的地位和作用越来越突出;由单一性的决策中心向多级决策中心发展;强调公司的组织机构必须不断更新;新型的企业管理组织形式——电子公司形成,它把因特网和企业经营有机结合起来,利用因特网改变它进入市场和接触客户的方法,实时获得商情、与客户进行双向沟通,实现安全、准确、高效的企业管理。

(2)交易流程管理创新。改革以往以贸易单据(文件)流转为主体的企业交易流程和交易方式,采用数字化电子方式进行商务数据交换和开展商务活动,减少了交易环节,降低了交易成本;采用网上货物跟踪系统,实现贸易客户之间的交易全过程的电子化、信息化、自动化、实时化和规模化,这样就减少了货物的库存天数,降低了成本,缩短了货物结算时间,提高了企业的经济效率。

(3)营销管理创新。互联网络条件下,企业营销实现了互动式营销、整合营销、定制营销,这就要求企业建立新型的营销管理模式,革新管理方法,提高管理效率。

6. 企业管理将更加依赖外脑

西方发达国家的现代经营管理为我们初步勾画出未来企业管理的模式,具体而言就是:以市场为中心的明确的目标和策略,以人为中心的价值观和企业文化,以效率和效益为中心的一整套不断变化的制度和措施。同时,还体现出两个基本方向:开发和合作。面对这种趋势和外部环境剧烈变化的挑战,企业已不能完全依靠企业内的管理人员作出正确的决策,而必须借助外部力量,特别是借助于对企业的生产、技术、经营、法律等方面有专长的专家和顾问,为企业提供生产经营管理方面的咨询服务,在企业界形成以咨询为主的企业智囊团,提高企业的抗风险能力和市场竞争力。

第 三 章

企 业 文 化

第一节　企业文化概述

企业文化已经成为企业管理领域的一个热点,也是 21 世纪企业管理发展的方向。当前的企业竞争是包括企业产品、服务、形象、品牌、战略、文化等多元素的综合竞争,而企业文化逐渐成为竞争的核心。没有强大的企业文化,没有企业价值观、企业精神、企业哲学,再高明的经营战略也无法成功。

日本企业界人士说,没有文化就没有产业。优秀的企业文化一旦同卓越的企业家、科学的管理相结合,就被广大职工所认同、所接受,不仅成为企业无形的精神支柱,形成巨大的凝聚力和活力,而且将产生巨大的物质力量,促进企业生产经营的发展,提高企业的经济效益和社会效益。

一、企业文化的内涵

目前,人们对企业文化的内涵有多种理解,并未形成一致意见。

迪尔和肯尼迪认为,公司文化对在该公司工作的人们来说,"是一种含义深远的价值观、神话、英雄人物和标志的凝聚"。

威廉·大内指出,"公司文化包括一整套象征、仪式和神话。它们把公司的价值观和信念传输给雇员们。这些仪式给那些原本就稀少而又抽象的概念添上血肉,赋予他们以生命力,从而对一个新雇员产生意义和影响。"

帕斯卡尔和阿索斯认为,企业文化由战略、结构、制度、人员、作风、技能、最高目标等七个要素组成。

许宏指出，"企业文化是经济意义与文化意义的混合，即在企业界形成的价值观念、行为准则在人群和社会上发生了文化的影响。……企业文化是一种渗透在企业的一切活动之中的东西，它是企业的灵魂所在。"

杨先举认为，"企业文化是指支配企业及其职工从事商品生产、商品经营时，向自然索取、同社会交往中共同持有的理想信念、价值观念、行为准则等"。

卢嘉瑞认为，"企业文化是企业在长期的经营实践中创造的以企业价值体系为基础的一系列意识形态、行为规范，以及与之相联系的物质载体的总称。企业文化是一种经济文化。"

我们认为，企业文化是指企业在长期的经营实践中形成的共同思想、作风、价值观念和行为准则，是一种具有企业个性的信念和行为方式，是一种企业管理哲学观念。

企业文化是一种亚文化。从广义上说，是指企业在社会实践中创造的物质财富和精神财富的总和；从狭义上说，是指企业在经营管理中所形成的独具特色的思想意识、价值观和行为方式。企业文化通常指的是以价值观为核心的企业的内在素质及其外在表现，即狭义的企业文化。

从内涵的角度看，企业文化包括企业精神、企业文化行为、企业文化素质和企业文化外壳等四个方面的内容。从其内部结构看，企业文化包括物质文化、行为文化、精神文化、制度文化四个层面。

1. 物质文化

它是企业文化的最外层，包括企业的产品、企业环境、企业建筑、企业广告、产品包装设计等，是企业精神文化的物质体现和外在表现。

2. 行为文化

它是企业文化的第二层，是指企业员工在生产经营、学习娱乐中产生的活动文化。它包括企业经营、教育宣传、人际关系活动、文娱体育活动中产生的文化现象，是企业经营作风、精神面貌、人际关系的体现，也是企业精神和价值观的动态反映。

3. 精神文化

它是企业文化的第三层,也是核心层,是指企业在生产经营过程中,受一定的社会文化背景、意识形态影响而形成的一种精神成果和文化观念。它包括企业精神、企业经营哲学、企业道德、企业价值观、企业风貌等意识形态的总和。它是企业物质文化、行为文化的升华,是企业的上层建筑。

4. 制度文化

它是人与物、人与企业运营机制的结合部分,是企业物质文化与精神文化的中介,具有固定、传递功能。它既是人的意识形态与观念形态的反映,又是由一定物的形式所构成的。它包括企业领导体制、企业组织机构和企业管理制度。

二、企业文化的内容

企业文化的要素就是企业文化的内容,主要包括:

1. 企业价值观

企业价值观是员工对企业生存和发展的总的评价和根本看法,它是企业员工行为方式和交往准则的观念化,是企业凝聚功能和规范功能的心理基础。

2. 英雄人物(先进模范人物)

英雄人物是企业价值观的人格化,同时又是人格化的价值观,成为员工学习和效仿的楷模。

3. 领导人员

企业文化往往是在企业领导人员的倡导下逐步形成的,领导者的身体力行、以身作则是企业文化发展的前提。

4. 企业精神

企业精神是企业在生产经营过程中形成的,是对企业价值观、企业风尚、企业宗旨、职工意愿的高度概括,是企业个性和企业文化本质内容的体现和凝聚。

5. 企业环境

它包括保障职工生产、生活的物质环境、精神环境、人际环境,以及进行文化联系的网络系统。

6. 企业形象

它是社会对企业的产品、服务、经营作风、人员素质等的总体印象,是企业生产经营活动中的无形资产。

7. 管理制度

它使企业文化规范化和制度化。特别是分配制度、绩效考核评价标准等,是保护和提高职工工作积极性的主要手段。

三、企业文化的形成

任何企业文化都存在于一定的社会之中,因此,影响企业文化形成的因素有很多,主要是:

1. 民族文化

企业文化离不开自己的民族文化土壤。它也必然反映民族文化的特点,从传统文化中吸取精华,剔除糟粕。

2. 企业自身状况

企业生产力状况是企业物质文化的基础,是影响企业文化形成的重要内容。企业经济技术水平较高、机器设备、信息手段和工艺方法先进,产品服务质量优良,职工观念现代化,则是企业文化赖以形成的内在因素。

3. 企业环境

企业环境包括宏观环境和微观环境。宏观环境指国家的政治、经济、文化、科技等;微观环境包括竞争对手、顾客、相关单位等,是企业文化形成的外在因素。

4. 企业员工素质

员工素质包括企业家素质和职工素质,是影响企业文化形成的重要内因。形成和发展成功的企业文化,要求企业员工具有较高的知识水准和素质。

5. 外民族文化

它是影响企业文化的重要因素。世界经济一体化势不可挡,外民族文化必然对企业文化产生一定影响。企业应当在本民族文化的基础上,融合其他各国先进文化,建立起现代企业文化,以增强企业在国际市场中的竞争能力。

四、企业文化的分类

受内外诸多因素的影响,企业文化形成了不同的类型。西方管理学者把企业文化分为以下几种类型:

1. 硬汉型

这类企业文化具有男子汉气魄,特点是要求企业每个职工发挥高度的积极性和主动性,办事果断,原则性强。这类企业文化的典型是建筑业、管理咨询公司等。

2. 努力型

这类企业文化具有努力进取的精神,特点是坚持不懈和锲而不舍。典型企业(行业)包括不动产业、计算机公司、商品零售业等。

3. 风险型

这类企业文化具有敢于承担风险的精神,特点是以未来投资的风险性为出发点,谨慎从事,依据多方面信息作出准确判断,要求上下级关系明确、严格,重视责任与权力的对应。典型行业如制造业、矿业、石油公司、飞机制造业等大企业。

4. 过程型

这类企业文化认为过程比产品更为重要。特点是把工作的焦点放在过程和程序上,经营的最终目标要求技术的完整性。典型行业有银行、保险公司、会计师事务所和制药企业等。

5. 企业外显文化

企业外显文化是通过企业职工的行为方式和创造性劳动成果(产品或服务)显现出来的,可以被直接观察、触摸感知的企业文化,是企业文化的外在表现形式。与内隐文化一起构成企业文化的完整体系。企业外显文化主要体现在企业文化的表层结构中,通过物质文化、组织文化、行为文化和制度文化表现出来。其特征是:

(1)物质性。由厂房设施、机器设备、物质产品等构成。

(2)显示性。外显文化表现为物质和文化载体,可以被观察、感知。

(3)经济性。体现在产品的价格、技术和销售对顾客的价值上。

(4)服务性。企业外显文化通过产品销售、技术推广等为社会提供服务。

(5)动态性。外显文化可以通过学习和模仿进行传播,也容易受到企业外部文化的影响,具有动态可变性。

6. 企业内隐文化

企业内隐文化是通过人们的思想、情感和行为表现出来的,是不可直接观察的企业文化,是企业文化的内核。企业内隐文化以企业精神文化特质表现出来,如创新精神、超前精神、危机意识、竞争意识、市场意识等。内隐文化的特点是人的内在精神活动,是人的内在行为模式。企业内隐文化是在一定的历史条件下逐步形成的,其历史越久远,特征就越明显。内隐文化的这种特征培养了企业的品格、精神和气质,使企业文化具有独特性和继承性。

第二节 企业文化的特征与功能

一、企业文化的特征

企业文化是一种经济亚文化,从属于民族文化的大文化,但不同于其他类型的亚文化。其特征是:

1. 继承性

它包括两个方面的含义:一是企业文化作为一种亚文化,必然受到民族文化的影响,继承民族文化的特点,带有民族文化的烙印。如,受本民族文化的影响,美国的企业文化带有创新、个人主义、理性主义色彩,而英国的企业文化带有贵族化的特点。二是企业文化延续了企业自身的文化传统和特色,这一特点在西方那些历史较长的企业中更为明显。

2. 人本性

它强调人的重要性,是现代企业文化的一大特点。企业是人的企业,企业文化是以人为主体的文化。因此,企业文化必然体现出强烈的人本主义色彩。人的素质决定企业的素质、决定企业文化的品质。其他如机器、设备等生产要素,离开了人,都只是一堆废物。从这个角度看,企业文化就是以人为中心的、以文化引导为手段的管理思想。

3. 独特性

企业的社会背景不同、所有制性质不同、生产方式不同、发展历史不同、行业性质不同、经营者和员工的素质不同,都是造成企业文化独特性的原因。越是成功的企业,企业文化的特征也就越明显。单个企业文化的独特性就决定了企业文化的多样性。从创建企业文化的角度出发,也要坚持企业文化的独特性,只有特色鲜明,才能与同类企业、其他企业区别开来,提高企业的竞争力。

4. 稳定性

虽然企业文化不是一成不变的,要随着时代的发展而发展,但是它又具有相对的稳定性。也即在一定时期内,它能够保持一个稳定的面貌,这是企业文化发挥其功能的基础。否则,员工的思想和行为就失去了标准和导向。企业文化也不能因领导人的更换、某些职工的调动而变动。如美国国际商用机器公司(IBM)的企业精神"IBM 就是服务"就一直没有改变,作为企业的精神支柱保留下来。稳定的企业文化是企业凝聚职工精神、实现共同目标的基础。

5. 综合性

作为一种理论,企业文化是涉及管理学、行为科学、社会学、心理学、经济学、文化学等多学科的交叉学科,综合性强;作为一种亚文化,它的内容包括企业的经营哲学、企业精神、价值观、最高目标、职工交往准则等许多因素,体现了较强的包容性、交叉性、综合性。生活在一定企业文化氛围中的职工,从思想到行为无一不受到企业文化的影响和制约。正是这种内容的综合性和影响的综合性,使企业文化具有巨大的力量。

6. 客观性

就企业文化的产生而言,作为一种微观上层建筑,企业文化必然反映社会的文化传统、政治结构、经济状况、组织方式、交往方式,也反映企业的生产经营实践,是它们的共生物和混合体。因此,企业文化是对客观的社会现实和企业管理规律的概括和反映,具有科学性和客观性。就企业文化的作用而言,企业在对国家利益、荣誉、工作失误和企业员工关系方面,体现着不同的特点,反映着企业的生产经营状况。不管作用大小,是积极的还是消极的,企业文化总是客观存在的。

7. 时代性

企业是具体的,企业文化也是具体的,它们存在于一定的时代、空间中,企业文化的形成和发展就必然带有时代的特色,甚至就是时代的产物。一个时代的政治体制、经济体制、社会结构、文化时尚等都会对企业文化产生影响。如 20 世纪 50 年代形成的"鞍钢文化"和 60 年代的"大庆文化"都深刻地反映了时代的特定风貌。在市场经济条件下,锐意改革、大胆创新、开拓进取、市场竞争、经济效益等观念已经成为当前企业文化的核心内容。

8. 开放性

企业文化是一种适应市场经济发展要求的开放性的文化。主要表现在:

(1)企业文化本身就是开放性的产物,是企业管理吸收其他学科的最新成果发展起来的边缘学科和文化形态;

(2) 企业文化是动态的,受市场条件、社会因素和企业情况的变化而变化,具有可塑性;

(3) 适应经济全球化的需要,企业文化应该吸收竞争对手和国际跨国企业文化的优点,不断调整企业的战略和政策,实现持续发展。

二、企业文化的功能

企业文化是企业的无形资产,具有潜在的生产力,是企业发展的力量之源。

1. 导向功能

企业文化反映广大员工的共同的价值观和利益追求,对每个员工具有强大的感召力,把每个员工的思想和行为引导到企业的生产经营目标上,使人们自觉地为实现企业的目标而努力工作。同时,企业本身的发展方向也需要企业文化的引导。这两个影响的范围是重合的,员工行为决定着企业的行为,企业的行为又影响着员工的素质。优秀的企业文化会使企业整体的价值取向和行为,与国家和社会的要求相协调,在实现企业价值的同时,也担负起企业应有的责任。

2. 凝聚功能

企业文化的凝聚功能,是通过企业文化建设而使企业对员工所产生的向心力和凝聚力。企业文化反映员工的意愿,体现员工的利益,能够把员工团结到一起。共同的价值观和意志的信念目标能促成员工在待人处事等方面的共识,形成一个协调融洽、配合默契的高效率的生产经营团队,产生巨大的生产力和较强的竞争力。

3. 激励功能

激励是通过物质的或精神的外在刺激,使员工产生积极进取、努力工作的思想和行为。企业文化是一种精神激励,比起物质激励,其适应性更强、作用更持久。企业文化的激励功能是指通过正确的价值观、企业精神、企业目标和企业伦理等在员工心目中渗透,最终使员工产生强烈的责任感和自豪感,鼓舞员工为企业的发展拼搏奉献。企业文化的激励功能是通过满足员工的高层次需要来发挥作用的。主要是：通过积极向上的企业精神和对职工需求的满足，激发员工的进取心，把潜在生产力变为现实生产力；通过确立科学合理的企业目标，激励员工最充分地发挥其智力、体力和技术才能，保持工作的高效率；通过确立正确的价值观，使企业员工认识到自己工作的意义，鼓励员工努力工作。

4. 规范功能

企业文化虽然是非强制性的行为准则，但是却对每一位员工的思想和行为起着有效的规范作用。它的规范功能发挥作用的机制是：通过培养员工的荣誉感、自豪感、归属感、优胜感、责任感等情感因素，使员工的思想和行为与企业文化统一起来、一致起来。对那些符合企业文化精神的言行，人们给予赞扬和鼓励；对于那些违背企业文化要求的言行，人们会给予批评。这样，员工就会逐渐形成以企业文化为标准规范的思想和行为方式，产生以企业文化为主导的"从众行为"。

5. 辐射功能

企业文化形成以后，特别是在其发展到较高水平后，不仅会对企业本身产生强烈的感染力，还会传播、辐射到企业外部，对社会文化（其他企业的企业文化、社区文化、民族文化等）产生重大影响。企业文化的这种"自我表现"功能，不仅提高了企业的知名度和美誉度，优化了企业形象，也会对社会文化的净化、改进起到积极的推动作用。

第三节　企业文化理论

20 世纪 80 年代初，企业文化理论在管理理论的"丛林"中脱颖而出，很快引起理论界和企业界的关注，此后迅速发展，成为全球的管理潮流。企业文化理论不同于传统的管理理论和行为科学理论，它是当代资本主义管理理论的新发展，是市场经济条件下先进管理思想的新综合。

一、企业文化理论的产生

企业文化理论的产生,是美日两国比较管理学的研究成果。第二次世界大战以后,美国企业得益于先进的管理理论和科学技术,获得了长足的发展。但是从20世纪70年代初期的石油危机以后,美国企业的优势遭到了严重的削弱,劳动生产率下降,企业竞争力下降。与此同时,日本企业却以惊人的速度赶超上来,其高质量、低价格的产品具有强大的竞争优势,对美国形成了强有力的挑战。日本企业的成功吸引了许多美国的企业家和学者到日本去寻找"真经",以便为美国企业所用。

经过深入的调查研究,他们发现:从表面上看,美、日两国的管理模式存在着差异,而潜藏在这种差异背后的则是两国的文化,包括社会文化和企业文化的差异。美国管理学界在20世纪80年代初期推出了四本名著:《Z理论——美国企业界怎样迎接日本的挑战》、《日本企业管理艺术》、《企业文化》和《寻求优势——美国最成功公司的经验》,被称为新潮流的"四重奏"。这些著作在全球产生了广泛的影响,标志着企业文化理论的诞生。在企业文化理论诞生的过程中,出版了许多具有代表性的著作,我们择要简介如下:

1. 伏格尔的《日本名列第一》(1979)

在美、日企业管理模式差异的背后,管理学者发现了深层次的文化差异(包括宏观社会文化差异和微观企业文化差异)。哈佛大学教授伏格尔撰写的《日本名列第一》影响最大。该书认为,日本获得成功的关键是:能够在保持自己传统文化的基础上,努力融合其他国家的优良文化传统,形成独具特色的日本企业管理模式。这种管理模式的核心是人,把人作为管理的主体。

2. 理查德·帕斯卡尔和安东尼·阿索斯的《日本企业管理艺术》(1981)

该书从战略、结构、制度、人员、技能、作风、最高目标、企业文化背景等方面将日本与美国企业进行比较。该书以大量事实说明,在战略、结构、制度这三个"硬件"方面,日美之间没有重大差别,差别在于日本企业更重视人员、技能、作风、最高目标、企业文化背景等"软件"。该书指出,"企业管理的现实并不是独立的,它是由社会和文化决定的","美国人的'敌人'不是日本人或德国人,而是美国企业管理'文化'的局限性"。要突破这种限制,就必须善于融合别国企业文化,采用过去不熟悉、不习惯的管理方式,提高企业管理效率。

3. 威廉·大内的《Z理论——美国企业界怎样迎接日本的挑战》(1981)

该书明确断言,美国企业应向兼具美国、日本两种管理模式之长的"Z型组织"转变,而Z型组织则应培养"Z型文化"。也就是务必在企业内部开展改革,培育以价值观为核心的企业文化。这种Z型文化有一套独特的价值观,譬如长期雇佣、信任、亲密、微妙的人际关系等。

4. 迪尔和肯尼迪的《企业文化》(1982)

该书的出版标志着企业文化理论的正式诞生。在这本书里,两位作者提出,杰出而成功的公司大都有强有力的文化,并分析了构成企业文化的五个要素。即:企业环境,是形成企业文化的最重要的因素;价值观,是构成企业文化的核心;英雄人物,是企业价值观的人格化和广大员工仿效的榜样;典礼及仪式,是企业有系统、有计划的日常例行事务所构成的文化;文化网络,是企业中非正式的、最基本的沟通方式。该书还阐明了企业文化的四种类型:硬汉型文化、努力型文化、风险型文化、过程型文化。

5. 彼得斯和沃特曼的《寻求优势——美国最成功公司的经验》(1982)

作者对美国的一些成功公司进行了研究,发现这些公司有着优秀的文化传统,他们有八个共同特征:① 乐于采取行动,保持工作不断进展;② 接近顾客;③ 自主和企业家精神;④ 人是企业增长的动力,通过发挥人的积极性来提高劳动生产率;⑤ 领导身体力行,以价值准则为动力;⑥ 发挥优势,扬长避短;⑦ 组织结构简单,公司总部精干;

⑧ 宽严相济,张弛结合。并且着重指出,这些公司成功的诀窍并不在于这些原则本身,而在于他们都是以公司文化为动力、方向和控制手段,抱着强烈的信念彻底实施这些原则,因而取得了惊人的成功。这正是企业文化的力量所在。

6. 米勒的《美国企业精神——未来企业经营的 8 大原则》(1984)

该书指出,美国企业界正在出现一种新的企业文化,它的驱动力既不是简单的提高生产率的需要,也不仅是为员工提供更令人满意的工作环境的需要,而是创造和接受新的价值观和新精神的需要。米勒称,在未来的全球性竞争时代中,企业唯有发展出一种能激励员工在竞争中获胜的行为文化,才能立于不败之地。总之,他们认为,企业管理不仅是一门科学,还应是一种文化,即有其价值观、信仰、工具和语言的一种文化。

二、企业文化理论对管理理论的创新

企业文化理论是对已有的管理理论的继承和创新,它把管理理论研究的重点从企业生产力层面转向了企业价值观层面,作出了有价值的贡献。

1. 关于人性的假设

传统的管理理论把企业中的人视为"经济人",行为科学强调"社会人",而企业文化理论则提出更为深刻的人性假设,认为企业中的人是"全面发展的文化自由人"。他们认为,只有在一种全面的人与人之间的信任与平等关系环境中,劳动者才可能发挥自己的才智和创造性。

2. 关于管理本质

对管理本质的认识,从侧重硬性管理转变为软硬兼备的管理,注重管理的技巧和方法的创新,强调软性管理的作用。其核心是发现人才,爱护人才,调动人才的积极性和创造性,重视对人的管理。

3. 关于管理侧重点

由对企业内个体的管理转变为对企业内员工群体的管理,追求企业群体的优势是企业文化理论的核心。企业管理者也从以往将激励理论和方法分散地运用到每个员工,过渡到引导员工树立企业整体观念,使员工团结到一个整体上来。企业文化的规范功能、凝聚功能的发挥,导致个体产生从众行为。

4. 注重社会文化的作用

由对企业组织行为的研究转变为对社会文化的更深层次的研究。企业文化植根于社会文化,是社会文化融合于组织管理之中而形成的管理与社会文化的共生体,企业的组织管理和人际关系的协调只有在合作、信任、友爱、团结、奋进等条件下才能顺利进行,但这些条件只有在长期的培育下才能达到。因此,企业的管理者必须结合当前的社会文化,建立符合时代要求的企业文化。

三、美国与日本企业文化的比较

美国是资本主义世界最发达的国家,但美国的历史至今不过几百年的时间。在以大量移民的奋斗为源泉的发展过程中,美国形成了自己的文化。美利坚民族具有强烈的开拓精神、冒险精神、个人奋斗意识和功利主义观念。个人的进取心、事业心受到鼓励,讲求个人价值的实现和个人奋斗而不注重集体的力量蔚然成风,重实际而不重形式的观念根深蒂固。与美国的文化不同,日本的民族文化属于东方型文化,安土重迁,重视相互合作,强调集体力量,富于人情味,强调忠诚、孝顺和智慧,提倡忠诚是日本传统文化的突出特点。基于不同的民族文化背景,美国和日本的企业文化也具有不同的特点。

(一)美国企业文化的特点

1. 强烈的个人奋斗精神和实用主义

美国企业文化学者指出,如果价值是文化的灵魂,那么英雄就是这些价值的化身和组织机构力量的体现。在企业文化中,英雄就是中流砥柱。这些英雄都有一个共同特点,就是通过个人奋斗,在事业中获得最大成功,而被企业确认为英雄模范式的人物。美国式的个人主义,注重实用和务实。任何一种发明或发现是否被美国人接受,关键在于其在现实中是否有用,能否在社会生活中产生积极效应。

2. 个人权利备受重视,责任归于个人

美国的企业一般通过激励员工的个人主义,使其与企业的合作达到较好的水平,从而获得较好的经济效益。

企业中个人的权利受到尊重,是以尊重别人的权利为前提的。美国硅谷的坦德公司的信条是:任何人都在同一层次上对话,没有人会感到自己高人一等。但是与此相对应,成功与失败的责任都归于个人。"我的一切由我负责"、"成功归我个人、失败了也不要别人同情"。还鼓励员工大胆创新,"允许失败,但不允许不创新"。这在高新技术企业中表现得更为突出。

3. 价值是企业文化的基础

实现个人的价值、企业的价值是美国企业文化的基础,它为企业员工规定出成功的标准和方向。美国杜邦公司的企业价值观是:"通过化学能使美好的生活变得更美好"。价值观在企业内部形成了由企业员工共享的、丰富的价值体系,推动着企业目标的实现。

(二)日本企业文化的特点

1. 崇尚企业集团主义

作为企业道德准则的日本企业集团主义,是与日本现代企业的经营方式——终身雇佣制联系在一起的。具体表现在:与自己从属的企业同心同德,视为一体,忠于职守,忘我地投入企业集团的事业之中;重视企业集团内部"序列"秩序的稳定,绝对维护上级权威;在企业集团内部同事之间,相互尊重,相互体谅。它要求人们把自己从属的企业集团"神圣化",否定自我个人主义的独立存在,重视企业团体的统一与和谐,尊崇企业共同体的价值。当个人利益与企业集团利益发生矛盾时,要对自己的私欲进行高度的自我控制,按照企业集团的意志行动,以求得企业集团的昌盛和发展。

2. 信奉热爱劳动的价值观

日本企业文化倡导企业员工勤奋工作,竭尽全力。许多人下班后还要工作 1—2 小时甚至更长的时间。企业还倡导生活的价值在于劳动,劳动不只是为了自我改善而进行的个人奋斗,其首要意义在于它是人的应当自觉分担的一份社会义务和责任;劳动不只是一种只与经济利益联系的纯经济活动,还是一种高于经济活动的与"为善"相联系的宗教修炼事业。因此,人仅仅求生存是毫无意义的,只有工作,生命才有意义,帮助公司的成长、繁荣是企业价值观的核心。

3. 深受儒教、佛教的影响

日本企业追求的"人和"、"至善"、"上下同欲者胜"等共同意识均源于中国的儒教和佛教。日本成功的企业家在投身企业界时,都以献身"产业人的使命"作为自己的第一觉悟、最终觉悟。他们都把自己的性命与事业融为一体。感谢报恩,也是日本企业文化所追求的大义之道。善有善报、恶有恶报,这是每个企业都很敏感的戒训。

4. 注重实践和行动

日本的企业无论大小,都十分重视企业文化理论的实际运用和行动贯彻。本田公司创始人大久保睿在介绍"本田精神"时指出,本田公司一贯追求的是技术与人的结合,而不仅仅是摩托车。松下电器公司也十分重视企业价值观在企业中的推动作用,通过企业文化的实践运用和行动贯彻,成为日本获利颇高的企业。

(三)不同企业文化背景下的企业管理模式

基于上述企业文化的差异,美日两国的企业管理模式呈现出不同的特点:

(1)在人员管理上,美国企业讲求个人的能力与价值,企业与员工的关系很不稳定,重视个人的实际能力,并不重视学历、资历、年龄等因素;日本企业则强调职工对企业的归属意识,实行年功序列制和终身雇佣制,劳资关系比较稳定,重视学历、资历和年龄,论资排辈思想严重。

(2)在企业与职工关系上,美国企业与职工是建立在契约关系的基础之上的,是一种纯粹的商品关系和雇佣关系;而日本企业则认为感情比契约更可靠,企业与职工关系的维系,不仅靠契约,更要靠感情。

(3) 在人与人之间的关系上,美国企业注重相互竞争,优胜劣汰,人与人之间的感情交流较少;日本企业则强调团体内人与人之间的相互信任、相互依赖,注重感情交流,虽然也鼓励竞争,但又不过分强调竞争。

(4) 在企业与国家的关系上,美国更多强调的是企业的利益,漠视企业对国家的责任;日本企业受民族文化中民族意识强烈的特点影响,在处理企业与国家的关系时,相对美国企业会更多地考虑到对国家的责任。

(5) 在决策管理上,美国企业实行的是个人决策制,强调职责明确、责权相符;日本企业实行集体决策制,这种方法的优点是集思广益,但缺点是容易产生决策时间长、责任不清的弊端。

(6) 在监督控制管理上,美国企业强调明确的控制;日本企业也重视对企业职工及生产经营活动的监督,但是主要通过非正式组织,通过建立一种整体气氛和集体力量,利用感情来实行含蓄控制。

(7) 在分配管理上,美国企业实行职务工资制;日本企业实行的是年功序列工资制,在决定工资时,既考虑职工的表现、能力、工作成绩,又考虑工龄、职务和工作岗位。

(8) 在对待产品创新和技术创新上,美国企业抱着极大的热情,把创新看作企业活力的表现之一,鼓励创新;日本企业吸取了美国企业的创新精神,也非常重视创新,但这种创新在很大程度上是模仿基础上的革新。这种方法符合日本国情,十分有效。

(9) 在组织管理上,美国企业强调正式组织在管理中的作用,并习惯追求一种所谓完善的企业组织结构;日本企业则在组织管理中推崇实效原则,善于根据企业管理需要设置和调整组织结构。

(10) 在产品质量上,美国企业和日本企业都把产品质量看作企业的生命。但美国企业在质量管理上更重视通过技术方法保证质量的提高,日本企业则较为重视人在质量管理中的作用,实行全员质量管理。

比较是为了学习和借鉴。在我国企业文化建设过程中,需要不断地了解西方发达国家优秀企业的企业文化,洋为中用,提高我国企业文化建设水平。

第四节 企业文化建设

企业文化是企业管理的创新,具有持久的生命力。对于现代企业而言,企业文化是关系企业生存、发展的战略工程,企业文化建设是一项需要长时间、大投入的系统工程。在企业文化建设过程中,必须确立建设企业文化工作的优先地位,发挥企业文化的导向功能,引导生产经营活动实现快速发展;具体实施过程中,既需要领导者积极倡导、身体力行,也需要企业员工的普遍认同和贯彻执行。

一、企业文化建设的目标

总体目标是:建设在市场经济中能够实现持续发展的、竞争力和创新力极强的企业。具体包括:

(1)企业获取较好的经济效益,并为国家和社会作出贡献。

(2)提高企业的知名度和美誉度,树立良好的企业形象。

(3)创造一个和谐、向上、团结、互谅、互助的,既有竞争,又有巨大包容性的内部环境。

(4)企业员工的物质文化生活需求得到逐步满足,并为他们的高层次需求的实现创造条件。

(5)全面提高员工素质,挖掘员工潜能,提升个人价值。

二、企业文化建设的原则

(1)以市场为导向。坚持市场导向是企业文化建设目标确立的前提,离开了市场导向,任何目标都毫无意义。

(2)以发展为主题。每个企业都有明确、远大的目标,使员工的工作与企业目标紧密联系在一起。企业要具备卓越的精神,永不满足,以创造促发展,以发展求卓越。企业文化要把企业发展的总体方向和发展目标体现出来,融合到企业文化建设中去,强调企业的长远发展、可持续发展和出类拔萃。

(3) 突出个性化。企业文化建设必须避免雷同,"千企一面"是企业文化建设的大忌。这就必须在企业价值观、企业精神、经营哲学等方面挖掘特色,体现个性,张扬自我,树立独特的企业文化形象。

(4) 价值原则。价值观是企业文化的核心,每一个企业都应有一个共同的价值观念,企业员工都应在共同行动中信守统一的价值标准。

(5) 企业家先行原则。优秀的企业文化,是企业家德才水平、创新精神、事业心和责任感的集中展示。因为优秀的企业文化都是企业家在长期的生产经营实践中自觉塑造、培育形成的。因此,企业文化建设必须注意发挥企业家作用,把企业家的个性与魅力融入企业文化建设过程中。

(6) 参与原则。员工要参与管理,参与决策,参与企业文化建设,发挥他们的主动性、创造性。这既有利于企业文化的形成,也有利于企业文化的贯彻执行。

(7) 亲密原则。要在组织与个人之间、管理者与职工之间、上级与下级之间建立起亲密的朋友式的关系,员工之间彼此信任,真诚相待,建立员工的企业归属感,满足员工的情感需要,形成一个融洽的整体环境。

三、企业文化建设的内容

企业文化建设是一项系统工程,主要从物质文化、行为文化、精神文化、制度文化四个方面着手。

(1) 物质文化建设。首先要重视产品和服务质量的改进与提高工作,这是表层文化建设的核心;其次是加强企业的基础设施建设,美化企业的厂容、厂貌;第三是注重产品和服务的商标和包装设计,注重广告宣传的有效性,优化企业形象,增强企业产品和服务的竞争力。

(2)行为文化建设。首先是注意人力资本的培育和积累,增加投资,加大人才的培养和引进力度,加强员工教育、培训;其次要注意经营管理的科学性、效益性;第三是员工作风和精神风貌的活力;第四是建立良好的人际关系环境,为员工提供更多的参与管理、参与文化建设的机会,及时奖励员工,注重发挥非正式组织的作用;第五是搞好员工的文化娱乐体育活动,引导员工发展自己的个人兴趣,提高员工的综合素质。

(3)精神文化建设。深入研究和挖掘民族文化的优良传统,积极吸取现代文化和外民族文化的优秀成果,处理好传统文化与现实文化、民族文化与外来文化的关系,建立适合于企业的价值观念体系,创建有本国特色、本企业特色的企业文化。

(4)制度文化建设。注重企业领导体制的适用性,强调企业组织体系的科学性、组织机构设置的合理性,不照搬其他企业的组织结构,而应坚持有利于企业目标实现的原则;企业管理制度必须成体系,包括生产管理、人事管理、民主管理制度等,还要实现规范化、系统化,强调可操作性和可执行性,关键是坚持一贯,落实到人,落实到位。

四、企业文化建设的步骤

企业文化建设过程一般分四个步骤:

(1)企业经营战略的制定,规划企业未来一定时期内的奋斗目标。

(2)确定企业文化的核心内容——企业价值观念和企业精神,为企业文化建设设定基本框架和努力方向。

(3)进行企业物质文化、制度文化的建设,从硬件设施和环境因素方面作准备。

(4)向企业员工进行企业文化深层的价值观念的导入与渗透,获得员工的理解和认同,贯彻到员工的思想深处和行为方式上。

知识经济条件下的企业竞争,不只是产品力、销售力、服务力之间的竞争,而是企业的文化力、形象力的竞争。建设现代企业文化,是决定企业能否实现持续发展的关键问题。在认识到企业文化的重要意义之后,重点就是如何搞好企业文化建设工作。在我国的现实条件下,必须切实尊重工人的企业主体地位,充分发挥员工的积极性和创造性;坚决维护职工的合法权益,保障他们的民主权利;进一步发挥工会的作用,实行民主决策、民主管理、民主监督,强化民主监督管理的作用;全面提高职工素质,保证企业的产品和服务质量;适应社会文化的要求,积极为社区、社会和国家作出应有的贡献。

　　企业文化建设是企业发展的前提和基础,也是企业发展水平的标志和体现。唯有企业界、企业家和企业员工充分认识到企业文化对于企业生存、发展的重要意义,企业文化建设才会真正走向繁荣,我国的企业经济也才会实现持续增长。我们相信这一天很快就会到来。

第 二 篇

企业经营管理

第 二 篇

企业经营管理

第 四 章

企业经营管理战略

第一节 企业经营管理及其目标

一、企业经营管理的含义

企业是现代市场经济的基本单位,而企业的核心管理职能是企业经营管理。因此,对企业经营管理的研究就成为关系企业生存和发展的关键问题,具有特别重要的理论意义和实际意义。

什么是企业经营管理?目前国内尚没有统一的看法,有代表性的观点有两种:

第一种观点认为,企业经营管理是企业为实现其目标,对企业的各种重要的经济活动进行运筹、谋划的总称,是企业供、产、销活动的总体。这是广义角度的定义。

第二种观点认为,企业管理活动可分为企业生产管理活动及企业经营管理活动两部分,其中企业经营管理活动只包括企业生产所需资源的供应及产品的销售活动的管理,不包括企业生产管理活动在内。这是狭义角度的定义。

综合上述,我们认为,企业经营管理是指在市场经济条件下,对企业经济活动具有支配能力的人们,面向市场和用户的需要,平衡企业内外一切条件和可能,自觉地利用价值规律,通过一系列的运筹、谋划活动去达成企业的目标。企业经营管理是一个连续不断的循环过程。

二、企业经营目标

企业经营目标是企业在一定时期内,按照企业经营思想,考虑到企业的内外条件和可能,沿其经营方向所要预期达到的理想成果。它经常以产量、品种、质量、销售收入、资金利润率和市场占有率等指标的未来发展规模和速度来表示。

企业经营目标分为长期经营目标、中期经营目标和短期经营目标三种,本节着重讨论长期经营目标。只有先制定科学、合理的长期经营目标,再来协调中短期目标,才能既避免目光短浅,又使长期目标的实现有可靠的保证。长期目标是指导企业经营决策和各项业务工作的准绳,是分配资源时分清主次和轻重缓急的依据,也是衡量企业成就和内部工作成效的标准。

企业长期经营目标包括以下内容:

(一)企业盈利能力

企业经营的成效在很大程度上表现为具有一定的盈利水平,没有相当规模的内部积累,就缺少振兴企业的财源。盈利能力通常以资金利润率和销售率来表示。

(二)生产效率

它通常表现为单位时间的产出或单位投入的产出,例如年产量、劳动生产率等,其他如成本降低率、废品率等有时也作为企业生产率方面的目标提出来。

(三)市场竞争地位

衡量企业经营成效的标准之一是企业在市场上的竞争地位。特别是我国的一些大企业常把在国际、国内的市场竞争地位列为一个目标,以测定其在发展和盈利方面的相对实力。竞争地位通常以总销售收入和市场占有率来表示。

(四)产品结构

所谓产品结构是指企业在特定的发展阶段,各种产品之间技术经济关系和数量比例关系的总和。反映产品结构的指标,常用的有:企业新产品产值占企业总产值比率、新产品销售占总销售收入的比例、新开发产品数、淘汰产品数等。

（五）企业技术水平

企业在未来战略期内在技术上应达到什么水平,也是企业长期经营目标中的重要内容。企业必须从现在行业中的实际技术水平出发,决定在未来战略期内的技术状态。这方面的指标有:应完成的开发和创新项目,新产品开发费用占销售额的百分比,新产品获得的专利数,等等。

（六）人力资源的开发

企业的发展不仅依赖于职工技术人员的数量增加,还依赖于企业内所有人员素质的提高。目前,我国大多数企业内人员过多而素质不高,企业实施战略极为困难。因此,应注意对企业人员的培养,为职工提供良好的发展机会。这样不仅可以提高职工的积极性,还有利于企业吸引优秀人才。因此,企业人力资源的开发应作为企业长期发展目标。这方面的指标有:在未来几年内企业培训人数及培训费用,技术人员在全体职工中比例的增长,各种技术职称比例的增加,职工技术水平的提高,人员流动率、缺勤率及迟到率的降低等。

（七）财务状况

企业财务状况是企业经营实力的重要表现,是反映企业经营状况的一个重要目标。它通常以资本构成、流动资金、新增普通股、红利偿付、固定资产增值等指标来表示。

（八）企业的建设和发展

企业应适应内外环境变化的需要而不断发展,因此企业的建设和发展应成为企业长期经营目标中的一个重要内容。这方面的指标有:年产量增加速度,经济效益提高速度,企业生产规模的扩大,生产用工面积的扩大,生产能力的扩大,生产自动化、数控化、计算机化水平的提高,企业管理水平的提高等。

（九）人际关系和职工福利

企业中良好的人际关系,如干群关系、民主管理,以及职工物质生活需求的满足程度等对企业生产经营有直接的影响,是企业经营的内在动力,也是衡量企业经营效果的一个尺度。因此,改善企业内的人际关系和提高职工物质生活、福利待遇是企业长期经营目标的一个组成部分。这方面的指标有:在未来几年内企业人均工资水平的提高,对有贡献的技术人员及其他人员的奖励水平的提高,职工生活福利设施如住房、幼儿园、小学、中学、食堂、浴室等条件的改善。

(十) 社会责任的目标

企业作为社会中的一个子系统,对社会负有责任。企业的社会责任包括两个层次:第一个层次是企业生产经营的直接关系,主要是指与企业直接发生的多种社会关系,主要包括企业与职工、企业与供应企业、企业与销售企业、企业与消费者、企业与竞争企业的关系,等等;第二个层次是企业生产经营的间接关系,主要是指企业的社会影响或企业的非市场关系,主要包括企业与国家各级政府、企业与各种社会团体组织、企业与传播媒介、企业与企业界赞助支持的组织、企业与所在社区、企业与国际上的各种企业、团体组织的关系,等等。

以上这十项指标并没有把作为企业长期发展目标的全部内容都包括进来,每个企业仍可根据自己的具体情况列出适合于本企业的长期发展目标。也不是每个企业都需要按照上述十个方面的问题列出自己的发展目标,而应该根据企业的具体情况,有重点地突出对企业未来发展具有关键作用的发展目标,这样可以集中企业力量把应当办的事情办好。

第二节 企业经营战略

一、企业经营战略的含义

关于企业经营战略的含义,至今尚无统一的、规范化的定义,有代表性的观点主要有以下三种：

（1）企业经营战略就是企业经营战略决策。其内容包括企业长远发展的目标、为达到目标所制定的经营方针及对企业资源的分配等战略决策。这种看法指出了企业经营战略的基本性质。

（2）企业经营战略就是企业的战略规划。它包括规划企业经营目标以及为达到目标所必需的资源的取得、使用及处理方针。这种看法指出了企业经营战略的基本内容。

（3）企业经营战略就是企业的产品—市场战略。这方面的代表人物是安索夫。他认为战略一词要限定在"产品—市场战略"的意义上使用，应在一定的经营领域内开发新的产品与市场，撤出不适宜的产品与市场，有计划地提高本企业现有的产品与市场，有计划地提高本企业现有的产品与市场的地位。这是现代企业取得成就的关键。他认为应把环境、战略模式及组织这三个要素分成稳定型、反应型、先导型、探索型、创造型等五种类型。这种看法指出了企业经营战略的基本要素。

归纳以上三种观点，结合我国企业的具体情况，我们认为：企业经营战略是企业在市场经济条件下，在分析外部环境和内部条件基础上，为求得企业生存和长期稳定的发展，对企业发展目标、达成目标的途径和手段的总体的、长远的谋划。它是企业经营思想的集中体现，是一系列战略决策的结果，同时又是制定企业规划和计划的基础。

二、企业经营战略的特征

根据上述定义可以看出，企业经营战略具有以下六大特征：

（一）全局性

企业的经营战略是以企业的全局为对象，根据企业总体发展的需要而制定的。它对企业的各项具体工作都起着普遍的权威性的指导作用。

（二）长远性

企业的经营战略既是企业谋取长远发展要求的反映，又是企业对未来较长时期内生存与发展的通盘筹划。它的目的不在于维持企业的现状,而在于开拓创造企业未来的发展前景。

（三）风险性

由于企业外部环境是动态的,市场机会和危机会随时出现,会给既定的经营战略带来风险。企业要敢于迎接来自各方面的挑战,克服困难,才能实现预期的目标。

（四）社会性

企业经营战略虽然是根据企业不同的特点制定的,但是,企业是国民经济的一个基本单位,是国家整体经济发展战略的组成部分。所以,企业经营战略既要体现投资者、经营者和职工的利益,更要体现全社会的共同的长远利益。

（五）相对稳定性

战略必须在一定时期内具有稳定性,才能在企业经营实践中具有指导意义,如果朝令夕改,就会使企业经营发生混乱,从而给企业带来损失。当然企业经营实践又是一个动态过程,指导企业经营实践的战略也应该是动态的,以适应外部环境的多变性,因而企业战略应具有相对稳定性的特征。

（六）竞争性

企业经营战略是企业如何与竞争对手抗衡的行动方案,同时也是迎接来自各方面的冲击、压力等挑战的行动方案。只有把经营工作与强化企业竞争能力和迎接各方面挑战直接联系起来,才能使企业的经营战略具有竞争性特征,以保证企业战胜对手。

三、企业经营战略的类型

为了选择战略的方便,我们可以从决策层次、态势、规模和行业市场竞争特性等方面对企业经营战略进行分类。

（一）按企业经营决策层次分类

大型企业经营战略是一个庞大复杂的大系统,可以分解为不同层次的子系统。一般来讲,对于大型企业,企业经营战略包括三个层次:第一层次是公司级战略;第二层次是事业部级战略;第三层次是职能级战略。对于只经营单一事业的企业,公司级与事业部级就没有必要加以区分,只有公司级战略和职能级战略两个层次。公司级战略也是企业总体战略,主要决定企业今后的长期主营方向、规模以及实现这些目标的措施等的总体筹划,是战略体系的主体和基础,起着统帅全局的作用。职能级战略又叫职能策略,是在公司(或事业部)级战略指导下,按专门职能进行落实和具体化,一般包括研究与开发策略、生产策略、营销策略、财务策略和人力资源开发策略等,主要是确定在各自职能领域内如何形成特定的竞争优势,以支持和实施公司的总体战略。公司在制定总体战略时要考虑下一层次的情况;而下一层次的战略应服从和体现上一层次的战略意图。

(二) 按企业经营战略态势分类

1. 发展型战略

企业发展型战略强调的是如何充分利用外界环境中的机会,避开威胁,充分发掘和运用企业内部的资源,以求得企业的发展。其特点是:投入大量资源,扩大产销规模,提高竞争地位,提高现有产品的市场占有率或用新产品开辟新市场。这是一种从战略起点向更高水平、更大规模发动进攻的战略态势。企业发展型战略主要包括:企业产品—市场战略,企业联合战略,企业竞争战略以及国际化经营战略等四种。

2. 稳定型战略

企业稳定型战略强调的是投入少量或中等程度的资源,保持现有产销规模和市场占有率,稳定和巩固现有的竞争地位。这是一种偏离战略起点最小的战略态势。企业稳定性战略主要包括无增长战略和微增长战略两种。

3. 紧缩型战略

企业紧缩型战略是当企业外部环境与内部条件的变化都对企业十分不利时,企业只有采取撤退措施,才能抵御对手的进攻,保住企业的生存,以便转移阵地或积蓄力量,准备东山再起。企业紧缩型战略主要包括调整紧缩战略、转让归并战略及清理战略三种。

（三）按企业规模分类

1. 中小型企业经营战略

中小企业是指生产规模较小、生产能力较弱的企业。我国一般以企业职工人数、固定资产规模、产品批量等指标来区分大、中小企业。其中以产品批量标准的适用性较强,为目前世界各国所采用。中小企业具有适应性强、易管理、资金不足、经营风险大、成本高等特点,因此中小企业经营战略主要包括:

（1）小而专、小而精战略,即根据本地区资源优势,通过细分市场,选择能发挥企业自身优势进行集中经营的战略。

（2）钻空隙战略,即中小企业根据产业结构变动及产业结构某一方面空缺薄弱之处,凭借自己快速灵活的优势,进入空隙市场,努力取得成功。

（3）经营特色战略。由于中小企业容易接近顾客,能够通过自己产品或服务所具有的与众不同的特色来吸引消费者,从而取得成功。

（4）技术创新战略。小企业运用自己技术上的雄厚力量,不断开发高新技术产品,从而在竞争中保持优势地位。

（5）联合战略,即通过与其他中小企业形成松散的或紧密的联合,来克服单个小企业资金少、技术水平低、达不到规模效益等弱点,从而使企业得到生存和发展。

（6）承包战略,即中小企业紧密地依附于一个大企业或企业集团,接受他们的长期定货,成为他们的一个加工承包单位,这种小企业通常称为"承包企业"或"委托企业"。

2. 大型企业经营战略

大型企业一般都有经济规模的要求,即生产或加工过程要达到一定规模才能显示其经济效益。例如,轿车的装配企业一般要达到年产出20万辆甚至更大,才能显示其低成本的优势。另外,也可能出于工艺上的要求,把不同的加工过程或同类的产品连续联合生产形成大型的联合企业,如钢铁联合企业和石油化工企业等等.大型企业具有较强的科研开发、生产、销售和服务功能,有较强的产品开发能力和市场开拓能力。但是,正因其规模大、管理层次多,信息传递速度较慢,对外界环境变化的反应也相对迟钝,产品和工艺的改变相对困难。

由于大型企业具有以上特点,因此大型企业战略主要包括:产品—市场战略,企业联合战略,企业竞争战略,国际化经营战略等。

(四) 按市场竞争特性分类

依据经济学原理,我们一般可以把市场模式分为完全垄断、垄断竞争、寡头竞争和完全竞争等几种.显然,处于不同市场模式下的企业,其经营战略的侧重点应是不同的。

1. 垄断型企业

企业垄断是反效率的。一般国家都有法律防止垄断的形成。但是有些行业具有自然垄断的属性,如铁路运输、邮电通讯等等,引起生产供应的规模经济的要求,自然地形成垄断的特征。因此,这类企业一般都在政府直接控制下经营.垄断型企业一般都依赖于进入的屏障,不存在竞争的威胁,容易形成效率低下的局面。此外,这类企业的产出需求都具有稳定增长的趋势,不存在产品更新换代或被替代的危险。因此,这类企业一般都采取稳定型战略。

2. 完全竞争型企业

完全竞争是与完全垄断相反的一种市场模式,其产品具有同质性,并有众多企业供应。每一家企业仅占市场的很小份额。商品的价格由市场供求决定,企业只是价格的接受者。企业进入或退出的屏障较小。这类企业面对的主要是价格的竞争.企业在竞争面前,只有不断地降低成本才能避免被挤出市场的危险。因此,这类企业一般都先采取成本领先战略,如果确实有困难,则有可能选择产品差异化战略或集中战略等。

3. 垄断竞争与寡头竞争型企业

在现实生活中,严格意义上的垄断型企业或完全竞争型企业是不多见的。即便某种商品有一家企业独家生产和供应,该企业可以利用技术或社会经济屏障阻止别的企业进入该领域,但是却往往难以阻止别的企业开发相似的或可以形成替代的商品(或服务)与其竞争,使原来垄断的企业也面临竞争的威胁。我们把面对这种市场竞争的企业叫垄断竞争型企业。

另一类市场竞争模式叫寡头竞争。由于生产和供应的规模经济要求,企业的规模有不断扩大的趋势,但由于国家法律等因素的限制,不允许形成独家垄断,最终由少数几家企业来供应市场,从而形成寡头竞争的局面。垄断竞争和寡头竞争企业的竞争对象明确,竞争的手段也多种多样,在考虑经营战略时也面临多种方案的选择。

对于一个大中型企业来讲,往往对不同外部环境及内部条件采用几种不同的企业经营战略,从而形成不同的企业经营战略的组合。这种组合可以是同时组合,例如企业同时采用发展型战略和稳定型战略;也可以是顺序组合,例如企业先实施稳定战略,待企业实力壮大后,再实施发展战略;也可以实行混合战略,即对企业某些产品采用同时组合,而对另外一些产品又采用顺序组合的战略。

四、制定企业经营战略的步骤

图 4-1 显示了企业制定经营战略的步骤。从图中可以看出,企业外部环境分析是企业制定经营战略的第一步,它包括企业的微观环境、中观环境及宏观环境。这些环境因素对企业来说基本上是不可控的,把握住外部环境的现状及未来发展变化的趋势,掌握了足够的信息,就为正确确定企业经营方向和思想、提出经营目标、确定经营战略打下了良好的基础。

企业内部实力分析指的是要评价本企业在经营中已具备的和可取得的资源的数量和质量。这不仅包括人、财、物等物质资源,而且还包括企业组织结构、信息、实践、企业文化及企业形象和信誉等无形资源。分

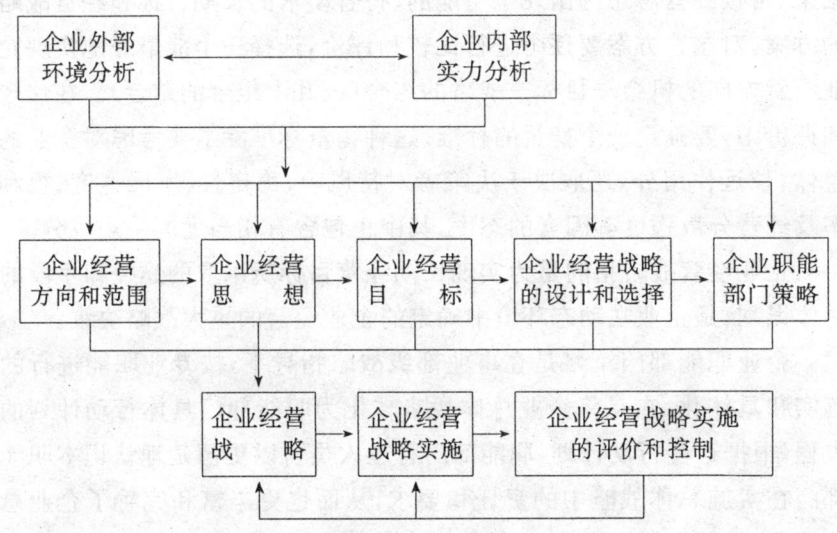

图 4-1　企业经营战略制定及实施步骤图

析、把握企业的优势和劣势，就为企业在长远发展中如何扬长避短指出了战略方向。

　　企业的经营方向和范围指的是企业将在哪些产品、市场和技术领域内经营，是企业外部环境细分的结果。从外部环境细分和本企业实力的估量中，企业要找到适合自己从事经营活动的舞台。

　　企业经营思想是企业在正确认识了外部环境和内部实力以后，为实现企业经营目标而在整个生产经营活动中贯彻的指导思想。它是企业经营的哲学，是企业确定经营活动方式所依据的信念、价值观和行为准则，是制定企业经营战略的灵魂。正确深刻的企业经营思想能指导企业走上兴旺发达的道路。

　　企业经营目标指的是企业在一定时期内，按照企业经营思想，考虑内外条件和可能，沿其经营方向所要预期达到的理想成果。它是企业经营战略的基本内容之一。

　　企业经营战略的设计与选择是结合企业内外条件进行机会分析的

结果,可按经营思想提出几个可能的、符合要求的长期目标和经营战略的方案。对这些方案要逐个进行比较和评价,选择一个能最好地实现企业经营方向的机会—目标—战略的组合(或几个组合的结合)。在比较和评价中,要确定一个衡量的标准。这种衡量标准除了要考虑对企业的整体、长远作用外,还取决于决策者对待风险、稳定性、发展速度、盈利率及经营分散程度等因素的态度,其中也包含有相当大的主观成分。

企业经营战略指的是为实现长期经营目标所采取的途径和手段的总体谋划,是企业在动态环境中确定的企业经营的重大战略决策。

企业职能部门策略是在事业部级战略指导下,按专业职能进行的落实和具体化,它是将企业总体战略转化为职能部门具体行动计划的过程。根据这些行动计划,职能部门管理人员可以更清楚地认识本职能部门在实施总体战略中的责任和要求,从而也更丰富和完善了企业总体战略,甚至发展了企业总体战略。

企业经营战略实施是指企业通过一系列行政的和经济的手段,组织职工为达到战略目标所采取的一切行动。应当说战略制定的关键在于其正确性,而战略实施的关键在于其有效性。战略实施的成败取决于能否把实施战略所必需的工作任务、组织结构、人员、技术等资源及各项管理功能有效地调动起来加以合理配置。

企业经营战略实施的评价和控制是要确定战略在实施过程中在实际达成目标上取得了多大的成效。战略和策略的制定过程属于主观认识范畴,其真正的价值只有经过实践才能得到验证,战略只有达成了目标才是成功的。在战略实施过程中进行评价将进一步辨认企业对外界环境的分析是否正确,所提出的战略、途径和手段是否有效,等等,从中发现战略差距,分析产生偏差的原因,提出纠正偏差的措施,使企业的战略行动更好地与企业所处环境及目标相协调,使企业经营目标得以实现。

第五章

企业经营预测和决策

第一节 企业经营预测

一、经营预测的含义

预测就是根据已知推断未知,根据现状判断未来的变动趋势。科学的预测是正确决策的前提和必要的条件。所谓经营预测,就是根据已把握的情况和有关资料,运用各种科学方法与手段,对与企业经营有关的未来状况及其发展变化趋势作出估计和判断,为企业经营决策和编制经营计划提供科学的依据。经营预测是企业经营中不可缺少的一个环节,特别是市场的预测对企业发展尤为重要。

经营预测是企业进行正确经营决策的前提。如果企业缺乏周密细致的调查研究和科学的预测工作,就不可能制定出合理的可行方案,及时作出正确的决策;经营预测是企业制定经营计划的依据。如果违背了企业外部和企业内部的客观状况,那么企业的生产经营活动将无法得到保证。经营预测的重点应是市场预测。

二、经营预测的内容

经营预测涉及的内容很多,凡是影响企业生产经营活动的诸因素都是预测对象。不同的部门、不同的企业,预测的内容和重点也不完全相同。一般的经营预测主要包括以下内容:

(1)国民经济的发展趋势。这是预测的基础。因为国民经济的发展趋势既制约着企业的生产方向和规模,也制约着社会的需求量和消费水平。

（2）市场潜量。主要是对市场需求前景进行推测、估算和展望，即预测本行业某产品在某一市场、一定时间内可能达到的最大销售量。

（3）销售潜量。市场潜量是对某一行业的某一类产品而言的，而销售则仅限于本企业产品。所以预测销售潜量指的是本企业的某一种产品在某市场、某时期内的最大销售量。预测销售潜量亦即预测本企业产品市场占有率。

（4）资源供应情况和国家的资源政策。因为产品的生产过程需要消耗大量资源，同时，许多产品在使用过程中也要消耗各种资源。所以，既要求各种资源有一定的保证，还要求尽量减少有关的费用。

（5）科学技术的发展。生产需求在很大程度上受技术发展的制约。如新技术、新材料、新产品的采用对产品的更新换代、对市场需求的影响。

（6）社会购买力水平与消费结构。社会购买能力的变化、商品价格的变动、产品结构的改变等，都将影响消费者的消费倾向；而社会物质文化生活水平的提高，也必然会引起人们消费心理的改变。因此，需要研究顾客的购买习惯和消费心理并预测其变化趋势。

（7）产品寿命周期预测。任何一种产品都要经历发生、发展、成熟和衰退的一个生产周期，企业应该对当前产品寿命周期作出预测，以便及时更新换代。

（8）社会和政治预测。随着人们对社会和政治重要性的认识，人们开始把生产和销售与预期的社会、政治和伦理环境结合起来，对它们进行一定形式的、连续的分析和预测。

三、经营预测的种类

根据其划分依据的不同，经营预测可有不同的分类方法：

（一）按预测方法划分

（1）定性预测，主要是靠人们的知识、经验和综合分析能力，对未来的发展状况作出推断和描述，所以又称经验判断法。

（2）定量预测，是在占有若干统计资料，并假定这些资料数据所描述的趋势对未来适用的基础上，运用各种数学模型预测未来的一种方法。

（二）按预测范围划分

（1）宏观预测，主要涉及对社会发展趋势、国家政治动向、政策预见、经济结构变化、科学技术进步以及整个企业环境、生产供求变化等调查研究与预测其未来状况。

（2）微观预测，主要是对企业未来专项生产经营等情况的预测。

（三）按预测期限划分

（1）长期预测，指预测期限在 5 年以上的预测，一般属于规划性预测，又称战略预测。

（2）中期预测，指预测期限在 1—5 年的预测，又称战术预测。

（3）短期预测，指预测期限在 1 年以内的预测。

四、经营预测的方法

（一）定性预测方法

其特点主要是靠经验判断未来，也要运用过去和现在的大量资料，作一些定量化的分析作为判断的手段。定性预测方法有德尔菲法（又称专家意见法）、用户意见法、主观概率法等等。

1. 德尔菲法

德尔菲法，又称专家意见法。其基本内容是，首先由主持预测的机构选定预测题目和参加预测的专家，然后将预测题目和必要的背景材料寄给各位专家，分别向他们征询意见。预测机构把专家们寄回来的个人意见加以汇集和整理，然后把这些不同的预测结果及其理由反馈给每一位专家，让专家们再次作出判断。经过这样多次反复和循环可得到基本趋于一致的意见。

2. 用户意见法

这是一种通过对用户进行调查或征订来预测市场销售量的方法。这种预测方法的优点是,可以让销售人员在他负责的销售地区进行,边销售、边预测,节省调查费用,调查结果也较切合实际。但这种方法能否取得成功,主要取决于用户是否合作。

3. 主观概率法

这种方法是先由预测专家对预测事件发生的概率作出主观的估计,然后计算它们的平均值,以此作为对事件预测的结论。

(二)定量预测法

这类方法数量繁多,适用范围各不相同。目前,在经营预测中比较常用的主要有简单移动平均法、加权移动平均法和指数平滑法等时间序列预测法,还有一元一次线性回归法、一元二次线性回归法和多元线性回归预测法等回归分析预测法等。

1. 时间序列法

这种方法把历史统计资料按年或按月排列成一个统计序列,根据其发展趋势,向前外延进行预测。它又包括简单移动平均法、加权移动平均法和指数平滑法等。

(1)简单移动平均法。这种方法将近期的实销值按规定的期数进行平均,随着时间的推移,不断引进新的数据来修改平均值以消除偶然变动因素的影响,使时间序列数据修匀并呈某种趋势,求得下期预测值。

其数学模型为:

$$M_t = (D_{t-1} + D_{t-2} + \cdots + D_{t-n})/n$$

式中　　t——资料的时间期数(年、季、月、周);

　　　　M——预测值;

　　　　D——实际值;

　　　　n——预测资料期(移动平均的时段长)。

（2）加权移动平均法。所谓加权移动平均法，就是在计算平均值时，对实际值不予同等对待，根据实际值距预测期的远近，分别赋予它们一个不同的权数。近期数据对预测值的影响较大，其权数应大些；反之，远期数据的影响相对较小，其权数可小一些。

其数学模型为：

$$M_t = W_{t-1}D_{t-1} + W_{t-2}D_{t-2} + \cdots + W_{t-n}D_{t-n}$$

式中　W——资料各期的权数，$W_{t-1} > W_{t-2} > \cdots > W_{t-n}$，$\sum W = 1$；

　　　D——实际值。

（3）指数平滑法。指数平滑法是在移动平均法的基础上发展起来的一种时间序列预测方法。其特点是以前期的实际值和前期的预测值为根据，经过修匀后得出本期的预测值。指数平滑法实质上是一种加权平均法，只不过它的权数是由实际值与预测值的误差来确定的，而且它在整个时间序列中是有规律排列的。

其数学模型为：

$$M_t = M_{t-1} + a \cdot (D_{t-1} - M_{t-1})$$

式中　M_t——第 t 期的预测值；

　　　M_{t-1}——第 $t-1$ 期的预测值；

　　　D_{t-1}——第 $t-1$ 期的实际值；

　　　a——平滑系数（$0 \leqslant a \leqslant 1$）。

2. 回归分析法

这种方法是分析因变量与自变量之间的相互关系，根据自变量的数值变化，去预测因变量数值变化的方法。它又包括一元线性回归预测、多元线性回归预测、非线性回归预测、静态回归预测和动态回归预测等。其中，最常用的是一元回归分析，其基本预测公式是：

$$Y = a + bx$$

式中，$a = Y - bx$；$b = (\sum x_i Y_i - X \sum Y_i)/(\sum x_i^2 - X \sum X_i)$。

五、经营预测的原则

（一）实事求是的原则

在整个预测过程中，要自始至终地坚持实事求是的科学态度，如实地预测和反映被预测对象的情况，力求使预测结果真实有据。

（二）连贯性原则

在经营预测过程中，必须以连贯的历史发展资料为依据，从中找出预测对象发展变化的规律，以预测其未来。

（三）类推原则

在预测某一事物未来发展情况时，可以通过寻找相类似的事物的发展变化规律，来推断预测对象未来的发展变化。

（四）相关性原则

在经营预测中要根据经营事物的具体情况，努力寻找该经营事物与其构成因素之间或其他事物之间的因果关系，以预测该事物的未来情况。

六、经营预测的程序

科学的经营预测随预测的目的和采用的方法不同而不同，一般按下列程序进行：

（一）确定目标

企业在进行预测前，只有从本企业的实际情况出发，选择好预测的项目，确定具体的预测目标，才能为本企业制定经营决策提供科学的依据。如果目标不明确，就达不到预期的效果。

（二）收集资料

预测目标确定之后，就要从各种可能的渠道收集资料，其中市场调研的资料是主要的资料来源。预测，从本质上来说，就是对种种资料的分析和处理。对收集的资料要进行整理、分析、筛选，从中确定定性、定量预测中的种种必要数据。

（三）选定方法

预测是一项综合性的工作，要根据预测的目标和收集的资料，确定哪些问题可采用定性预测的方法求得解决，哪些问题应采用定量的预测方法，哪些问题应采用定性和定量相结合的方法进行综合分析预测。

（四）分析评价

主要是分析评价与过去不同的新因素，其中包括内部因素和外部因素的影响。在估计未来的影响范围和程度时，要把这些因素尽可能转换成预测的数量概念，并从中找出其规律性。

（五）修正预测

各种预测方法一般都有一定的假设条件。任何预测模型也只能反映主要因素之间的关系及其变化，模型预测的结果不可能完全准确地表示未来的实际值。因此，通过对模型中未考虑的因素进行分析，以修正模型的预测值，才能作为合适的预测值，为决策者提供决策依据。

第二节　企业经营决策

一、经营决策的含义

决策的初始含义是进行选择或抉择，作出决定的意思。根据美国卡内基—梅隆大学的著名经济学家和管理学家西蒙和马奇等人提出的决策论思想认为，决策贯穿于管理的全过程，管理就是决策，组织是由作为决策者的个人所组成的系统。

根据决策论的思想，当我们把企业的经营决策当作一个完整的过程时，所谓经营决策，是指企业为实现某一特定目标，在占有企业和市场信息和经验的基础上，根据客观条件，拟定几种备选方案，并实施最优方案，控制实施情况。这一系列的过程就是经营决策。

由以上定义我们可知，经营决策的内容更广泛、更复杂，也更系统。

首先，经营决策是一个过程。现代企业必须根据国内外形势和国家政策,按照市场供求规律,结合企业资源,作出决策,并有效地组织实施,从而连续地进行一系列的活动。从决策制定来看,"决策制定包括四个主要阶段,即找出制定决策的理由;找到可能的行动方案;在诸行动方案中进行抉择;对已进行的抉择进行评价。"一项决策的产生不再仅仅是一瞬间的事情。从决策在管理活动中的作用来看,在同样的条件下,决策水平不同会得到不同的结果:在有利条件下,由于决策错误会造成失败;在不利条件下,由于决策正确,会变不利为有利,从而得到成功。可见,经营决策贯穿于整个经营管理过程的始终,是企业经营管理的关键和核心,决定着企业的兴衰存亡。

其次,对决策问题的分析,其内容和方法都是系统化的。在分析决策问题时,主要把握的内容包括:决策的目标、决策的依据以及企业内部和外部的信息、经验和客观条件,决策的标准——最优化或满意化,决策方案的执行与控制,以及决策分析的程序,等等。决策分析的方法则主要分为两大类,即定性分析方法(软方法)和定量分析方法(硬方法),各类各种方法从理论依据、假定分析到决策模型及程序,都在日益完善,更加切合企业使用。

由此可见,决策论与经营决策思想的发展,都使决策活动日趋成熟。企业在经营管理中,要想通过正确的决策,获得优良的经营效果,掌握和运用科学的决策理论和方法是必不可少的。

二、经营决策的类型

经营决策活动,按照不同的标准,可以划分为不同的类型。下面介绍经常使用的一些分类方法。

（一）按决策问题的性质和重要性分

根据决策问题的性质和重要程度不同,经营决策可以分为战略决策、战术决策和业务决策。

（1）战略决策是对涉及企业经济活动全局性、长远性、方向性问题的重大决策。战略决策通常由企业高层决策集团作出,体现了高层决策者对全局工作长远的指导思想。一个企业的战略决策具有影响时间长、涉及范围广、作用力度大等特点,是战术决策和业务决策的依据和中心目标。战略决策一般是涉及整个组织系统的根本性的总体决策,但有时也可以是某个方面的决策。总的来说,战略决策的正确与否,直接决定经济活动系统的发展方向和成败。

(2) 战术决策是根据战略目标的要求,为解决经济活动系统运行中某一阶段上的重大问题而作出的决策,即是为实现战略目标的分阶段决策,或是实现战略决策过程中解决所面临的问题的决策。因此,战术决策是战略决策的重要组成部分,是实现战略决策的重大步骤。由于战略决策目标的实现需要一个过程,必须分阶段分步骤进行,那么,针对每一阶段或步骤的活动内容进行总体部署和决策,是实现战略决策目标必不可少的中间环节。一方面,战略决策和战术决策密切联系,互为补充。战略决策为战术决策规划了远景,战术决策则是战略决策的具体化,是实现战略决策的保证。另一方面,战术决策又是连接战略决策和业务决策的纽带,它通过对战略决策总目标的细分化,为业务决策的制定提供依据。

(3) 业务决策是围绕实现战略决策目标的有关具体问题的决策,比如企业的经营计划编制、人员调配、物资战术设备管理、生产与商品调度等。业务决策是为战略决策服务的,是战术决策的延续和具体化,具有深入、具体和量化的特点,并带有局部性和短期性。业务决策属于低层次决策,通常由经济活动系统的中层和基层管理人员来完成。业务决策虽然不直接决定经济活动系统的全局,但其正确与否,执行效果如何,对系统整体的有效运行及战略目标的实现,有直接的、重要的影响。

(二) 按经营决策分析的方法分

根据经营决策分析的方法不同,可分为确定性决策、风险性决策和非确定性决策。

(1) 确定性决策是决策人对未来的情况已有完整、可靠的资料,不存在不确定因素的决策。现实生活中,绝对的确定性决策是没有的,多少总带有一定程度的不确定性；但在不确定性很小时，为了处理方便，可以按确定性决策来对待。

（2）风险型决策方法主要用于人们对未来有一定程度的认识，但又不能肯定的情况。这时，实施方案的未来可能会遇到好几种不同的情况（自然状态），每种自然状态均有出现的可能，人们目前无法确知，但是可以根据以前的资料来推断各种自然状态出现的概率。在这些条件下，人们计算的各方案在未来的经济效果只能考虑到各自然状态出现的概率的期望收益，与未来的实际收益不会完全相等。因此，据此制定的经营决策具有一定的风险。风险型决策的方法也很多，比较常用的是决策树法。

（3）非确定性决策是指决策方案面临多种自然状态，而决定者难于确定其出现的概率，需要进行综合分析，才能作出的决策。

（三）按决策的程序化分

根据决策制定的重复性或反复性，可以划分为程序化决策与非程序化决策。

（1）程序化决策是针对例行的、重复出现的活动而言的。西蒙认为，"决策可以程序化到呈现出重复合理性状态，可以程序化到制定出一套处理这些决策的固定程序，以致每当它出现时，不需再重复处理它们"。在企业决策中，一些日常的业务，如商品的经常性采购、配送、供应、销售等，都可以按照业务特征建立一定的程序，当这类活动出现时加以运用，不必每次重复决策的所有分析环节。

（2）非程序化决策与程序化决策恰好相反。对于非例行的、不重复的活动，西蒙认为，"决策可以非程序化到使他们表现为新颖、无结构，具有不寻常影响的程度。处理这类问题没有灵丹妙药，因为这类问题在过去尚未发生过；或因为其确切的性质和结构上捉摸不定或很复杂；或因为其十分重要而需要用现裁现做的方式加以处理"。"无疑这些活动的各个组成部分都是经过程序化了的——应用了标准的商业技术——可是在这些组成部分被设计和组装之前，就必须为他们提供出较广泛的总体战略框架来。"一般地说，愈是高层决策机构和决策者，面临的非程序化问题愈多。对于非程序化决策，由于无先例可循，所以决策正确与否，决策效果如何，取决于决策者的首创精神、经营管理的气魄和决策方法的科学性。

三、经营决策的方法

（一）确定型决策方法

在这一类决策中，决策人只需要在已知的资料中，利用直观判断或模型计算，从众多的方案中，选择一个最满意的策略方案即可。确定型决策具有重复出现的特点，处理这类问题，往往有固定的模式和标准方法，常用的方法有：直观判断法、盈亏平衡点法、ABC 分析法、线性规划法、经济批量法、投资效果分析法等等。其中最常用的是盈亏平衡点法。

盈亏平衡分析，也叫保本分析或量本利分析，是通过分析企业生产成本、销售利润和产品数量三者的关系，掌握盈亏变化规律，指导企业选择能够以最小的成本，生产出最多产品并使得企业获取最大利润的经营方案。量本利分析的核心是盈亏平衡点的分析。盈亏平衡点是指在一定的销售量下，企业的销售收入等于总成本，即利润为零的情况。以盈亏平衡点为界限，销售收入高于此点企业盈利，反之企业亏损。

（二）风险型决策方法

风险型决策是研究怎样根据决策事件各种自然状态及其概率，做出合理决策的问题。这类决策方法主要有期望损益法、决策树法、边际分析决策法以及矩阵决策法等。这里只介绍决策树法。

决策树法，因运用树状图形来分析和选择决策方案而得名。它是以方框和圆圈为结点，并由直线连接而形成的一种像树枝形状的结构。它以决策结点□为出发点，从它引出若干方案枝，每个方案枝都代表一个可行方案；在各方案枝的末端有一个状态结点○，从状态结点引出若干概率枝，每个概率枝表示一种自然状态；在各概率枝的末梢，注有损益值。其一般结构如图 5-1。

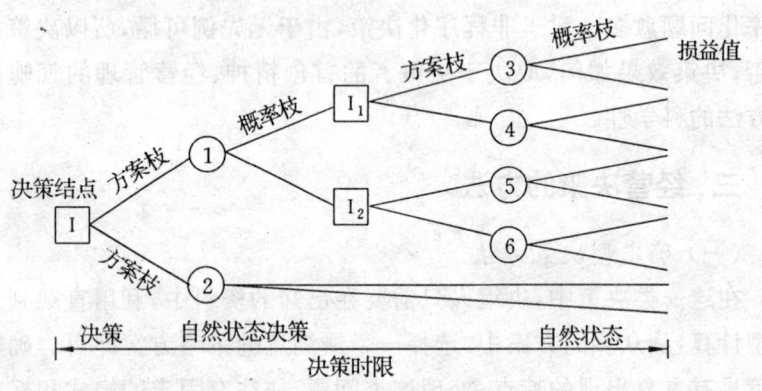

图 5-1 决策树法图示

（三）非确定型决策法

这种决策问题常常存在多种不可控因素,决策约束条件难以确定,不存在固定的决策程序和方法,决策方案也不易拟定、评价和优选,实施结果的风险也更大。这时的选择将受决策者心理导向的影响。非确定型决策常用如下几种思考原则:

1. 乐观原则

乐观原则,又称最大最大收益法。持这种决策原则的决策者,都是对未来前景比较乐观,并有较大成功把握的。其选择过程是,首先从每个方案中选择一个最大收益值,然后从这些最大收益之中选择一个最大值,这个最大值所对应的方案就为最优方案。

2. 悲观原则

悲观原则,又称最小最大收益法。持这种原则的决策者,都是对未来事件结果估计比较保守的。它力求从不利的情况中,寻求较好的方案,即从坏处着眼,向好处努力。其选择过程是,先找出各方案中的最小收益值,然后从最小收益值中选择最大收益值的方案为最优方案。

3. 折衷原则

这种方法的指导思想是,稳中求发展,既不过于乐观也不过于悲观,寻求一个较稳妥的方案。其选择过程是,首先考虑每一方案的最大收益值和最小收益值,然后应用一个系数对最大收益值和最小收益值进行折衷调整,计算出它们的调整收益值,最后以调整收益值最大的方案作为最优方案。

4. 最小后悔值原则

当某一种自然状态出现时,将会明确哪个方案最优,即收益值最大。如果决策者当初并未选择这一方案,而选择了其他方案,这时定会感到后悔。后悔结果的大小通过后悔值来表示。每种自然状态下的最大收益值与各方案的收益值之差,称为后悔值,也称机会损失。后悔值原则的决策过程是,先确定各方案的最大后悔值,然后选择这些最大后悔值中的最小后悔值所对应的方案,即大中取小。

四、经营决策的程序

如果把经营决策当作是由决策主体、决策方法与手段、以及决策对象构成的系统,那么,该系统的运行表现为逻辑分析和综合判断的过程,其中包括一系列的具体阶段或步骤,构成了经营决策的程序。科学的决策程序是决策科学性的一个重要保证。

根据西蒙等人的决策论观点,我们可以把决策的程序划分为以下五个阶段或步骤。

（一）确定决策目标

确定目标是进行决策的前提,也是决策的起点。经营决策系统的基本特征之一,就是具有明确的运行目标。否则,决策就会失去方向和依据,其他阶段的工作也无法进行。

决策目标是在一定条件下决策者希望达到的标准,也是衡量决策执行结果的基本尺度。明确合理的决策目标,有助于决策的制定和执行。为此,需要做好以下几项工作：① 在调查研究的基础上发现问题和提出问题；② 提出明确、具体的决策目标；③ 区分目标的重要程度和主次顺序；④ 确定决策目标,做到需要与可能的统一。

（二）搜集信息情报

决策目标确定之后，就要围绕目标搜集有关信息情况，经过加工整理使之成为决策分析所必需的资料。资料是决策的客观依据。在许多情况下，之所以不能进行确定型决策，主要是因为把握的资料不完备。完备的资料来源于信息情报。信息是决策的基础，没有信息就没有经营决策的科学性。搜集充分、准确的信息情报，是科学决策的必要条件。

（三）拟定备选方案

在确定决策目标、取得有关信息资料的基础上，就可以拟定各种备选方案，提出解决问题的对策。拟定备选方案的目的是为达到决策目标寻找最佳途径。由于实现目标的途径在多数情况下不是单一的，因此拟定的方案也不应该只有一个。为确保所选择的方案是最优秀的或最令人满意的，应运用不同的方法拟定多种可供选择的方案，这是抉择最优方案的基础，也是决策程序中必不可少的一个环节。

（四）评价选择最优方案

在拟定备选方案的基础上，需要对各种方案进行总体评价和全面比较，以便从中选择出最有利于实现决策目标的优化方案。评价选择方案是决策的关键，决策的成败不仅仅取决于备选方案的优劣，更主要的是取决于最终所选择的实施方案是否最优。对被选方案进行评价选择，包括两个相互联系的过程，即评价阶段与选择阶段。评价阶段是对所有被选方案进行充分的分析论证，并做出全面评价；选择阶段是对评价比较的结果进行总体权衡和最终抉择，选定最优方案，即所谓拍板方案，这是决策过程的核心环节。

（五）控制实施方案

最优方案的确定，并不意味着决策过程的终结，完整的决策系统运行过程还应包括对决策方案的实施和修改完善，以确保决策取得较好的效果。因为在决策实施的过程中，难免出现偏差和失误，如果没有必要的调整，及时的修改和完善，就不能达到最优方案的预期效果，以至于因为个别行动环节的纰漏而功亏一篑。另外，经营决策的过程决非是一次性的、孤立的过程,本次经营决策的可行性及其后果势必影响下一次的经营决策。总的来说,对决策的实施以及修改和完善,属于决策过程的控制阶段。在这个阶段,需要依次做如下工作:决策方案的实施;通过反馈系统控制实施过程;决策方案的修改与完善。

第三节 企业经营计划

一、企业经营计划概述

计划是指为执行决策所确定的目标和方案对未来行动所进行的具体规划、安排和组织实施等一系列的管理活动。它是企业的基本职能。从现代企业经营的角度看,计划是按照现代企业经营决策所确定的方案,对企业生产经营活动及所需要的各种资源从实践和空间上做出的具体统筹安排,经营计划可以理解为企业各项经营管理工作的起点,而实现计划目标,则是企业各项管理的终点,它在企业管理工作中处于领导地位,起着重要作用。

首先,企业经营决策若要得以实施,必须将其总体的决策落实到具体的行动计划中,合理安排人力、财力,以确保决策的实施。

其次,企业的各项管理活动不是无序进行的,而是依据计划去开展的。因此,作为其他各项管理工作的依据,计划不可或缺。

再次,企业进行经营计划的过程,正是不断探索未来的过程。只有通过经营计划,才能把各因素进行协调部署,纳入统一的计划轨道,使企业的所有资源得到充分利用,从时间和空间上协调各个阶段,最大限度地减少生产经营活动中的损失浪费,提高经济效益。

二、制定经营计划的原则

制定科学合理的经营计划,必须要遵循一定的原则,这些原则主要包括以下几个方面:

（一）重要性原则

这一原则要求在总体经营规划中，必须突出具有全面性和关键性的问题，分清主次，这样才能充分有效地利用企业的资源，避免造成资源浪费。

（二）一贯性和灵活性原则

这一原则要求企业经营计划一经制定就必须严格按其执行，没有特殊情况，不允许轻易变更或废止。同时，由于企业的内外部环境处于经常变化之中，计划在执行的过程中会与实际情况发生偏差，这就要求经营计划根据市场因素、经营环境及时作出调整和修订，因此计划的制定必须要留有余地以应付变化。

（三）完整性和系统性原则

经营计划由多种不同形式的计划所组成，而各部分计划的编制所依据的条件和影响因素又是不同的，因而多种计划之间就可能产生矛盾和不协调。这就要求企业分解整体目标，使各种计划相互协调、相互配合、相互促进，形成一个有机整体，发挥统一计划的优越性。

（四）可行性和激励原则

这一原则要求制定的经营计划必须是能够保证按期完成，经过主观努力能够实现的。如果计划定得过高，无论如何努力都无法完成，那么计划从根本上就失去了可行性。另外，经营计划必须具有动员和激发执行者的强大动力，它必须与职工的物质利益紧密结合，从而使人人关心经营计划的实现，把实现企业经营成果、创造最佳经济效益变为激发职工创造性劳动的强大动力。

三、经营计划的分类

企业经营计划是综合性计划，它是多层次、多侧面的，可以从不同的角度对其进行分类。

（一）按计划期限分

按计划期限长短，可将其分为长期经营计划、中期经营计划和短期经营计划三类。通常而言,计划期限在 5 年以上的属于长期经营计划,计划期限在 1 年以上 5 年以下的属于中期经营计划,年度以内的计划属于短期经营计划。

(二)按计划的作用分

按计划的作用分,可将其分为经营战略计划和经营战术计划两类。经营战略计划是确定企业未来发展的规划,对企业发展起关键作用的计划。它包括确定企业总的经营方针、经营目标、产品开发战略、市场发展战略,以及经营结构的调整等。中长期计划属于战略计划。经营战术计划是战略计划的具体化,是保证战略计划实现的计划,如企业年、季度资源配置计划、产品生产计划等。短期计划属于战术计划。

(三)按计划的对象分

按计划的对象分,可将其分为综合经营计划和单项经营计划两类。综合经营计划是针对企业总体,将各部分由紧密联系的单项计划综合成一个有机整体的计划。长期经营计划是综合性计划。单项经营计划是指导企业某一方面生产经营活动的计划,它以解决某一个特定问题为目的,生产、技术、财务计划中的各项内容均属于这类计划。

(四)按计划的计量方式分

按计划的计量方式分,可将其分为物量计划和价值计划两类。

物量计划是针对经营活动中涉及的数量指标而作的计划;而价值计划主要是针对以货币为表现形态的经济活动所作的计划。

企业计划的种类尽管可以有多种分类法,但实际上,无论按时间、按作用、按内容,还是按对象或其他分类都是结合在一起应用,而以时间的分类为基本分类的。因为计划毕竟是为了预见将来,而所谓将来或未来,是要按时间的长短来区分并加以认识的。

四、企业经营计划的内容

(一)长(中)期经营计划的内容

企业长(中)期计划是站在战略的高度,为企业的发展方向、发展速

度确定一个战略目标,它关系到企业的生存和发展,其内容并无统一的规定,一般来说,主要包括:

(1) 企业的产品发展方向,主要包括产品品种和新产品的发展,产品质量的提高,产品标准化、通用化、系列化的推行以及专业化、协作化程度的提高等内容。

(2) 企业生产的发展规划,主要是设备、产品及人员的集中程度,包括企业生产能力的扩大,如固定资产、职工人数、组织机构的调整和企业的联合等,以及人员的增加等等。

(3) 生产技术发展规划,包括新技术、新工艺、新设备、新材料的采用,机械化、自动化水平的提高等。

(4) 市场经营发展规划,如市场开拓、市场占有率的提高、销售渠道的选择和发展、促销手段的改善等内容。

(5) 企业管理发展规划,包括企业的管理组织和劳动组织的改进与完善、管理方法的科学化和管理手段现代化等。

(二) 短期经营计划的内容

短期经营计划是长(中)期计划的落实和具体化,又称为年度经营计划,一般包括以下内容:

(1) 利润计划,主要确定在计划期内的利润目标、利润留成的分配及基金的使用。它是一切计划的开始。

(2) 销售计划。它是经营计划的出发点,主要规定企业在计划期内产品的销售额、销售渠道、销售收入及销售方针和销售策略等。

(3) 生产计划。它是以销售计划为基础,规定企业在计划期内生产的产品品种、数量、质量及生产进度等,以保证实现销售计划规定的各项生产任务。它是编制其他计划的基础。

4. 劳动工资计划。它是反映生产活动中劳动消耗和效率的计划,主要规定企业在计划期内为完成生产计划任务所需要的人员数量、计划期内劳动生产率提高的水平、职工的工资总额和平均工资水平等。

5. 物资供应计划。它是物资消耗和材料利用的计划,主要规定计划期内所需的各种原材料、燃料、动力和工具等物料的耗用量、储备量、供应量以及供应渠道和供应期限等。

6. 技术组织措施计划。它是企业长(中)期经营计划的实施计划，主要规定计划期内企业技术履行的方向和步骤，设备的更新，组织措施改善的任务和进度。

7. 财务计划，主要规定计划期内各项财务的收入与支出以及投资、融资行为等。财务计划是建立在其他各项计划基础上的，是企业各项计划的综合反映，也是财务监督、进行日常财务管理的依据。

五、制定企业经营计划的步骤

企业经营计划的编制一般经过以下几个步骤：

（一）调查研究，收集资料

通过调查研究，广泛收集企业内外与企业生产经营活动有关的技术信息资料，了解社会和市场的需要，扩大销路和开发潜在市场的可能性，把握企业自己的优势和劣势，特别要掌握计划的限制条件，例如原料、资金、设备、销售渠道、厂区面积等许可和保证条件。同时，调查研究过程也是发现薄弱环节、采取措施、变劣势为优势的转化过程。

（二）确定经营目标

编制计划，重点是确定计划目标。企业应提出几套不同水平的经营目标，然后发动职工，自下而上和自上而下，采取定性和定量的分析方法，几经讨论研究，最后确定初步经营目标。

（三）方案选优

实现任何一个目标，往往可以采取几种不同的方法，形成几个不同的方案，原则上应把一切合理的方案都挖掘出来，对各种计划反复比较，进行筛选。可采用逐步淘汰的办法，最后筛选出少数几个方案，按照利多弊少的原则，确定最优的或最满意的方案为执行计划。

（四）综合平衡，确定计划草案

这是计划编制工作的最后一步，它的主要内容是综合平衡和具体落实。即在综合平衡的基础上，由计划部门审核汇总各有关部门编制的单项计划，拟定出企业经营计划草案，报请审议，下达后即为企业的正式计划。

（五）计划的执行与调整

企业经营计划的执行与调整，关键是抓好两个环节：一是预先确定各项工作标准，包括各种定额、技术质量标准、主要计划指标、费用标准等；二是做好信息反馈工作，及时调整和消除计划在执行中所出现的偏差。具体地应做好以下工作：分解指标、落实责任、加强检查、及时控制，根据实际情况适当调整计划。

第 六 章

市 场 营 销

第一节　市场营销组合策略

一、市场与市场营销

(一)市场

市场是社会分工和商品生产、商品交换的产物,是与商品经济相联系的一个经济范畴。市场的概念有狭义和广义之分。狭义的市场是指具体的交易场所,即人们进行商品买卖的地方;广义的市场是指商品交换关系的总和,包括市场交易场所和市场机制。

市场交易活动包括三个必要条件:存在买卖双方;有可供交易的商品;有双方都能接受的交易价格和其他交易条件。只有这三个条件都具备了,才能实现商品的交易,形成真正的市场。

市场是商品经济不可分割的部分,是社会生产、分配、交换和消费实现良性循环的桥梁和纽带,也是企业市场营销活动的舞台。市场还是企业进行产品竞争、服务竞争、技术竞争、价格竞争等多方面竞争的场所。企业综合实力的强弱最终要通过市场来检验。这就要求企业不断保持创新的活力,进行产品创新、技术创新和制度创新,增强企业的竞争力。因此,研究企业的市场营销活动,是关系企业的生存和发展、关系我国市场经济发展的必然要求。

(二)市场营销

市场营销是指企业以满足消费者各种需求为目的,运用一定方法和手段,使企业的产品(或服务)有效地转移到买方手中的各种活动的总和。

企业的市场营销活动总是在一定的思想和价值观念的指导下进行的。在市场营销活动中,企业在处理企业、消费者和社会三者利益关系方面所持的态度、思想和价值观念,就是市场营销管理哲学。一般认为,生产观念、产品观念、推销观念、市场营销观念、社会市场营销观念是五种有代表性的市场营销管理哲学。

1. 生产观念

其基本内容是:企业经济活动的中心是发展生产,扩大生产规模,向市场提供什么产品就能卖出什么产品。消费者满足于那些对自己有用、买得起和买得到的产品,不计较产品的具体特色和特性。在这种观念指导下,企业的任务就是提高生产和流通效率,降低成本和价格,提高市场占有率和企业利润。

2. 产品观念

其基本内容是:消费者总是喜欢那些质量高、性能好、有特色、价格合理的产品。企业只要生产物美价廉的商品,消费者就会慕名而来,无需花大力气搞推销活动,也就是通常所说的"酒好不怕巷子深"。从本质上看,这种观念仍然是以生产为中心的,生产什么销售什么,忽视市场需求的多样性和动态变化,不利于企业的长期发展。与生产观念一样,产品观念也是卖方市场条件下形成的营销观念。

3. 推销观念

当企业家不是担心产品能不能大量生产,而是担心生产出来的产品能不能全部销售出去时,推销观念就产生了。其基本内容是:在买方市场条件下,企业以销售为中心,注意运用推销手段和广告措施,刺激现实消费者和潜在买主的购买欲望,扩大产品销售的范围,提高市场占有率,取得丰厚的利润。这种观念是建立在企业产品基础上的推销活动,本质上并没有突破"生产什么销售什么"的模式。因此,它的作用仅限于短期,不能作为实现企业长期战略目标的营销思想。

4. 市场营销观念

现代企业市场营销观念完全不同于以上三种营销观念。其基本内容是：买方市场条件下，消费者或用户需要什么产品，企业就应当组织生产和销售什么产品。企业考虑问题的逻辑顺序不是从既有的生产能力和条件出发，不是以现有的产品去吸引或寻找消费者，而是从反映到市场上的消费需求出发，按照目标消费者的需要和愿望，去组织生产和销售，实现企业的利润。消费者至上，以消费者为中心，以销定产，实现企业的长期发展，是现代企业市场营销管理的主线。

5. 社会市场营销观念

社会市场营销观念是对市场营销观念的补充和完善。其基本内容是：企业组织生产和销售，不仅要满足消费者的需求，而且要符合消费者和社会的长远利益（如企业要具备环保意识、绿色营销观念等），并把这种思想贯彻落实到生产经营的全过程。企业要关心和促进社会福利事业，要将企业利润、消费者需要、社会利益三方面统一起来。

营销观念的形成和转变是与市场整体环境和企业的具体经营状况紧密联系在一起的。由于现代市场经济的复杂性、层次性和多样性，既不存在绝对的卖方市场，也不存在绝对的买方市场。因此，企业要灵活运用上述营销思想。同时，企业应当根据社会经济状况的变化，对营销观念和营销方法进行适时调整，不断创新，实现长期发展。

二、市场细分与目标市场策略

在市场营销管理哲学的指导下开展市场营销活动，其首要步骤是制定切合实际的市场营销组合策略。市场营销组合策略是企业经营战略的延伸和细化，由企业目标市场战略、市场营销组合策略和市场营销资源配置优化策略构成。

（一）市场细分

目标市场是指企业进行市场细分之后，拟选定进入的市场或市场面。目标市场由具有相似需要的消费者群所组成。选择目标市场、制定营销策略的前提和基础是市场细分。

1. 市场细分的含义

所谓市场细分,是指根据市场消费需求的差异性,把某一产品的市场整体按照一定的标准划分为若干个需要不同的营销组合的分市场或子市场,从而确定具体目标市场的过程。每一个分市场或子市场就是一个细分市场,每个细分市场由具有相似需求的消费者构成。因此,属于不同细分市场的消费者对同一产品的需求存在着明显的区别,而属于同一个细分市场的消费者对同一产品的需求存在着相似性,对相同的营销组合具有相似的反应。

2. 市场细分应坚持的原则

(1)可衡量性,包括细分市场的标准是可以具体衡量推算的,企业能够取得体现购买者特点的确切资料,细分后的消费者市场的人数、购买量、潜在购买力和企业的盈利等应该可以衡量。

(2)可接受性。细分化的目标是占领市场,而占领市场需要企业的人、财、物和销售能力等多种因素的支持和配合。如果没有企业自身实力作基础和保障,即使选择了目标市场也无力占领。

(3)有利性。选择的细分市场要具有足够的需求量,使企业获得较高的经济效益。为此,企业既要掌握产品市场寿命周期,也要掌握投入市场的时机。

(4)稳定性。细分市场在一定时期内较为稳定,才有利于企业制定较长时期的市场营销策略,使企业避免因市场需求变化而遭致风险,保证获取稳定的经济效益。

(5)动态性。在市场营销过程中,消费者的特征不是一成不变的。如消费者的城乡结构、年龄、教育程度、职业等会随时间变化而变化,他们的消费偏好和消费行为也会随之发生变化。因此,企业必须树立起市场细分的动态观念,注意对目标市场进行适时调整。

(二)目标市场策略的选择

对市场进行细分后,企业要选择最为有利的目标市场,制定符合自身状况和发展需要的目标市场策略。

1. 可供企业选择的目标市场策略

（1）无差异市场策略。无差异市场策略就是把整体市场看作一个大的同质的目标市场，不考虑消费者实际存在的差别，只以单一的产品、单一的花色品种投向整个市场，在这一市场上运用单一的市场营销组合，力求满足尽可能多的消费者的需求。这方面的典型例子是早期的可口可乐公司。由于它拥有世界性专利，因此，在相当长的时间内，只生产一种口味的产品，用一种瓶子包装，甚至广告用语也只有一种。但是，随着市场需求多元化趋势的增强，这种策略应用得越来越少。

（2）差异性市场策略。差异性市场策略是指企业把一个大的市场划分成若干小的细分市场，根据自身条件，同时为两个或两个以上的细分市场服务，设计、生产不同的产品，并在销售渠道、促销和定价等方面加以相应的变化，以不同的营销组合去满足各个细分市场的需求。

（3）密集性市场策略。密集性市场策略又称集中化市场策略，是指企业把自己的力量集中在某一个或几个细分市场上，实行专业化生产或销售，使企业在这些细分市场上有较大的市场占有率，以替代在较大市场上的较小的市场占有率。

2. 企业进行市场策略选择时要考虑的因素

（1）企业实力。企业实力是指企业拥有的人、财、物、科技、信息等资源的数量和质量及其所反映的企业生产销售的综合能力。如果企业在生产、销售、科研、管理等方面的实力较强，就可以选择无差异市场策略或差异性市场策略；若企业实力不足，则应选择密集性市场策略。

（2）产品特点。对于那些自身差异小，或者在事实上存在着品质差别、但多数消费者不加区分的产品，如粮、棉、钢铁、汽油等，应采用无差异性市场策略；对于那些特性变化特大的产品，如时装、汽车、家电、食品等，可以采用差异性或密集性市场策略。

（3）市场特征。如果消费者的需求比较接近，即市场是同质的或类似的，则应采用无差异性市场策略；反之，若市场差异程度很大，则应选择差异性或密集性市场策略。

（4）产品的生命周期。产品的生命周期包括引入期、成长期、成熟期、衰退期等四个阶段。一般而言，社会经济越发达，产品的生命周期就越短。企业选择目标市场策略，必须结合产品的生命周期进行。若产品处于引入期，一般应采用无差异市场策略，以探测市场需求和潜在消费者；产品若处于成长期，应采用差异性或密集性市场策略；当产品进入成熟期时，宜采用差异性市场策略，以开拓新的市场；产品进入衰退期，则应采用密集性市场策略，集中力量于最有利的细分市场，延长产品的生命周期。

（5）竞争者的市场策略。当竞争对手是一个强有力的企业，并采用无差异市场策略时，本企业就应考虑到自身的弱点，采取其他市场策略，可以获得一定优势。当然，若企业实力较强，在竞争中优于竞争对手，也可以针锋相对，采取与之相同的市场策略。总之，企业在进行市场策略的选择时，必须考虑自己与竞争对手的实力对比，还要注意双方条件的变化，采用适当的、灵活的市场策略。

（6）竞争者数量。当市场上竞争对手众多时，消费者对产品和品牌的印象很重要。为了使不同的消费者都能对自己的产品品牌留下深刻的印象，增强该产品的竞争力，应当采用差异性市场策略或密集性市场策略；当市场上竞争对手较少时，消费者的需求从本企业产品中就能得到满足，不需要采用成本高的差异性市场策略，可采用无差异市场策略。但在消费者对产品单一、服务简单提出不满时，企业应当适应消费者多样化的需求，可考虑改用差异性市场策略。

三、市场营销组合

现代市场营销组合是企业进行市场竞争的主要手段，是实现企业经营目标的重要基础，也是协调企业各部门工作的纽带。

（一）市场营销组合的含义

市场营销组合就是企业为了满足目标市场的需要而采用的可控制

的基本因素的组合。尤金·麦卡锡把这些因素概括为四个变量(4P)，即：产品(Product)；价格(Price)；销售渠道(Place)；促销(Promotion)。这样，4P 内容就构成了市场营销组合的四大基本策略。

(1) 产品策略，包括产品品种、规格、性能、质量、特色、外观造型、品牌商标、包装装潢及售后服务等。

(2) 价格策略，包括价格政策、价格水平、浮动幅度、折扣折让、调价技巧等。

(3) 销售渠道策略，包括分配渠道、市场区划、销售渠道的宽广度、企业销售组织、商品储运等。

(4) 促销策略，包括人员推销、广告、宣传、公共关系、营业推广、销售服务等。

(二) 市场营销组合的特点

1. 可控性

市场营销组合的诸因素对企业来说是可控的，也就是说，企业可以根据目标市场的需要来确定这些营销手段的运用和搭配。当然，考虑到这些因素也是可变的，在确定市场营销组合策略时，既要把握可控因素，又要适应不可控因素的变化。

2. 动态性

市场营销因素组合是一个多变的动态复合结构，其组合的整体效果是一个函数，这个函数就是 4P 中的每一个项目。企业在制定市场营销组合时，只要改变其中一个因素，就会出现一个新的整体组合效果。进一步说，在选择市场营销组合时，不一定综合调配四个因素，也可以根据产品和市场的特点，有重点地选用几个基本因素的组合。

3. 整体性

市场营销组合的作用，不是每个因素所产生的效果的简单相加，而是为了实现市场营销的目标将各种因素组合起来协同配合，追求市场营销整体效果的优化。

4. 层次性

市场营销的 4P 组合并非只有四个因素,而是每一个因素(P)还包括许多二级因素。如产品 P 是市场营销组合的一个因素,但它又包括产品品种、规格、性能、质量、外观造型等;销售渠道 P 也是市场营销组合的一个因素,但它又包括分配渠道、市场区划、销售渠道的宽广度、企业销售组织、商品储运等许多二级因素。

二级因素也可以再往下进行细分。如促销 P 中的二级因素包括广告,广告本身也是一个组合因素,可以细分为电视广告、广播广告、户外广告、报刊广告等各种形式的广告。

第二节 产 品 策 略

企业的市场营销活动以满足市场需求为核心,而市场需求的满足只能通过企业提供的产品或服务来实现。因此,企业只有不断进行产品和服务为核心的改进和创新,才能在市场竞争中立足;只有使企业的产品和服务具备鲜明的个性,才能实现企业的持续发展。因此,产品策略就成为市场营销组合策略的基础。

一、产品整体概念

传统观点认为,产品就是具有某种特定物质形状和用途的物体,即实体的产品。现代市场营销观点则认为,产品就是能够提供给市场、用于满足人们欲望和需要的任何事物,包括实物、服务、场所、组织和观念。现代产品整体概念由三个基本层次组成:核心产品、形式产品(形体产品)、扩大产品(附加产品),如图 6-1 所示。

核心产品是指产品的实质层,它为消费者提供最基本的效用和利益,是产品整体概念中最基本、最重要的部分;形式产品是指实质产品所展示的全部外部特征,是目标市场消费者对某一需求的特定满足形式,主要包括产品质量、产品特色、产品款式、品牌和包装等五个方面;扩大产品是指产品的扩展层,即产品的各种附加利益的总和,包括提供

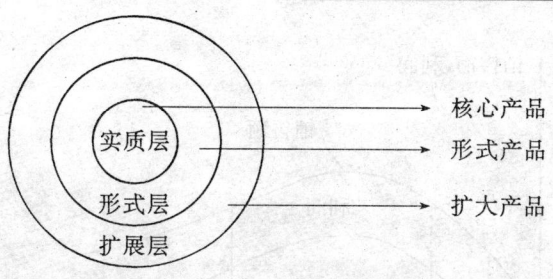

图 6-1 产品整体概念示意图

信贷、免费送货、安装、售后服务等。

应当指出,产品的三个层次是不可分割的整体,它们构成了产品的整体概念。其中,实质产品是核心和基础,形式产品是前者的载体和体现,扩大产品(附加产品)是提供给消费者的包含服务和其他附加利益在内的效用,是提高企业产品竞争力的重要手段。

二、产品的生命周期

(一)产品生命周期的含义

产品生命周期是指一种产品在市场上的销售情况及获利能力随着时间的推移而变化。这种变化就像生物界的各种生命一样,是一个由诞生、成长到成熟,最后走向衰亡的过程。这个过程在市场营销中是指产品从进入市场开始,直到最后在市场中被淘汰的过程。

产品生命周期由四个阶段组成,即:引入期(导入期)、成长期、成熟期、衰退期。需要指出的是,产品生命周期不是指产品的使用寿命,而是产品在市场上存在的时间,前者反映的是产品技术性能,后者反映的是产品的市场竞争力和生命力,即市场寿命。在整个生命周期中,销售额及利润额的变化作为生命周期的特征值,其变化表现的曲线如图6-2所示。

产品生命周期的划分是相对的。一般而言,各阶段的划分是以产品销售额和利润额的变化为根据的。在引入期,产品销售额和利润额增长缓慢,利润多为负数;当销售额增长加速,利润由负变正并快速上升时,

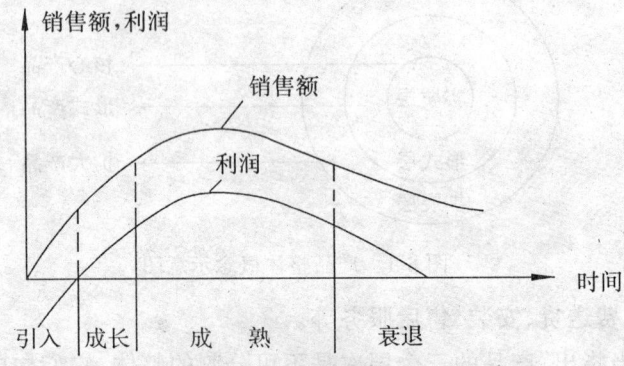

图 6-2　产品生命周期与销售额和利润的关系

进入成长期;当销售额增速放慢,利润增长停滞时,则进入成熟期;当销售额快速递减,利润也较快下降时,产品就进入衰退期。

（二）基于产品生命周期特点的营销策略

产品处于不同的生命周期时,表现出不同的特点,营销策略也要相应变化。

1. 引入期(导入期)策略

引入期是指产品初次上市销售阶段。这一阶段的产品存在生产方法尚未定型、产品质量不稳定、制造成本较高等问题。对消费者来说,他们对这类产品的性能还不了解,对产品的使用及效果不确定、不信任。在图 6-2 上反映出来的就是:销售较少,利润为负数。因此在这一时期,企业的首要任务是让新产品在市场上站稳脚跟,稳扎稳打,逐步提高市场占有率。在战略上,要突出“准”和“快”,看准了就要尽快定型,批量生产,投放市场。

2. 成长期策略

成长期是指产品已经定型,产品转入批量生产的阶段。这时,消费者对产品已经熟悉,并已经对产品产生了信任。产品的销路迅速打开,销售渠道已经疏通,销售量迅速上升,企业广告费用相对降低,企业的成本下降,利润迅速上升。但是此时竞争者大量加入,市场竞争加剧。在成长期,企业在营销战略上应突出一个"优"字,改进和完善产品,提高服务质量,增加产品品种,树立良好的产品形象。

3. 成熟期策略

成熟期是指产品进入大批量生产,企业处于市场激烈竞争的阶段。这时的市场需求趋于饱和,产品的销量增长速度放慢,销售费用不断上升,利润达到顶点,并开始下降。成熟期企业的营销策略应突出"改"和"扩",即要改善产品质量、改变营销组合,巩固原有市场;同时,还要在不改变产品本身的情况下,去发现和寻找产品的新用途和新用户,以扩大产品销售。

4. 衰退期策略

衰退期是指产品逐渐老化、进入更新换代的阶段。这时消费者的消费需求转向其他产品;新产品不断进入市场,逐渐替代老产品;产品销量锐减,甚至出现产品积压;企业获利甚少,甚至出现亏损。这时的营销策略应当突出"转"和"撤",选择适当时机退出市场,开发新的产品。

三、新产品的开发

产品生命周期理论表明,随着科技的进步和经济的发展,产品生命周期会越来越短,企业面临的调整压力和竞争挑战就越来越大。为了在市场竞争中继续发展,企业必须把技术创新和开发研制新产品作为营销战略重点。

新产品是相对老产品而言的。通常我们把已正式投入生产并受到市场欢迎的那些在结构、性能、材质、制造工艺等一方面或几方面比老产品有显著改进或提高的产品称为新产品。

新产品的开发方式主要是:引进先进技术或移植生产;自行研制新产品;对原有产品进行改进。企业可根据实际情况,选择不同的新产品开发方式。选择开发方式的原则是:以消费者需求为导向,以企业实力为前提,以经济效益为核心。

新产品开发一般要经过七个阶段,其程序是:构思→筛选构思→

产品设想→可行性分析→产品研制→试销→投放市场。

1. 构思

对满足一种新需求的产品的设想就是构思。有人说，一个好的构思，等于新产品的一半，可见构思的重要性。构思的主要来源是：消费者、经销商、企业内部人员、营销咨询公司、竞争产品、广告公司等。

2. 筛选构思

一般说来，在新产品构思阶段，关于新产品的设想会有很多。这些构思或设想，哪些可以采用，哪些需要剔除，必须通过筛选来确定。筛选有价值的构思，企业要考虑新产品的市场前景及收益、企业资源（包括人、财、物及生产、销售、管理等）的支撑能力等。

3. 产品设想

产品设想是在许多产品构思中筛选出来，并把它用有意义的语言描述出来的产品构思，是对产品构思的具体化和形象化。

4. 可行性分析

这是对某一新产品的方案从技术、经济、生产条件、市场条件和社会环境等方面进行全方位的调查研究和分析比较，最终判断是否进行新产品开发的过程。可行性分析的核心内容是技术经济分析，也即对新产品的技术先进性和经济效益进行评估。主要是：① 产品的技术先进性分析、功能实现程度分析、产品可靠性分析；② 产品的生产成本和利润的分析；③ 社会评价，即产品的开发是否符合国家和社会的道德、法规，是否符合国家的产业政策。

5. 产品研制

在选定最佳产品设想以后，企业就要进行产品设计、工艺准备、样品试制和小批量试生产。经过从设计到试验、再设计到再试验的反复过程，发展成技术上可行的产品，进一步成为市场上可行的产品。

6. 试销

产品试制成功后，需要投入一定范围内的市场进行试销，接受消费者的检验，观察消费者的反应，以确定是否将产品正式投入市场。

7. 投放市场

试销成功后，企业可以进行大批量生产，将产品投放市场。这就需要企业进行一系列的前期准备工作：① 投资购买新设备；② 广告宣传，提高产品知名度；③ 利用原有的销售渠道进行新产品推广；④ 把新产品向重点市场和地区投放，抢占市场制高点。

新产品开发是企业竞争能力的重要组成部分，也是一项充满风险的投资活动，需要企业加强组织和管理。主要包括：制定中长期发展规划、加大对新产品科研开发的投入力度、强化产学研结合、建立科研开发专门机构等，实现科研开发的规范化、制度化、专门化。

四、产品组合策略

为了满足目标市场需求和提高效益，企业一般不只经营一个产品项目，而是同时经营多个产品项目。不同的产品项目在市场上的相对地位及其对企业的贡献各不相同。这就需要企业对产品组合进行认真的研究和选择。

产品组合是指企业生产经营的全部产品项目的结构。

产品组合由产品线组成，而产品线是由功能相同但规格不同的一组产品项目所构成的。企业产品组合，有一定的宽度、深度和关联度。产品组合的宽度说明企业经营多少产品类别，有多少条产品线；产品组合的深度是指企业经营的各种产品线内的平均项目的多少；产品组合的关联度是指各种产品在最终用途、生产条件、分销渠道及其他方面相互联系的程度。

产品组合策略是指企业根据市场需求、企业能力和竞争形势对产品线的宽度、深度和关联度作出的决策。一般来说，扩大产品线的宽度，有利于发掘企业潜力，开拓新的市场，分散经营风险；加深产品线的深度,可以占领更多的市场,满足更多的不同消费者的需求;提高产品线的关联度,可以提升企业的市场地位,发挥企业在相关行业的特长。

企业一般采用的产品组合方式有:全线全面型,即企业考虑向所有消费者提供他们所需要的一切产品;市场专业型,即向某个专业市场(某类消费者)提供所需要的产品;产品线专业型,即企业专注于某一类产品的生产,并将其产品推销给各类消费者;有限产品专业型,即企业根据自己的专长和条件,发展具有良好销路的某一类产品线,集中经营有限的、甚至单一的产品线,以适应有限的或单一的市场需求;特殊产品专业型,即企业凭借自身的特有专长,发展具有良好销路的特殊产品项目。

五、产品品牌与包装

(一)产品品牌和品牌策略

品牌俗称牌子,也叫厂牌、牌号或货牌。品牌是指用于识别产品(或服务)的名称、术语、符号、设计,或它们的组合。它的基本功能是把竞争者区别开来。

品牌包括品牌名称、品牌标志和商标。品牌名称是指品牌中可以用语言称呼表达的部分,例如乐凯、三鹿、长虹、飘柔等等;品牌标志是指品牌中可以通过视觉识别但不能用语言称呼的部分,包括专门设计的符号、图案、色彩、文字或其组合,如乐凯胶卷的拼音字头缩写组成的图案、李宁牌运动服的"L"标志等;商标是指按法定程序向商标注册机构提出申请,经商标注册机构审查,予以核准,并授予商标专用权的品牌或品牌中的一部分。商标依法注册,是一个法律概念,受到法律的保护;而品牌是一个商业称谓。这是商标与品牌的主要区别。

企业进行品牌决策,应考虑以下问题:

1. 是否使用品牌,即品牌化策略

使用品牌对企业有诸多好处,也意味着企业要承担许多责任。是否使用品牌,取决于企业经营的产品性质和企业实力。一般而言,一些小商品不使用品牌,如家用缝衣针、顶针等。

2. 使用谁的品牌,即品牌使用者策略

传统观点认为,品牌是厂商的制造标记,这是因为产品的设计、质量、特色都是由生产者制造和决定的。但在现代市场经济条件下,创立一个有影响力的品牌并非易事,制造者要衡量品牌、商标在市场中的信誉,在采用谁的品牌上作选择。

3. 使用多少品牌,即品牌数量策略

对于不同产品线或同一产品线下的不同产品究竟如何使用商标,是使用一个统一的品牌还是使用多个品牌?可供选择的策略有:

(1)个别品牌策略,即各种产品使用不同的品牌。如上海牙膏厂使用美加净、中华、黑白等品牌就是采用这种策略。

(2)统一品牌策略,即所有产品统一使用一个品牌。如"长虹"一个品牌就包括电视机、录像机、摄像机、空调、手机、电脑等多种产品;海尔也是如此,一个品牌包括电视机、电冰箱、洗衣机、空调、电脑等多种产品。

(3)分类品牌策略,即不同产品线分别使用不同品牌,如健力宝集团,饮料类产品使用的品牌为"健力宝",运动服装类产品使用的品牌为"李宁牌"。

4. 品牌延伸策略

这是指企业利用其成功品牌的声誉来推出改进的产品或新产品的策略,包括纵向延伸和横向延伸两种方式。所谓纵向延伸,是指企业先推出某一品牌,待其成功后,再推出新的经过改进的该品牌产品,以次类推;所谓横向延伸,是指把成功的品牌用于新开发的不同产品。

5. 多品牌策略

这是指企业对同一产品使用两个或两个以上的品牌的策略。多品牌策略虽然会使原有品牌的销量减少,但是几个品牌加起来的销售量却可能比原来的一个品牌时要多。

（二）产品包装和包装策略

产品包装是指产品的容器或包扎物及其设计装潢。其目的是在运输、存储和销售过程中,保持其价值和使用价值,保护和美化产品。产品包装分为内包装和外包装两个层次,内包装是指接触产品的包装,外包装是指附着在内包装外的包装。

产品包装直接影响着产品的价值和销售前景,具有如下功能:保护产品;便于运输、携带和储存;美化产品、促进销售;增加产品价值,提高企业收入。

产品包装在现代市场营销中的地位和作用日益突出,企业经营者更加重视产品包装。为了充分发挥包装的促销作用,在包装设计上形成了不同的包装策略,主要是:

1. 类似包装策略

企业对其生产的各种不同的产品,在包装上采用相同图案、色彩或其他共同特征,使消费者很容易发现是同一家企业的产品。如可口可乐的包装、海尔产品的包装等。

2. 组合包装策略

将多种相互关联的产品组合在一个包装容器内一起销售。如针线包、香烟和打火机、茶壶和茶杯等。

3. 再使用包装策略

包装内产品使用完以后,包装物本身可以回收再用或被消费者用作他途。如啤酒、白酒的瓶子,盛药的塑料盒或塑料桶可以用来做容器盛其他物品等。

4. 附赠品包装策略

这是在包装物内附有赠券、物品,以吸引消费者购买的策略。如在方便面包装袋内放入玩具、卡通图片等。

5. 改进包装策略

这是用改变商品包装的办法来扩大销售的策略。当某种产品销售不畅或长期使用一种包装时,企业可以改变包装设计、包装材料,以满足消费者求新、求变的心理需求,达到促销的目的。

第三节 价 格 策 略

一、价格的含义

价格是市场营销组合中一个十分敏感的重要因素,也是唯一能产生收入的因素。价格的变化直接影响着市场对产品的接受程度,影响着市场需求和企业的效益。企业的定价策略要有利于补偿成本、促进销售、获取利润,当然也要考虑顾客对价格的承受能力,这就使定价具有了买卖双方双向定价的特征。

在市场营销活动中,企业的定价工作受到各种因素的制约,主要有商品的价值、定价目标、商品的供求情况、竞争者行为等因素。

1. 商品价值

价格是价值的表现形式,而商品的价值是价格的基础,是价格的本质。因此,商品定价时,必须首先考虑商品的价值。

2. 定价目标

定价目标有很多,如利润最大化目标、合理利润目标、市场占有率目标、应付竞争对手目标等。不同的定价目标会产生不同的产品价格。

3. 市场需求

市场供求关系是决定企业产品价格的基本因素。当供大于求时,价格会下降;反之则会上升。衡量需求变动对价格变动的灵敏度的指标是需求价格弹性系数,人们往往通过测算需求价格弹性系数来确定价格对市场需求的影响程度,确定产品价格。

4. 竞争者行为

定价是一种挑战性行为,特别是在竞争者众多的产品领域,更容易引起竞争者的连锁反应。在这种价格对抗(竞争)中,实力强的企业拥有较大的定价自由,而实力较弱的企业的定价自主权就小,通常是追随领先者进行定价。

5. 产品成本

产品在生产和流通过程中要耗费一定数量的物化劳动和活劳动，这就构成产品的成本。成本是影响产品价格的主要因素。在市场竞争中，与成本高的企业相比，产品成本低的企业拥有较大的定价灵活性，占据更为有利的地位。

6. 公共政策

商品价格同政府的干预密不可分。国家对市场价格的控制或管制、对产品的价格补贴政策等都影响着产品价格的制定。

7. 消费者心理

消费者心理对商品定价的影响主要体现在以下三个方面：

（1）期望价格。消费者对商品价格有一个期望值。当期望某一商品价格下降时，就会持币观望，导致该商品的价格一跌再跌；反之则相反。

（2）价值观念变化。一地的经济发展水平越高，人们收入增长越快，购买力就强，对价格的敏感性就差，有利于企业较自由地定价；反之则相反。

（3）逆反购买心理。当产品价格下降时，消费者需求并不增加；反之，产品价格上升也不会引起需求量的减少。

二、定价方法

（一）成本导向定价法

成本导向定价法就是以产品的成本为中心来制定价格。其依据是：在定价时，要考虑收回企业在生产、经营中投入的全部成本，且能获得一定的利润。常用方法是：

1. 总成本加成定价法

这是在企业生产某种产品的总成本上加上一定比例的预期利润来确定价格的方法。其计算公式为：

$$单位产品价格＝单位产品成本×(1＋加成率)$$

其中,加成率为预期利润占产品成本的百分比。

在正常的市场条件下,这种定价方法可以保证企业获得预期利润,较为常用。但是它只考虑企业的生产成本,没有考虑市场供求状况及其变化,灵活性较差,不能适应买方市场的激烈竞争。

2. 收支平衡定价法

这是在企业不亏损的条件下来确定产品最低价格的方法。其计算公式是:

单位产品价格＝单位固定成本＋单位变动成本

这种定价方法以收支平衡点确定价格,只能使企业的生产耗费得到补偿。这是在企业的产品销售遇到困难时,为避免更大的损失所采取的以保本经营为目标的定价方法。

3. 边际成本定价法

边际成本定价法,也叫边际贡献定价法。它是在制定价格时只考虑变动成本,而不计算固定成本的定价方法。其计算公式为:

单位产品价格＝单位产品变动成本＋边际利润率

其中,边际利润率是指单位产品预期的边际利润。

边际成本定价法适用于商品供过于求的情况。采用这种方法,虽然企业仍有亏损,但是只要边际利润率大于零,就会减少亏损额,而且可以继续生产,保住市场。

(二)需求导向定价法

这是指以需求为中心的定价方法。它依据消费者对产品价值的理解与需求强度来制定价格。需求强度是指消费者想获取某种商品的强烈或迫切程度。需求导向定价法的原则是:市场需求强度大时,制定高价;反之,则制定低价。这种定价方法综合考虑了成本、产品的生命周期、市场购买能力、消费者心理等因素,灵活有效地运用价格差异,有利于企业获得较好的收益。

(三)竞争导向定价法

这是以竞争者的售价作为企业定价依据的一种方法。它不是根据成本或需求来定价,而是随竞争者的价格的变动而变动。采用这种方法,要及时研究、把握竞争者的产品价格、质量、性能、服务和声誉等情况,对照本企业的实际情况,通过比较分析来确定价格。

三、价格策略

价格策略包括制定价格和调整价格的策略,我们简要介绍如下几种:

（一）新产品价格策略

这是指新产品在投放市场时所采取的定价策略。常用的策略有:

1. 撇脂定价

在新产品上市时,需求弹性较小,竞争者也不多,此时可利用消费者的猎奇求新心理,把价格定得高一些,以便在短期内获取高额利润。采用这种定价策略必须具备一些条件,如新产品具有某些独特的优点,社会迫切需要;产品生命周期较短或需求弹性较小等。这种策略的优点是可以在短期内收回投资,并且可以用减价的办法限制竞争者的加入;缺点是新品上市,在消费者中缺乏信誉,价格过高,很难在短时间内开拓市场。

2. 渗透定价

渗透定价又称低价策略。它是指在新产品投放市场时,企业采取薄利多销的原则,将价格定得较低的一种策略。采用这种策略有两个好处:一是低价可以使新产品尽快为市场所接受,并借助大量销售来降低成本,获得长期稳定的市场地位;二是微利可以阻止竞争对手进入,有利于企业控制市场。缺点是投资回收期长、见效慢、风险大。

（二）折让定价策略

这种策略是指给用户一定折扣,以降低产品的定价,甚至以赠与部分产品的方式来争取顾客。主要方式有:

1. 现金折扣

这种方法是指对按规定付现金的顾客,给予一定的折扣优待;对提前付款的顾客,给予更大的优待。目的是鼓励顾客及时或提前偿付货款,加速资金周转。

2. 数量折扣

它是指对购买商品达到一定数量的顾客给予一定的折扣优待。购买量越多,给予的折扣就越大,以鼓励顾客大量购买。

3. 交易折扣

它是指生产企业根据中间商在产品分销过程中所处的环节、功能、责任和风险的不同,给予其不同的价格折扣,以鼓励中间商努力销售本企业的产品。

(三) 地理价格策略

企业在制定价格时,运费是考虑的重要因素,当运费在变动成本中所占比重较大时,更需要考虑运输成本。常用的地理价格策略有:生产地定价、统一交货定价、区域定价等。

(四) 心理价格策略

它是指根据顾客心理要求所采用的定价策略。运用心理学原理,根据不同类型的顾客在购买商品时的不同心理需求来制定价格,以诱导顾客增加购买量。心理定价策略包括:整数定价、零头定价、声誉定价、幸运数字定价、投标定价、拍卖定价和期货定价等。

第四节 销售渠道策略

一、销售渠道的含义和类型

销售渠道又称分销渠道、分配渠道,是市场营销理论特有的概念。它是指产品的所有权从企业(生产者)向最终顾客(或消费者)转移过程中所经过的途径或通道。在这个过程中,生产者是销售渠道的起点;顾客是销售渠道的终点;处在生产企业与最终顾客之间的,直接或间接参与产品销售活动的一切组织或个人,就是中间商。中间商在商品流通过程中起着连接生产与消费的桥梁作用。具体表现是：简化销售手续、扩大销售范围、降低营销成本；集中、平衡、扩散产品；加速商品流通和资金周转、提高经济效益。

销售渠道有不同的结构和类型，主要有以下五种结构模式：

生产者——消费者；

生产者——零售商——消费者；

生产者——批发商——零售商——消费者；

生产者——代理商——零售商——消费者；

生产者——代理商——批发商——零售商——消费者。

产品从生产者到消费者的流通过程中有多种渠道，有的渠道中间环节多、路线长；有的渠道中间环节少，甚至没有中间环节，即直接销售。归纳起来，目前的销售渠道大体上有三种类型：

1. 直接销售渠道

直接销售渠道，也称零级渠道，是生产者直接将商品销售给消费者、没有任何中间环节的商品所有权的转移。

2. 间接销售渠道

间接销售渠道，是指生产者通过中间环节把商品销售给消费者的一种销售渠道。中间环节是指批发商、代理商和零售商。

3. 代销渠道

代销渠道，是指生产者和消费者之间有代理商为之服务的销售渠道。它不同于前两种销售渠道，代理商与生产者并不是商品买卖关系，也不是中间环节，只是接受客户的委托，办理代购、代销、代储、代运、代存等业务，以佣金或手续费方式赚取报酬，对商品没有所有权。

二、销售渠道的选择策略

（一）销售渠道长短的选择

销售渠道越短，生产者保留的商业责任就越多，但企业容易控制产品的零售价格，有利于进行宣传和提供各类服务，提高企业的声誉；销售渠道越长,流通环节越多,必然导致流通速度减慢,流通成本费用高,因而价格也高,影响企业的声誉和经济效益。企业是采用长渠道还是短渠道,主要应当考虑如下因素:

1. 产品

单价较低、体积较小、款式变化慢、容易运输储存、构造不太复杂的商品,宜用长渠道;而单价昂贵、体积庞大、款式变化快、构造复杂而要求附加较多技术服务的商品,宜用短渠道。

2. 市场

商品销路广、顾客分散、距离企业较远的,顾客经常需要购买的,季节性不强或需求不集中的,宜用长渠道;商品销路窄、顾客比较集中或距企业较近的、季节性明显而顾客采购量又大的;大件耐用品等,适用短渠道。

3. 企业

资金力量薄弱、销售力量不足或没有必要建立自己的销售体系的企业,没有能力或没有必要为最终用户提供较多服务、必须依靠中间商扩大市场的企业,宜选用长渠道;反之,资金雄厚、声誉良好、销售力量强的,可以选用短渠道。

(二)销售渠道宽窄的选择

销售渠道的宽窄是指商品流通所使用的销售窗口的多少。宽销售渠道就是使用较多的销售窗口,即利用较多的批发商和大量的零售商,使商品在广泛的市场面上销售;窄的销售渠道与之相反。一般有三种形式可供选择:

(1)广泛性营销渠道策略,即大量利用中间商,把销售网点广泛分布在市场的各种角落,适用于日常消费品和工业品中的经常消耗品。

(2)选择性营销渠道策略,即企业在市场上选择一部分中间商来销售自己的产品,这种策略比较常用。

(3)独立性营销渠道策略,即生产企业在特定的市场上仅选择一家批发商或零售商经销其产品,在他们各自的区域内,享有独家经销该产品的权利。其优点是容易控制市场和价格,降低流通费用;缺点是有时会出现销售力量不足,只依赖一家经销商的风险也比较大。

第五节 促销策略

一、促销的含义和方式

促销是促进销售的简称,就是企业运用各种手段,沟通生产者和顾客之间的生产和消费信息,掌握顾客的需求和偏好,激发顾客对企业及其产品产生好感和信任,进而引起顾客的购买兴趣和购买行为的营销活动。促销的实质是企业与现实顾客和潜在顾客之间的信息沟通。

促销的方式主要有两大类:人员促销和非人员促销。人员促销是由推销员或销售机构直接与顾客发生联系,进行推销活动;非人员促销包括广告、宣传、营业推广、公共关系等形式。企业可以根据自身情况和市场条件,选择不同的促销方式,形成一定的促销组合。促销组合有利于整合各种促销方式的优点,减少单独使用的弊端,提高企业的营销效益。

二、人员推销策略

人员推销是指企业派推销人员向顾客面对面推销商品的一种促销方式。这种方式由来已久,在今天也是企业最基本和最普遍的促销手段。

在人员推销活动中,推销人员就是企业的象征和代表,他的任务不仅是推销产品,还要树立、维护企业的良好形象,同时也要维护顾客的利益,收集有关的市场信息。因此,推销人员的任务可概括为:推销产品、树立形象、开拓市场、沟通产需、咨询服务、市场调研。

(1)人员推销的特点。人员推销实现了企业与顾客的直接双向沟通,传达信息可以随机应变,有较大的灵活性,有助于培养企业与顾客之间的感情,有利于建立个人友谊和长期合作关系;还可以迅速反馈顾客的意见和要求,有利于产品的改进和企业营销策略的调整。

(2) 人员推销的基本形式。① 上门推销,即由推销员携带样品、说明书和订货单走访用户,推销产品;② 柜台推销,即由营业员接待进入商店的顾客,在商店推销产品;③ 会议推销,即利用各种订货会、物资交流会、博览会、展销会等形式推销产品。

(3) 人员推销的策略。① 试探性策略。这是在推销人员不了解顾客需求的前提下,通过事先设计好的能引起顾客兴趣的言词、图片、条件和行动,以刺激顾客的购买欲望的策略。② 针对性策略。这是在推销人员已基本了解了顾客有关需求的前提下,事先设计好针对性强的推销语言和措施,促使顾客购买的一种推销策略。③ 诱导性策略。这是推销人员诱导顾客将潜在需求变为现实需求,促进销售的一种推销策略。

三、非人员促销策略

(一)广告策略

广告是广告主支付一定费用,通过特定的传播媒介,把产品和服务的有关信息传播到可能的用户中,引起用户的注意、兴趣和购买行为的促销方式。现代意义上的广告是市场经济的产物。广告促销的作用是传递信息、激发需求、引导消费。

广告媒体是传播广告信息的一种物质技术手段,是企业与广告宣传对象之间的媒介物。广告媒体主要包括报纸、书刊杂志、广播、电视、户外广告等。

广告策略主要有广告组合媒体策略、广告信息策略、广告生命周期策略、广告产品定位策略、广告实施时间策略等。

广告决策的过程包括广告目标的确定、广告预算编制、信息的选择、广告媒体的选择及其组合等。

（二）营业推广策略

营业推广是指除人员推销、广告和公共关系之外能够有效地刺激顾客购买、提高交易效率的种种促销活动。

营业推广包括陈列、展示和展示会、示范表演和演出等等推销活动。一般用于暂时的或额外的促销活动，是对人员推销和广告推销的一种补充。

营业推广分为对顾客的推广、对中间商的推广、对推销人员的推广三种类型。对顾客的推广包括赠送样品或试用样品、有奖销售、产品陈列和演示促销等形式；对中间商的推广包括订货会、批量进货优惠、推广津贴、协助经营和销售竞赛等形式；对推销人员的推广包括推销竞赛、工资奖金与销售业绩挂钩、精神奖励等方法。

由于营业推广是一种短期促销行为，在制定策略时，应考虑推广的时间、规模、方式和途径，以提高推广的效益。

（三）公共关系策略

公共关系简称公关，是指企业有计划地、持续不断地运用沟通手段，争取内部和外部公众的信任和支持，树立企业良好的形象和信誉，为企业发展创造良好的社会关系环境所采取的一系列科学策略和行动。从市场营销角度看，公共关系有直接促销、间接促销的职能。

公共关系的对象很广，包括消费者、新闻媒体、政府、业务伙伴、社区等。企业开展公关活动，首先要确定对象，把握对象的特点和需求，然后有针对性地进行。

企业利用公关促销的主要方式有：

1. 新闻宣传

企业可以通过编写企业及其产品的新闻，塑造企业的良好形象。这种方式比广告节省开支，又具有很强的客观性、很高的可信度，在影响公众、说服公众方面具有显著的效果。

2. 与相关公众建立广泛的联系

企业可以通过举办展览会、新闻发布会、联谊会、舞会、座谈会、宴会、组织参观旅游等活动,加强同相关公众的联系,加深企业与他们的感情,增强企业的感召力。

3. 支持公益活动

企业可以举办或赞助文体比赛、演出,参加有意义的社会性、公益性活动。拉近企业与相关公众的距离,增进彼此了解。这些活动往往花费不多,效果很好,有助于提高企业的知名度、美誉度。

四、促销组合策略

促销组合就是企业把广告、营业推广、公共关系和人员推销等四种促销方式有目的、有计划地配合起来,综合运用,以达到促销的目的。企业在进行促销组合决策时,重点考虑促销目标、市场范围、产品性质、产品的生命周期、促销策略等因素。

常见的促销组合策略有以下几种:

1. 对消费品和产业用品的促销组合策略

对消费品的促销组合排序为:广告、营业推广、人员推销、公共关系。其中,广告运用最广。

对产业用品的促销组合排序是:人员推销、营业推广、广告、公共关系。其中人员推销运用最多。

2. 对中间商和消费者的促销组合策略

对中间商运用"推动"策略,即以中间商为主要促销对象,生产企业把产品推销给中间商,由中间商再推销给消费者。这种策略,采用人员推销的方式效果最好。

对消费者采用"拉引"策略,即以消费者为主要促销对象,生产企业先设法引起消费者对产品的兴趣和需求,再由消费者向中间商询购这种产品,中间商看到产品的销量大,就会向生产企业购货。这种促销策略采用广告的效果最好。

3. 对顾客购买过程的促销组合策略

顾客的购买过程一般分为知晓、认识、喜欢、偏好、确信和购买六个阶段。在不同阶段,企业应采用不同的促销组合。

在知晓阶段,广告作用最大;在认识和喜欢阶段,广告作用最大,其次是人员推销;在偏好和确信阶段,人员推销作用略大于广告;在购买阶段,人员推销效果最好。

第 三 篇

企业生产管理

第 七 章

生产过程组织

第一节　生产与生产管理

一、生产的含义及其扩展

（一）生产的含义

生产是企业一项最基本的活动,是企业一切活动的基础。按照马克思主义的观点,生产是以一定生产关系联系起来的人们利用劳动资料改变劳动对象,以适合人们需要的过程。也就是说,生产主要是指物质资料的生产,通过物质资料的生产,使一定的原材料转化为特定的有形产品。

随着人类生产活动的扩展,生产的概念也被赋予新的内涵。到19世纪末,生产的含义随经济学中"效用"（Utility）的概念进一步深化,如边际效用学说就将生产理解为效用的产生和增加。根据这一概念,生产的范畴就进一步扩大到包括运输、销售、贸易等在内的服务活动。亦即物质产品（有形产品）的生产和非物质产品（无形产品）的生产之间的区别便不再明显。它们从本质上看都是能够满足人类某种需求的服务。因此,过去西方学者习惯于将与工厂联系在一起的有形产品的制造称作生产（Production/Manufacturing）,而将提供劳务的活动称作运作（Operations）。但现在则更多地使用运作来表示广泛的工作和作业,或者将两者并称为生产与运作（Production and Operations）。

根据以上的论述,可以给生产界定如下定义:生产是一切利用资源将输入转化为输出的活动过程。输入由输出决定,即生产何种产品和提供何种服务决定了需要什么样的资源投入;输入转化为输出是通过人的劳动实现的,转化的过程就是生产。

（二）生产的扩展

随着社会生产力的发展以及生产概念的延伸,我们可以把生产分为两大类:物质生产型(制造性生产)和劳动服务型(服务性生产)。

（1）物质生产型(或制造性生产)是通过物理、化学变化将有形输入转化为有形输出的过程。按照工艺特性,可以把制造性生产细分为流程型(连续性生产)和加工装配型(离散性生产)。在流程型生产过程中,物料均匀、连续地按一定工艺顺序运动,在运动中不断改变形态和性能,最后形成产品。如化工、炼油、冶金、食品、造纸等的生产过程。在加工装配型生产过程中,产品由离散的零部件装配而成,物料运动是离散状态,零部件是构成产品的不同元件,可以在不同的地方制造,零部件的不同组合可以构成不同的产品。如机床、汽车、家具、电子设备、服装等的生产过程。按照组织生产的特点,还可以把制造性生产细分为备货型生产(Make-to-Stock,MTS)与订货型生产(Make-to-Order,MTO)。流程型生产一般为备货型生产,加工装配型生产则既有备货型生产又有订货型生产。备货型生产是指在没有接到用户订单时,按已有的标准产品或产品系列进行的生产。生产的直接目的是补充成品库存,通过维持一定的成品库存来满足用户的需要。如轴承、紧固件等产品的生产。订货型生产是指按用户的订单进行的生产。用户可能对产品提出各种各样的要求,经过协商和谈判,以协议或合同的形式确认对产品性能、质量、数量和交货期的要求,然后组织设计和制造。如锅炉、船舶、机车等的生产。订货型生产还可进一步划分成订货组装型、订货制造型和订货工程型三种生产方式。

（2）劳动服务型(或服务性生产)的基本特征是提供劳务,而不制造有形产品。按照是否提供有形产品可将服务型生产分成纯劳务生产和一般劳务生产。纯劳务生产不提供任何有形产品,如咨询、讲课等。

一般劳务生产则提供有形产品，如批发、运输、书刊借阅等。按顾客是否参与可将服务型生产分成顾客参与的服务生产（如理发、客运、娱乐中心）和顾客不参与的服务生产（如修理、洗衣、邮政）。按劳动密集程度和与顾客接触程度可将服务型生产分成大量资本密集服务、专业资本密集服务、大量劳动密集服务和专业劳动密集服务。见图 7-1。

资本密集——劳动密集

与顾客接触程度	低——高	大量资本密集服务： 航空公司 大酒店 游乐场	大量劳动密集服务： 中、小学校 批 发 零 售
		专业资本密集服务： 医 院 车辆修理	专业劳动密集服务： 律师事务所 专利事务所 会计师事务所

图 7-1 按劳动密集程度和与顾客接触程度对服务业分工

二、生产系统

生产是一切利用资源将输入转化为输出的活动过程。这一活动过程构成了企业的生产系统。生产系统是企业大系统中的一个从事产品制造活动的子系统，要制造什么样的产品，决定了需要什么样的生产系统。

产品本质上是一种需要满足物，它反映了市场上用户的要求。也就是说，要制造什么样的产品由市场来决定。市场上的用户对产品的要求是多样化的，归纳起来，可以将用户对产品的基本要求分为六个方面，即品种款式、质量、数量、价格、服务和交货期。

一个有效的生产系统制造的产品不仅能满足用户上述六方面的基

本要求，还要使产品具有特色，才能在市场竞争中取得优势。因此，用户的需求和竞争优势的取得都是依靠生产系统制造出相应的产品来实现的，必须通过产品将用户的需求和市场竞争的要求转化为对生产系统的要求。相对于用户对产品的六方面要求，产品对生产系统的基本要求体现在创新、质量、弹性、成本、继承性和按期交货等六个方面。

由于产品对生产系统提出的基本要求既体现了外部环境对生产系统的要求，又体现了按照生产过程运行规律合理组织生产过程的要求，同时这六个方面相互之间常常是相悖的，所以必须合理设计生产系统的结构。生产系统结构是系统的构成要素及其组合关系的表现形式。生产系统的构成要素很多，通常将它们分成两大类：一类是生产系统的硬件要素，即构成生产系统主体框架的那些要素，主要包括生产技术、生产设施、生产能力和生产系统的集成等；另一类是生产系统的软件要素，即在生产系统中支持和控制系统运行的要素，主要包括人员组织、生产计划、生产库存和质量管理等。硬件要素是形成生产系统框架结构的物质基础，硬件要素的内容及其组合形式决定生产系统的结构形式。软件要素的内容及其组合形式决定生产系统的运行机制。两者之间相互匹配，系统才能顺利运行从而发挥其功能。

生产系统有其自身的运行规律，其管理流程见图 7-2。

生产系统的运行过程，既是输入生产要素，经过生产过程转换，输出产品或劳务的过程；又是实现生产目的工作程序，即对生产活动进行计划、实施，并根据实际效果加以控制的过程；也是价值的增值过程。

三、生产管理

生产管理是企业管理的重要组成部分，它是为了严格按顾客要求的质量、品种、数量和交货期制造产品或提供服务而充分利用企业的生产资源和合理组织生产活动的过程。狭义的生产管理是指对生产系统

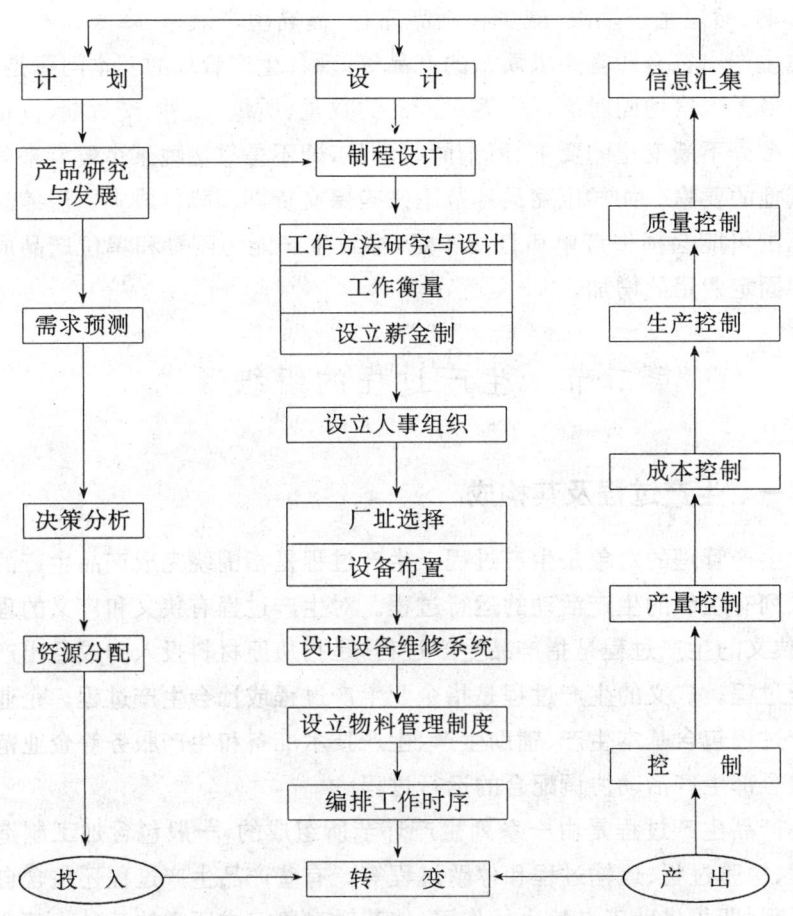

图 7-2 生产系统的管理流程

运行的管理,它的着眼点主要在生产系统内部,即着眼于在一个开发、设计好的生产系统内,对开发、设计好的产品生产过程进行计划、组织、指挥、协调和控制等。广义的生产管理是随着生产概念的延伸而从生产系统内部运行管理向"外"延伸的,可以理解为是对生产系统设置和运行的管理。

面对日益激烈的市场竞争,生产管理必须实现的目的主要有确保交货期、缩短生产期限、减少在制品库存、提高生产效率、降低成本、稳定地生产出符合顾客要求质量的产品等。现代生产管理的基本问题是，如何最大限度地同时满足顾客对产品的数量、质量、品种、交货期、价格和服务等不断变化的要求。所谓同时满足，即不是靠牺牲某个要素来确保其他的要素。如靠压缩品种范围来确保交货期和降低成本。压缩品种范围可能会损失订单和订货不足，导致生产能力闲置和单位产品成本中固定费用的增加。

第二节　生产过程的组织形式

一、生产过程及其构成

生产管理的对象是生产过程。生产过程是指围绕完成产品生产的一系列有组织的生产活动的运行过程。对生产过程有狭义和广义的理解，狭义的生产过程是指产品生产过程，是指从原材料投入到成品出产的全过程。广义的生产过程是指企业生产过程或社会生产过程。企业生产过程包含基本生产、辅助生产、生产技术准备和生产服务等企业范围内全部生产活动协调配合的运行过程。

产品生产过程是由一系列生产环节所组成的，一般包含加工制造过程、检验过程、运输过程和停歇过程等。有些产品生产过程还包含自然过程，即指借助于自然力的作用，使劳动对象完成所需的某种物理化学变化的过程，如发酵、自然冷却、自然时效等。

企业生产过程的构成包括基本生产过程、辅助生产过程、生产技术准备过程和生产服务过程。基本生产过程是指企业直接从事加工、制造产品的生产过程。辅助生产过程是指为保证基本生产正常进行所必须的各种辅助性生产活动。生产技术准备过程是指产品投产前所做的全部生产准备工作。生产服务过程是指为了保证基本生产和辅助生产所进行的各种生产服务活动。

二、合理组织生产过程的基本要求

生产过程组织就是要以最佳的方式将各种生产要素结合起来,正确处理生产过程中人与人、人与物、物与物之间的相互关系,对生产过程的各个阶段、环节、工序进行合理安排,使其形成一个协调的系统。其目标就是要使产品在生产过程中行程最短、时间最省、耗费最少,并能按市场的需要,生产出适销对路的合格产品。

组织好生产过程是企业能否有效地利用生产资源,以合理的消耗水平为社会提供优质产品,并取得最佳经济效益的基础。衡量一个企业的生产过程组织是否先进合理,要看其是否满足生产过程运行的连续性、平行性和节奏性(均衡性),生产过程构成的比例性及其对生产对象(产品)变化的适应性等基本要求。

1. 生产过程连续性

生产过程的连续性包括空间上的连续性和时间上的连续性。空间上的连续性是要求生产过程的各个环节在空间布置上合理紧凑,使加工对象所经历的生产流程路线短,没有迂回往返的现象。时间上的连续性是指生产对象在加工过程各工序的安排上紧密衔接,消除生产中断和不应有的停顿、等待现象。提高生产过程的连续性,可以缩短产品的生产周期,降低在制品库存,加快资金的流转,提高资金利用率。保证生产过程的连续性,首先要合理布置企业的各个生产单位,使物料流程合理;其次要组织好生产的各个环节(投料、运输、检验、工具准备、机器维修等),使物料不发生停歇。

2. 生产过程平行性

生产过程的平行性是指物料在生产过程中实行平行交叉作业。平行作业是指相同的零件同时在数台相同的机床上加工。交叉作业是指一批零件在上道工序还未加工完时,将已完成的部分零件转到下道工序加工。平行交叉作业可以大大缩短产品的生产周期。

3. 生产过程比例性

生产过程的比例性是指生产过程各环节的生产能力要保持适合产品制造的比例关系。比例性是生产顺利进行的重要条件,如果比例性遭到破坏,则生产过程必将出现"瓶颈",从而制约整个生产系统的产出,造成非瓶颈资源的能力浪费和物料阻塞,也破坏了生产过程的连续性。

4. 生产过程节奏性

生产过程的节奏性(均衡性)是指产品从投料到完工能按计划均衡地进行,能够在相等的时间间隔内完成大体相等的工作量。生产不均衡会造成忙闲不均,既浪费资源又不能保证质量,还容易引起设备、人身事故。保持生产过程的均衡性,主要靠加强组织管理。

5. 生产过程适应性

生产过程的适应性是指企业的生产组织形式要灵活多变,能根据市场需求的变化及时调整和组织生产。提高生产过程的适应性是社会市场需求快速多变的环境所提出的客观要求。企业要满足多变的、不均衡的社会市场需求,保持生产过程的比例性和均衡性,就必须有一个柔性很强的生产系统。

三、生产类型

生产类型是决定生产过程组织的主要因素。了解不同生产类型在产品特征、顾客需求特征、设备特征和制造特征等方面的差异,对于确定合理的生产组织形式和选择正确的生产作业计划方式是非常重要的。

企业的生产类型按生产工艺特征划分为流程型生产类型和加工装配型生产类型;按产品根据顾客要求定制的程度划分为备货型生产类型和订货型生产类型;最常见的是按照生产的重复程度和工作地的专业化程度,划分为大量生产、成批生产和单件生产类型。

大量生产类型产品品种少,同种产品产量大,生产条件稳定,在较长时间内重复进行一种或少数几种相类似的产品的生产,工作地固定加工一道或几道工序,专业化程度高。

成批生产类型产品品种较多,各种产品的数量不等,生产条件比较稳定,每个工作地要负担较多的工序,各种产品和零部件在计划期内成批轮番生产,工作地专业化程度较大量生产低。成批生产按批量大小又可分为大批生产、中批生产和小批生产。大批生产接近于大量生产,故有时称为大量大批生产;小批生产接近于单件生产,故有时称为单件小批生产;中批生产最具有典型的成批生产特点。

单件生产类型产品品种很多,每种产品只生产一件或几件之后不再重复,或虽有重复但不定期,生产条件很不稳定,工作地专业化程度很低。

由于生产类型的条件不同,反映出的经济效益也不相同。大量生产工作地专业化程度高,可采用高效率的专用设备和工艺装备,便于组织流水线和自动线,工人操作简单,技术熟练,计划管理工作简单,具有较高的劳动生产率和较低的产品成本。单件生产工作地专业化程度低,一般采用通用设备和工艺装备,设备利用率和劳动生产率低,对工人技术水平要求高,计划管理工作复杂,产品成本高。成批生产介于大量生产和单件生产之间。

企业生产类型的划分,一般以工作地专业化程度作为主要标志。工作地是工人运用机器设备和工具对物料进行加工制作或为顾客服务的场所。工作地专业化程度是指工人从事同样的操作的重复程度,可由工作地所执行的工序数(m)或工序大量系数(K_B)来表示。故确定工作地生产类型的方法有工序数目法和大量系数法。以工序数目或工序大量系数划分工作地生产类型可参照表 7-1 确定。

工作地生产类型是划分小组、工段、车间和企业生产类型的依据。当所有工作地的生产类型确定之后,可按"比重最大"的原则和"自上而下"的方法确定小组、工段、车间以及企业的生产类型。即根据比重最大的工作地生产类型,确定小组的生产类型;根据比重最大的小组生产类型,确定工段生产类型;再根据比重最大的工段生产类

表 7-1

划分工作地生产类型的 m 及 K_B 参考数据

工作地生产类型	m	K_B
大量生产	1—2	0.5 以上
大批生产	2—10	0.1—0.5
中批生产	10—20	0.05—0.1
小批生产	20—40	0.025—0.05
单件生产	40 以上	0.025 以下

型,确定车间生产类型;最后根据比重最大的车间生产类型,确定企业生产类型。

四、生产过程组织的基本形式

现代化大生产必须遵循分工原则,实行专业化生产。组织生产过程的基本形式有两种:工艺专业化和对象专业化。

1. 工艺专业化

工艺专业化又称为工艺原则,就是按照生产工艺的特点来设置生产单位。在工艺专业化的生产单位内,集中着同种类型的设备和相同工种的工人,每一个生产单位只完成同种工艺方法的加工或同种功能。如机械制造企业中的热处理车间、机加工车间、车床组等。由于将同类的工艺设备和相同的工艺加工方法集中在一起,使工艺专业化具有如下优点:产品制造顺序有一定的弹性,能较好地适应产品品种变化的要求;有利于提高设备的利用率,生产系统的可靠性较高;工人固定操作某一种设备,有利于提高专业技能;工艺及设备管理较方便。但工艺专业化的生产单位不能独立地完成产品(或零件)的全部加工任务,一件产品必须通过许多生产单位才能完成,这就造成了工艺专业化的缺点:产品在加工过程中运输次数多,运输路线长;产品在加工过程中停放、等待的时间增多,延长了生产周期,增加了在制品,多占用了资金;各生产单位之间的协作往来频繁,使生产作业计划管理、在制品管理以及产品的成套性工作比较复杂;有时只能使用通用机床和工艺装备,生产效率低。

2. 对象专业化

对象专业化也叫对象原则,就是以产品(或零件、部件)为对象来设置生产单位。在对象专业化的生产单位内,集中了为制造某种产品所需要的不同类型的生产设备和不同工种的工人,对其所负责的产品进行不同工艺方法的加工。每一个生产单位基本上能独立完成该种产品的全部或大部分工艺过程。由于工艺过程是封闭的,所以也叫封闭式生产单位。封闭式生产单位有两种主要形式,一是以产品或部件为对象,将大部分加工、装配等工艺过程封闭在一个生产单位里,如汽车制造厂的发动机车间等;二是以同类零件为对象,将下料、加工、检验等工艺过程封闭在一个生产单位里,如机床厂的齿轮车间等。

按照对象专业化形式组织生产单位的优点有:可以大大缩短产品在加工过程中的运输路线,减少运输次数和仓库及生产面积的占用;可以减少产品在加工过程中的停放、等候时间,缩短生产周期,减少在制品库存,节约资金;便于采用专用高效设备和工艺装备以及先进的生产组织形式;减少了生产单位之间的协作联系,简化生产作业计划工作和生产控制工作;有利于按期、按量、成套地生产出产品,强化质量责任和成本责任。其缺点为:对品种变化适应性差;生产系统的可靠性差;工艺及设备管理较复杂。但总的来说,对象专业化是一种优点较多,经济效益较好的生产组织形式,它代表了现代生产过程组织的大趋势。

在实际生产过程的组织中,通常综合运用以上两种形式,以取两者的优点。一是在对象专业化的基础上采用工艺专业化,如锅炉厂的铸造车间等;二是在工艺专业化的基础上采用对象专业化,如铸造厂的箱体造型工段等。

第三节 生产计划与生产作业计划

生产计划分为长期生产计划、中期生产计划和短期生产计划。长期生产计划的主要任务是进行产品决策、生产能力决策，以及确立何种竞争优势的决策。中期生产计划的任务是在正确预测市场需求的基础上，充分利用现有资源和生产能力，最有效地和尽可能均衡地组织生产活动和控制库存水平，以尽可能满足市场需求和获取利润。短期生产作业计划的任务是直接依据顾客的订单，合理地安排生产活动的每一个细节，使之紧密衔接，以确保按顾客要求的质量、数量和交货期交货。生产作业计划是生产计划的具体实施计划，它是把生产计划规定的任务具体分配到每个生产单位以至每个工作地和每个操作工人，规定他们在月、周、日以至每一班中的具体任务，即规定生产什么，在哪里生产，生产多少和在什么时候生产。

对于能力导向的处理流程型企业，生产计划扮演着重要的角色，而对于材料和人力需求导向的制造装配型企业，生产作业计划的地位和作用则更为关键。对于后者，如何安排和协调材料、零部件和完工产品的加工进度和加工批量，确保按期交货并使在制品库存尽可能地少，是这类企业生产作业计划工作面临的主要挑战。

一、企业生产计划系统

企业生产计划系统是一个包括预测职能、需求管理、生产计划、生产作业计划、材料计划和能力计划，并以生产控制信息的迅速反馈连接构成的复杂系统。生产计划系统高效运作的关键是提高每个职能计划工作的质量和效率，并不断改善信息的交流。生产计划系统的有效运转，必须要有严格的纪律，并使一切生产与作业活动严格遵守计划。不确定性和变异性是生产计划系统的大敌。生产计划系统还应具有高度的应变力和柔性，以响应市场需求的变化，但这绝不意味着各职能环节在实施计划时可以有很大的灵活性或可以自作主张。它就像一座钟表，要准时就不能让每个齿轮自行运转。

企业生产计划系统的框架见图7-3。

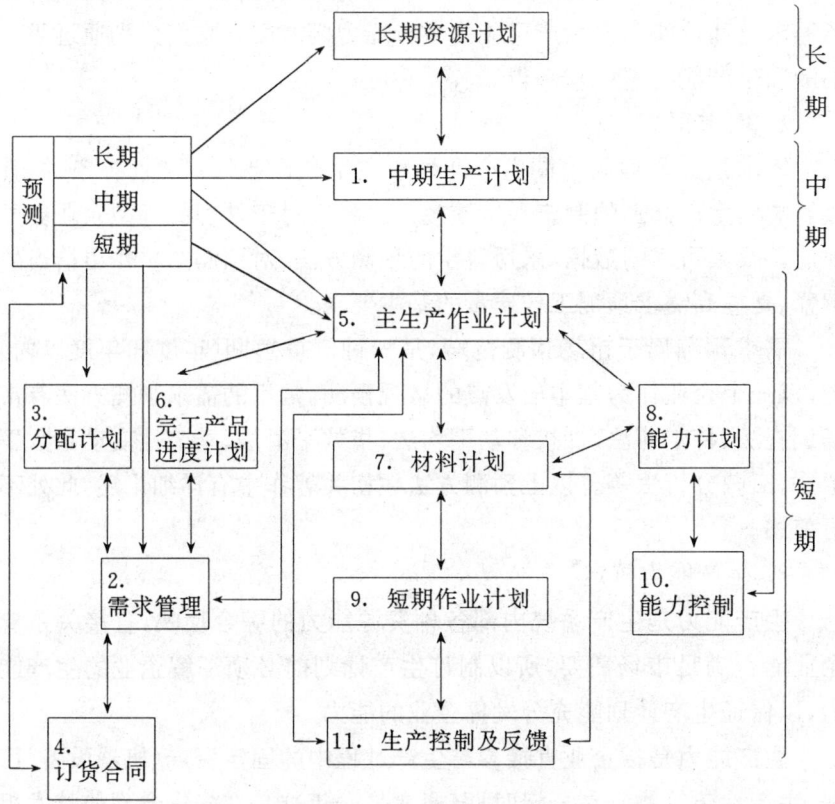

图7-3　生产计划系统框架

二、生产计划的前期工作

充分而准确的信息资料是编制生产计划的基础，生产计划的前期工作主要指各方面资料的收集准备工作。生产计划所需的资料大致分为两部分：一部分是反映企业外部环境和需要的，主要包括经济形势、国家方针政策、竞争者情况、原材料及其它物资供应情况、市场需求等。

另一部分是反映企业内部条件和可能的,主要包括劳动力及技术力量水平、生产能力水平、库存水平、流动资金和成本水平、服务销售水平及上期计划完成情况等。在上述资料中,尤为重要的是反映外部需要的市场需求量和反映内部生产可能的生产能力两方面。它们分别通过需求预测和生产能力核定来获得。

1. 需求预测

需求预测是编制中期生产计划和主生产作业计划的前提条件,直接影响到生产计划的制定和实施效果。特别对于处理流程型企业更是如此。收集可靠的数据,采用科学的预测方法,对预测结果作出恰当的解释,是提高需求预测工作质量的基本要求。

需求预测属于市场预测范畴,是一种侧重短期(年度和年度以内)的,以一个企业作为基本出发点的微观预测。常用的需求预测方法有市场调查法、特尔菲法、加权移动平均法、指数平滑法、季节性变动指数平滑法、回归分析法等。以上预测方法在相关著作中有详细论述,此处不再赘述。

2. 生产能力核定

生产能力是生产系统内部各种资源能力的综合反映,直接关系着企业能否满足市场需要,所以制订生产计划前必须了解企业的生产能力,以保证生产计划能充分发挥企业的能力。

生产能力是指企业直接参与生产过程中的固定资产(机器设备、厂房、生产性建筑物),在一定时期(通常是一年)内,在先进合理的技术组织条件下,所能生产一定种类产品的最大数量,或者能够加工处理一定原材料的最大能力。对于流程型生产,生产能力是一个准确而清晰的概念。而对于加工装配型生产,生产能力则是一个模糊的概念,不同的产品组合,表现出的生产能力是不一样的。

企业生产能力一般分为设计能力、查定能力和计划能力。设计能力是指生产设施在设计任务书和技术文件中所规定的应该达到的最大能力,是确定企业生产规模,编制战略规划、安排基本建设计划的依据。查定能力是指原设计能力经重新调查核定的生产能力,它是企业进行技术改造时核定生产能力的依据。计划能力(现实能力)是指企业在计划年度内实际能够达到的生产能力,它是编制企业年度计划,确定生产指标的依据。

企业生产能力是由生产中固定资产的数量、固定资产的有效工作时间和固定资产的生产效率三个基本因素决定的。生产中固定资产的数量包括计划期内所拥有的全部能够用于生产的机器设备和生产面积。固定资产的有效工作时间是按现行工作制度计算的机器设备的全部有效工作时间和生产面积的全部利用时间。固定资产的生产效率是指单位机器设备的产量定额或单位产品的台时定额,以及单位产品占用生产面积大小和时间长短的定额。

企业生产能力的核定,一般是先计算单台设备及设备组的生产能力,再核算小组、工段、车间的生产能力,最后确定企业的生产能力。

单台设备及设备组生产能力的核定与企业生产的产品品种多少有直接联系。单一品种条件下单台设备及设备组生产能力的核定,按以下公式计算:

单台设备生产能力＝单位设备有效工作时间×单位台时产量定额

设备组生产能力＝设备数量×单台设备生产能力

当生产能力取决于生产面积时,生产能力按下面公式计算:

$$\frac{生产面积}{生产能力} = \frac{生产面积数量×生产面积利用时间}{单位产品占用生产面积×占用时间}$$

多品种条件下单台设备及设备但生产能力的核定,若按照各种产品分别计算生产能力是困难的,企业可以根据具体情况,采用标准产品法、代表产品法或假定产品法来核定生产能力。

按标准产品计算生产能力,就是在生产的品种中选择一种产品作为标准产品,再按一定标准(如千瓦、马力等)把不同品种、规格的同类产品换算成标准产品,最后用单一品种条件下核算生产能力的方法来确定生产能力。这里所谓的标准产品是指对具有不同品种或规格的同类产品,进行综合计算时所用的一种实物量折算单位,如电机可用标准千瓦的电机、拖拉机可用标准马力的拖拉机等。

以代表产品为计算单位确定单台设备及设备组生产能力时,首先确定代表产品。代表产品是反映企业专业方向、产量较大、占用劳动量较多、在结构或工艺上具有代表性的产品。然后计算出以代表产品为计算单位表示的设备组生产能力。再将其他产品的计划产量折合成代表产品的产量。最后计算出设备组各种计划产品的生产能力。

当企业产品品种比较复杂,其结构、工艺和劳动量差别较大,难以确定代表产品时,可采用假定产品法确定设备组生产能力。所谓假定产品是按各种具体产品工作量比重构成的一种实际上不存在的产品。假定产品的台时定额计算公式为:

$$\frac{假定产品}{台时定额}=\Sigma\left(\frac{具体产品}{台时定额}\times\frac{该产品产量占假定产品}{总产量的百分比}\right)$$

$$假定产品总产量=各种产品计划产量总和$$

$$\frac{假定产品}{生产能力}=\frac{设备台数\times单位设备有效工作时间}{假定产品台时定额}$$

$$\frac{计划产品}{生产能力}=\frac{假定产品}{生产能力}\times\frac{该产品产量占假定产品}{总产量的百分比}$$

三、生产计划的主要指标

企业生产计划的中心内容是确定生产计划的指标。生产计划的主要指标有:产品品种、质量、产量、产值等。这些指标从不同角度反映企业计划期内的生产成果、生产技术水平和经营管理水平。

产品品种指标是企业在计划期间内生产的产品品名、型号、规格和种类数,它涉及"生产什么"的决策。确定品种指标是编制生产计划的首要问题。

产量指标是企业在计划期内生产的合格产品的数量,它涉及"生产多少"的决策,关系到企业能获得多少利润。产量可以用台、件、吨等来表示。对于品种、规格很多的系列产品,也可用主要技术参数计量,如电动机用千瓦、拖拉机用马力来表示。

质量指标是企业在计划期内产品质量应达到的水平,常采用统计指标来衡量,如合格品率、一等品率、废品率、返修率等。

产值指标是用货币表示的产量指标,能综合反映企业生产经营活动成果,以便不同行业比较。根据具体内容与作用不同,产值指标分为商品产值、总产值与净产值。商品产值是企业在计划期内生产的可供销售的产品价值。包括用本企业自备的原材料生产的成品和半成品的价值、用外单位来料加工的产品加工价值、工业劳务的价值。总产值是企业在计划期内完成的以货币计算的生产活动总成果的数量。包括商品产值、期末期初在制品价值的差额、订货者来料加工的材料价值。总产值一般按不变价格计算。净产值是企业在计划期内通过生产活动新创造的价值。净产值计算方法有两种:一种是生产法,净产值为总产值减去所有转入产品的物化劳动价值;另一种是分配法,净产值包括工资总额、福利基金、税金、利润和属于国民收入初次分配的其他支出。

四、生产任务的统筹安排

生产计划各项指标的确定,是一个统筹安排、平衡调整的过程。在统筹安排过程中,要做好以下主要工作:

1. 产量优选

企业产量任务的确定,首先应该服从市场的需求,同时也应考虑充分利用企业的生产能力,增加利润。确定产量与利润的关系可以采用盈亏平衡分析。若涉及到人力、设备、材料供应、资金、时间等条件的制约,就需要运用线性规划来选择最优的产量方案。

2. 产品出产进度安排

编制生产计划不仅要确定全年总的产量任务,还要进一步将全年生产任务具体安排到各个季度和各个月份,即安排产品的出产进度。合理安排产品的出产进度,可以使企业的销售计划进一步落实,为实现用户的交货期提供了可靠的保证,也有助于有效地运用企业的人力和设备资源，提高劳动生产率、降低成本、节约流动资金，从而提高企业的经济效益。产品出产进度安排的方法，因企业的特点不同而有所不同。

有的企业，产品的各季、各月的市场需求量比较稳定，或者企业生产任务饱满。这类企业的产品出产进度安排应当实行均衡的方针，即把全年的产量任务均衡地分配到各个季度和各个月份。生产进度的均衡安排，并不等于各季、各月的产量绝对相等，可以采用平均分配、分期递增、小幅度延续增长和抛物线形递增等多种分配方式。见图 7-4。

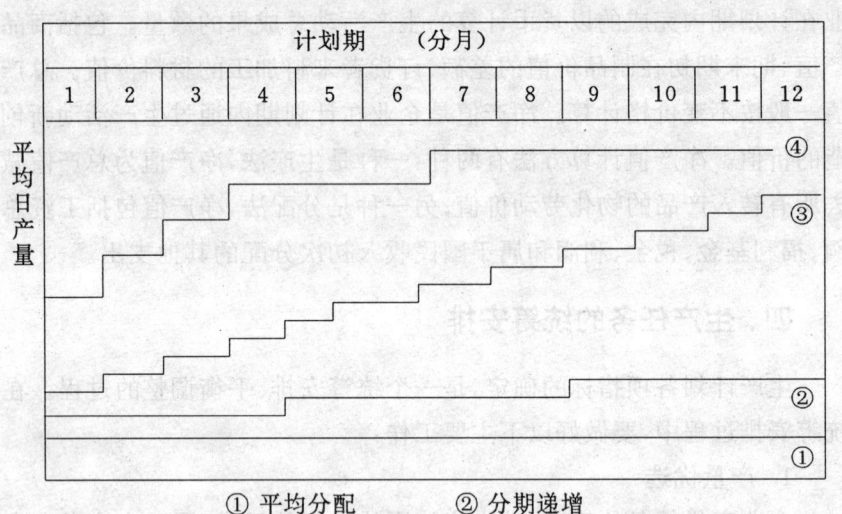

① 平均分配　　② 分期递增
③ 小幅度连续增长　④ 抛物线形递增

图 7-4　生产稳定情况下的几种产量分配形式示意图

有些企业，产品的需求具有季节性。这时，全年任务的进度安排可以有均衡安排方式、变动安排方式和折衷方式。均衡安排方式就是各月的出产量相等或基本相等，当有的月份产量大于需求，就将一部分产品作为库存储备起来，以供旺季所需，而有的月份则产量小于需求，此时动用库存，如尚不足，还可以组织外协。变动安排方式就是各月生产量的安排随着市场需求的变动而变动，销售量增长，生产量也随之增长，销售量下降则生产量也随之下降。折衷方式是上述两种方式的结合，不是每个月都根据需求调整生产量，而是在适当的时候调整一次或几次，即当需求量较少时采用较低的生产水平，当需求量增高时则改为一种较高的生产水平。

3. 品种搭配

品种搭配就是在同一时期内，将哪些品种搭配在一起生产。合理组织各种产品的搭配生产，有利于按期、按品种完成订货合同，有利于稳定企业的生产秩序，有利于提高企业生产的经济效益。

对于经常生产的和产量较大的产品，应该在符合订货合同要求的前提下，采用"细水长流"的办法，尽可能在全年作比较均衡的安排，使各个季度、月度都能生产一些这种产品。这样可以保持生产上的稳定性。

对于企业生产的其他品种，实行"集中轮番"的安排方式，加大产品的批量，在较短的时间内完成全年任务，然后轮换别的品种。对于同类型(同系列)的产品宜采用这种方式。它能够在不减少全年产品品种的前提下，减少各季、各月同期生产的品种数，从而简化生产管理工作，提高经济效益。

此外，新老产品的交替要有一定的交叉时间，新产品产量逐渐增加，老产品产量逐渐减少，可以避免"齐上齐下"带来的产量过大波动，也有利于工人逐步提高生产新产品的熟练程度。尖端产品与一般产品、复杂产品与简单产品、大型产品与小型产品等均应合理搭配，使各个工种、设备及生产面积达到均衡负荷。

五、生产作业计划工作的内容及期量标准

1. 生产作业计划工作的内容

企业生产计划确定以后，为了组织实施和保证全面实现，还必须进一步编制生产作业计划。没有生产作业计划，生产计划只能是纸上谈兵，不可能实现。生产作业计划工作的主要内容包括以下几个方面：

一是编制厂级的生产作业计划和车间级作业计划,即把企业生产计划的任务分解为具体的全厂生产作业计划,进而确定车间、工段、班组短期生产任务。

二是编制生产准备计划,即根据生产作业计划,进行原材料、外协件供应、设备维修和工具、技术文件、劳动力调配等生产技术准备工作,确保生产作业计划的落实。

三是进行设备负荷核算及平衡,即将生产能力与生产任务进行比较细致的试算平衡,既保证生产任务的全面落实,又使生产能力得到充分利用。

四是进行日常生产派工,即根据车间、工段或班组短期作业计划,确定每个工人、每个工作地的生产任务和进度,下达生产指令。

五是制定或修改期量标准,即规定生产期限和生产数量的标准数据,作为编制生产作业计划的基本依据。

2. 期量标准

制定一个切实可行的生产作业计划,必须制定先进合理的期量标准。所谓期量标准,就是为生产对象(产品、部件、零件)在生产期限和生产数量方面所规定的标准数据,有时也称为期量定额或作业计划标准。企业的生产类型和生产组织形式不同,生产过程各环节在"期"和"量"方面的联系方式也不同,因而期量标准也有所不同。

大量流水生产的期量标准有:节拍(或节奏)、流水线工作指示图表、在制品定额等。

成批生产的期量标准有:批量、生产间隔期、生产周期、生产提前期、在制品定额等。

单件生产的期量标准有:产品生产周期、生产提前期等。

六、车间作业计划的编制

编制生产作业计划,要先将生产任务分解到各车间,即编制各车间生产作业计划,然后再分配到工段、班组乃至每个工人,即编制车间内部生产作业计划。

车间作业计划的编制,要根据车间生产组织形式和生产类型来进行。若是对象专业化车间,则将生产任务直接分配给各车间。若是工艺专业化车间,则根据车间的生产类型,采用以下几种不同的方法。

1. 在制品定额法

这种方法适用于大量大批生产类型。由于大量大批生产的在制品占用比较稳定,故可以用在制品定额为依据确定车间生产任务,即按反工艺顺序逐个确定各车间的出产量和投入量。计算公式为:

$$\begin{array}{l}某车间\\出产量\end{array} = \begin{array}{l}后续车间\\投入量\end{array} + \begin{array}{l}该车间半成品\\计划外销量\end{array} + \left(\begin{array}{l}车间之间库存\\半成品定额\end{array} - \begin{array}{l}期初库存半成\\品预计结存量\end{array}\right)$$

$$\begin{array}{l}某车间\\投入量\end{array} = \begin{array}{l}该车间\\出产量\end{array} + \begin{array}{l}该车间计划\\允许废品量\end{array} + \left(\begin{array}{l}该车间在\\制品定额\end{array} - \begin{array}{l}期初该车间在\\制品预计结存量\end{array}\right)$$

其最后车间的出产量由产品出产进度计划来确定。

2. 提前期法

提前期法也称累计编号法,这种方法适用于需求稳定而均匀的成批轮番生产企业。它是根据最终产品的平均日产量将生产提前期转化为提前量,进而规定各车间应出产和投入累计数的方法。累计号数按产品从计划年度开始或开始生产该产品的第一件产品起,按生产的先后顺序依次累计编号。其计算公式为:

$$\begin{array}{l}某车间出产\\累计号数\end{array} = \begin{array}{l}最后车间成品\\出产累计号数\end{array} + \begin{array}{l}该车间出\\产提前期\end{array} \times \begin{array}{l}最后车间\\平均日产量\end{array}$$

$$\begin{array}{l}某车间投入\\累计号数\end{array} = \begin{array}{l}最后车间成品\\出产累计号数\end{array} + \begin{array}{l}该车间投\\入提前期\end{array} \times \begin{array}{l}最后车间\\平均日产量\end{array}$$

各车间当月的出产量和投入量为:

$$\begin{array}{l}计划期车间出产\\(或投入)量\end{array} = \begin{array}{l}计划期末车间出产\\(或投入)累计号数\end{array} - \begin{array}{l}计划期初车间已出产\\(或投入)累计号数\end{array}$$

3. 生产周期法

这种方法适用于单件小批生产企业。它可以根据每类产品的生产周期标准及交货期的要求,按反工艺顺序依次确定各车间出产和投入时间。应用生产周期法确定车间生产任务,应首先根据订货合同规定的交货日期,编制各工艺阶段的生产周期图表,然后根据生产周期图表确定产品各部件、零件在各个工艺阶段的投入、出产日期。

七、物料需求计划（MRP）与制造资源计划（MRPⅡ）

MRP 系统是一种普遍适用于产品结构复杂、具有多级制造装配过程的企业的生产作业计划系统。应用 MRP 的逻辑和方法规范制造装配型企业的生产作业计划工作和生产管理工作，并在此基础上实现生产作业计划的计算机管理，是生产管理改进的方向。

从 MRP 到 MRPⅡ，共经历了三个阶段：第一个阶段是作为一种库存计划方法的改进的物料需求计划（Material Requirement Planning）阶段，或称基本 MRP 阶段；第二个阶段是作为一种生产作业计划与控制系统的闭环 MRP（Closed-Loop MRP）阶段；第三个阶段是作为一种企业经营生产管理计划系统的制造资源计划（Manufacturing Resource Planning）阶段，即 MRPⅡ阶段。

1. MRP 的原理与工作逻辑

从 20 世纪 40 年代初到 60 年代中期，企业一般用订货点法作为编制库存计划和控制库存量的基本方法。定货点法不仅用于原辅材料的采购供应，也应用于零部件生产制造计划中。订货点法主要根据历史记录和凭实际经验来推测未来的物料需求，比较适用于需求量稳定均衡的物料。

60 年代中期，人们发现传统的订货点法不能适应新的生产环境：一是新产品、新材料不断涌现，传统的订货点法难以预测这些新产品、新材料的需求量；二是用户需求愈来愈个性化，企业为了满足市场需求，不能再像过去大批大量生产和销售，他们需要根据市场情况及时调整生产计划。由于制造企业生产计划和作业进度需要按市场情况及时灵活地作出调整，订货点法无法预测未来需求的发生，不能按照各种物料真正需用的时间来确定订货日期，不得不保持一个较大数量的安全库存，造成库存量过高。怎样才能在规定的时间、规定的地点，按照规定的数量得到真正需要的物料，或者说库存管理怎样才能符合生产计划的要求,是当时生产与库存管理存在的主要问题,也是 MRP 思想产生的历史背景。

1975 年美国的约瑟夫·奥里奇针对上述库存控制方法的应用范围,提出了一些对制造业库存管理有重要影响的新观点,奠定了 MRP 原理的基础。他提出把产品中的各种物料分为独立需求和相关需求。他认为制造业生产中的零部件、原材料的库存管理,与产品或用于维修服务的零部件库存不同,不能作为独立项目看待。它们的需求是根据由它们装配而成的最终产品的需求所决定的,属非独立需求(或称相关需求)。在各时间区间,对最终产品的需求一经确定(即确定了生产计划),有关时间区中对所有零部件的需求量就能计算出来。假设对最终产品的库存用订货点法进行控制,由它而引起的相关零部件、原材料的需求可能是非连续的、不均衡的波动需求。即使在产品需求量均衡的情况下,考虑到零部件的生产批量以及一种零部件可能用于生产不同的最终成品,也会使得对零部件的需求是波动的。波动需求现象意味着订货点法不宜用于装配制造业中零部件的库存控制。而计算机提供的数据处理能力,可以迅速地完成对零部件需求的计算。

基本 MRP 是根据产品结构、各种物料(产成品、零部件库存、在制品、在途情况)数据,自动地计算出构成这些成品的部件、零件,以至原材料的相关需求量,生产进度日程或外协、采购日程。基本 MRP 的处理过程如图 7-5。

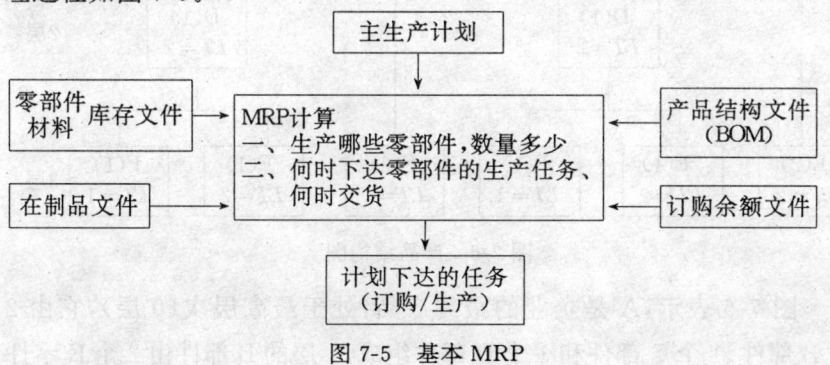

图 7-5 基本 MRP

MRP 系统有三种基本输入信息：主生产计划、库存状态信息及产品结构信息。

主生产计划（也称为主生产作业计划）是生产计划系统的核心，是生产制造功能与市场营销功能的界面，是所有短期生产活动，包括原材料采购、零部件外协、制造和装配等活动的依据。主生产作业计划的对象是产品，它规定在计划时间内（年、月）每一生产周期（旬、周等）最终产品的计划生产量。

库存状态信息应保存所有产品、零部件、在制品、原材料（统称为"项目"）的库存状态信息。主要包括当前库存量、计划入库量（在途量）、提前期、订购（生产）批量、安全库存量等。

产品结构又称为零件（材料）需求明细，它列出构成品或装配件的所有部件、组件、零件的组成、装配关系和数量要求。它是物料需求计划产品拆零的基础。如图 7-6 所示。

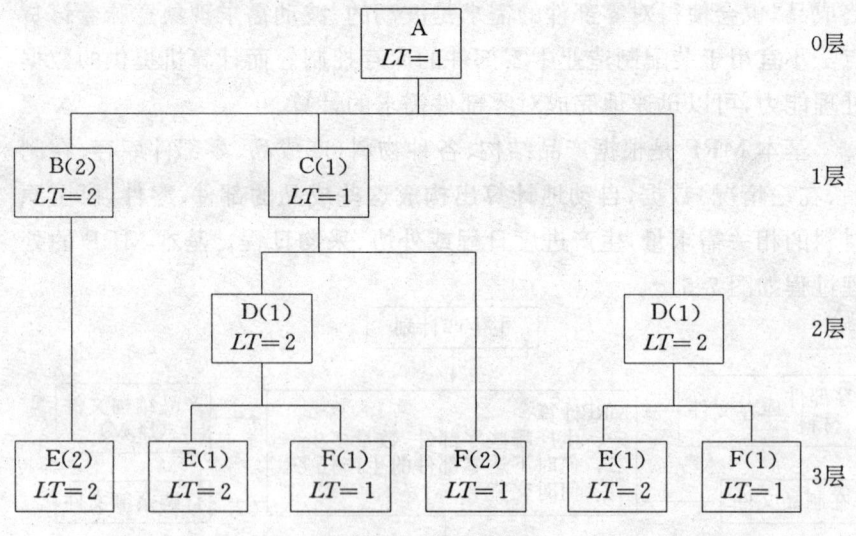

图 7-6　产品结构图

图 7-6 表示，A 是企业的最终产品，处于最高层次（0 层），它由 2 个 B 部件、1 个 C 部件和 1 个 D 部件组成。1 层的 B 部件由 2 个 E 零件

组成;C 部件由 1 个 D 部件和 2 个 F 零件组成。2 层的 D 部件由 1 个 E 零件和 1 个 F 零件组成。若零件全部是外购件则不必再分解。将不同层次的需求绘制在同一个层次(如 D 都放在 2 层、E 和 F 都放在 3 层),是为了便于计算机运算。上层物料称为母项,构成上层物料的下层物料称为子项。LT 表示加工或采购提前期。有了产品结构,就可以计算出构成最终产品 A 的各种物料的需求量和所需要的时间,可以很精确地制定加工计划和采购计划。因此,它是 MRP 的主要输入之一。

MRP 的工作逻辑如图 7-7 所示。

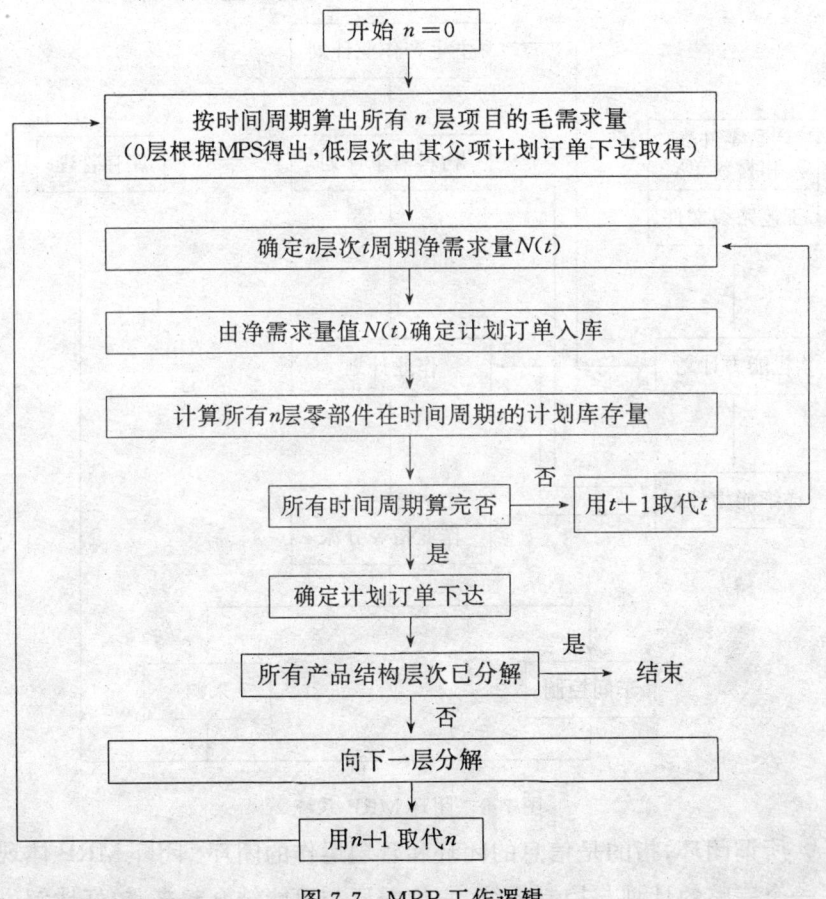

图 7-7 MRP 工作逻辑

　　MRP 的运算即是按照主生产计划规定的产品生产数量及交货期限,产品结构所表明的产品构成及制造顺序,以及库存状态信息,反工艺顺序逐个时段推算出整个计划期内的物料需求。

　　2. 闭环 MRP

　　基本 MRP 虽然可以计算出相关物料需求的准确时间与数量,但它没有考虑能力约束和反馈信息对计划成功实施的影响,因此是很不完善的。在基本 MRP 的基础上,引入能力计划和执行计划及反馈的功能,形成了闭环 MRP 系统。闭环 MRP 的流程如图 7-8 所示。

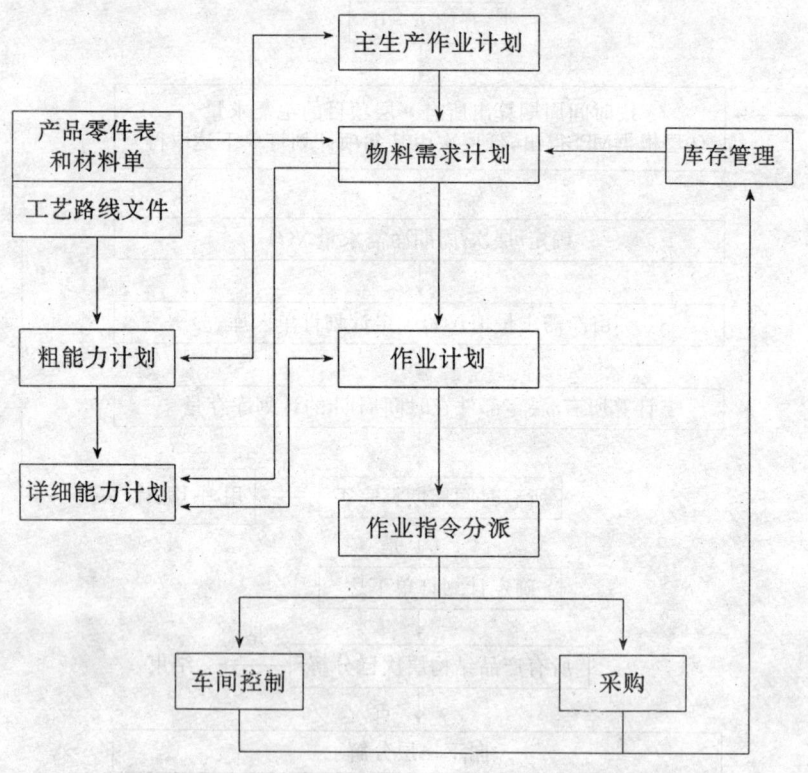

图 7-8　闭环 MRP 系统

　　所谓闭环,指的是信息的闭环和管理运作的闭环。闭环 MRP 体现了一个完整的计划与控制系统,它把需要与可能结合起来,较好地解决了需求计划必须同能力计划相结合的问题,同时实现了对计划的有效控制,把计划的稳定性、灵活性和适应性统一起来。

3. 制造资源计划(MRP Ⅱ)

闭环 MRP 虽然是一个完整的计划与控制系统,但它无法解释清楚执行计划后会给企业带来什么效益,这一效益在多大程度上实现了企业的整体战略目标。为此,在闭环 MRP 基础上,将企业的宏观决策(经营计划)和对产品成本的计划与控制(财务会计)纳入系统中来,形成了制造资源计划(MRP Ⅱ)。MRP Ⅱ 实现了物流与资金流的结合,是一个完整的经营生产信息系统。MRP Ⅱ 的逻辑流程如图 7-9 所示。

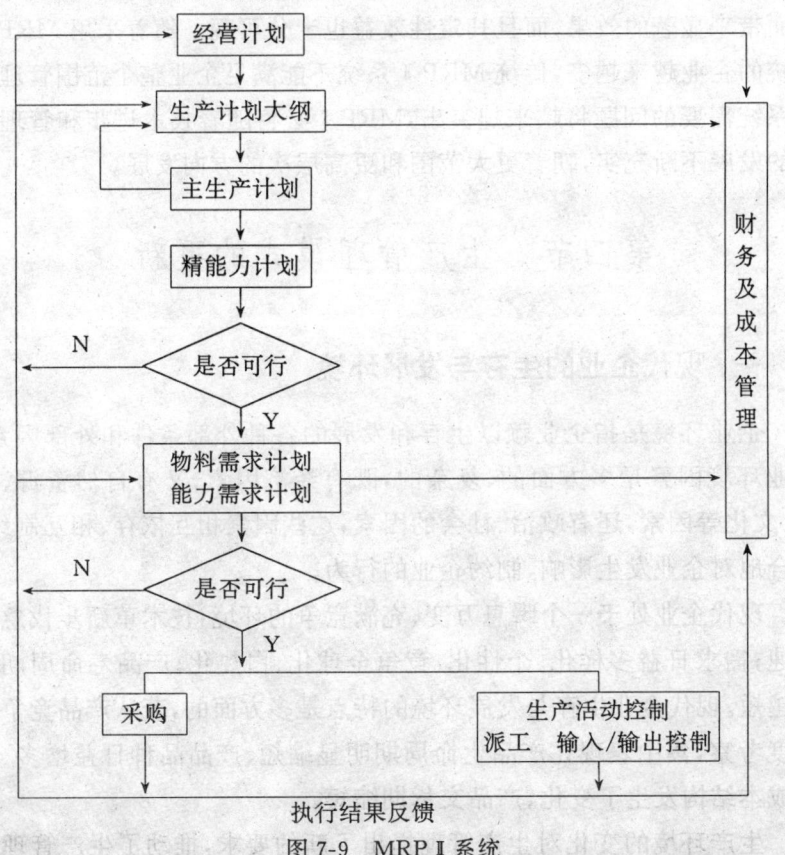

图 7-9 MRP Ⅱ 系统

　　MRP II 系统将生产系统与财务会计系统结合起来,通过数据信息的集成,可以同步地处理各种管理事务,实现了物流与资金流的信息集成。除此之外,MRP II 还增加了模拟功能,在情况变动时对产品结构、工艺、计划、成本等进行模拟和多方案比较,为管理人员提供了一种简明的决策工具。MRP II 将企业的生产制造、财务会计、市场营销、工程管理、采购供应以及信息管理等各个部门纳个整体管理之中,使其成为整个企业的运作系统。

　　MRP II 系统的成功应用,可以给企业在降低库存、合理利用资源、缩短生产周期、提高劳动生产率、按期交货、提高服务质量、降低成本等方面带来显著的效果,而且其定性效益也十分可观。随着采用 MRP II 系统的企业越来越多,传统 MRP II 系统不能满足企业整个范围管理信息系统需要的问题将越来越突出,MRP II 必将随着技术进步和管理思想的发展不断充实,朝着更大范围和更高层次的方向发展。

第四节　生产管理模式的更新

一、现代企业的生存与发展环境

　　企业环境是指企业赖以生存和发展的各种外部条件和外部因素。企业环境因素是多方面的、复杂的,既有经济因素,又有自然资源、技术、文化等因素,还有政治、社会的因素,这些因素相互依存、相互制约,综合地对企业发生影响,制约企业的行为。

　　现代企业处于一个瞬息万变、充满竞争的环境:技术革新步伐急剧加速;需求日益多样化、个性化;竞争全球化、白热化;产品寿命周期越来越短。现代企业生存与发展环境的特点是多方面的,若从产品竞争的角度考察,集中表现在产品生命周期明显缩短、产品品种日益增多、产品成本结构发生了变化、产品交货期缩短。

　　生产环境的变化对生产管理提出了新的要求,推动了生产管理理论和方法的发展。现代企业生产管理出现了一些新的特征：

一是生产管理范围大为扩展。生产的含义已扩展到服务业,生产活动的涵盖范围随着生产系统的前伸与后延也大为扩展,不仅使生产系统管理研究的导向和内容发生了很大变化,而且也使生产系统管理研究的方法和手段发生了变化。过去,生产管理系统的研究和实践主要考虑的是制造业的问题,甚至许多时候只涉及生产系统内部,绝大部分的生产管理理论和方法也是针对制造业的。而今天,人们已经把服务业的问题作为生产系统管理的一个重要方面进行研究,提出了许多更适用于服务业的新的生产系统管理理论和方法。同时人们在研究生产系统内部的时候,还将生产系统的外部条件——环境因素考虑进来,使得生产管理不再是生产系统内部的问题。

二是多品种中小批量生产将成为生产方式的主流。科学技术的进步和消费需求的多样化、个性化,引起产品寿命周期的缩短,企业为适应快速多变的市场需求,不得不接二连三地推出新产品,以取得竞争的主动权。作为当今制造企业主要生产方式的少品种、大批量生产方式,逐渐显露出缺乏柔性,不能灵活地适应市场需求变化的弊端。大批量生产方式正逐渐丧失其优势,而多品种、中小批量生产方式将越来越成为生产方式的主流。电子技术、自动化技术以及计算机技术等的飞速发展,从生产工艺技术和生产管理方法两个方面,也使大批量生产方式向多品种、中小批量生产方式的转换成为可能。

三是计算机技术和现代管理技术在生产管理中得到综合应用。随着电子计算机技术的发展,硬件的不断更新和软件的日益完善,其应用领域也不断扩大和深入。从科技计算发展到计算机辅助设计(CAD)和辅助工艺(CAPP);使生产过程控制发展到计算机辅助制造(CAM)和柔性制造系统(FMS);从单纯的电子数据处理(EDP)发展到建立管理信息系统(MIS),进一步发展为决策支持系统(DSS)、办公自动化(OA)、无纸贸易(电子数据交换 EDI)、电子邮件(E-mail)。20 世纪 70 年代初,美国哈林顿博士提出了计算机集成制造(CIM)的概念,设想将计算机在各个领域的孤岛式应用连结成一个有机的整体,以提高数据的共享性和数据处理的效率;从而可以压缩整个生产周期,加快新产品的开发。当前,研制和开发计算机集成制造系统(CIMS)已成为生产管理的一个主要趋势。我国"八六三计划"中,CIMS 也是一个重要的课题,并已取得可喜的成果。由于有了计算机这个现代化的技术手段,一系列的现代化管理方法不断涌现并得到广泛应用。

二、生产管理模式更新的对策

现代企业生存与发展环境的急剧变化,将企业抛入了一个快速多变且不易预测的市场湍流。传统的生产管理模式在这场变革中已经越来越不适应社会经济发展的要求,无法克服其缺乏柔性、对市场需求变化适应力差的缺陷,更无法充分利用社会优势来弥补其自身在人员素质、设备和制造能力、知识与信息等方面的局限性。生产管理模式只有在它能顺应社会的经济、科学技术发展水平时才能发挥其促进经济发展的作用。过时的生产管理模式终将被淘汰,用新模式取代旧模式是历史的必然。

生产管理模式的更新是生产方式的转变所提出的新挑战。传统的大批量生产方式在市场发生重大变化后已趋于衰退,多品种中小批量生产已成为生产方式的主流。由于多品种、中小批量生产方式所具有的生产品种的多样性、生产过程的复杂性、生产能力的适应性、环境条件的多变性、生产计划的困难性、生产管理的动态性等特征,使得企业在满足消费者多样化、个性化需求时,面临着如何提高生产效率、降低成本等方面的难题。

从 20 世纪 50 年代中期以来,从前苏联开始,日本、德国、美国等的理论界及实际工作者针对大量生产方式的不足,从多方面进行了有效组织多品种、中小批量生产的探索,提出了许多对策,归纳起来主要有以下几方面:

(1) 概念主体型更新对策。主要有成组技术、工业工程、并行工程、精益生产等。

（2）计划主体型更新对策。主要有 MRP 和 MRP Ⅱ 批量进度计划、模块式生产等。

（3）实施主体型更新对策。主要有柔性制造系统、计算机制造系统、分布式制造、智能制造系统等。

（4）控制主体型更新对策。主要有准时生产制（JIT）、制造信息集成、联机生产管理等。

（5）组织变革主体型更新对策。主要有矩阵组织、分形公司、网络组织、虚拟组织、组织重构等。

三、世界级制造

世界级制造（World Class Manufacturiny，WCM），又称虚拟企业。它是为了尽可能快地推出新产品，而选用不同企业的组织资源，把它们结合成单一的、靠电子信息手段联系的经营实体的方式。采用"虚拟企业"组织形式的企业，根据自身情况，把这些功能中的一部分分化到社会中去进行，自己只留下最具优势的功能，实现以最小投入争取最大效益的目标。

世界级制造方式的提出，不仅在于强调制造技术如柔性制造系统、机器人和数控加工等技术的世界先进性，更在于强调管理技术的先进性。通常认为世界级制造方式应包括四方面内容：无缺陷的全面质量管理新技术；准时生产方式；充分授权的工人自主管理；满足用户要求的高度的柔性制造系统。

世界级制造方式的形成，实际上是生产与作业管理经过近一个世纪的发展和完善的结果，它是兼收并蓄了各个发展时期生产与作业管理实践的创新成果，并广泛吸收各工业化国家民族文化特色而形成的，代表了当今世界生产与作业管理的发展水平和方向。

世界级制造是根据生产系统的发展进程而提出的，不同的经济、技术发展时代将赋予它不同的含义，因此，判断 WCM 本身并无太大意义,关键是如何构造、实现它。图 7-10 给出了 WCM 的框架,从中可以看出其运行机制和表现形式,能帮助我们更好地理解 WCM。

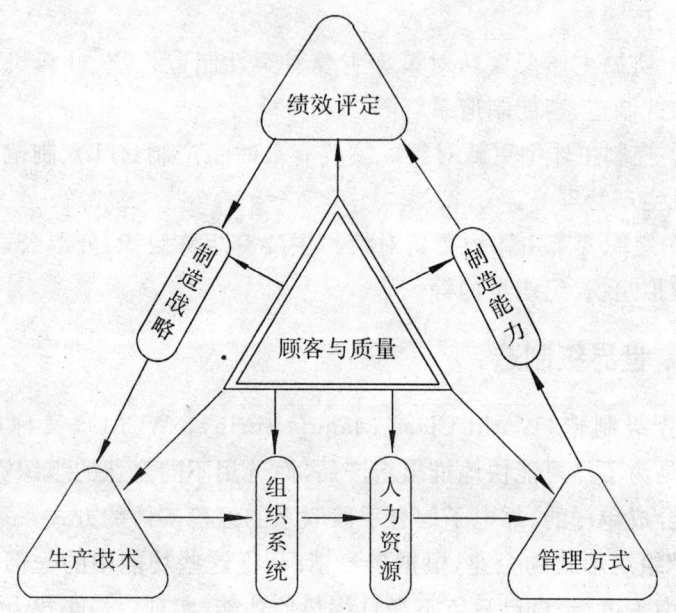

图 7-10 世界级制造系统框架

1. WCM 的绩效表现

WCM 框架的核心是顾客和质量,反映出 WCM 所追求的目的。WCM 将质量定义为使顾客满意、快乐、信赖的产品,并且使它能够融入 WCM 的各项要素之中,成为协调各项要素与全部活动的中心。WCM 在世界市场具有如下特点:第一,在本行业中,至少在某一方面,属于最强有力的竞争者,能比其他对手具有更迅速的增长和更丰厚的利润;第二,其产品无论在性能、功能或竞争优势、受信赖程度等方面都具有一流水平,并能够对市场的各种变化作出最灵敏、有效的反应;第三,能够吸引、保持、并造就本行业中最杰出的人员,因此能够吸收、应用、并创造新的生产与管理技术,乃至观念、思想。

2. WCM 的运行机制

WCM 的构造框架由七个要素组成。首先是对顾客要求和质量目标的保证和支持，从而在系统的有效性上形成整体协调的一致性；其次是有其动态的运行规则，保证着 WCM 的自我学习和动态改善的特性。绩效评定包括对 WCM 的产品、生产产品的过程以及构成生产过程的各项要素的评价，经过评定发现 WCM 决策和运行两个层次中的各种问题；制造战略根据各类系统问题进行分析，结合系统要求进行目标、策略和计划决策；根据战略决策的要求，在 WCM 的非结构化要素范畴内安排好生产技术、组织系统、人力资源和管理方式四个方面的工作，使之成为与生产战略充分一致的制造运作系统；形成制造能力。此时的制造能力不仅是产出数量上的保证、有效性上的保证，同时还具有动态应变特征和自我完善特征，既能对外界环境产生反应，又能从内部的运转效率方面不断提高能力。

由此可见，在 WCM 框架中保持七大要素间的动态运转，继而实现系统的自我完善，是 WCM 能够保持其世界水平的关键。

3. WCM 的现实选择

JIT 和 CIMS 被公认为是当代最理想和最有前途的生产系统，已被作为两种典型的现代生产类型与古典类型形成区别，同时也由于两者都在其功能方面突破了原有系统功能的约束，在成本、质量、继承性、交货、弹性、创新等指标上均表现出优异的支持特性，而被称为第一代的 WCM。值得注意的是，尽管 JIT 和 CIMS 在上述指标上表现相似，但毕竟是两类生产系统，其应用范围和内部运行机制以及由此引起的管理方式仍有很大区别。

四、准时生产方式（JIT）

准时生产方式是起源于日本丰田汽车公司的一种生产管理模式。它的基本思想可用现在已广为流传的一句话来概括，即"只在需要的时间，按需要的量，生产所需的产品"，这也是（Just In Time，JIT）一词的本来含义。JIT 生产方式的核心是追求一种无库存生产系统，或使库存达到最小的生产系统,为此而开发了包括"看板"在内的一系列具体方法,并逐渐形成了一套独具特色的生产经营体系。

1. JIT 生产方式的目标及其体系

JIT 生产方式作为一种生产管理技术,是各种手段和方法的集合,并且这些手段和方法都是从各个方面来实现其基本目标的。因此,JIT 生产方式具有一种反映其目标—方法关系的体系。在这个体系中,包括 JIT 生产方式的基本目标以及实现这些目标的各种手段和方法,也包括这些目标与各种手段、方法之间的相互内在联系。

JIT 生产方式的最终目标即企业的经营目的:获取利润。为了实现这个最终目标,"降低成本",就成为基本目标。在大量生产时代,降低成本主要是依靠单一品种的规模生产来实现的。但在多品种中小批量生产中,这一方法是行不通的,故 JIT 生产方式力图通过"彻底消除浪费"来实现。

所谓浪费,在 JIT 生产方式的起源地丰田汽车公司被定义为"只使成本增加的生产诸因素",即不会带来任何附加价值的诸因素。其中最主要的有生产过剩(库存)所引起的浪费、人员利用上的浪费以及不良产品所引起的浪费。因此,为了消除这些浪费,降低成本,JIT 生产方式的基本手段包括三个方面:适时适量生产、弹性配置作业人数和质量保证。

适时适量生产即 JIT 的本来含义,"在需要的时候,按需要的量生产所需要的产品"。实现适时适量生产的具体方法有:

(1) 生产同步化,即工序间不设置仓库,前一工序的加工结束后,使其立即转到下一工序去,装配线与机械加工几乎平行进行,产品被一件一件、连续地生产出来。生产同步化通过"后工序领取"的方法来实现,即"后工序只在需要的时候到前工序领取所需的加工品;前工序只按照被领走的数量和品种进行生产"。

(2) 生产均衡化,是指总装配线在向前工序领取零部件时,应均衡地使用各种零部件,混合生产各种产品。为此在制定生产计划时就必须加以考虑,然后将其体现于产品投产顺序计划之中。在制造阶段,均衡化则通过专用设备通用化和制定标准作业来实现。

(3) 看板管理。在实现适时适量生产中具有极为重要意义的是作为其管理工具的看板。看板管理是 JIT 生产方式中最独特的部分,通过看板传递生产和运送指令,将工序之间、部门之间以及物流之间联络起来,通过看板还可以发现生产中存在的问题,从而采取改善的对策。

弹性配置作业人数的方法是"少人化",即根据生产量的变动,弹性地增减各生产线的作业人数,以及尽量用较少的人力完成较多的任务。"少人化"技术一反历来生产系统中的"定员制",是一种全新的人员配置方法。实现少人化的前提条件一是要有适当的设备配置,在 JIT 中采用设备的联合 U 型配置。即把几条 U 型生产线作为一条统一的生产线联接起来,使原先各条生产线的非整数工时互相吸收或化零为整,以实现在实际上以整数形式增减作业人员。二是要有训练有素、具有多种技能的作业人员,即"多面手"。可以通过职务定期轮换来实现作业人员多能化。三是要经常审核和定期修改标准作业组合。

质量保证的方法是将质量管理贯穿于每一工序之中来实现提高质量与降低成本的一致性。为此,生产组织中要融入两种机制:第一,使设备或生产线能够自动检测不良产品,一旦发现异常或不良产品可以自动停止的设备运行机制。可在设备上开发、安装各种自动停止装置和加工状态检测装置来实现。第二,生产第一线的设备操作工人发现产品或设备的问题时有权自行停止生产的管理机制。依靠这样的机制,不良产品一出现马上就会被发现,防止了不良产品的重复出现或累积出现,从而避免了由此可能造成的大量浪费。而且,由于一旦发生异常,生产线或设备就立即停止运行,比较容易找到发生异常的原因,从而能够有针对性地采取措施,防止类似异常情况的再发生,杜绝类似不良产品的再产生。

2. JIT 生产方式中生产计划的特点

在 JIT 生产方式中,根据企业的经营方针和市场预测制定三阶段生产计划,即年度计划、季度计划和月度计划。然后再据此制定出日程计划,并根据日程计划制定投产顺序计划。其最独特的特点是,只向最后一道工序以外的各个工序出示每月大致的生产品种和数量计划,作为其安排作业的一个参考基准,而真正作为生产指令的投产顺序计划只下达到最后一道工序。

在 JIT 生产方式中,由于生产指令只下达到最后一道工序,其余各前工序的生产指令是由看板在需要的时候向前工序传递。这就使得:第一,各工序只生产后工序所需要的产品,避免了生产不必要的产品;第二,因为只在后工序需要时才生产,避免和减少了不急需品的库存量;第三,因为生产指令只下达给最后一道工序,最后的生产成品数量与生产指令所指示的数量是一致的。

3. 看板管理

JIT 生产方式是以降低成本为基本目标,在生产系统的各个环节全面展开的一种使生产能同步化、能准时进行的方法。为了实现同步化生产,开发了后工序领取、单件小批量生产、生产均衡化等多种手段。而为了使这些手段能够有效地运行,JIT 生产方式又采用了被称为"看板"的管理工具。

看板最初是丰田汽车公司于 20 世纪 50 年代从超级市场的运行机制得到启示,作为一种生产、运送指令的传递工具而被创造出来的。经过不断的发展和完善,现在在很多方面都显示出重要的机能。其主要机能是:生产以及运送的工作指令;防止过量生产和过量运送;是进行"目视管理"的工具和改善的工具。

看板的种类包括工序内看板、信号看板、工序间看板、外协看板和临时看板。工序内看板指某工序进行加工时所用的看板,这种看板用于装配线以及即使生产多种产品也不需要实质性的作业更换时间的工序,如机加工工序。信号看板是在不得不进行成批生产的工序所使用的看板,如冲压工序、模锻工序等。工序间看板是工厂内部后工序到前工序领取所需的零部件时使用的看板。外协看板与工序间看板类似,只是

"前工序"是外部的协作厂家,对外订货看板上须记载进货单位的名称和进货时间。临时看板是进行设备保全、设备修理、临时任务,或需要加班生产时所使用的看板。

看板的种类不同,其使用方法也不尽相同。工序内看板的使用方法中最重要的一点是看板必须随实物,即与产品一起移动。后工序领取时摘下挂在产品上的工序内看板,然后挂上领取用的工序间看板运走;该工序按照看板被摘下的顺序以及这些看板所表示的数量进行生产;如果摘下的看板数量变为零,则停止生产。在一条生产线上,无论是生产单一品种还是多品种,均按这种方法所规定的顺序和数量进行生产,既不会延误也不会产生过量的储存。信号看板挂在成批制作出的产品上,当该批产量的数量减到基准数时摘下看板,送回到生产工序,然后生产工序按该看板的指示开始生产。工序间看板挂在从前工序领来的零部件的容器上,当该零件被使用后取下看板,放到设置在作业场地中的看板回收箱内,表示"该零件已被使用,请补充"。现场管理人员定时回收看板,集中起来后再分送到各个相应的前工序,以便领取补充的零部件。外协看板的摘下和回收与工序间看板基本相同。回收以后按各协作厂家分开,等各协作厂家送货时带回,成为该厂下次进行生产的生产指令。

五、计算机集成制造系统(CIMS)

20 世纪 70 年代以来,世界经济形势发生了巨大变化,企业面临的市场竞争越来越激烈,承受的压力越来越大。企业为了适应这些市场特征,求得生存和发展,必须寻求新的生产方式。计算机技术和计算机应用的发展也促进新的生产方式的形成与发展。1974 年,美国的约瑟夫·哈林顿博士首次提出了计算机集成制造(CIM)的概念,其中有两个基本观点:其一是企业生产的各个环节,即从市场分析、产品设计、加工制造、经营管理到售后服务的全部生产活动是一个不可分割的整体,要紧密连接,统一考虑;其二是整个生产过程实质是一个数据采集、传递和加工处理的过程,其最终产品可以看作是数据的物质表现。

从以上两个观点可以看出,CIM 是信息技术和生产技术的综合应用,目的在于使企业更快、更好、更省地制造出市场需求的产品,提高企业的生产效率和市场响应能力。从生产技术的观点看,CIM 包含了一个企业的全部生产经营活动,是生产的高度柔性自动化,它比传统的加工自动化的范围大得多。从信息技术的观点看,CIM 是信息系统在整个企业范围内的集成,主要是体现以信息集成为特征的技术集成、组织集成乃至人的集成。因此,CIM 是生产组织的一种哲理、思想和方法。当一个企业按 CIM 哲理组织整个企业的生产经营活动时,就构成了计算机集成制造系统(CIMS)。

1. CIMS 的一般结构

自哈林顿博士提出 CIM 概念至今,有关 CIM 的概念和定义虽然存在着多种观点,但都保持了一个共同点,即"集成"。在自动化技术、信息技术和制造技术的基础上,在新的管理模式和生产工艺的指导下,把以往企业中相互孤立的工程设计、生产制造、经营管理等全部生产、经营活动所需的各种孤立的、局部的子系统,借助数据库和数字通信网络有机地集成起来,构成一个覆盖整个企业的综合系统,这就是 CIMS。

CIMS 的具体结构在不同的企业有不同的形式。美国国家标准局建立的自动化研究试验基地。美国的 IBM 公司、DEC 公司,德国的西门子公司,欧共体的欧洲信息技术研究发展战略计划等都提出了自己的 CIMS 结构框架。尽管他们提出的 CIMS 模型各不相同。但从功能和组织要素上看却有着很强的一致性。借此可以从中提取 CIMS 的一般模型。

从功能上看,CIMS 包含了四个功能分系统和两个支撑分系统。四个功能分系统分别是管理信息分系统、产品设计与制造工程设计自动化分系统、制造自动化或柔性制造分系统和质量保证分系统。两个支撑分系统是计算机网络分系统和数据库分系统。CIMS 的功能结构如图7-11。

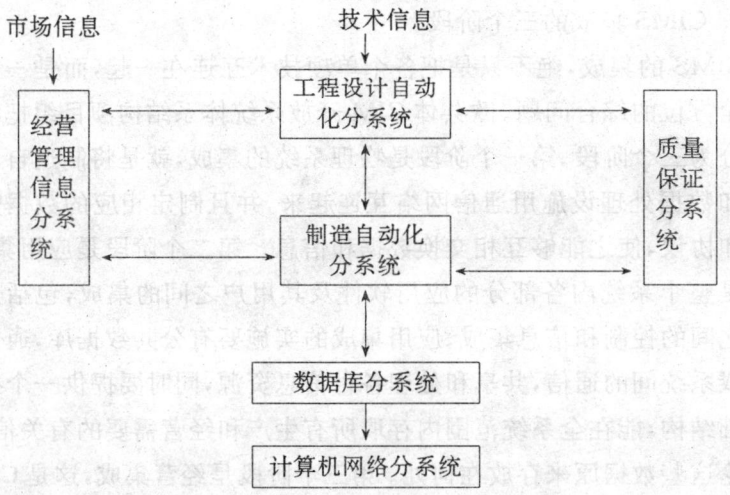

图 7-11　CIMS 功能组成示意图

从结构上看，CIMS 的技术结构如图 7-12。

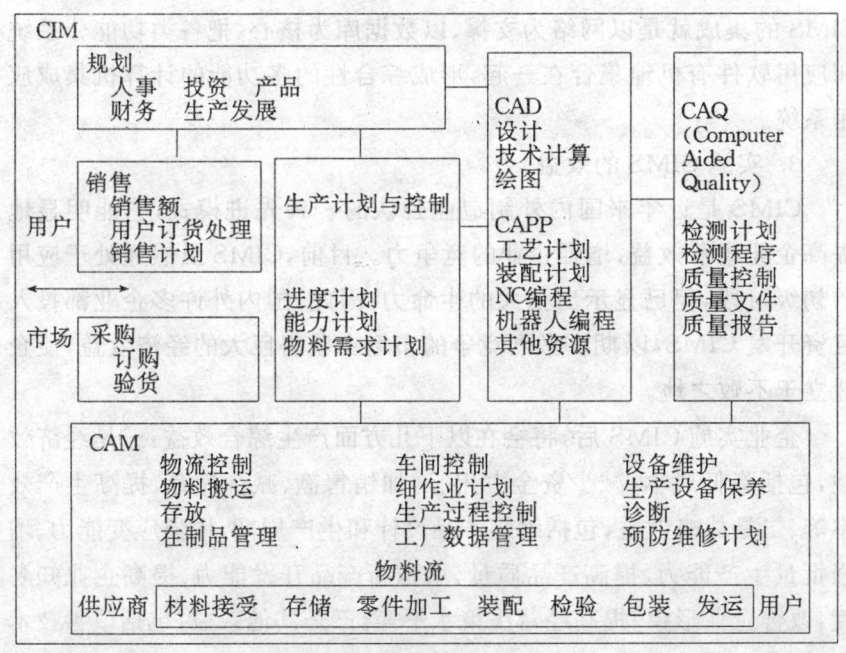

图 7-12　CIMS 技术结构示意图

2. CIMS 集成的三个阶段

CIMS 的集成,绝不只是把各个单项技术互连在一起,而是一个企业内全方位的综合问题。欧共体 CIM 开放系统体系结构项目组把集成过程分为三个阶段。第一个阶段是物理系统的集成,就是将制造自动化设备和数据处理设施用通信网络互连起来,并且制定相应的数据交换规则和协议,使之能够互相交换数据和信息。第二个阶段是应用集成,指的是整个系统内各部分的应用软件及其用户之间的集成,包括人和机器之间的控制和信息集成。应用集成的实施要有公共数据库,通过系统内或系统间的通信,共享和处理各种信息资源,同时要提供一个技术的基础结构,能在全系统范围内存取所有生产和经营需要的有关信息,而无论这些数据原来存放在何处。第三个阶段是经营集成,这是 CIMS 集成的最高阶段,从技术实现上来说包含三个方面:一是生产和过程的仿真;二是经营过程的自动化监控;三是基于知识的决策支持。总之,CIMS 的集成就是以网络为支撑、以数据库为核心,把各类功能分系统和应用软件有机地集合在一起,形成综合性的多功能的计算机集成应用系统。

3. 实施 CIMS 的效益

CIMS 是近年来国内外制造业公认的一种先进模式,它能明显地提高企业经营效益,增强企业的竞争力。目前,CIMS 虽然还处于应用的初级阶段,但已显示出强大的生命力,因此,国内外许多企业都投入巨资开发 CIMS,以期在激烈竞争的市场上获得巨大的经济效益,使企业立于不败之地。

企业实施 CIMS 后,将会在以下几方面产生综合效益:一是经济效益,包括降低成本、减少资金占用、增加销售额、减少库存、提高生产效率等。二是战略效益,包括缩短产品设计和生产周期、增强应变能力、增强批量生产能力、提高产品质量,增强新产品开发能力、提高企业知名度,改善企业形象、提高经营决策水平等。三是其他效益,包括改善技术人员、工人劳动条件,提高职工企业意识,增强企业凝聚力,因 CIMS 技术示范作用取得国家支持,有利于国际合作等。

但是也应看到,由于 CIMS 的投资大,风险也大,有的企业准备不足盲目行动,不惜投入巨资而不顾及实际效果,结果收效甚微,甚至彻底失败,损失巨大。因此,对于 CIMS 这种投入多、风险大、回收期长的投资项目而言,正确评价其经济效果从而制定科学的投资决策,是取得良好投资效益的前提和关键。

第 八 章

质 量 管 理

第一节　质量管理概述

一、质量——新世纪的主题

　　1994 年美国著名质量管理专家朱兰在美国质量管理学会年会上说,20 世纪将以"生产率的世纪"载入史册,未来的 21 世纪将是"质量的世纪"。而今,这一以质量为主题的新世纪已经到来,我们必须直面它的挑战。

　　从 20 世纪 60 年代开始,国际上的质量竞争越演越烈,使我们面对日趋严峻的挑战。新技术的不断涌现;买方市场的形成;卖方产品责任和服务责任的日益加重;社会对产品和服务在诸如环境保护、资源利用等方面的要求也越多、越严。这些都构成了质量挑战的基本内容。质量管理界已流行"世纪级质量"之说,即世界最高水准的质量。

　　任何国家的产品和服务,如果达不到世界级质量的水准,就难以在国际市场竞争中取胜,若没有关税等壁垒的保护,甚至无法在国内市场立足。现在,各国的公司和企业都在为使自己的产品达到世界第一流的质量而采取有效对策,如已在著名的通用电气公司推行实施的"6σ"法则,容许不合格率达到 0.002ppm 的十亿分率水平,比过去的"3σ"法则严格了 2.7‰/0.002ppm＝135 万倍。质量的作用日益重要是我们这个时代人们的共识。人们不仅把质量看成在国际市场中的主要竞争手段,而且看成是对威胁人类社会安全和生存环境的防御力量,把质量改进看成是合理利用社会资源、提高生产率、减少废品损失、增加社会效益的良策。

二、质量管理发展简史

质量管理学科的发展是以社会对质量的要求为原动力的。从世界各国在不同时期用以解决质量问题的理论、技术和方法的演变来看,质量管理的产生形成和日益完善的过程,大体经历了三个不同阶段,即质量检验阶段、统计质量管理阶段和全面质量管理阶段。

（一）质量检验阶段

20 世纪以前,科学技术落后,生产力低下,普遍采用手工作坊进行生产,只能靠个人的经验和技艺对产品质量进行控制.尽管一些技艺超群的手工艺人也能生产出高品质的出类拔萃的手工产品,但谈不上质量管理。工厂中生产和检验都集中在操作工人身上,工人自己生产,自己检验,所以有人称这一时期为"操作者质量管理"时期。

到 20 世纪初,生产力迅速发展,大机器生产方式和日益复杂的生产过程与手工管理制度、思想发生了尖锐的矛盾,阻碍了生产力的进一步发展。于是出现了管理革命。其中被称为"科学管理之父"的泰罗在总结前人经验的基础上,经过深入研究,提出了以计划、标准化、统一管理三条基本原则来管理生产,主张计划与执行分开,检验与生产分开,成立专职检验部门,在生产的终端对产品进行检测分类,挑出废品,使合格品出厂或入库。当时美国许多企业根据泰罗的管理模式,设立了检验科,成立总检验师室。这种检验制度,把过去的"操作者质量管理"变成了"检验员质量管理",标志着进入了质量检验阶段。

这一阶段从 20 世纪初至 30 年代末,其主要特点是以事后检验为主体,是质量管理的初级阶段。这一阶段首次将质量检验作为一种管理职能从生产过程中分离出来,对保证产品质量起到了积极的重要作用,其重要性至今仍不可忽视。但这种以事后把关为主要方式的质量管理无疑存在一些不足:预防性差,废品一经查出就无法挽回,在大量生产的情况下,事后检验信息反馈不及时会造成很大损失;对一些需破坏性检验的产品质量无法确定；全数检查在批量很大量，检验费用高，增加了生产成本，且检验的可靠性差。因此，在生产的推动下，又萌发出"预防"的思想，从而导致质量控制理论的诞生。

20 世纪 20 年代英国数学家费舍尔提出方差分析与实验设计等理论，为近代数理统计学奠定了基础。与此同时，美国贝尔电话实验室成立了过程控制和产品控制两个课题研究组，负责人分别是休哈特和道奇。休哈特于 20 年代提出统计过程控制（SPC）理论并首创监控过程的工具——控制图，为质量控制理论奠定了基础。道奇与罗米格则于 30 年代提出抽样检验理论，解决了在破坏性检验情况下产品质量的保证，并可降低检验费用。正是上述三位学者最早把数理统计方法引入了质量管理领域，为质量管理的进一步科学化奠定了理论基础。

（二）统计质量控制阶段

这一阶段从 20 世纪 40 年代至 50 年代末。其主要特点是：从单纯依靠质量检验事后把关，发展到工序控制，突出了质量的预防性控制与事后检验相结合的管理方式。在 20、30 年代提出质量控制理论与质量检验理论之际，恰逢西方发达国家处于经济衰退时期，当时这些新理论乏人问津，直至第二次世界大战期间，由于国防工业迫切需要保证军火质量，才获得广泛应用。实践证明，这些方法效果显著，是保证产品质量，预防不合格品产生的一种有效工具，战后随即推广到民用品生产并风行全世界。由于在 40 年代至 50 年代，质量管理强调"用数据说话"，强调应用统计方法进行科学管理，故称质量管理的第二个发展阶段为统计质量控制（Statistical Quality Control，SQC）阶段。

统计质量控制阶段是质量管理发展史上的一个重要阶段。它实现了从被动的事后把关到生产过程积极预防的转变；由全数检验向抽样检验的转变，是质量管理方法上的一次飞跃，是质量管理科学开始走向成熟的标志，为严格的科学管理和全面质量管理奠定了基础。1993 年日本第 31 次高层经营者质量管理大会明确指出："TQM（全面质量管理）的基础是 SQC（统计质量控制），SQC 与 TQM 两者不能偏离，专业技术与管理技术同等重要。"

统计技术的应用减少了不合格品,降低了生产费用。但现代生产过程十分复杂,影响产品质量的因素又多种多样,单纯依靠统计方法不可能解决全部质量管理问题。随着大规模系统的涌现与系统科学的发展,质量管理也逐步系统化、全面化。

（三）全面质量管理阶段

这一阶段从 20 世纪 60 年代至今。50 年代末,科学技术突飞猛进,大规模系统开始涌现,人造卫星、第三代集成电路的电子计算机等相继问世,并相应出现了强调全局观点的系统科学;在国际贸易方面,第二次世界大战后美国独霸的优势逐渐减退,剧烈的贸易竞争要求进一步提高产品质量。这些都促使了全面质量管理的诞生。

全面质量管理理论发源于美国,其代表人物是美国的费根堡姆与朱兰等。全面质量管理主要就是"三全"的管理,"三全"是指:全面的质量,即不限于产品质量,而且包括服务质量和工作质量在内的广义的质量;全过程,即不限于生产过程,而且包括市场调研、产品开发设计、生产技术准备、制造、检验、销售、售后服务等质量环的过程;全员参加,即不限于领导和管理干部,而是全体工作人员都要参加。

全面质量管理理论的出现,受到了各国高度重视,尤其是日本最先接受了这一崭新的管理思想和方法,取得了巨大经济效益。日本的成就震惊了世界,被称为"20 世纪以来管理方面的杰出成就"。60 年代以来,世界已有 50 多个国家和地区积极地推行全面质量管理。

三、我国质量管理的历史沿革

解放前我国工业十分落后,基本上是修配式的手工作业,管理更落后,根本谈不上现代化专业性的质量管理,仅在一些国家兵工厂中,设有专职的检验人员和专业性的质量检验机构。解放后,引进了原苏联和东欧国家的整套管理模式,但主要也还是停留在质量检验方面。当时。中央、地方、工厂三级检验管理体制已初步形成,企业从原材料进厂、车间生产过程、直到产品的包装、出厂，都有一套检验机构和制度，由检验人员严格进行层层把关，较好地保证了产品质量，促进了国民经济的发展。同时，企业的计量管理、标准化工作都开始建立和逐步完善，企业生产管理秩序开始走上了正轨，在一些机械、纺织企业中还开展了统计质量管理活动。但后来，由于历史原因，在"左"的思想影响下，质量管理受到了很大冲击和破坏，企业质量工作大倒退，其严重后果是造成"一年生产、三年返修"的被动局面，教训十分深刻。后又经过了"整顿、调整、充实、提高"的一个痛苦的过程，质量管理工作才慢慢得到恢复。

从1978—1988年的10年间，我国企业的质量管理得到了较快的发展。首先，1978—1979年间，在北京内燃机厂开始试点从日本引进的全面质量管理，以后迅速向全国各企业传播，到1985年，全面质量管理得到了普遍推广。全面质量管理在我国的推广应用，标志着我国企业的质量管理工作进入了一个深入提高的阶段，在提高产品质量、增强职工质量意识、应用科学的质量管理方法、提高企业素质和经济效益方面都取得了很大进展。而且正是由于有了较长时间推行全面质量管理的经验和成果作基础，才使我们在今天有可能较快地适应改革开放的形势，较好地等同采用ISO9000《质量管理和质量保证》国际标准，跟上质量国际化的大趋势。

改革开放的二十多年，是质量管理在我国从引进到推广应用的时期。尤其是80年代末以来，随着改革开放的进一步深入，经济体制的进一步转变，经济中市场调节范围的扩大，特别是乡镇企业、个体企业的快速发展，我国经济发展的速度很快，但企业质量管理却有所放松，产品质量出现滑坡，假冒伪劣产品开始出现，甚至有泛滥之势。

在此期间，我国政府一直十分重视质量问题，相继采取了许多措施。1990年，总结、宣传、推广武钢的"质量效益型"企业管理经验，强调效益与质量的辩证关系；1991年全国定为"质量、品种、效益"年；1992年开展了"中国质量万里行"活动，揭开了"打假"工作的序幕。国务院在1989—1990两年里，共颁发了五个通知，要求严厉惩处制造和销售假冒伪劣产品的违法行为。同时,我国还建立了一些有效的制度和标准。如1988年8月开始等效采用ISO9000系列国际标准(GB/T10300),后又于1992年5月决定于1993年1月开始由等效采用改为等同采用(GB/T19000)这个标准,并推行质量认证制度;另外,相继建立了一系列质量法律和法规,其中最主要的有《中华人民共和国产品质量法》、《中华人民共和国消费者权益保护法》、《中华人民共和国反不正当竞争法》等,使我国产品质量走上了法制的轨道,加强了产品质量的监督管理,加大了"打假"的力度。通过不断努力,无论是产品实物质量水平,还是质量管理水平、服务水平都有了很大提高。例如在家用电器、机电设备、航天技术等领域,我国产品的质量已达到了国际先进水平。但就整体而言,我们同国际先进水平还有较大差距。

近年来,我国国家监督抽查的产品合格率一直徘徊在75%左右,比工业发达国家低23个百分点,严重制约了质量总体水平和企业经济效益的提高,同时也带来了资源的浪费和生态环境的破坏。我国单位国民生产总值的能耗是日本的6倍,美国的3倍,韩国的4.5倍。质量已成为制约我国经济发展的突出问题。随着我国第一步战略目标的胜利完成和第二步战略目标的顺利推进,经济发展已进入一个由数量型经济向质量型经济转变的新阶段,质量问题将取代数量问题上升到首要地位,具有越来越重要的意义。

基于国内外形势的需要,1996年12月,我国政府颁布了《质量振兴纲要(1996—2010年)》。这是从20世纪末到21世纪初指导我国质量工作的一个纲领性文件。《质量振兴纲要》实事求是地肯定了改革开放以来我国质量工作取得的成就,在对我国质量和质量工作的现状、面临的形势进行科学分析的基础上,提出了"经过5年至15年的努力,从根本上提高我国主要产业的整体素质和企业的质量管理水平,使我国的产品质量、工程质量和服务质量跃上一个新台阶"的鼓舞人心的奋斗目标。《质量振兴纲要》还明确了为实现这一目标所要采取的包括宣传教育、政策法规、技术进步、科学管理等方面协调配套的保证措施。《质量振兴纲要》的颁布和实施,不仅将大大促进我国质量管理理论和实践的发展,而且为提高我国主要产业的整体素质和国际竞争能力,促进国民经济持续、快速、健康地发展提供了有力的保证。

第二节 全面质量管理概述

全面质量管理是企业管理的中心环节,是企业管理的纲,它和企业的经营目标是一致的。这就是要求将企业的生产经营管理与质量管理有机地结合起来。

一、全面质量管理的含义

国际标准 ISO8402:1994 中对全面质量管理(Total Quality,Management)的定义是:"一个组织以质量为中心,以全员参与为基础,目的在于通过让顾客满意和本组织所有成员及社会受益而达到长期成功的管理途径。"定义强调:全面质量管理并不等同于质量管理,它是质量管理的更高境界;一个组织以质量为中心,质量管理是企业管理的纲;全员参与;全面的质量;质量的全过程都要进行质量管理;谋求长期的经济效益和社会效益。

二、全面质量管理的基本指导思想

(一)质量第一、以质量求生存、以质量求繁荣

任何产品都必须达到所要求的质量水平,否则就没有或未完全实现其使用价值,从而给消费者、给社会带来损失。因此,质量必须是第一位的。1984 年首届世界质量会议提出"以质量求繁荣",1987 年第二届世界质量会议提出"质量永远第一",这些都说明,"质量第一"的指导思想早已成为世界各国的共同认识。

贯彻"质量第一"就要求企业全体职工,尤其是领导层,要有强烈的质量意识;要求企业在确定经营目标时,首先应根据用户或市场的需

求,科学地确定质量目标,并安排人力、物力、财力等资源予以保证。当质量与数量、社会效益和企业效益、长远利益和眼前利益发生矛盾时,把质量、社会效益和长远利益放在首位。

"质量第一"并非"质量至上"。质量不能脱离当前的消费水平,应重视质量成本的分析,把质量与成本加以统一,确定最适宜的质量。

（二）用户至上

"用户至上"就是要树立以用户为中心,一切为用户服务的思想。要使产品质量尽可能满足用户的要求。产品质量的好坏最终应以用户的满意程度为标准。

这里的用户是广义的,不仅指产品出厂后的直接用户,而且指在企业内部,上下工序间下工序是上工序的用户,下工段或下车间是上工段或上车间的用户等。

（三）质量是设计、制造出来的,而不是检验出来的

在产品的生产过程中,检验可以起到不允许不合格品出厂的把关作用,同时还可以将检验信息反馈到有关部门。但影响产品质量好坏的真正原因并不在于检验。而主要在于设计和制造。设计质量是先天性的,在设计时就已决定了质量的等级和水平;而制造是设计质量的实现过程,它强调质量的符合性。两者都应重视。

（四）强调用数据说话

全面质量管理在工作中应具有科学的工作作风,在研究问题时要尽量有定量分析,避免主观盲目性。在全面质量管理中广泛地采用各种统计方法和工具,其中有常见的"七种工具",即因果图、排列图、直方图、相关图、控制图、分层法和调查表。以后日本又提倡和推行了"新七种工具",即关连图法、KJ法、系统图法、矩阵图法、矩阵数据解析法、过程决策程序法（PDPC法）和箭头图法。常用的数理统计方法有回归分析、方差分析、多元分析、实验设计、时间序列分析等。

（五）突出人的积极因素

人的因素是质量管理活动中最积极、最重要的因素。与质量检验阶

段和统计质量控制阶段相比较,全面质量管理阶段格外强调调动人的积极因素的重要性。这是因为现代化生产多为大规模系统,环节众多,联系密切而复杂,远非单纯靠质量检验或统计方法就能奏效的。全面质量管理的特点之一就是全体人员参加的管理,强调"质量第一,人人有责"。1962 年,日本在我国"鞍钢宪法"三结合小组的启发下开展了质量管理小组活动,对保证和提高质量起了很大作用。

要提高质量意识,调动人的积极因素,一靠教育,二靠规范。通过教育培训和考核,同时依靠有关质量的立法及必要的行政手段等激励和处罚措施,使企业全体人员积极参与到质量管理活动中。

三、全面质量管理的工作原则

(一)预防原则

全面质量管理强调一切以预防为主,对产品质量形成的全过程进行控制。在产品设计阶段可采用失效模式、效应及后果分析(FMEA)与失效树分析(FTA)等方法,对可能发生的故障和潜在的因素进行系统的分析研究,提前预防和消除隐患;还可以采用田口稳健性设计方法进行设计。在产品制造阶段可采用统计过程控制(SPC)等方法进行生产过程控制。把不合格品尽量消灭在发生之前。在产品检验阶段,不论是对最终产品或是在制品,都要及时反馈并认真处理质量信息。

(二)经济原则

全面质量管理强调质量,但无论是质量保证水平还是预防不合格的深度都是无止境的,我们必须考虑质量的经济性,建立合理的经济界限。这就是所谓的经济原则。20 世纪 80 年代以来,质量管理发展的新方向之一即经济质量管理(EQC),在推行全面质量管理时追求经济上的最适宜的方案。

(三)协作原则

协作是大生产的必然要求。生产和管理分工越细,就越要求协作。一个具体单位的质量问题往往涉及到许多部门,没有良好的协作,是很难解决的。强调协作是全面质量管理的一条重要原则。这也反映了系统科学全局观点的要求。

（四）按照 PDCA 循环组织活动

PDCA 循环的工作方式是 1950 年美国质量管理专家戴明所提出的管理思想，后被称为戴明循环圈。这种工作方式符合事物发展的客观规律，因此被广泛应用于质量管理和其他领域。

这里，P 指计划（Plan），D 指执行（Do），C 指检查计划（Check），A 指采取措施（Action）。PDCA 循环是质量体系活动应遵循的科学工作程序，周而复始，循环不已。

四、全面质量管理的基础工作

（一）标准化工作

标准是对重复性事物和概念所作的统一规定。它以科学、技术、实践经验的综合成果为基础，经过有关方面协商一致，由主管部门批准，以特定形式发布，作为共同遵守的准则和依据。标准按其性质可分为以下三大类：

1. 技术标准

它是从事生产、建设、商品流通的共同技术依据，是对生产对象、生产条件、生产方法等所作的规定。技术标准的主要内容包括：基础标准、产品标准、方法标准、安全与环境标准等。

2. 管理标准

它是对生产、技术、经营管理中需要协调统一的管理事项所作的规定。把管理的规划、规章、程序及其他管理事项制定成标准。管理标准的内容主要包括：生产管理、技术管理、质量管理、设备管理、财务管理、劳动管理和营销管理等标准。这些标准是为企业合理地组织指挥生产和正确地处理生产、交换、分配之间的相互关系提供依据，使各项管理工作规范化。

3. 工作标准

它是对各部门、各类人员的基本职责、工作要求、考核办法所作的规定,是衡量工作质量的依据和准则。工作标准一般是按部门的职能和岗位制订的,是岗位责任制、职责条例和经济责任制的深化和发展。

实现标准化,有利于保证和提高产品质量,保障用户的利益并便于产品的使用与维修;可以减少设计和工艺准备的工作量,保证产品的互换性,便于组织专业化生产,促进劳动生产率的提高和降低产品成本;有利于规范企业的管理工作。同时,还要认识到标准是应达到的最低期望值,而不是最高水平。例如,按照国家规定,达到国家标准的是合格品,超过国家标准、处于国内先进水平的才是一等品。随着生产技术水平的进步,既应保持标准的相对稳定,又应定期加以修改和提高,力争尽快与国际水平接轨。

（二）计量工作

将产品质量和生产工艺的特性加以定量化的过程叫做计量。大多数质量特性都可以定量化,因此,计量工作就成为全面质量管理的重要基础工作之一。基础计量管理包括计量标准的贯彻、精密测量技术的推广、理化试验鉴定和技术分析等工作。基础计量管理工作的基本要求是:严格保持测量手段的量值统一、准确和一致,并符合国家标准;保证测量仪器和工具质量可靠稳定以及配套;定期对全厂量具进行检定和维护,禁止不合格量具投入使用;完善测量技术、测量手段的技术改造与培训工作;逐步实现计量工作的科学化与现代化。

（三）质量信息工作

质量信息,是指反映产品质量和企业生产经营活动各个环节工作质量的情报、资料、数据和原始记录等。在企业内部,质量信息包括研制、设计、制造、检验等产品生产全过程的所有质量信息;在企业外部,质量信息包括国内外市场及用户有关产品使用过程的各种经济技术资料。做好质量信息工作,要求企业建立质量信息系统并和企业外部的质量跟踪系统结合起来,和企业的生产统计分析工作结合起来,完善指标体系,并使质量信息工作规范化、制度化。

（四）质量教育工作

质量管理活动既是一个工作过程，也是一个教育过程，要"始于教育，终于教育"。质量教育是提高产品质量和提高民族素质的结合点，是提高企业竞争力的重要手段，特别是当今世界市场竞争十分激烈，竞争的焦点是质量，而质量的竞争实质上是技术水平和管理水平的竞争、人才的竞争。如果企业成员的质量意识薄弱，管理知识贫乏，技能低下，即使有先进的技术、设备，也难于生产出优质低耗的产品，从这个意义上说，质量的竞争归根到底是人才的竞争。人才素质的改善只有通过不断地教育培训才能提高，所以质量教育是增强企业竞争力的重要手段，是搞好质量管理的基础。

质量管理教育包括三个基本内容：一是质量意识教育。质量意识是全面质量管理活动中最基本的、最主要的意识。它是人们在生产活动、科学研究、社会交往以及各种技术经济活动中，对于产品或系统的质量、工作质量、服务质量的认识、重视、理解、作用的程度，以及对它们的判断、思考的能力。增强质量意识就能够对用户或消费者对产品质量的要求准确理解、正确判断并确切保证。强化质量意识要依靠多方面的共同作用，增强职工的民族自尊心，认识到走质量效益型道路是我国经济建设的正确途径，明确提高质量的意义，牢固树立质量第一的思想，增强以质量求生存的自觉性。二是质量管理知识教育。质量管理知识教育通常分为对企业领导层的教育，对工程技术人员和管理人员的教育以及对班组工人的教育三个层次进行，针对各层次人员的职责和需要进行不同内容的教育。三是专业技术教育。这是为了保证和提高产品质量，对职工进行必备的专业技术和操作技能的教育。它是质量教育的重要组成部分。

（五）质量管理小组活动

质量管理小组是全面质量管理的群众基础。它是以保证和提高质量为目的，围绕现场存在的问题，由班组工人或科室人员在自愿的基础上所组成的开展质量活动的小组。开展质量小组活动，要做到组织、研究课题、措施与效果"四落实",要把学习与创造相结合,成果发表与竞赛评比相结合,思想教育与物质鼓励相结合,稳步发展,不断提高。

第三节 质量管理的统计方法

一、质量管理统计方法的理论基础

(一)质量管理中的数据

数据是反映事物性质的一种量度。不同种类的数据,其统计性质不同,相应地处理的方法也就不同。因此,对于数据要正确分类。现场数据根据其不同性质可分为以下几类:

(1)计量数据。如长度、重量、时间等连续取值所取得的数据。

(2)计数数据。如不合格品数、缺陷数等以个数计算的数据。

计数数据还可进一步分为计件数据和计点数据。前者如不合格品数、缺勤人数等都是计件数据;后者如缺陷数、疵点数、每页印刷错误数等都是计点数据。

(3)顺序数据。例如,把10类产品按评审标准顺序排成1,2,3,…,10,这样的数据就是顺序数据。在对产品进行综合评审而又无适当仪表进行测量的场合常用这类数据。

(4)点数数据。这是以100点或10点记为满点进行评分的数据。在评比的场合常用这类数据。

(5)优劣数据。例如甲、乙两种产品,比较哪种好而得出的结果就是优劣数据。

由于质量管理强调以数据说话,所以即使在无适当测量仪表的场合,也应按照取得顺序数据、点数数据等方法,尽量用数值把调查研究对象定量地表示出来。

数据的收集一般采用抽样的方法。抽样检查的对象称为母体,从母体中抽取的一部分样品叫子样。对子样进行测试就得到若干数据,通过对数据的整理分析,便可判断母体是否符合质量标准。由于目的不同,收集数据的对象和方法主要有两种:一种是以工序为对象,按零件或产品生产时间先后顺序取样,如每隔一段时间连续取几件子样,进行检测判断。这种方法多用于工序质量控制。另一种是以一批产品为对象,按一批产品随机抽样进行测试,此时多用于产品验收。

（二）产品质量的统计观点

产品质量的统计观点是现代质量管理的一个基本观点,传统质量管理与现代质量管理的一个重要差别就在于后者引入了产品质量的统计观点。其主要内容如下:

（1）认识到产品质量的变异性。正像自然界中不存在两个绝对相同的事物一样,人们要在生产制造过程中生产出绝对相同的两件产品也是不可能的,无论把环境和条件控制得多么严格,无论付出多大的努力也是徒劳的。也就是说,产品质量由于受到一系列客观存在的因素的影响,在生产过程中不停地变化着。这就是产品质量的变异性,也称波动性。

（2）可以掌握产品质量变异的统计规律性。由于质量变异的客观存在,在观察个别产品的质量特性值时,它往往带着随机性,但经过大量调查与分析后,我们发现这种大量的随机现象呈现出集体性规律——统计规律。也就是说,质量特性值作为随机变量客观上服从统计规律。即产品质量的变异是具有统计规律性的。统计规律不仅描述了质量的变异性,更重要的是描述了它的规律性,或者说是某种稳定性。正因为这种客观的相对稳定性,我们才可以遵循其规律来研究和控制产品的质量。在生产正常的情况下,对产品质量的变异经过大量调查与分析后,可以应用概率论与数理统计方法,来精确地找出产品质量变异的幅度,以及不同大小的变异幅度出现的可能性,即找出产品质量的分布。这就是质量变异的统计规律。在质量管理中,计量质量特性值常见的分布有正态分布等,计件质量特性值常见的有二项分布等,计点质量特性值常见的分布有泊松分布等。掌握了这些统计规律的特点与性质,就可以用来控制和改进产品质量。

（三）质量因素的分类

影响质量的因素称为质量因素。按不同的划分方法，质量因素可以分类如下：

1. 按不同来源分类

按不同来源可分为：操作人员（Man）、设备（Machine）、材料（Material）、操作方法（Method）、环境（Environment），简称 4M1E，有的还加上测量（Measurement），称为 5M1E。国际标准 ISO9000 中，除上述因素外，还加上计算机软件、辅助材料与水、电公用设施等。

2. 按影响大小与作用性质分类

按影响大小与作用性质可分为：

（1）偶然因素。它具有四个特点：一是影响微小，即对产品质量的影响微小。二是始终存在，即只要一生产，这些因素就始终在起作用。三是逐件不同，由于偶然因素是随机变化的，所以每件产品受到的影响也是随机变化的。四是难以除去，指在技术上有困难无法消除或在经济上不允许。例如，机床开动时的轻微振动，刀具的微小磨损等都属于偶然因素。这类因素是不可避免的因素，是经常对质量变异起着细微作用的因素，所以也称为正常因素。

（2）异常因素，又称系统因素。与偶然因素相对应，异常因素也有四个特点：一是影响较大，即对产品质量的影响大。二是有时存在，即指它是由某种原因所引起的，不是在生产过程中始终存在的。三是一系列产品受到同一方向的影响，指加工产品质量指标受到的影响是都变大或都变小。四是不难除去，指这类因素在技术上不难识别和消除，在经济上也往往是允许的。例如，由于固定螺母松动造成机床的较大振动，刀具的严重磨损，违反规程的操作等都属此类。

随着科学技术的进步，有些偶然因素的影响可以设法减少，甚至消除。但从偶然因素的整体来看不可能完全消除。而异常因素则不然，它对于产品质量影响较大，实际上，在生产过程中，若出现这种因素，则表明生产过程已处于失控状态,应立即采取措施,加以消除并使之不再出现。

在实际生产中,产品质量的偶然被动和异常波动总是交织在一起的,如何加以区分并非易事。控制图就是区分这两类波动的科学方法。

二、质量管理常用的统计方法

(一) 排列图

排列图又叫帕累托图。它是由意大利经济学家帕累托(Pareto)提出的,他在分析社会财富分布状况时,发现少数人占着绝大多数财富,而绝大多数人却占有少量财富。这种少数人占有绝大多数财富左右着社会经济发展的现象即所谓"关键的少数,次要的多数"的关系。后来由朱兰引入质量管理领域,用于寻找质量管理中的主要问题或影响质量的主要因素。

排列图由两个纵坐标、一个横坐标、几个按高低顺序依次排列的长方形和一条累计百分比曲线所组成。其作图步骤如下:

(1)针对问题,取得一定期间的数据。

(2)将数据进行分类,统计出各类项目的个数,即频数。

(3)将分类项目按频数从大到小进行排列,并计算各项目所占比率(频率)与累计比率(累计频率)。

(4)作排列图。

(5)观察分析。

排列图是一种频数分布图,用于找出少数关键因素。排列图通常利用累计比率来划分主次:累计比率在 0—80% 为 A 类因素,称为主要因素;80%—90% 为 B 类因素,称为次要因素;90%—100% 为 C 类因素,称为一般因素。

例,某厂车加工曲轴主轴颈的不合格品统计如表 8-1。试用排列图对此问题进行分析。

表 8-1

曲轴主轴颈车加工不合格统计表

原 因	数 量 (件)	比 率 (%)	累计比率 (%)
轴颈刀痕	153	71.8	71.8
开 档 大	29	13.6	85.4
轴 颈 小	25	11.8	97.2
弯 曲	6	2.8	100
总 计	213	100	—

排列图的计算见表 8-1,排列图如图 8-1:

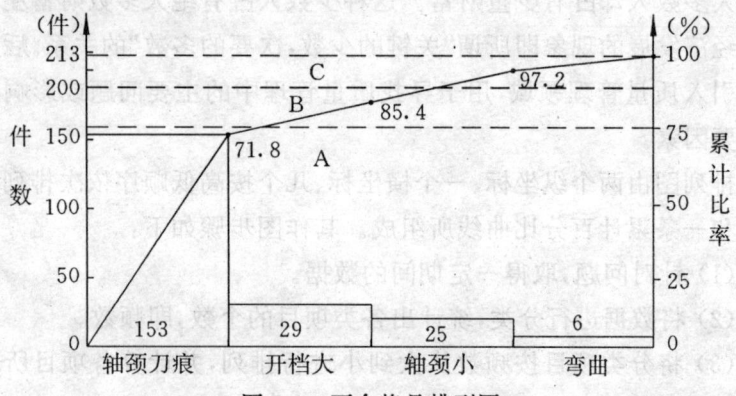

图 8-1 不合格品排列图

从图 8-1 中可看出:轴颈刀痕为 A 类因素,即主要因素;开档大为 B 类因素,即次要因素;轴颈小、弯曲为 C 类因素,即一般因素。因此,要解决主轴车加工的质量问题,应从轴颈刀痕这一项目入手采取措施,从而较快提高主轴颈车加工的加工质量。

(二)因果图

因果图又称鱼刺图、树枝图,它由日本质量管理学家石川馨在 1943 年提出,所以又称为石川图。它是一种分析影响质量诸因素的有效方法。影响质量的因素很多,大的方面有材料、设备、操作者、操作方法和作业环境等方面,而每一方面又有许多具体影响因素,这些因素又是更小因素作用的结果。利用因果图能够全面地反映影响产品质量的各种因素,而且层次分明,关系清晰,使人一目了然,便于采取措施解决问题。

要寻找某一质量问题产生的原因,应采用开"诸葛亮会"的方式,集思广益,列出影响质量的种种原因,有系统地分出不同层次,再把它们之间的因果关系呈现在图上。图 8-2 是消毒鲜奶卫生质量差因果分析图。图中加框的因素是主要的、关键的原因。

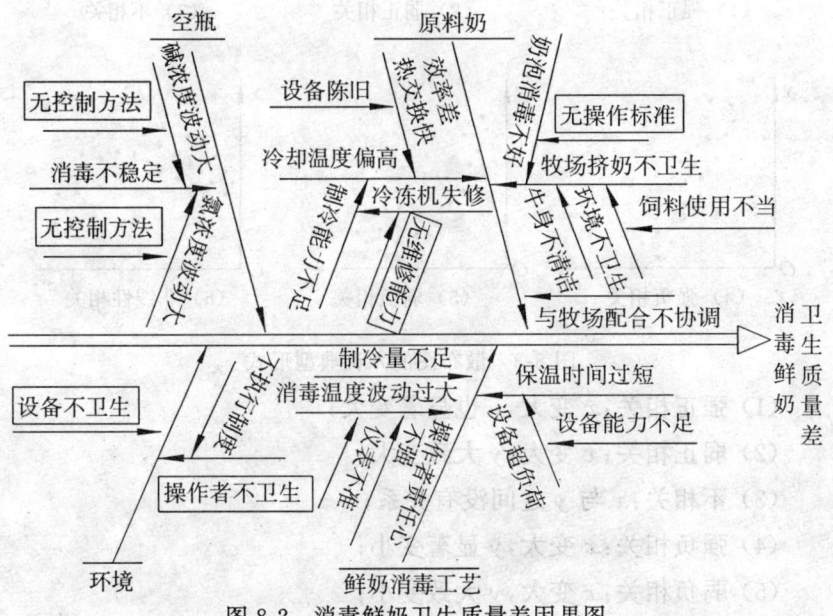

图 8-2 消毒鲜奶卫生质量差因果图

(三)散布图

散布图,又称散点图或相关图,是用来分析研究两个对应变量之间是否存在相关关系的一种作图方法。例如,钢材的硬度与强度,热处理时淬火温度或冷却速度与工件硬度等都是对应的两个变量,它们之间可能存在着一定的不确定关系,就可以用散布图来研究。

散布图的作法是将有关这两个变量的数据列出,并作为点的坐标在图上画出相应的点来,根据点子的分布规律来判断两个变量之间的相关关系。常见的散布图有如图 8-3 所示的六种典型形式,反映了两个变量 y 与 x 间不同的相关关系。

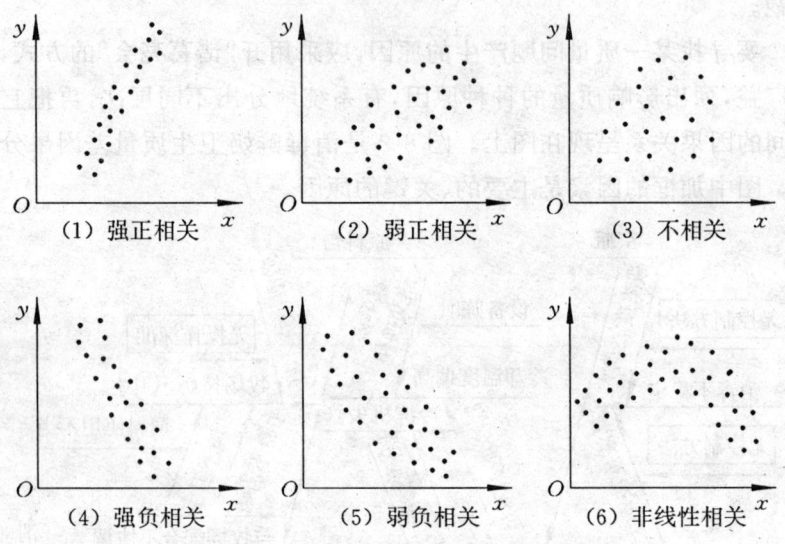

图 8-3　散布图的六种典型形式

(1) 强正相关:x 变大,y 也显著变大;

(2) 弱正相关:x 变大,y 大致变大;

(3) 不相关:x 与 y 之间没有关系;

(4) 强负相关:x 变大,y 显著变小;

(5) 弱负相关:x 变大,y 大致变小;

(6) 非线性相关:x 与 y 不成直线关系。

(四) 检查表

检查表又称调查表或分析表,是用表格形式来进行数据整理和粗略分析的一种方法。常用的检查表有不合格分项检查表,缺陷位置检查表,频数分布表等。

(1) 不合格分项检查表,是将不合格品按其种类、原因、工序、部位或内容等情况进行分类记录,能简便、直观地反映出不合格分布情况的表格。如表 8-2 所示。

表 8-2

不合格品分项检查表

零件名称(代号)	AZ105-004	检查日期	1995 年 5 月 10 日
工　　序	最终检查	加工单位	1 车间 3 工段
检查总数	2420	生产批号	95-1-3
检查方式	全数检查	检查者	童　祥

不合格种类	检　查　记　录	小　计
表面缺陷	正正正正正正正	35
裂　纹	正正正正正正丁	27
加工不良	正正正正正正正丁	37
形状不良	正丁	7
其　他	正正	9
总　计		115
不合格品总数	正正正正正正正正正正正正正正正正一	86

(2)缺陷位置检查表,是将所发生的缺陷标记在产品或零件简图的相应位置上,并附以缺陷的种类和数量记录的图表,如表 8-3 所示。它能直观地反映缺陷的情况。

表 8-3

汽车车身缺陷位置检查表

车　型		检查部位	车　身	
工　序		检查人	童祥 年 月	日
检查目的	喷漆缺陷	检查件数	872	

·　色斑

×　流漆

△　尘粒

（3）频数分布表（详见直方图法部分）。

（五）分层法

分层法就是把混杂在一起的不同类型数据按其不同的目的分类，把性质相同、在同一种条件下收集的数据归并成一类，即将数据分类统计，以便找出数据的统计规律的方法。

现场处理数据往往按照下列方法分层：一是按操作人员分：可按工人的技术级别、工龄、性别和班次等进行分层；二是按使用设备分：可按不同型号、不同工具、不同使用时间等进行分层；三是按工作时间分：可按不同班次、不同日期等进行分层；四是按使用原材料分：可按不同材料规格、不同供料单位等进行分层；五是按工艺方法分：可按不同工艺、不同加工规程等进行分层；六是按工作环境分：可按不同工作环境、使用条件等进行分层。

（六）直方图法

直方图又叫质量分布图，它是通过对抽查质量数据的加工整理，找出其分布规律，从而判断整个生产过程是否正常的图示方法。

直方图有一个横坐标，一个纵坐标。横坐标表示从生产工序收集来的数据经整理后分成若干组的组界数据；纵坐标表示频数。这样，便可画出以组距为底边、以频数为高度的许多直方形连起来的矩形图。下面举例说明直方图的具体作图步骤。

例，某玻璃厂测定 200 只玻璃杯，其厚度要求是 8.5 ± 2，获得的实例数据如表 8-4 所示，试画直方图。

1. 直方图作图步骤

（1）收集数据。一般 100 个左右，找出其最大值（La）和最小值（Sm），求极差 R。

本例收集 200 个数据，$La=9.9$，$Sm=7.0$，$R=9.9-7.0=2.9$。

（2）确定组数 K。可接表 8-5 确定组数，从而把数据分成若干个组。本例取 $K=10$。

（3）计算组矩（h），即组与组之间的间隔。$h=R/K$，本例 $h=R/K$

表 8-4

资　料　表

8.8	8.8	8.4	8.2	8.3	9.3	8.6	8.4	9.0	9.7	9.3	8.4	8.8	8.5	9.7	8.9	8.4	8.8	8.9	9.7
8.4	8.5	9.0	8.7	9.4	8.9	8.7	8.7	8.6	8.7	8.3	9.0	9.3	8.7	9.0	9.2	9.1	×7.0	7.9	7.3
8.4	8.4	8.5	8.8	8.9	9.6	8.4	7.9	8.1	8.4	9.1	8.9	7.8	8.3	8.7	9.0	8.4	7.6	8.1	8.2
8.8	8.3	8.4	8.5	9.3	8.1	8.7	8.3	8.9	8.7	8.5	8.3	8.1	8.3	7.6	7.7	9.0	7.9	8.3	9.0
8.1	9.1	9.0	8.6	8.3	9.0	8.7	9.0	8.6	8.6	8.9	8.6	8.4	8.9	8.3	8.0	8.6	8.0	8.9	8.3
7.8	9.2	9.8	7.4	8.8	8.1	9.4	9.1	9.7		9.0	7.7	8.8	8.5	8.5	8.9	8.4	8.3	9.5	
8.8	9.4	9.0	8.8	8.5	8.7	9.0	7.8	8.6	8.7	9.1	9.1	8.9	8.4	7.9	8.6	7.8	8.9		
8.8	7.9	8.0	8.0	7.9	8.2	8.6	8.4	9.2	8.3	8.1	7.7	7.3	8.5	8.0	7.7	7.8	8.3	7.5	8.3
9.0	9.0	8.3	8.4	9.5	8.4	9.7	8.6	8.9		9.4	9.0	7.5	7.7	8.3	7.9	8.6	8.9	8.4	△9.9
8.4	8.1	8.4	9.8	9.9	8.6	8.5	7.9	8.7	9.8	8.3	9.4	8.4	8.9	9.3	8.5	7.9	8.4	8.8	8.3	8.0

注：△——最大值；

　　×——最小值。

表 8-5

分　组　资　料　表

数据个数（n）	适当分组数（K）	常用分组数（K）
50—100	6—10	
100—250	7—12	10
250 以上	10—20	

$=2.9/10=0.29 \doteq 0.3$。

（4）计算第一组的上、下界限值。$Sm \pm \dfrac{h}{2}$

本例 $Sm \pm \dfrac{h}{2} = 7.0 \pm 0.15 = 7.15 - 6.85$

（5）计算其余各组的上、下界限值，第一组的上界限值就是第二组的下界限值。第二组的下界限值加上组距(h)就是第二组的上界限值，其余类推。

本例第二组上、下界限值为 7.45—7.15

第三组上、下界限值为 7.75—7.45

$\vdots$

（6）统计落入各组的数据的频数 f，整理成频数分布表。

本例频数分布表为表 8-6 所示。

表 8-6

频 数 分 布 表

序号	上下界限值	组中值	频 数 统 计	f	第一项	第二项
1	6.85—7.15		一	1	1	1
2	7.15—7.45		下	3	4	5
3	7.45—7.75		正正	10	14	19
4	7.75—8.05		正正正正丁	22	36	55^D
5	8.05—8.35		正正正正正丁	32	68^C	0
6	8.35—8.65	8.50	正正正正正正正正丁	47	0	0
7	8.65—8.95		正正正正正正正	39	85^A	0
8	8.95—9.25		正正正正正	25	46	79^B
9	9.25—9.55		正正一	11	21	33
10	9.55—9.85		正下	8	10	12
11	9.85—10.15		丁	2	2	2
Σ				200^N		206^E

（7）画直方图。

本例直方图如图 8-4 所示，并画出公差范围（T）。

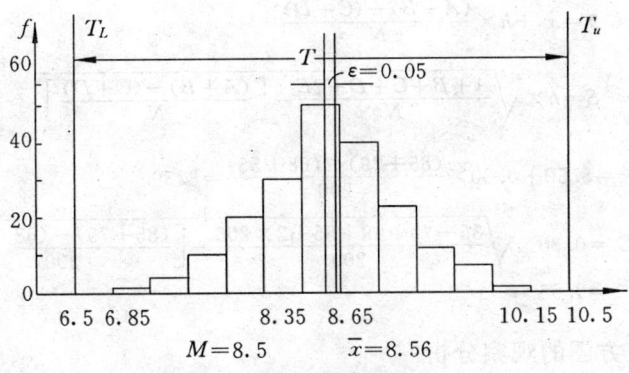

图 8-4 直方图

（8）计算数据分布中心样本均值 $\bar{x}$ 和分散程度样本标准偏差 S。

其公式为：$\bar{x}=\dfrac{1}{n}\sum\limits_{i=1}^{n}x_i,S=\sqrt{\dfrac{1}{n-1}\sum\limits_{i=1}^{n}(x_i-\bar{x})^2}$

当数据较多时，可采用 A……法近似计算 $\bar{x}$ 和 S。计算方法如下：

第一步：在频数分布表的第一项中选零行，一般选频数最大的为零行（本例选 $f=47$ 的行为零行）。

第二步：把 (f) 列中的频数，从上、从下分别向零行累加，将各累加值分别填入第一项中，零行的频数不参加累加（本例按序为 1、4、14、36、68、0、85、46、21、10、2）。

第三步：在第二项中，紧靠零行的上下两行都为零，即三个零。

第四步：与第二步方法相同，把第一项中的数，从上、从下分别向零行累加，将各累加值分别填入第二项中，三个零不参加累加（本例中按顺序为 1、5、19、55、0、0、0、79、33、12、2）。

第五步：规定六个数——第一项的零行下为 A、上为 C，第二项的零行下为 B、上为 D，总频数为 N，第二项数的总和为 E。

第六步：求零行的组中值。

$$x_0=\dfrac{\text{上界限值}+\text{下界限值}}{2}、\text{本例 } x_0=\dfrac{8.35+8.65}{2}=8.50$$

第七步：计算 $\bar{x}$ 和 S。

$$\overline{x} = x_0 + h \times \frac{(A+B)-(C+D)}{N}$$

$$S = h \times \sqrt{\frac{A+B+C+D+2E}{N} - \left[\frac{(A+B)-(C+D)}{N}\right]^2}$$

本例中 $\overline{x} = 8.50 + 0.30 \times \dfrac{(85+79)-(68+55)}{200} = 8.56$

$$S = 0.30 \times \sqrt{\frac{85+79+68+55+2\times 206}{200} - \left[\frac{(85+79)-(68+55)}{200}\right]^2}$$

$$= 0.56$$

2. 直方图的观察分析·

作直方图的目的,是通过观察图的形状,来判断生产过程是否稳定,预测生产过程的不合格品率。直方图的观察分析一般从两个方面进行:

(1) 直方图形的分布是否合理。其典型分布常见的有六种情况,如图 8-5 所示。

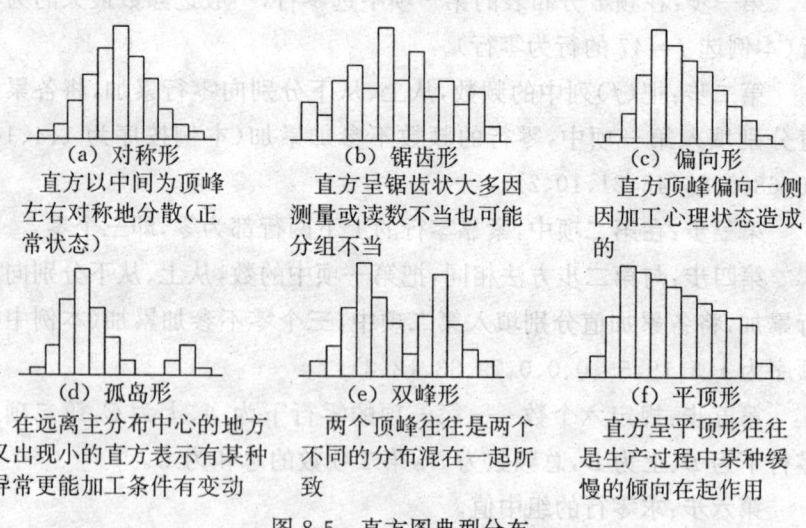

(a) 对称形
直方以中间为顶峰左右对称地分散(正常状态)

(b) 锯齿形
直方呈锯齿状大多因测量或读数不当也可能分组不当

(c) 偏向形
直方顶峰偏向一侧因加工心理状态造成的

(d) 孤岛形
在远离主分布中心的地方又出现小的直方表示有某种异常更能加工条件有变动

(e) 双峰形
两个顶峰往往是两个不同的分布混在一起所致

(f) 平顶形
直方呈平顶形往往是生产过程中某种缓慢的倾向在起作用

图 8-5 直方图典型分布

(2) 直方图与公差要求对比,直方图应在公差范围之内,并略有余地。关于直方图与公差对比,大体也有六种情况,如图 8-6 所示。

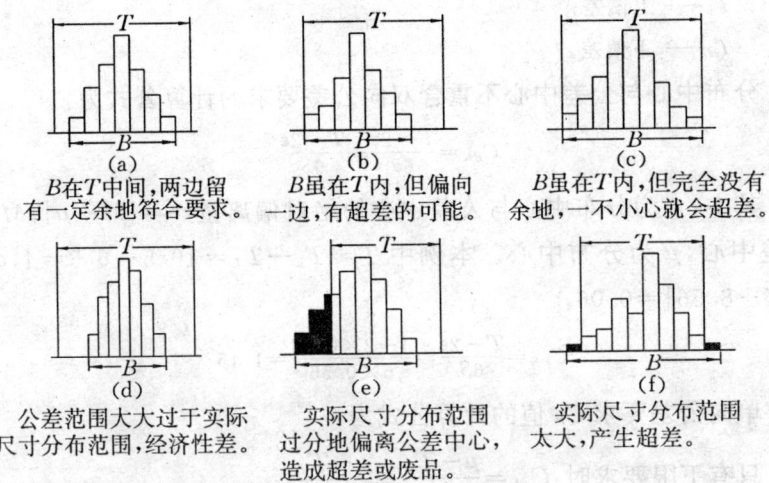

图 8-6　直方图与公差对比图

3. 工序能力和工序能力指数

工序能力，又称加工精度，是指工序处于稳定状态下的实际加工能力。当工序已经消除了系统性原因的影响，仅存在偶然性原因时，工序处于稳定状态，此时工序的质量特性值的概率分布，反映了工序的实际加工能力。所以，一般可以根据正态分布的性质，将工序能力定量表示为 $B=6\sigma$。

工序能力指数就是表示工序能力满足产品质量标准的程度的评价指标。所谓产品质量标准，通常指产品规格、工艺规范、公差等。工序能力指数一般用 C_P 表示，则

$$C_P=\frac{T}{6\sigma}$$

式中　T——公差；

σ——总体标准差（或用样本标准差 S）。

C_P 的具体计算分三种情况：

分布中心与公差中心重合双向公差要求的计算公式为：

$$C_P=\frac{T}{6\sigma}=\frac{T_u-T_L}{6\sigma}\doteq\frac{T_u-T_L}{6S}$$

式中 T_u——上偏差；

T_L——下偏差。

分布中心与公差中心不重合双向公差要求的计算公式为：

$$C_{PK}=\frac{T-2\varepsilon}{6\sigma}=\frac{T-2\varepsilon}{6S}$$

其中：ε 为分布中心与公差中心的绝对偏离量，$\varepsilon=|M-\mu|$；M 为公差中心，μ 为分布中心。本例中 $T=T_u-T_L=10.5-6.5=4$，$\varepsilon=|8.5-8.56|=0.06$。

$$C_{PK}=\frac{T-2\varepsilon}{6S}=\frac{4-2\times0.06}{6\times0.56}=1.15$$

单向公差要求 C_P 值的计算公式为：

只有下限要求时：$C_{pL}=\dfrac{\mu-T_L}{3\sigma}=\dfrac{\mu-T_L}{3S}$

只有上限要求时：$C_{pu}=\dfrac{T_u-\mu}{3\sigma}=\dfrac{T_u-\mu}{3S}$

根据计算出的工序能力指数可以判断工序的工序能力是否充分，预测工序的不合格品率。其判断标准如表 8-7 所示。

表 8-7

工序能力判断标准表

序号	工序能力指数	级别	工序能力	可能出现的废品率
1	C_P（或 C_{PK}）$\geqslant1.67$	特 级	过 高	
2	$1.67>C_P$（或 C_{PK}）$\geqslant1.33$	一 级	高	C_P（或 C_{PK}）$=1.33$ 可能废品率$\dfrac{6}{100\,000}$
3	$1.33>C_P$（或 C_{PK}）$\geqslant1.00$	二 级	尚 可	C_P（或 C_{PK}）$=1$ 可能废品率$\dfrac{3}{1\,000}$
4	$1>C_P$（或 C_{PK}）$\geqslant0.67$	三 级	不 足	C_P（或 C_{PK}）$=0.67$ 可能废品率$\dfrac{5}{100}$
5	$0.67>C_P$（或 C_{PK}）	四 级	全 无	C_P（或 C_{PK}）$=0.33$ 可能废品率$\dfrac{32}{100}$

（七）控 制 图

控制图是用于分析和判断工序是否处于稳定状态所使用的带有控制界限的一种图表。控制图可以起到监控、报警和预防出现大量废品的作用。

控制图是根据"千分之三法则"为原理所作的。所谓"千分之三法则"是指当质量特性值的分布为正态分布时，在 $\mu \pm 3\sigma$ 以外的偏差出现的可能性为 $0.27‰$（不到千分之三）。控制图确定以"三倍标准偏差"为控制界限，而把中心线定在被控制对象（如平均值、极差、中位数等）的平均值上面。如图 8-7 为控制图的基本形式。只要把被控制的质量特性值变为点子描在图上，即可判明生产过程是否处于稳定状态。

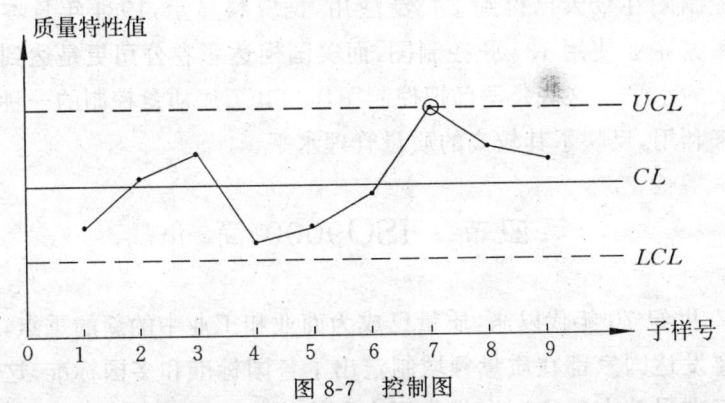

图 8-7　控制图

控制图的判断规则如下：① 点子不越出控制界限；② 点子的排列没有缺陷。

如果点子落到控制界限之外，应判断工序发生了异常的变化；若点子虽未跳出控制界限，但其排列有下列缺陷情况，也应判断工序有异常变化：

（1）当有连续不少于 7 点的上升或下降的倾向时，应判断有异常。

（2）中心线一侧点子连续出现，属以下情况者应判断有异常：

连续出现 7 点链在同一侧；

连续 11 点中，至少有 10 点在同一侧；

连续 14 点中,至少有 12 点在同一侧;

连续 17 点中,至少有 14 点在同一侧;

连续 20 点中,至少有 16 点在同一侧。

(3) 点子屡屡接近控制界限(在 $\mu \pm 2\sigma$ 外的范围内),属以下情况,应判断有异常:

连续 3 点中,至少有 2 点;

连续 7 点中,至少有 3 点;

连续 10 点中,至少有 4 点;

(4) 所有点子都集中在中心线附近,应判断有异常。

(5) 点子呈现周期性变化,应判断有异常。

控制图在今天已得到了广泛应用,据资料显示,1984 年日本企业平均每家企业使用 137 张控制图,而美国柯达彩卷公司更是达到了人均 7 张的水平。这些公司已把控制图作为其工序质量控制的一种有效工具来利用,反映了其较高的质量管理水平。

第四节 ISO9000 简介

20 世纪 70 年代以来,质量已成为商业和工业中的新的重点,世界各主要发达国家都在质量领域制定出了各国标准和多国标准,这些不同的标准尽管在传统上有某些历史性的共同点,但在细节上还存在许多的不一致和差异,形成了贸易壁垒。因此,不能广泛应用于国际贸易。企业为了获得市场,往往不得不付出巨大的努力去满足形形色色的质量体系要求,而不同的标准中,在商业和工业实践中,名词术语也各不相同,甚至是混乱的。

为了适应国际市场竞争的需要,国际标准化组织(ISO)于 1986 年首先制订颁布了 ISO8402《质量—术语》标准,于 1987 年颁布了 ISO9000《质量管理和质量保证》系列标准。之后又不断对标准进行修订,以更好地适应国际市场发展的需要,于 1994 年正式出版了

ISO9000 族标准的第一修订版。这一国际标准的发布,标志着质量体系走向规范化、系列化和程序化的世界高度。

目前世界上已有 60 多个国家和地区等同或等效采用了 ISO9000 族标准,力求使本国的质量体系、认证制度能获得世界的普遍承认。中国是国际标准化组织的成员国,一直十分重视对这一标准的采用和实施。我国于 1988 年发布了等效采用 ISO9000 系列标准的编号为 GB/T10300—ISO9000 的国家标准,又于 1992 年决定等同采用此标准,于 1992 年 7 月正式颁布了编号为 GB/T19000—ISO9000 系列标准,并于 1994 年修订为 GB/T19000—ISO9000 族标准,加快了我国企业的质量体系向国际化发展的进程。

一、质量与质量管理的基本概念

（一）质量

所谓质量（Quality）,是反映实体满足明确和隐含需要的能力的特性总和。显然,要全面地理解质量的概念,必须对下面几个术语有所认识。

1. 实体

实体（Entity,Item）是可以单独描述和研究的事物,包括活动或过程、产品、组织、体系或人以及他们的任何组合。

2. 过程

过程（Process）是将输入转化为输出的一组彼此相关的资源和活动。这里的资源包括人员、资金、设施、设备、技术和方法。

3. 需要

在合同环境或法规规定情况下,需要（Need）是明确规定的;而在其他情况下,应对隐含需要加以识别并确定。由于需要会随着时间而变化,因而意味着要对确定了的需要进行定期评审。无论是明确的或是隐含的需要,可化为性能、适用性、可信性、安全性、环境、经济性和美学等特性。

4. 质量要求

质量要求(Requirements for Quality)是对需要的表述或将需要转化为一组针对实体特性的定量或定性的规定要求,以使其实现并进行考核。在转化的过程中,质量要求应全面反映顾客明确的和隐含的需要。

(二) 质量管理

所谓质量管理(Quality Management),是指确定质量方针、目标和职责并在质量体系中通过诸如质量策划、质量控制、质量保证和质量改进使其实施的全部管理职能的所有活动。应该认识到,质量管理是各级管理者的职责,但必须由最高管理者领导。下面是质量管理概念中的几个术语解释:

1. 质量方针

质量方针(Quality Policy)是由企业的最高管理者正式发布的,该企业总的质量宗旨和质量方向。

2. 质量体系

质量体系(Quality System)是企业为实施质量管理所需的组织结构、程序、过程和资源。

3. 质量策划

质量策划(Quality Planning)是确定质量以及采用质量体系要素的目标和要求的活动。质量策划包括:

(1) 产品策划,即对质量特性进行识别、分类和比较,并建立其目标、质量要求和约束条件;

(2) 管理和作业策划,即为实施质量体系进行准备,包括组织和安排;

(3) 编制质量计划和作出质量改进的规定。

4. 质量控制

质量控制(Quality Control)是企业为达到质量要求所采取的作业技术和活动。

5. 质量保证

质量保证(Quality Assurance)是企业为了提供足够的信任表明实体能够满足质量要求，而在其质量体系中实施并根据需要进行证实的全部有计划和有系统的活动。质量保证有内部和外部两种目的，内部目的是向企业管理者提供信任，外部目的是向顾客或第三方提供信任。

6. 质量改进

质量改进(Quality Improvement)是企业为向自己及其顾客提供更多的收益，在整个企业内所采取的旨在提高活动和过程的效益和效率的各种措施。

二、ISO9000 族的核心标准

ISO9000 族的核心是由五个主标准构成的，具体包括：

ISO9000—1《质量管理和质量保证标准　第一部分：选择和使用指南》

ISO9001《质量体系——设计、生产、安装和服务的质量保证模式》

ISO9002《质量体系——生产、安装和服务的质量保证模式》

ISO9003《质量体系——最终检验和试验的质量保证模式》

ISO9004—1《质量管理和质量体系要素　第一部分：指南》

ISO9000—1《质量管理和质量保证标准　第一部分：选择和使用指南》。该标准阐明基本质量概念之间的差别及其相互关系，并为质量体系系列标准的选择和使用提供指导。这套标准中包括了用于内部质量管理目的标准 ISO9004 和用于外部质量保证目的的标准 ISO9001—ISO9003。

ISO9001《质量体系——设计、生产、安装和服务的质量保证模式》规定了对质量体系的要求，用于双方所订合同中需方要求供方证实其从设计到提供产品全过程的保证能力。该标准阐述从产品设计/开发开始,直至售后服务的全过程的质量保证要求,以保证在包括设计/开发、生产、安装和服务各个阶段符合规定要求,防止从设计到服务的所有阶段出现不合格现象。ISO9001 特别强调对设计质量的控制,因为产品的质量水平和成本有 60%—70%是在设计阶段形成的。

ISO9002《质量体系——生产、安装和服务的质量保证模式》阐述了从采购开始,直到产品交付使用的生产过程的质量保证要求,以保证在生产、安装阶段符合规定的要求,防止以及发现生产和安装过程中的任何不合格,并采取措施以避免不合格重复出现。它是用于外部质量保证的三个涉及质量体系要求的标准中要求程度居中的一个标准,适用于需方要求供方企业根据质量体系具有对生产过程进行严格控制的能力的足够证据的情况。

ISO9003《质量体系——最终检验和试验的质量保证模式》是用于外部质量保证的三个系列标准中要求最低的一个标准。它阐述了从产品最终检验至成品交付的成品检验和试验的质量保证要求,以保证在最终检验和试验阶段符合规定的要求,查出和控制产品不合格项目并加以处理。它适用于用户要求供方企业根据质量体系具有对产品最终检验和试验进行严格控制能力的足够证据的情况。

ISO9004—1《质量管理和质量体系要素 第一部分:指南》是指导企业建立质量管理体系的基础性标准。它就质量体系的组织结构、程序、过程和资源等方面的内容,对产品质量形成各阶段影响质量的技术、管理个人等因素的控制提供了全面的指导。标准指出,为了满足用户的需求和期望,企业应该建立一个有效的质量体系,而完善的质量体系是在考虑风险、成本和利益的基础上使质量最佳化以及对质量加以控制的重要管理手段。该标准从企业质量管理的需要出发,阐述了质量体系原理和建立质量体系的原则,提出了企业建立质量体系一般应包括的基本要素。标准对各基本要素的含义、目标、要素间的接口,以及各项活动的内容、要求、方法、人员和所要求的文件、记录等,都做了明确规定。

三、质量认证

质量认证是合格评定的主要活动之一。所谓合格评定是指：直接或间接确定相关要求被满足的任何有关的活动。国际标准化组织所称的合格评定如图 8-8 所示：

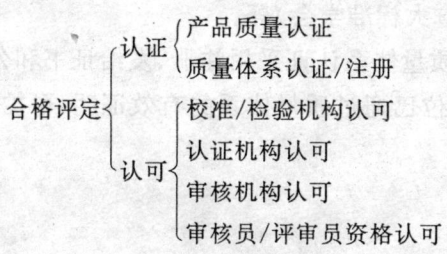

图 8-8　合格评定范围

认证(亦称质量认证)，是第三方依据程序对产品、过程或服务符合规定要求给予的书面保证。认证可分为产品认证和体系认证两类。产品认证又有合格认证和安全认证两类。

认可，是权威团体依据程序对某一团体或某个人具有从事特定任务的能力给予正式承认。我国已设立的认可机构有：中国实验室国家认可委员会(CNACL)，中国质量体系认证机构国家认可委员会(CNACR)，中国产品质量认证机构国家认可委员会(CNACP)，中国认证人员国家注册委员会(CRBA)。1998 年 1 月，中国质量体系认证机构国家认可委员会首批签署了国际认可论坛多边承认协议(IAF/MLA)，成为其集团的创始成员，标志着中国取得 CNACR 认可的所有认证机构颁发的 ISO9000 质量体系认证证书都取得了国际同行的互认。

四、质量体系认证的趋势和特点

(1) 质量体系认证的依据是 ISO9000 族标准或其等同标准。目前，各国开展质量体系认证，均趋向采用 ISO9000 族标准，以利于质量体系认证的国际间统一交流与合作。

（2）审核的对象是供方的质量体系。

（3）供方选择资信度高、有权威的认证机构审核。一般都选择世界上先进工业国家中历史悠久、有影响的独立的第三方认证机构,如英国的 BSI(英国标准协会)、荷氏船级社、美国的 UL(美国安全检定所)、加拿大的 CSA(加拿大标准学会)等。

（4）单独的质量体系认证采用注册、发给证书和公布名录的方式。这是对被审核单位已通过质量体系的有效证明,可扩大获证单位的社会影响。

第 九 章

人力资源开发与管理

第一节 人力资源开发

人力资源管理是 20 世纪 60 年代才逐渐出现并普及的新概念与新术语，以前称之为人事管理。人事管理与生产、营销、财务等管理都是企业管理中不可或缺的基本管理职能之一，但由于早期人事管理工作的内容主要是较简单的、行政事务性的、低技术性的工作，所以曾长期被忽略和轻视。随着企业内外环境的变化，这项工作的作用和重要性逐渐被人们所认识，于是，人事管理更名为人力资源管理。这不仅是名称上的改变，其具体的工作内涵也有了深刻的变化，但更根本的是在观念上对企业最宝贵的资源——人的认识，有了质的改变。

一、人力资源的特点

人是一种活的资源，它与其他资源有着本质的差别。第一，人力资源是创造使用价值和价值的源泉，是企业生存和发展的主体。第二，人力资源的价值是用时间和效率来衡量的。第三，人力资源具有流动性。第四，人力资源具有能动性，因而也具有可激励性。第五，人力资源的价值可以通过培训和开发手段使之增值。第六，人力资源的利用程度具有自控性。第七，人力资源具有社会性。

人力资源开发与管理，是指由一定管理主体为实现人力扩大再生产和合理分配使用人力而进行的人力开发、配置、使用、评价诸环节的总和。人力资源开发与管理的内容相当丰富,概括而言,主要包括三方面的内容:人力资源规划与决策、人员的招聘与更新和人力资源的评价等。

二、人力资源开发的途径

人力资源开发是指发现、发展和充分利用人的创造力,以提高企业劳动生产率和经济效益的活动。人力资源开发的基本途径有:

1. 人力投入

人力投入是指选择适量并满足需要的人力资源,投入到企业的生产经营活动中去。根据规模经济理论,随着人力投入的增加,开始阶段企业劳动生产力呈上升趋势,当到达某一点后,人力投入的增加反而会使劳动生产力下降。这是因为人力投入越多,管理成本越高,企业组织的灵活性会下降。最佳的人力投入数量与行业有关。

投入适量人力,以达到最佳规模经济效益,是人力资源开发的第一个途径,但其前提是必须有事可做,不能无目的地投入,另外还必须有相应的资金保证,使人均技术装备水平达到一定程度。各企业应根据自身条件及特点来选择适量的人力。

2. 人力配置

人力配置是将投入的人力安排到企业中最需要、又最能发挥其才干的岗位上,以保持生产系统的协调。

系统的生产力不是每个人生产力的简单相加,在很大程度上它取决于人们的结合状况即协调状况。一个劳动者在不同的生产领域中有不同的边际产出,劳动者边际生产力与组织协调水平呈近似的对数关系,即组织协调水平达到一定程度后,劳动者边际生产力达到最大并保持稳定。

合理配置人力,就是调整和优化企业的劳动组合,使生产经营各环节人力均衡,使人岗匹配,有利于每个人作用的充分发挥。这是人力资源开发的极其重要的途径之一。

3. 人力发展

人力发展是指通过教育培训,提高劳动者素质。劳动生产力与人员素质呈指数关系。教育经济学的研究成果表明:如与文盲相比,一个具有小学文化程度的劳动者,可提高劳动生产力 43%;中学文化程度的可提高 108%;大专以上文化程度的可提高 300%。可见,人力发展是最有效的人力资源开发的途径。

4. 人员激励

人员激励是指激发人的热情,调动人的积极性,使其潜在的能力充分发挥出来。企业激励水平越高,员工积极性越高,企业的劳动生产力也就越高。

劳动者素质越高,激励效果越好。对一个文化程度很低的劳动者来说,激励的极限是以其拼体力为限;而知识和技能较高的劳动者,当积极性充分调动起来时,可以发明创造,激励效果就非常之大了。由此可见,人员激励也是人力资源开发的重要途径之一。

上述人力资源开发的基本途径虽然性质不同,但紧密联系,缺一不可。从这四个方面入手,就能保证企业内的人员数量合理,配置优化,整体素质提高,最大限度地发挥人力资源的作用。

三、人才与人尽其才

人才指的是职业劳动力中优秀的或短缺的劳动者。不同的行业、不同的企业所特指的人才是不同的。吸引、留住人才的关键,在于充分地承认和体现人才的价值。

从社会经济宏观发展的角度看,人才在企业间流动是件好事,但对每一个企业来说,人才的流失所带来的伤害都是巨大的。特别是在法制不健全的条件下,人才的流失意味着技术的扩散、商业机密的外泄、竞争对手实力的增强、市场的缩减等。因此,建立一个能够体现充分竞争的人事政策是企业人才竞争的关键。

体现竞争的人事政策的核心是推崇"能力优先"。它表现在人员选聘、晋升政策、绩效考核、工资分配、培训开发、福利保险等所有管理环节。竞争不仅具有择优机制，而且会形成一个奋发向上的心理环境，增强员工提高自身素质的主动性。但是，竞争也必须遵守一定的规则，那就是制度。管理制度是管理原则的体现，它是以强制为基础的共有行为准则。制度反映着一个企业的综合管理水平，制度愈具体、愈细致、执行愈严格，则人们的行为也就愈规范。没有制度的管理是随意的，根本无法体现管理的公平性，因此也是无效的，有时甚至会把事情搞得更糟。由此可见，人才的观念必须有一套卓有成效的制度才能充分体现出来，也只有这样才能达到吸引人才、维持人才、多出人才、快出人才的目的。

充分体现人才的价值，必须做到用人之所长。用人之所长必须掌握以下四项原则：第一，职位设计要合理。不要将职位设计成只有上帝才有资格担任的职位，即不要设计一个"常人"做不到的职位。第二，职位的要求须严，而涵盖须广。即合理的职位是对具有才干的人的挑战，同时职位的涵盖广，会使凡是具有与该职位相关能力者均必能取得确实的成效。第三，用人该先看人能做些什么，而不是先看职位的要求是什么。也就是说，有效的管理者在决定将某人安置于某一职位之前，得先仔细地考虑好"人"，而且他对某人的态度，不应与安置的职位连在一起。第四，在用人之所长的同时，必须容忍人之所短。即有效的管理者用人，要着眼于机会，而非着眼于问题，要大胆使用那些在某一方确有长处，并为某一任务所必需的人才，而不必苛求所谓的"完人"。用人之所长，不仅能够激发人才的热情和忠诚，而且不失为吸引和留住人才的有效策略。

第二节　人力资源规划

人力资源规划是人力资源管理的重要职能，是充分利用人力资源的一项重要措施。人力资源规划就是根据企业经营战略和目标预测未来的人才需求情况,并使供求关系协调平衡的过程。一方面,通过人力资源规划把必要数量和质量的劳动力安排到组织的各级工作岗位上;另一方面,人力资源规划要在保持组织与员工个人利益平稳的条件下使组织拥有与工作任务相称的人力。

一、人力资源规划的重要性及其内容

人力资源规划可以确保组织在生存与发展过程中对人力的需求,预测和调整差异,为企业用人提供依据。人力资源规划可以有计划地逐步调整人员的分布状况,将人力成本控制在合理的范围内。人力资源规划可以为组织的录用、晋升、培训、人员调整以及人工成本的控制等活动提供准确的信息和依据。另外,人力资源规划的信息常作为人事决策的基础,对调动员工的积极性也十分重要。

人力资源规划的内容包括两个层次:总体规划和各项业务计划。总体规划是有关计划期内人力资源开发的总目标、总政策、总体实施步骤及总预算的安排。业务计划包括了晋升计划、补充计划、培训开发计划、调配计划、工资计划等。各项业务计划都由目标、政策、步骤及预算等构成,业务计划是总体规划的展开和具体化,是人力资源总体规划目标实现的基本保证。

二、人力资源规划的制定程序

1. 制定人力资源规划应考虑的因素

人力资源规划是寻求人员需求量与供给量平稳的管理过程,因此,凡是影响需求量和供给量的因素都会左右平衡关系。制定人力资源规划应考虑因素的顺序如图 9-1。

2. 制定人力资源规划的程序

制定人力资源规划的基本环节有三个:一是人力资源的需求——供给预测;二是制定调整供求差额的调整政策;三是制定人力资源的执行计划。见图 9-2。

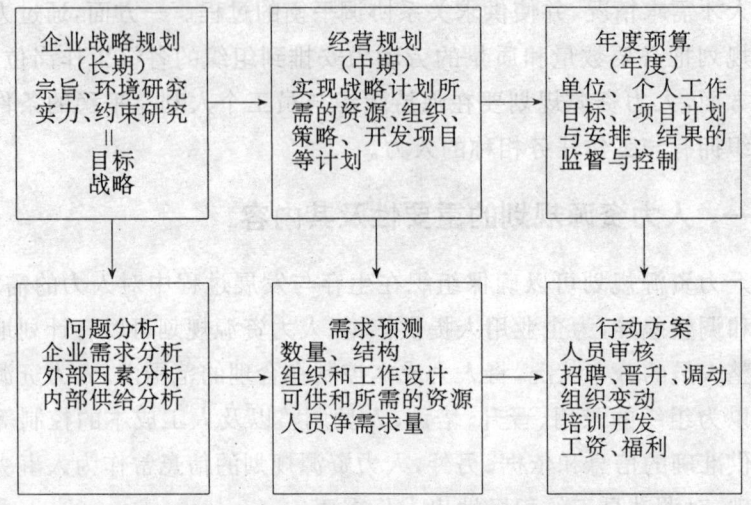

图 9-1 人力资源规划应考虑的因素顺序

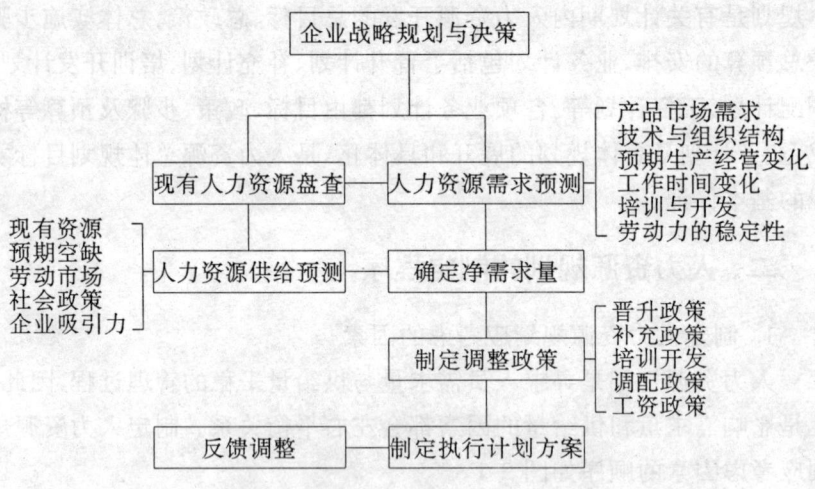

图 9-2 制定人力资源规划的基本程序

三、人力资源供求预测

人力资源预测主要分为人力资源需求预测和人力资源供给预测。

1．人力资源需求预测

人力资源需求预测主要是根据企业的发展战略与目标,预测计划期内所需要的人力数量。一般包括人力需求量预测、人力资源环境预测、人力合理结构预测、人力减员量预测和补充量预测等内容。

人力资源需求预测可分为两大类:直觉预测(定性预测)和数学方法预测(定量预测)。具体预测方法目前多至上百种,常用的方法有德尔菲法、逐级估计法、经验比例法、任务分析法、生产函数预测法、统计推断法、回归分析法等。

2．人力资源供给预测

人力资源供给预测是对企业未来发展过程中各类人力余缺状况的估计。它可分为外部人力资源供给预测和内部人力资源供给预测。

(1)外部人力资源预测。无论是由于生产规模的扩大,还是由于劳动力的自然减员,企业都必须招聘和录用新员工。影响企业外部人力供给状况的因素很多,如人口和体制背景、教育状况、国家就业政策和分配政策、用人单位竞争状况、就业者的心理和价值取向等,预测时要充分考虑各种因素的影响。常用的预测方法有德尔菲法、时间序列法、回归分析法等。

(2)内部人力资源供给预测。企业人力资源的主要来源,是企业内部现有人员以及他们的分布状况。常用的预测方法有人员核查法和马尔科夫模型。

人员核查法是一种静态的人力资源供给预测技术,通过对企业内部所拥有的人力资源进行核查,弄清人力资源在组织中的各级职务上是如何分布的。由于它是静态的预测技术,不能描述人力资源在未来的晋升、辞退、调整等变化,因此只适合于中短期人力资源供给状况的预测。

马尔科夫模型是一种动态的预测技术,可以预测等时间间隔点上的各类人员分布状况。该方法的基本思想,是找出过去人事变动的规律,以此来推测未来的人事变动趋势。在应用简单的马尔科夫模型时,

假定各类人员都是严格由低向高移动,不存在越级现象,而且转移率固定。转移率可通过下式计算:

$$某类人员的转移率(P)=\frac{转移出本类人员的数量}{本类原有人员的总量}$$

转移率一般由转移矩阵给出,如:

$$
(P)=\begin{array}{c} 1 \\ 2 \\ 3 \end{array}
\begin{matrix} 1 & 2 & 3 \end{matrix}
\left(\begin{matrix} 0.6 & 0.3 & 0 \\ 0 & 0.4 & 0.3 \\ 0 & 0 & 0.6 \end{matrix}\right)
$$

该转移矩阵表明,在等时间间隔点上(一般为一年),第一类人员一年以后有 60% 仍留在原来的岗位上,有 30% 晋升到第二类工作岗位上,另有 10% 可能流失了。因为不存在越级现象,故第一类人员转移到第三类人员的比例为 0。依次类推。

根据转移矩阵,可以得到组织内部未来劳动力的净供给量:

$$某类人员在\ t\ 时刻的供给量(Y_t)=该类人员总数\times存留率+下类人员总数\times晋升率$$

由于第一类人员没有由下晋升的人数,只能从组织外部补充,则其计算公式为:

$$第一类人员\ t\ 时刻的供给量(Y_t)=该类人员总数\times存留率+补充人员数$$

四、人力资源供求的分析与平衡

在需求与供给预测的基础上,要对人力资源的供求进行分析与调整,以确定内部调配和外部招聘的职位,以及什么时间进行调配和招聘等,力求达到人力资源的平衡。

一般来说,要制定可供中、长期使用的、稳定的人力资源规划,至少应拥有五年以上的分析资料。人力资源的供求平衡分析每年须进行一次,每次顺延五年,以保证人力资源规划的连续性。

第三节 人员招聘与更新

人员招聘与更新的主要内容包括招聘和选聘新职工、员工的离退休及辞退;人员的培训与发展;人员的配置与组织使用;人员的激励和保护等。本节仅就人员选聘、人员培训和人员激励三方面内容进行讨论。

一、人员选聘

人员选聘包括了人员招聘和选拔两项工作,这两项工作密切相关,选拔的基础是招聘,招聘的目的是为了选拔。简而言之,人员选聘工作就是确定企业用人要求,吸引人们前来应聘,从求职中挑选职工。

1. 人员选聘的政策

人员选聘是企业不可缺少的一个管理环节,它决定着进入组织的人员质量和保证组织能级结构的合理性。因此,人员选聘要按照企业的人员招聘或人力需求计划,科学、公正地选拔企业所需的人员。

人员选聘是一个政策性很强的工作,不同的选聘目的需要有不同的选聘政策作为指导。如:选聘的目的是为了弥补职位空缺,而所需弥补的职位空缺层次较低,或仅是一般熟练性的工作,不需要考虑长远发展,那么人员选聘的政策就侧重于强调工作的要求。

确定人员选聘政策还应考虑职务性质与任职者个人特征之间的良好匹配。对于组织而言,如果从事有关工作的人员拥有完成工作的知识、经验和技能,并且职务能适应任职者个人的兴趣与需求时,就能有效地开展工作。对任职者个人而言,如果职务适合任职者的知识、经验和技能,并适应他的兴趣和需求,则会使员工在工作中得到满足。

可供选择的人员选聘政策分为两种类型:一是"职务要求固定化",而人员特征是可变的,人员选聘就是寻找适合职务特征的人,或通过培训改变人员的任职特征;另一种政策是"人员特征固定化",而职务的特征是可变的,则人员选聘时侧重的是求职者的基本素质,只要素质高,可以通过职务设计为其提供一个适合他的工作。

选择何种类型的人员选聘政策,要根据组织的需求和人员的供给状况与条件而定。即要全面考察市场上具备所聘职务资格的合格人选的数量、组织结构的弹性、职务的可变性等因素的影响。

2. 人员选聘的程序

人员选聘工作对于企业的组织更新、职能补充、能力更新等方面具有重要的作用,必须制定一套科学实用的工作程序,以使选聘工作有序进行,提高选聘工作的效率。

人员选聘工作程序的主要环节为:

(1)根据企业人力资源规划确定人员选聘政策。

(2)进行岗位分析和评价,确认所选聘人员必须具备的条件,即任职资格。

(3)根据工作要求确定考察的内容和人员选聘的标准,并合理选择选聘的方法与技术。

(4)发布选聘信息,进行招聘考试、面试或心理测验。

(5)对拟录用人员进行体检和背景调查。

(6)培训和试用。

(7)进行录用决策,签订劳动合同。

3. 面试

面试是人员选聘工作非常关键的一个环节,运用面试可以用来证实求职者的工作经验、求职动机、个人修养、外貌风度、应变能力、表达能力、思维的逻辑性,以及其他背景材料。微软总裁比尔·盖茨坚持在招聘公司高级职员时由他亲自面试,由此可见,面试在招聘时的重要性。但是,由于求职者在应聘时往往把自己很好地隐蔽起来,单凭十几分钟的面试,很难对求职者作出全面准确的判断。因此,不能把面试作为唯一的选聘技术,而应与其他方法与技术(如心理测验)结合起来使用,才能取得较好的效果。

为了提高面试的质量,面试前应进行充分的准备。首先要明确面试的目的,针对每一个求职者需证实的疑点和问题,制定一个具有针对性的问话提纲。其次确定面试的时间和地点,以确保面试过程顺利进行。再次要制定面试评价表,记录面试人员对应聘者的评价,以便在录用决策时作为参考。

面试可采用结构式面试、非结构式面试和混合式面试。结构式面试要事先制定好一份问题清单,面试时按清单所列问题发问,并按标准格式记录应聘者的回答。系统式的提问有利于提高面试的效率,了解的情况较全面,但谈话方式程式化,不太灵活;非结构式面试无固定的提问程式,面试者针对不同的应聘者提出不同的问题,这种面试可以了解到一些特定的情况,但不够全面,效率较低;混合式面试是将结构式面试和非结构式面试结合起来,以取长补短,提高面试的质量。

面试时间一般只有十几分钟,为有效地利用时间,获得足够的信息,面试者应注意面试进程的控制。一般在进入正式面试前,需要二三分钟的"导入"阶段,以创造一种和谐的面谈气氛,使面试双方建立起信任关系,缓解应聘者的紧张情绪。常用的办法是要求应聘者简要介绍一下自己的情况,借此机会,面试者可以仔细观察一下应聘者,再次浏览一下应聘者的材料,以便自然而然地转入正式面试阶段。在正式面试阶段,面试者应本着先易后难的原则,根据应聘者所提供材料中发现的疑点,逐一提出问题,必要时进行追加提问。提问应先从应聘者的兴趣爱好开始,重在详细问明应聘者最近的工作经验,多用开放式的问题发问,不要与应聘者讨论问题,要注意倾听并做好记录。在面试结束阶段,应该给应聘者提问的机会,最后应转换一个比较轻松的话题,使面试在和谐的气氛中结束。

面试结果的可靠性程度受面试者主观因素的影响很大,因此,面试者要凭借自己的经验进行主观性控制。首先要注意"定型"对面试结果的影响。因为每个面试者心中都有一个"理想"的人选,在面试时就会用这个"理想人选"作为评价标准。其次要注意"定势"对面试结果的影响。因为面试者受信息特点的影响,往往会对某类信息特别注意而忽视其他信息。如:面试者受消极信息的影响比受积极信息的影响要大。再次还要注意面试情景对面试结果的影响。面试的情景是面试者与应聘者之间的交互作用所产生的,反过来又会影响面试者对应聘者的评价。一般来讲,当前面应聘者的水平较高时,其后的应聘者会被过低地评价,而当前面的应聘者水平较低时,其后的应聘者又会被过高地评价。

二、人员培训

人员培训是企业人力资源开发的一个重要内容,它可以帮助员工充分发挥和利用其潜能,更大程度地实现其自身价值,提高工作满意度,增强对企业的归属感和责任感。有效的培训还可以减少事故、降低成本、提高工作效率和经济效益,从而增强企业的市场竞争能力。

1. 人员培训的内容

人员培训的目的主要有四个方面:育道德、建观点、传知识、培能力。因此,人员培训的内容涉及思想政治教育、基础文化知识教育、技术业务培训、管理知识培训、法律政策及制度培训等方面。

思想政治教育主要包括政治观和人生观教育,以使员工了解国家的方针政策,热爱祖国,有远大理想,有良好的职业道德。

基础文化知识教育主要包括各类文化课程和基础知识课程教育以及学历教育,以全面提高员工素质,为员工掌握专业技能和职业发展奠定坚实的基础。

技术业务培训主要包括有关专业知识、工艺规程和技术技能方面的培训,以及各类岗位及技术等级的应知应会培训等,以使员工掌握和提高技术性专业能力。

管理知识培训主要包括有关管理原理、管理思想、管理方法、管理手段和管理技巧等方面的培训,以培养员工的沟通能力、协调能力和根据具体情况独立解决问题的能力。

法律政策及制度培训主要包括法制教育、企业规章制度和纪律教育、劳动安全教育等,以培养员工遵纪守法的自觉性。

2. 人员培训的形式

企业培训的具体形式是多种多样的,比较常用的有以下几种:

(1)脱产学习。即让员工暂时脱离工作岗位,专门到有关培训机构或大专院校学习。脱产学习系统性较强,能较全面地接受有关知识的教育和训练。其具体形式有短训班、知识讲座、定期轮训、选送高等院校接受学历教育等。

(2)在职培训。即通过日常工作实践锻炼和培训员工。这种方法简便易行,是提高业务能力和专业技能的基本方式。如现场练兵、技术操作比赛、职务轮换等。

(3)其他形式。现代企业人员培训除注重传统的代理性学习之外,还特别注重亲验性学习。亲验性学习是学习者通过自己亲身的直接经验来学习。常用的具体形式有案例讨论、现场实习、模拟性练习、角色扮演、游戏竞争、小组活动等。

三、人员激励

人力资源管理的基本目的就是吸引、保留、激励和开发企业的人力资源。其中激励是人力资源管理的核心,因为只有通过激励调动起人员的积极性,使其潜能得到发挥,才能吸引人才并留住他们,而人力资源开发的重要手段就是激励。

研究表明,一个人的工作绩效是其能力和动机相乘的结果。即:绩效=能力×动机。也就是说,一个人工作成绩的大小,不仅取决于他能力的大小,而且还要看其动机是否强烈。而动机在许多情况下不是无条件产生的,需要外界提供一定的刺激,一旦刺激符合人的需要,便会成为激发动机的诱因。所谓激励,就是为员工提供适当的诱因或刺激,激发他们的行为动机。

1. 激励过程与激励模式

　　激励过程就是一个由需要开始到需要得到满足为止的连锁反应。未满足的需要会使人产生心理紧张,在遇到能够满足需要的目标时,便会转化为动机,动机驱动人向目标努力,达到目标后需要得到满足,心理紧张消除,之后,又会产生新的需要,引起新的动机和行为。

　　当目标没有实现,需要未得到满足时,人会产生挫折。当遇到挫折时,人们可能会采取积极适应的态度,也可能会采取消极防范的态度,以缓解或减轻心理紧张状态。

　　激励过程与激励模式可以用图9-3表示。

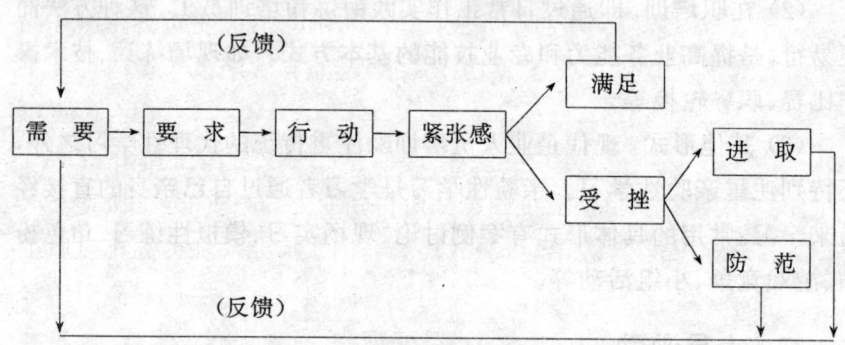

图9-3　激励过程与激励模式

　2. 激励理论

　　(1) 内容型激励理论。需要和动机是产生和推动行为的原因。内容型激励理论就是着重研究需要的内容和结构,及其如何推动人们行为的理论。主要包括马斯洛的需要层次理论、赫茨伯格的双因素理论和麦克利兰的成就需要激励理论。

　　(2) 过程型激励理论。该类型理论着重研究人们的行为是如何产生、如何发展、如何保持以及如何结束的发展过程。主要包括佛隆姆的期望理论和亚当斯的公平理论。

　　(3) 行为改选型激励理论。该类型激励理论主要研究如何改造和修正人的行为,变消极为积极。他们认为,当行为的结果有利于个人时,行为会重复出现;反之,行为则会削弱或消退。主要包括斯金纳的强化理论、罗斯和安德鲁斯的归因理论等。

3. 激励手段与方法

激励的手段主要有物质激励和精神激励。物质激励中最常用的是工资、奖金、优先认股权、红利及各种福利等。精神激励的主要形式有表彰与批评、职工参与管理、工作内容丰富化等。物质激励和精神激励必须有机结合起来，并且要有科学、公正的评价标准，真正体现按劳分配的原则，才能收到好的激励效果。

企业常用的激励方法有：

（1）目标激励法。即将员工个人发展目标与企业目标协调起来，在实现组织目标的同时，实现个人的价值，从而使员工在工作中获得较大的满足。

（2）环境激励法。即创造一个人人相互尊重、关心和信任的工作环境，保持良好的人际关系，从而使员工心情舒畅，安心工作。

（3）榜样典型激励法。树立各方面的榜样与典型，使员工学有方向，赶有目标，从榜样与典型的成功中得到激励。

（4）奖惩激励法。即对员工良好的行为要及时肯定和表扬，使他们在物质和精神上得到满足；对员工的不良行为要否定和批评，使员工从失败和错误中吸取经验和教训。

（5）参与管理激励法。即在不同程度上让员工参与企业决策和各级管理工作的研究和讨论，使员工感到自己受到企业的信任、重视和赏识，从而培养员工的参与意识，激发他们的工作动机。

（6）晋升激励法。即合理设计员工职业生涯，通过员工自身的努力可以晋升到更重要的职位，满足员工自我实现的需要。

第四节　绩　效　考　评

绩效考评（简称考绩），就是通过运用科学的考核标准和方法，考查员工对所规定的岗位职责执行程度，从而评价其工作成绩和效果。绩效考评具有发现人才、培训、调整人事安排、调整报酬分配以及决定奖惩的功能。

一、绩效考评的一般程序

绩效考评是一项非常细致的工作,必须严格地按一定的程序来进行。绩效考评的一般程序主要包括以下几个环节:

1. 制定绩效考评的标准

首先确定考评工作要点,抓住绩效考评的关键环节;然后确定绩效标准,将考评要点逐一进行分解,形成客观化、定量化的判断基本标准。

2. 绩效考评实施

根据考评标准,对员工的工作绩效进行考核、测定和记录。

3. 考评结果的分析与评定

将工作实际情况与考评标准逐一对照,判断绩效的等级,得出考评结论。

4. 制定绩效改进计划

绩效考评结果要与员工见面,使其了解自己的工作情况。针对绩效考评中发现的问题,要与被考评者制定绩效改进计划,使绩效考评工作落到实处。

5. 绩效改进指导

主管人员要根据绩效改进计划时常对下属的工作和绩效改进进行具体的指导,并一直持续到下次绩效考评为止。

二、绩效考评的方式

绩效考评按考评时间的不同可分为日常考评与定期考评;按考评主体的不同可分为主管考评、自我考评、同事考评和下属考评;按考评结果的表现形式不同可分为定性考评和定量考评。

1. 日常考评与定期考评

日常考评就是对被考评者日常的出勤、劳动成果实绩、平时的工作行为等所进行的经常性考评。定期考评则是按照固定的周期、固定的程序所进行的考评。

2. 定性考评与定量考评

定性考评的结果一般用文字予以描述,或以相对次序对人员之间的优劣予以评价。定量考评的结果则以分值或系数等数字形式来表示。

3. 绩效考评的执行者

绩效考评的执行者(即考绩主体)有四类人:上级主管、同级同事、被考评者本人和所领导的下属。选择这些人员进行绩效考评,是因为他们了解被考评职务的性质、工作内容、要求及考绩标准,熟悉被考评者的工作表现,有直接的近距离观察被考评者工作的机会。

主管考评就是上级主管对下属的考评。这种由上而下的考评一般能较准确地反映出被考评者的实绩,但有时也会受主管个人的偏见、感情等主观因素的影响而出现偏差。同事考评就是同事之间互相考评。虽然同事之间的考评充分体现了考评的民主性,但如果同事之间关系不融洽、不信任,则会严重影响考评结果的公正性。自我考评就是被考评者本人进行的自我鉴定。被考评者可以陈述自己对自己完成工作情况的评价,有利于工作的改进,但经常存在自我评价过高的问题。下属考评就是下属员工对其上级主管的考评。这种方式有助于下属对上级主管的民主监督与批评,对改变工作作风有较好的效果,但有时可能下属有顾虑,上级主管为考评而充当老好人,使工作受损。

三、绩效考评的方法

有关绩效考评的方法有很多,不能一一列举,现就比较常用的方法进行说明。

1. 分级法

就是按照被考评者每人绩效的相对程度,通过比较确定每个人的相对等级或名次。这种方法可以对单一因素进行比较,也可以对每个人的整体工作情况进行综合比较。

分级法可以按照分级程序的不同分为简单分级法、交替分级法、范例对比法、对偶比较法、强制分配法等。

简单分级法就是在全部被考评者中选出最好的排在第一,次好的排在第二,依次类推,直到排出最后一名。

交替分级法首先找出最优者,然后找出对比最鲜明的最劣者;接着找出次优者和次劣者;就这样先易后难,直至全部排完为止。

范例对比法通常从五个维度考评被考评人员,即品德、智力、领导能力、对职务的贡献和身体素质,每一维度又分为优、良、中、次、劣五个等级。然后就每一维度的每一等级,先选出一名适当的职工作为范例,将每位被考评者和范例逐一对照,按他们与各相应范例的近似程度评出等级分,各维度分数的总和,便是被考评者的绩效等级分类。

对偶比较法将所有被考评者逐一配对比较,按照逐对比较中被评为较优的总次数来确定等级名次。此法是一种系统比较程序,科学合理,但通常只能考评总体状况,其结果仅有相对等级顺序,而且当被考评人数较多时,对偶比较次数过多,此法就不太适用了。

强制分配法是按正态分布规律,先确定出各等级在总数中所占的比例,然后按照每人绩效的相对优劣程度,强制列入一定等级的方法。通常划分为优、良、中、次、劣五个等级,每个等级分别占 10％、20％、40％、20％、10％。若划分为优、中、劣三等,则分别占总数的 30％、40％、30％。

2. 量表考绩法

此法通常是作维度分解,对每一维度划分等级,设置量表(即尺度)实现量化考评。此法操作简便,适用性强。

量表考绩法的关键是维度的选定,维度应当只涉及同一性质的同类工作活动,必须可以明确定义,必须可以有效操作。

3. 强制选择法

这种方法最早是美国部队为考评军官的绩效而设计的,后被引入了企业管理领域。其设计的中心是尽量避免考评者心理因素的影响所造成的偏差。此法把描述各种绩效状况的大量陈述句分成由 4—6 句组成的单元，每一单元中的句子所描述的都是绩效中同一方向的情景。有的单元中句子的描述看上去全是褒意，但其中只有约半数真正与考评的维度有关，考评者参照被考评者状况，与这些句子逐条对照钩选，由于句子虚实参半，故可避免个人偏见。

4. 关键事件法

此法需对每一被考评者备有一本"考绩日记"或"绩效记录"，由作考察并知情者（通常为被考评者直属上级）随时记载。所记载的必须是较突出的、与工作绩效直接相关的关键事件；所记载的必须是具体事件或行为，而不是对某种品质的评判；所记载的事件须既有好事，也有不好的事。这些记录作为累积的素材，经归纳、整理，便可得出可信的考评结论。

5. 评语法

此法就是最常见的以一篇简短的书面鉴定来进行考评的方法。考评的内容、格式、篇幅、重点等均不拘，完全由考评者自己掌握。一般会谈及被考评者的优缺点、成绩与不足、潜在能力、改进的建议及培养方式等内容。这种方法明确简捷又灵活方便，是我国常用的一种传统的考核方式。但这种方法评语各篇不同，只涉及总体，又无对照标准，几乎全部是定性描述，所以难于以此考评结果作出准确的人事决策。

第 十 章

物资与设备管理

第一节 物资消耗定额

企业的生产过程既是产品的制造过程,又是生产资料的消耗过程。要使生产连续进行,就需要及时补充消耗掉的各种物资。

企业生产所需的物资,按其在生产中的消耗特性可以分为两类:一类是在一个产品生产周期内就改变其物质形态而被消耗掉,并将其价值一次转移到产品价值内;另一类经过若干个产品生产周期才能消耗掉,其价值按一定比例逐渐转移到产品价值内。两类物资差别很大,通常前一类属于加工对象,占用流动资金,是物资管理所研究的内容;后一类属于加工手段,占用固定资金,其中的生产设备、动力设备、传导设备、运输设备等是设备管理所研究的内容。

企业的物资管理,是指对企业所需各种物资进行计划、采购、验收、保管、发放、节约使用和综合利用等一系列组织管理工作的总称。物资管理的基本任务之一就是制订先进合理的物资消耗定额,实行集中下料和限额发料,减少浪费,降低成本。

一、物资消耗定额的构成

物资消耗定额是指在一定的生产技术条件下,生产单位产品或完成单位工作量所必须消耗物资的数量标准。先进合理的物资消耗定额,是确定物资需要量,编制物资供应计划的基础,是物资供应部门核算生产用料、组织限额发料的依据;是合理使用和节约使用物资,核算产品成本的重要手段;是促进企业技术进步、提高生产组织水平和工人生产技能的重要条件，是进行考核和评比奖励的主要依据。

物资消耗定额的制定和管理是物资管理的一项基础工作。要制定科学的物资消耗定额，必须认真研究物资的消耗构成及规律，以确定物资由投入生产开始一直到产品完成为止的过程中，究竟被消耗在哪些方面。对于制造企业来说，物资的消耗主要是原材料的消耗。一般来说，主要原材料的消耗构成有以下三部分：

1. 构成产品净重的消耗

它是构成产品或零件的实体重量，是物资的有效消耗部分。这部分消耗是由产品结构设计决定的。

2. 工艺性消耗

这是指在各种工艺加工过程中，为改变物理或化学性能所不可避免发生的原材料消耗。如机床加工的切屑、锻造的飞边、铸造的冒口及氧化部分。这部分消耗是由工艺技术水平决定的。

3. 非工艺性消耗

这是指由于技术上和非技术上的原因而造成的一部分原材料的损耗。如生产中的废品、运输保管中的丢失、损坏等。其中有的属于合理的损耗，有的则属于可以避免的损耗。

物资消耗定额一般可分为工艺定额和供应定额。工艺定额包括产品或零件的净重和工艺性损耗。工艺定额是向车间、班组发料和考核的依据。供应定额是在工艺定额的基础上，加上一定比例的非工艺性消耗构成的。供应定额是企业计算物资申请量和采购量的依据。

二、制定物资消耗定额的基本方法

物资消耗定额的制定包括"定质"和"定量"两个内容。"定质"指合理选定所需物资的品种、规格和质量；"定量"指确定物资消耗的数量标准。确定物资消耗定额数量标准的主要方法有：

1. 技术计算法

技术计算法,就是根据产品图纸和工艺文件要求,计算出零件的净重、工艺损耗部分,最后算出物资的消耗定额的方法。此方法比较准确,但需要完整的技术资料,工作量较大。

2. 统计分析法

统计分析法,即利用历史上同类产品实际物资消耗的统计资料,进行分析和计算来确定物资消耗定额的方法。

3. 经验估计法

经验估计法,即根据有关人员的经验和资料,经过分析来估计物资消耗定额的方法。此方法简便易行,但不精确。

以上几种方法各有优缺点,在实际工作中常结合起来使用。

第二节　库存控制

一、库存及其作用

库存是指为了满足未来需要而暂时闲置的资源。资源的闲置就是库存,与这种资源是否存放在仓库中没有关系,与资源是否处于运动状态也没有关系。库存无论对制造业还是对服务业都十分重要。库存的存在是有利有弊的。库存一方面占用了大量资金,减少了企业利润;另一方面它能防止短缺,有效地缓解供需矛盾,使生产尽可能均衡地进行。它有时还有"居奇"的投机功能,为企业盈利。

归纳起来,库存可以起到如下作用:第一,缩短订货提前期,使顾客能很快购买到他们所需的物品。第二,稳定作用。库存可以缓解外部需求的不稳定性和内部生产的均衡性之间的矛盾,起着稳定作用。第三,分摊订货费用。第四,防止短缺和防止中断。

库存可以按不同的作用分为四种类型,即周转库存、安全库存、运输库存和预期库存。周转库存是当生产或订货是以每次一定批量而不是以一次一件的方式进行时,由批量周期性地形成的库存。安全库存又称缓冲库存,是生产者为了应付需求的不确定性和供应的不确定性,防止缺货造成的损失而设置的一定数量的存货。运输库存是处于相邻两个工作地之间或是相邻两级销售组织之间的库存。包括处在运输过程中的库存以及停放在两地之间的库存。预期库存是由于需求的季节性或采购的季节性特点,必须在淡季为旺季的销售或是在收获季节为全年生产储备的存货。

库存虽有上述的作用,但是库存要占用大量资金,包括物品本金及利息、场地费、管理费等各种库存维持费用,物品过期损耗、报废等,减少了企业利润。同时,库存作用被不适当地夸大,容易掩盖企业生产经营中存在的严重问题。如库存可能被用来掩盖经常性的产品或零部件的制造质量问题;可能被用来掩盖工人的缺勤问题、技能训练差问题、劳动纪律松弛和现场管理混乱问题;可能被用来掩盖供应商或外协厂家的原材料质量问题、外协件质量问题、交货不及时问题;可能被用来掩盖或弥补企业计划安排不当问题、生产控制制度不健全问题、产品齐套性差问题、需求预测不准问题,此外还可能被用来掩盖产品设计不当问题、工程改动问题、生产过程组织不适当问题等。因此,准时生产方式以“零库存”为不断努力的目标,就是要通过不断降低库存水平,使上述种种生产管理不善的问题暴露出来,使其得到根本解决。

二、库存控制的基本模型

1. 独立需求与相关需求

独立需求是指对库存货物的需求独立,即对一项物资的需求与对其他项的需求无联系。如用户对企业产品或用作备品备件的零部件的需求。独立需求最明显的特征是需求趋于连续或由于随机影响而波动,需求量不确定但可以通过预测方法粗略地估算。

相关需求也称非独立需求,它依附于独立需求,可以根据对最终产品的独立需求精确地计算出来。相关需求可以是垂直方向的,也可以是水平方向的。产品与零部件之间垂直相关,与其附件和包装物之间则水平相关。

独立需求和相关需求库存问题是两类不同的库存问题,相关需求的库存控制已在 MRP 中介绍,在此只讨论独立需求的库存控制基本模型。独立需求控制库存量的基本模型可归纳为定量订货模型和定期订货模型。

2. 定量订货模型

确定型定量订货模型描述的系统称为固定订货量系统,其主要特点是每次订货的订货量相同,订货点相同,需求率固定不变,瞬时送货,是一个理想的抽象模型。确定型定量订货库存模型见图 10-1。

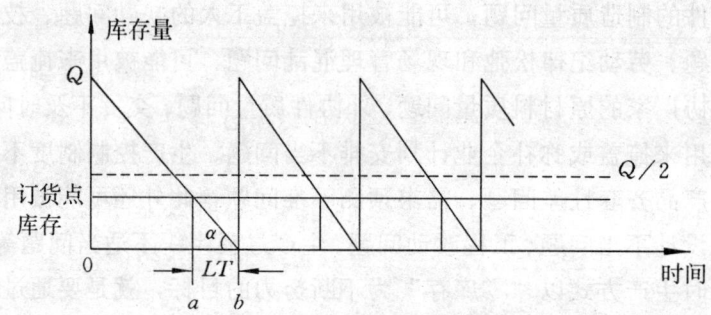

图 10-1　确定型定量订货库存模型

由图 10-1 可见,系统的最大库存量为 Q,最小库存量为零,不存在缺货。库存按 α 的需求率减少,当库存降到订货点库存时,就按固定订货量 Q 发出订货。经过一固定的订货提前期(LT)后,新的一批订货到达(订货刚好在库存变为 0 时到达)。平均库存量为 $Q/2$。

对定量订货系统而言,确定合理的订货量 Q 是十分重要的。经济订货(生产)批量的方法,是在保证生产正常进行的前提下,以支出最低的总费用为目标,确定订货(生产)批量的方法。

(1) 经济订货批量(Economic Order Quantity,EOQ)。在与库存有关的费用中,储存费用随库存量的增加而增加,而订货费用随库存量的增加而减少。根据这两种费用之间的关系,可以计算出总费用最低的订货批量,即为经济订货批量。在不允许缺货的条件下,维持库存的年总费用为:

年总费用＝年购买货物价值＋订货费用＋储存费用

假设货物年需求量为 D、每次订货批量为 Q、货物单价为 C、一次订货费用为 S、单位维持库存费用为 H,则年总费用 TC 可用下式表示:

$$TC = C \cdot D + S \cdot \frac{D}{Q} + H \cdot \frac{Q}{2}$$

为了求出经济订货批量,将上式对 Q 求导,并令一阶导数等于 0,可得:

$$Q^* = EOQ = \sqrt{\frac{2DS}{H}}$$

式中的 Q^* 即为经济订货批量(见图 10-2)。

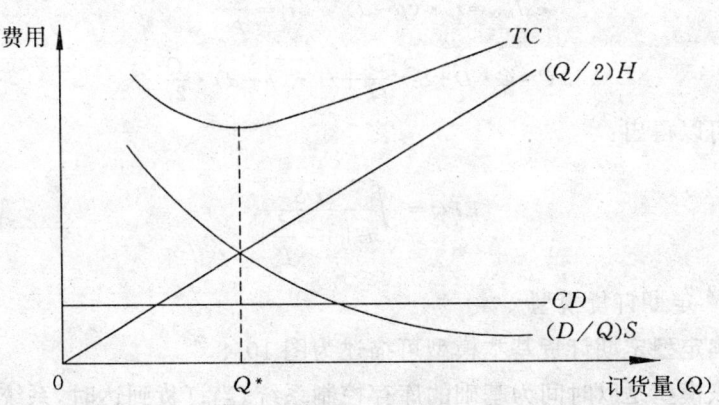

图 10-2 年费用曲线

(2) 经济生产批量(Economic Production Quantity,EPQ)。EOQ 假设整批订货同时到达,一次补充库存。但是在进行某种产品生产时,成品是逐渐出产的,因此库存是逐渐增加的,见图 10-3。

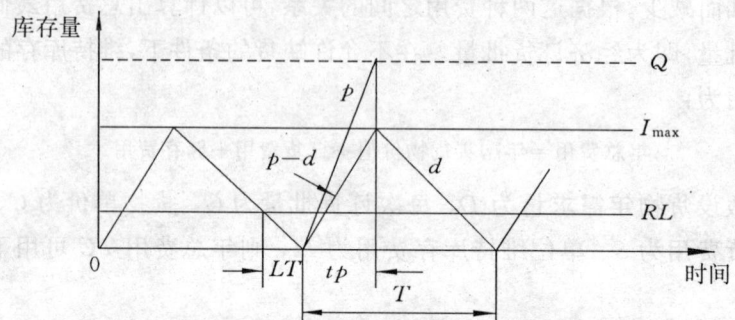

图 10-3　经济生产批量模型的库存量变化

图 10-3 中，p 为生产率、d 为需求率（$d<p$）；t_p 为生产的时间；I_{max} 为最大库存量；Q 为生产批量；LT 为生产提前期；RL 为订货点。则经济生产批量条件下的年总费用公式为：

$$TC=C \cdot D+S \cdot \frac{D}{Q}+H \cdot \frac{I_{max}}{2}$$

$$I_{max}=t_p \cdot (p-d) \qquad t_p=\frac{Q}{p}$$

则

$$TC=C \cdot D+S \cdot \frac{D}{Q}+H \cdot (p-d) \cdot \frac{Q}{2p}$$

可以得出：

$$EPQ=\sqrt{\frac{2DS}{H\left(1-\dfrac{d}{p}\right)}}$$

3. 定期订货模型

确定型定期订货基本模型可描述为图 10-4。

该模型是以时间为基础的库存控制系统。当订货到达时，系统达到最高库存水平；然后按一定的需求率减少。系统每经过一个固定的间隔期 T，便发出一次订货，经订货提前期 LT 后，新的订货到达，库存又恢复最高水平。

按照库存总费用最小的方法来确定订货间隔期称为经济订货间隔

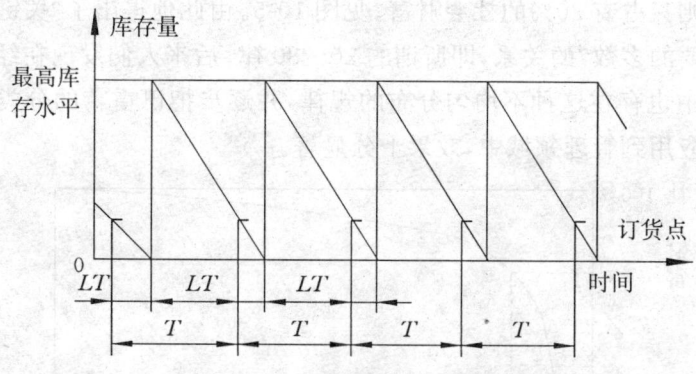

图 10-4　确定型定期订货模型

期(Economic Order Interval，EOI)。由于是确定型定期订货系统，需求率确定连续，订货提前期 LT 不变，则年库存总费用为：

$$TC = C \cdot D + m \cdot S + H \cdot \frac{D}{2m}$$

$$= C \cdot D + \frac{S}{T} + \frac{DTH}{2}$$

公式中的 m 为每年的订货次数；T 为固定订货间隔期。

上式对 T 求导，并令其一阶导数为 0，则可计算出经济订货间隔期：

$$EOI = \sqrt{\frac{2S}{DH}}$$

三、库存的 ABC 分类管理法

ABC 分类管理法又称为主次因素分析法、重点管理法。它是运用数理统计的方法对种类繁杂的多因素事物进行分析排队，并根据一定的比重或累计比重标准划分类别，以抓住事物主要矛盾的一种定量的分类管理技术。这是意大利经济学家巴雷特在分析社会财富分布状况时最早发现的一个统计规律，他从大量的统计资料中发现，占社会人口总数 20% 的少数人，占有 80% 的社会财富，而占社会人口总数 80% 的多数人则只占有 20% 的社会财富。见图 10-5。由此他得出了"关键的少数与次要的多数"的关系,即所谓的 20—80 律。后来人们发现在经营管理活动中也存在这种不均匀分布的规律,并逐步把巴雷特的分类原理和方法应用到管理领域中,效果十分显著。

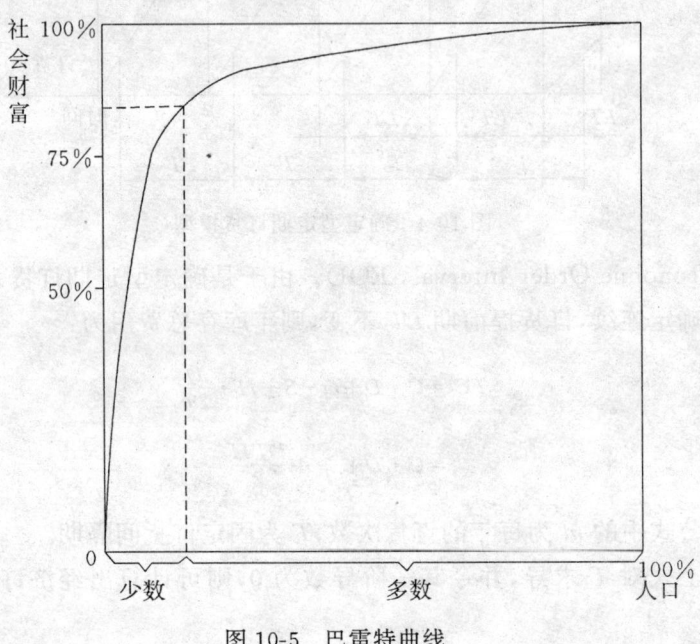

图 10-5 巴雷特曲线

　　库存 ABC 分类管理法就是在 20—80 律指导下,对库存单元按其价值进行分类,以找出占用大量资金的少数物资,对它们加强控制与管理,而对那些占用少量物资的大多数物资,则施以较松的控制与管理的方法。即根据不同价值而付出不同的努力,以期以一分的努力达到八分的效果。

　　通常人们将占用了 65%—80% 价值的 10%—20% 的物资划分为 A 类;将占用了 10%—15% 价值的 20%—25% 的物资划分为 B 类;将占用了 5%—10% 价值的 60%—65% 的物资划分为 C 类。针对不同类别的物资,分别采用不同的管理方法加以控制。

A 类物资要从严控制,包括最完整精确的记录,最高的作业优先权,经常盘点,确定精确的订货量和订货点,紧密的跟踪措施等,以使库存时间最短。B 类物资要进行正常的控制,包括准确记录和定期盘点,只在紧急情况下才赋予较高优先权,可按经济批量订货。C 类物资只进行简单的控制,如设立简单的记录甚至不设记录,可通过半年或一年一次的盘存来补充大量的库存,给予最低的作业优先级等。

第三节　设备的前期管理

设备管理是指依据企业的生产经营目标,通过一系列的技术、经济和组织措施,对设备寿命周期内的所有设备物质运动形态和价值运动形态进行的综合管理工作。所谓设备寿命周期,指的是设备从规划、购置、安装、调试、使用、维修,直至改造、更新及报废全过程所经历的全部时间。

设备管理分为前期管理和后期管理两部分。设备前期管理的主要内容有:依据企业经营目标及生产需要制订企业设备规划;选择和购置所需设备,必要时组织设计和制造;组织安装和调试即将投入运行的设备。设备后期管理的主要内容有:对投入运行的设备正确、合理地使用;精心维护保养和及时检修设备,保证设备正常运行;适时改造和更新设备。本节就设备的前期管理进行讨论。

一、设备的选择与评价

设备的选择是设备综合管理的首要环节。设备选择应满足生产实际需要,结合企业长远生产经营发展战略全面考虑。一般来说,技术上先进,经济上合理,安全节能,满足生产需要是企业在添置、制造、引进设备时必须共同遵守的原则。

1. 设备的技术性评价

选择和评价设备的第一步往往是进行使用或技术上的仔细考察,

以确定设备在技术上是否可行。在评价一台设备的技术规格时,应该考虑的因素主要有:生产能力、可靠性、可维修性、互换性、安全性、配套性、操作性、易于安装、节能性、对现行组织的影响、交货、备件的供应、售后服务、法律及环境保护等。

2. 设备的经济性评价

一台设备在技术上先进并不意味着就一定值得购置,还需考察它在经济上是否合理。在评价设备的经济性时,总是要考察设备的费用与其所带来的收益。

一般来说,设备的费用指的是设备在其整个寿命周期内为购置和维持运行所花费的全部费用,即设备的寿命周期费用。它主要由固定费用和运转费用构成。固定费用是已被安装好、准备使用而尚未启用的设备所发生的费用,包括购置费、运输费、安装调试费、人员培训费等。运转费用是为了维持设备正常运转所发生的费用,包括直接或间接劳动费用、服务及保养费用、维修费用等。在进行设备的费用比较时,需要同时考虑这两部分的费用支出,这也是设备综合管理的一个基本要求。

考察设备的收益往往要比考察设备的费用困难得多,这是因为设备所带来的许多收益是无法定量计算或很难与其他收益区别开的,这也是在进行设备选择的经济性评价时,往往更多地采用费用比较法的一个原因。在实际中,若确有必要考察设备的收益时,可以从它所生产的产品的产量及质量、它所带来的成本的节约等多方面予以综合评价。

用于设备经济性评价的方法很多,常用的几种方法如:

投资回收期法,可用于单方案评价或多方案比较。投资回收期可根据实际采用静态或动态方法计算。当用于评价单台设备时,如果投资回收期小于设备寿命周期,则该设备在经济上可行;当用于多设备比较时,应选择投资回收期较短的设备。

费用比较法,多用于多方案比较。它先将设备在寿命周期内发生的所有费用采用一定方法折算为年费用或现值费用,然后进行比较,选择费用低的设备。

收益费用比较法,可用于单方案评价或多方案比较。它首先需计算设备的寿命周期费用及设备的综合效益。当用于评价单设备时,可在某一时点上(多用年值或现值)将费用与效益比较,当效益大于费用,则该设备在经济上可行;当用于多设备比较时,可在某一时点上将效益与费用相除,取其商值大者为优。

费用效率比较法,用于多方案比较。它将设备的生产效率视为设备的收益,用其除以设备的寿命周期费用,从而得出所谓的设备费用效率,取其大者为优。

二、设备的安装与调试

设备购置或自制完成后,即进入安装与调试阶段,需要按照设备工艺平面布置图及有关安装技术要求,将设备安装在基础上,进行找平、灌浆稳固,使设备安装精度达到安装规范的要求,并经调整、试运转、验收后交付生产。

在组织设备的安装工作时,应考虑的主要因素有:设备的安装应与生产组织的要求相符合,并满足工艺要求;方便工件的存放、运输和切屑的清理;满足空间的要求(如厂房跨度、门的高低宽窄、设备运动部件的极限位置等);设备安装、维修及操作安全方面的要求;动力供应和劳动保护的要求等。

设备的调试工作包括清洗、检查、调整和试运转。当设备安装到位后,应由设备的使用部门组织、设备管理部门与工艺技术部门协同进行设备的调试工作。组织好设备的调试工作不仅能在设备正式使用前发现设备存在的问题和缺陷,从而加以调整,以便尽早交付使用,而且还由于设备的调试多由设备的制造厂家负责,对于设备使用部门来说,也是一个熟悉和了解设备操作的好机会,尤其对于一些引进设备,更应珍惜这种调试所带来的机会,以使设备尽快发挥全部作用。

第四节 设备的维护与修理

一、设备的磨损与故障规律

设备管理工作首先必须掌握设备磨损和故障规律,这样才能比较准确地判断设备发生故障的原因,并且可以根据设备故障规律,合理安排生产和维修的时间,避免产生冲突。

1. 设备的磨损规律

设备的磨损有两种类型:有形磨损和无形磨损。

有形磨损或称物理磨损,是设备投入使用后,即使在使用过程中能做到合理使用,但由于磨擦、应力和化学反应等的作用,设备的部件或零件总会逐渐磨损和磨蚀,直至损坏,通常把由于在设备使用过程中机械磨损所导致的磨损称为设备的有形磨损(物理磨损)。设备的有形磨损又分为两种:第一种是运行中的设备在力的作用下,零部件发生磨损、振动和疲劳等现象,致使机器的实体产生磨损,称为第 I 种有形磨损;第二种是设备在闲置过程中,由于自然力的作用而锈蚀,或由于管理不善和缺乏必要的维护而自然丧失精度和工作能力,也会使设备产生有形磨损,这种称为第 II 种有形磨损。设备的有形磨损有的可以通过修理消除,有的则不能通过修理消除。设备的磨损规律就是指的有形磨损规律。

无形磨损或称精神磨损,是由于经济或科学技术的原因而使原有设备贬值所导致的磨损。无形磨损也分为两种:一种是由于相同结构设备重置价值的降低而带来的原有设备价值的降低,被称为第 I 种无形磨损,或称经济性无形磨损;另一种是由于不断出现性能更完善、效率更高的设备而使原有设备在技术上变得陈旧和落后,由此产生的无形磨损被称为第 II 种无形磨损,或称技术性无形磨损。

在正常情况下,设备的物理磨损可分为三个阶段。如图 10-6 所示。

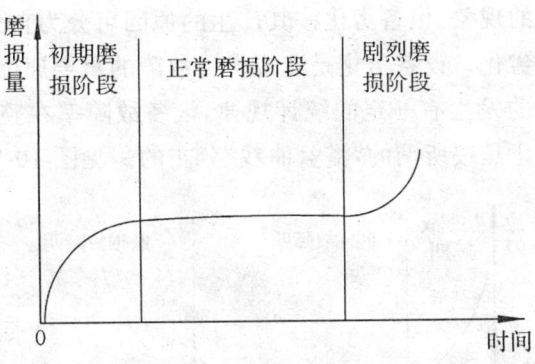

图 10-6　设备磨损规律

第一阶段为初期磨损阶段,主要是由于零件表面的微观几何形状在受力情况下的迅速磨损,以及零件接触表面的形状不同而产生的跑合作用所发生的磨损。初期磨损阶段一般较短。

第二阶段为正常磨损阶段,经跑合磨损后,设备进入正常工作状态,零件的磨损趋于缓慢,延续时间很长。该阶段的长短代表着零件的寿命周期的长短。

第三阶段为剧烈磨损阶段,即经过一段时间后,零件由于疲劳、腐蚀、氧化等原因,致使正常磨损关系被破坏,磨损速度非常快,在很短时间内就会使零件丧失应有的精度或强度,若不及时修理或更换,设备很可能不能正常工作,甚至会造成设备报废。

2. 设备的故障规律

设备的故障是指设备或其零部件在运行过程中发生的丧失其规定功能的不正常现象。一般按故障发生的速度可将故障分为突发故障和渐发故障。突发故障一般是由偶然性、意外性的原因造成的,对设备造成的损失很大,因此又叫损坏故障。渐发故障是由于设备性能逐渐劣化,机能慢慢降低而引起的故障,又称劣化故障。

设备的劣化是指磨损和腐蚀造成的耗损、冲击和疲劳等造成的损坏和变形、原材料的附着和尘埃等造成的污染,从而使设备的精度、效率和功能下降的现象。设备劣化按其产生的原因可分为自然劣化、使用劣化和灾害性劣化。设备劣化是造成设备故障的重要原因。

设备故障的发生有一定的统计规律，设备故障率在整个设备使用期间的发展变化是按所谓的"浴盆曲线"分布的。见图 10-7。

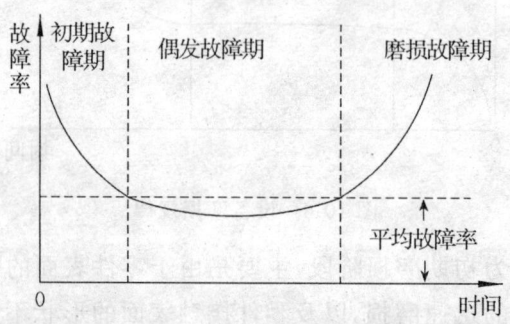

图 10-7　设备故障率曲线

从设备故障率曲线可以看出，设备故障率随时间的变化分为三个阶段：初期故障期、偶发故障期和磨损故障期。

初期故障期，主要是由于设计上的原因、操作上的不习惯、新装配零件的跑合等所引起的，开始时故障率较高，但故障随着使用的延续而逐渐减少并趋于稳定。

偶发故障期，设备处于正常运转状态，故障率较低，主要是由于维护不好和操作失误等偶然性因素引起的，故障的发生是随机的，无法预测。

磨损故障期，主要是由于设备经过较长时间的使用，某些零件的磨损进入剧烈磨损阶段，故障率逐渐上升并加剧，这说明设备已处于不正常状态，必须停机检修或更换零部件。

二、设备的维护与修理

1. 设备的维护和检查

设备的维护和检查是设备综合管理的重要内容，其目的是及时发现和处理设备在运行过程中的问题,采取措施改善设备的使用状况,保证设备正常运行。

设备维护是指为了保持设备正常的技术状态,延长使用寿命,按标准进行的检查与润滑、间隙的及时调整及隐患的消除等一系列的日常工作。设备三级保养制是我国许多企业实行的设备维护制度,它将设备维护工作按其工作量大小、难易程度划分为三类:日常保养、一级保养和二级保养。

设备的日常保养(或称为例行保养、日常维护),是指每天对设备进行的清扫、润滑、紧固、调整和对设备进行的观察与检查、清除发现的小故障等,它的保养项目和部位较少,主要由操作工人承担。

一级保养,是指根据设备使用情况拆卸、清洗零部件、调整间隙、清除表面油污、疏通油路等,它的保养项目和部位较多,一般在专职维修人员指导下,由操作工人承担。

二级保养,是指对设备进行局部解体检查、清洗、修复或更换易损件、调整等,它的保养项目和部位最多,一般由专业维修人员承担,操作工人协助。

设备检查是对设备的运行情况、工作性能、磨损程度等进行的检查,通过检查可以全面掌握设备的技术变化状况和磨损情况,及时查明和消除隐患,并有利于做好修理前的准备,提高修理的效率和质量。

设备的检查按检查的时间间隔可分为日常检查、定期检查和修理前检查;按技术功能可分为机能检查和精度检查;按检查范围可分为机台检查、区域检查和巡回检查。

设备点检制是起源于日本的一种先进的设备检查制度。所谓"点检制"是指按照一定规范或标准,通过直观或检测工具,对影响设备正常运转的一些关键部位的外观、性能、状态与精度进行制度化、规范化的检测。实行点检制要编制各种设备的点检标准书,详细规定检查部位、项目、周期、方法、检查工具及判定标准和处理方式,点检结果要填入点检卡。

2. 设备的修理

设备的修理是指修理由于正常的或不正常的原因造成的设备损坏和精度劣化，通过修理更换已经磨损、老化、腐蚀的零部件，使设备性能得到恢复。其实质是物理磨损的修理补偿，修理的基本手段是修复和更换。

设备修理的类别一般分为小修、项修和大修三类。小修是针对日常点检和定期检查发现的问题，修复或更换少量的使用期短的磨损零件，这是工作量较小的局部修理。项修是为了提高设备某个项目的性能，对其中丧失精度或达不到工艺要求的项目进行针对性修理。大修需全部拆卸设备，修复和更换全部磨损零部件，恢复设备原有精度、功能和生产率，是工作量最大的一种修理。

3. 设备维修制度

（1）计划预修制。计划预修制是我国在 20 世纪 50 年代从前苏联引进的一种预防维修制度，它是根据设备的一般磨损规律和技术状态，有计划地进行维修，在故障发生前有计划地修复和更换磨损零件。计划预修制强调有计划修理，克服了事后修理的缺点，是一种比较科学的预防维修制，在相当长时间里得到广泛应用。但是计划预修制对设备不分主次，维修费用高；设备在不同使用阶段都采用同一修理周期结构，没有根据不同故障阶段的故障率和故障性质组织设备维修；只规定对设备进行恢复性修理，没有对经常重复发生故障的机构进行改革性维修。

（2）全面生产维修制（TPM）。全面生产维修制是在生产维修制的基础上，吸收设备综合管理的新概念发展起来的。所谓的"全面"，包括全效益、全系统和全员参加三个方面的含义。全效益就是要求设备一生的寿命周期费用最小，寿命周期输出最大。全系统就是建立从设备的设计、制造、使用、维修、改造到更新的一生的管理系统。全员参加就是凡是和设备的规划、设计、制造、使用、维修有关的部门和有关人员都参与设备管理。因此，全面生产维修制是全员参加的、以提高设备综合效率为目标、以设备一生为对象的生产维修制。

全面生产维修制的主要工作有日常点检、定期检查、计划修理、改善性修理、故障修理、维修记录分析等，同时还要配合现场管理的5S 活动(整理、整顿、清洁、清扫、素养)，并经常进行全面生产维修制教育。

第五节　设备的更新与改造

一、设备的寿命

1. 设备的物质寿命

设备的物质寿命也称设备的自然寿命，是指设备从投入使用到报废为止所经过的时间。设备的物质寿命是根据设备的有形磨损确定的，主要取决于设备的质量、使用和维修状况。如果设备使用和维修工作做得好，则设备的物质寿命相对较长。然而，随着设备物质寿命的延长，维修费用也会提高。

2. 设备的经济寿命

设备的经济寿命也称设备的价值寿命，是指设备从投入使用到继续使用不经济而被淘汰所经历的时间。设备经济寿命取决于第 I 种无形磨损。由于随着设备使用时间的增长，维修费用也会增加，设备的使用成本提高，这时依靠高额的维修费用来维持设备的使用往往是不经济的，故应淘汰旧设备，重置新设备。确定设备的经济寿命可利用总费用曲线(由设备购置费用与使用费用组成)的最低点来确定，也可利用设备综合经济效益(设备所创造的经济效益减维持设备运行支出的总费用)来确定。

3. 设备的技术寿命

设备的技术寿命，是指从设备投入生产开始到由于技术进步，出现技术上更先进的设备或设备所生产的产品已无市场需求而被淘汰所经历的时间。随着科学技术的飞速发展，产品更新换代的加速，设备的技术寿命越来越短。

4. 设备的折旧寿命

设备的折旧寿命也称设备折旧年限,是指为了收回设备投资以便日后重置或更新设备所提折旧费,使设备帐面价值余额接近于零时所经历的时间。

5. 设备的役龄

设备的役龄,是指设备已经使用的时间。它反映了设备新旧程度,是制定设备的更新改造方案时的参考指标。

在进行设备更新与改造决策时,不能只看设备的物质寿命的长短,若不考虑设备的经济寿命和技术寿命,势必造成维修费用过高,设备过分陈旧,影响产品质量和企业市场竞争力。因此,应该将设备的物质寿命、经济寿命和技术寿命三者进行综合考虑,来确定设备的最佳使用年限,以期获得最佳的技术经济效果。

二、设备的更新

1. 设备更新及其方式

设备更新是指用技术性能更完善、经济效益更显著的新型设备来替换原有技术上不能继续使用或经济上不宜继续使用的设备。设备更新是消除设备的有形磨损和无形磨损的重要手段,进行设备更新的目的是为了更好地提高企业装备的现代化水平,更快地形成新的生产能力,以更好地实现企业的目标,提高企业效益。

从广义上说,凡是对因磨损(有形和无形)而消耗掉的设备进行补偿都可视为设备更新,然而从更新的目的来看,设备更新的方式可分为原型更新和新型更新两种类型。原型更新(简单更新)即当原设备因有严重磨损而不能继续使用时,用结构相同的新设备去更换,原型更新主要解决设备损坏问题。新型更新(技术更新)即当原设备因技术或经济原因不宜继续使用时,用结构更先进、技术更完善、效率更高、性能更好、耗能和原材料更少的新设备去更换。从技术进步角度看,新型更新比原型更新意义更大。

2. 设备更新对象

由于企业用于设备更新的资金有限，因此如何选择更新对象，以使企业的总体装备水平得到更快的提高就十分重要。

一般来说，役龄长的设备、性能、制造质量不良的设备、经过多次大修已无修复价值的设备、技术落后的设备、不能满足新产品开发要求的设备、浪费能源的设备等，是企业在选择设备更新对象时应重点考虑的对象。

三、设备的技术改造

设备的技术改造是指应用新技术和先进经验改变现有设备的原有结构，给旧设备装上新部件、新装置、新附件，或将单机组成流水线、自动线所采取的较重大的技术措施。通过技术改造能改善现有设备的技术性能，提高设备的工作能力，使其主要输出参数接近或达到新型设备的技术水平，而所需的费用则低于设备更新的费用。

设备技术改造一般均由设备的使用单位提出，许多时候还由使用单位进行或配合进行。由于设备使用单位对设备的现状熟悉，因而能结合企业实际情况对设备的技术改造提出明确而具体的要求，便于从设备的关键部位、结构改造其性能。因此，具有针对性强的特点。

由于设备的技术改造是在原有设备的基础上进行的，因此往往投资少、周期短、收效快，尤其是对于一些精密、大型、稀有设备进行技术改造，往往能够节约更多的资金，收到更显著的经济效果。所以，经济性好是设备技术改造的又一特点。

设备的技术改造可以与工艺的改革密切结合，在许多情况下，对原有设备稍作改造，即可适应新的生产工艺和操作方法，尤其是当开发新产品而市场上又难以购置到所需特殊规格和性能的设备时，对原有设备进行技术改造也就成了唯一可行的方法。因而，设备技术改造还具有适应性强的特点。

　　企业设备的技术改造应与企业的发展目标和整体技术改造相结合，根据企业的实际情况，确定正确合理的技术改造目标和范围。对一些在生产中起关键作用而在技术上又有潜力可挖的单台设备，应作为技术改造的重点。

　　设备的更新和改造是企业提高技术装备水平、改善生产条件的重要措施，关系着企业的后劲和长远发展，应予以足够的重视，合理组织。

第十一章

企业技术进步和新产品开发

第一节 科学技术概述

一、科学技术的发展及其对企业的影响

纵观人类文明的发展史,科学技术的每一次重大突破,都会引起生产力的深刻变革和人类社会的巨大进步。科学技术革命标志着生产力的飞跃,它必然给经济发展带来强大的冲击和推动,给现代企业的发展提出新的课题。

(一)科学、技术的含义及其辩证关系

1. 科学的含义

由于科学的本质极其复杂,对于科学的定义至今有多种解释。一般认为:科学是建立在实践基础上,经过实践检验和严密逻辑论证,关于客观世界各领域事物现象的本质、特征及运动规律的知识体系。或者说科学是人们对客观世界的认识,是反映客观事实和规律的知识体系,是一项反映客观事实和规律的知识体系相关活动的事业。

科学包括的主要内容有自然科学、社会科学和思维科学等。自然科学和社会科学是研究自然界不同对象与人类社会不同领域的运动、变化和发展规律的科学;思维科学主要指哲学,是自然科学和社会科学知识的概括和总结,是研究整个客观世界变动和发展的最一般规律。

科学作为一项事业,在社会总体活动中的地位和功能主要表现在两个方面:一是精神文明方面,即认识世界是科学的认知功能;二是物

质文明方面,即改造世界是科学的生产力功能。掌握科学的知识体系,能够使人树立正确的自然观、世界观和方法论,树立勇于进取、不断变革的科学精神,而提高全民族的科学素养和科学意识又是发展经济和推动社会进步的巨大潜在力量。

2. 技术的含义

技术是为社会生产和人类物质文化需要服务的,供人类利用和改造自然的物质手段、精神手段和信息手段的总和。这种阐述包含的要点是:技术是有目的的、通过广泛的社会协作实现的知识体系;作为社会生产力的社会总体技术力量的首要表现形式是其硬件,即工具设备,另一个表现形式是其软件,即工艺技巧、劳动经验和信息。因此说,社会总体技术力量包括整个社会的技术人才、技术设备和技术信息。

3. 科学与技术的关系

科学与技术是辩证统一的整体,由科学知识转化为生产需要以技术为中介,由生产经验升华为科学理论也要以技术为中介,技术在科学与社会发展之间起着桥梁的作用;另一方面,科学对技术起理论指导作用。科学与技术之间相互作用、相互影响,促进了人类社会生产力的发展。

(二)现代科学技术的发展及其特征

1. 现代科学技术的重大发展

人类从钻木取火,到石器技术、青铜技术、铁器技术的掌握,直至机器的使用、现代科学技术的采用,走过了几十万年的古代科学技术发展的漫长之路(16世纪以前),经过了几百年的近代科学技术的发展(16—19世纪),进入了飞速发展的现代科学技术发展阶段。现代科学技术给人类提供的知识和方法,正在改变着人们的生产方式、生活方式和思维方式,当今世界各国的经济运行、社会生活、民族文化以及国民教育等都与科学技术有着十分密切的联系。

20世纪以来,自然科学进入了一个全新的历史阶段——现代科学技术阶段。尤其是第二次世界大战以来,现代科学技术迅猛发展,经历了深刻的革命性变革,不断进入发展的新兴阶段。从 1945—1995 年的 50 年间,重大科学技术的发展大体有五个阶段:1945—1955 年,以原子能的释放与利用为标志,人类进入了利用核能的新时期;1955—1965 年,以人造地球卫星的发射成功为标志,人类开始了向地球以外的宇宙空间进军;1965—1975 年,以重组 DNA 实验的成功为标志,人类进入可以控制遗传和生命过程的新阶段;1975—1985 年,微处理器的大量生产和广泛使用,扩大和延伸了人类大脑的智能;1985—1995 年,软件的不断开发并大规模地产业化,使人类进入了信息时代的新纪元。

人们把第二次世界大战以来的科学技术的革命性变革称为第三次科学技术革命。这场科学技术革命,涌现出一大批新的学科、新的技术和新的产业,将从总体上对世界各国的政治、经济、文化、军事以及整个社会进步产生重大影响。其主要的高新技术领域有以下几方面。

(1) 以微电子技术和计算机技术为主体的信息技术。1946 年世界第一台电子计算机问世,短短半个世纪,电子计算机技术超高速发展,由原运算速度 5 000 次/秒,发展到现在的 10 亿次/秒以上。它的应用也从实验室扩展到企业、机关,走进千家万户,在政府决策、企业经济活动及家庭生活等方面发挥着重要作用,给社会和经济带来巨大变化和影响。目前一场声势浩大的信息高速公路建设正在全球范围内推进,可谓信息革命的浪潮汹涌澎湃。

(2) 以基因工程为主体的现代生物技术。生物技术,是以生命科学最新成果为基础的综合性技术,它利用生物体系(组织、细胞及其组分)和工程原理,通过人工控制方法改变生物遗传性状,定向创造出新物种,提供产品和社会服务,为人类造福。它包括基因工程、细胞工程、酶工程、发酵工程等 4 个技术群体。生物技术的研究和应用将解决困扰人类食品、营养、健康、资源、能源、环境等方面的问题。

(3) 以超导材料、人工定向设计的新材料为标志的新材料技术。材料是工业的基础,号称技术领域三大支柱之一,它的发展、变化必然带来生产技术、生产工具的变革,促进生产力的发展和提高。现代科学技术使人们能科学地了解和控制材料的组织和性能,使新材料具有高功能化、超高性能化、复合化和智能化的特点。实用型新材料主要包括超导材料,耐高温、耐腐蚀等高性能结构材料,人工合成材料,单晶、非晶态材料,超微粒材料,纤维材料,记忆合金、氢吸附合金、粉末冶金等金属材料,电子、工程、高韧性陶瓷等陶瓷材料及特种功能材料等。

(4)以核能、太阳能为标志的新能源技术。1942年,世界上建造了第一座原子能反应堆,1945年爆炸了第一颗原子弹,1955年建成了第一座商用原子能发电站,使人类在使用能源上发生重大变化。此后,由于能源在人类社会、经济生活中的地位至关重要,人们对它进行了大量的研究和开发,使原子能、太阳能、生物能等新能源技术有了大的发展。考虑社会效益、经济效益,人们将会从一次性能源的使用,转向多样化、再生的洁净能源的使用。

(5)航天技术。从1957年10月,前苏联发射第一颗人造地球卫星以来,人们投入大量人力、物力、财力、技术等,研究开发空间技术,包括空间飞行、空间系统工程、空间控制与导航、空间通信、跟踪与遥感等技术,以解决火箭、航天飞机等运载工具以及各种卫星的制造和发射。这些都为人类开辟新的空间领域,充分研究、探索新的空间资源打下了基础。

(6)寻求新资源的海洋开发技术。海洋是一个巨大的财富宝库,在海洋中蕴藏着大量的资源。海洋开发技术主要有深海采掘,海水淡化以及对海洋中的生物资源、矿产资源、化学资源和动力资源的开发和利用。

2. 现代科学技术发展的特征

现代科学技术发展速度之快,规模之大,范围之广,影响之深远,是历史上前所未有的。现代科学技术发展的主要特征有以下几个方面。

(1)现代科学技术发展迅速,形成规模大。现代科学技术革命较之于 18 世纪中叶,以蒸汽机的发明使用为代表的第一次科学技术革命和以 19 世纪末出现的以电的发明为代表的第二次科学技术革命,其声势、规模大得多。前两次只是局部的,个别领域的,而现代科学技术革命是综合性的、全面的,涉及到大量领域。同时新科学技术一旦出现就迅速进化。比尔·盖茨在其著作《未来之路》中得出结论,个人电脑中央处理器的运算能力在过去九年中,差不多每隔 18 个月就会增长一倍,而这在 20 年前几乎是不可想象的。我们正处在一个技术变革十分迅速的年代,以信息技术为中心的新技术的发展,正在迅速地改变着我们的世界。

(2)科学、技术、生产成为一体。在以往的科学技术革命中,科学研究与技术是脱离的,转化很慢,更谈不上马上投入生产和应用,它们之间存在严重的滞后。而现代科学技术几乎连在一起,并迅速出现在生产实际中。例如人们对电话的研究到应用,花了 56 年的时间,而现在对电视的研究、开发、应用,前后仅 5 年。科学技术与生产的紧密结合、互相作用和影响,愈发显现出"科学技术是第一生产力"的内涵作用。

(3)现代科学技术推动生产劳动方式的转变。现代科学技术体现的是以机器操纵机器。由于技术可以很大程度上代替人的劳动,既包括体力劳动,又包括一定的脑力劳动,为生产开拓出许多新的领域,必然促使生产劳动方式发生巨大变化,推动社会的进步和发展。

(三)现代科学技术发展对企业的影响

现代科学技术的发展使产品的结构、性能、用途发生了变革,使消费者的消费结构、消费倾向、消费习惯发生了深刻的变化,从而对整个企业经营战略、经营决策、生产组织、市场营销等一系列管理活动产生重大的影响,给企业领导者和管理者提出了一系列新的课题。

1. 对产品结构、性能的影响

由于新材料、新能源、新工艺、新技术的应用,使产品的结构、性能呈现以下特点:

（1）轻型化与节能化。人类生存与经济发展越来越受到资源和环境的制约，合理利用、节约自然资源，保护环境已成为世界性的迫切需要解决的问题，应用新型材料的轻型化、节能化、节材化产品越来越受到人类的重视。

（2）多功能化与智能化。现代科学技术的应用使产品的技术含量和附加价值提高，实现了产品的一机多能、一物多用，并使产品的操作与使用更加简捷方便。

（3）多样化与美学化。

（4）快速化。现代信息技术的发展，使新产品的研制开发、生产、销售的速度大大加快，同时，可以迅速得到市场的反馈信息，更好更快地对产品、技术、战略等作出调整和改进。

2. 对市场需求的影响

科技进步促进经济社会发展的同时，也改变着人类的生活观念。随着现代科学技术的发展，人们不仅要求提高生活水平，更追求改善生活的质量，协调人与自然、人与环境的关系，实现人类经济社会的可持续发展。这些变化集中地反映在市场需求的变化上。

（1）衣、食、住、行等领域的需求将进入高档化、名牌化时代，企业要生存与发展，必须积极开发高科技含量的名牌产品。

（2）生物生命工程产品，如纯天然保健食品、化妆品、保健医疗用品等的需求将进一步迅猛增长。

（3）对精神消费品，如休闲、娱乐、度假、旅游等服务行业及相关产品的需求将逐步增加。

（4）对"软件"的要求越来越高。伴随着产品"硬件"的高质量、高性能、高科技含量，用户与消费者对服务等"软件"的内容及质量提出了越来越高的要求，即产品以外的非物质因素的满足对用户越来越重要，这种要求"硬件"与"软件"统一的趋势，企业必须给予高度的重视。

3. 对企业管理的影响

现代科学技术的发展，带动、促进了企业管理的现代化。

(1)现代科学理论的发展为企业管理奠定了理论基础。20 世纪 40 年代以来,系统论、控制论、信息论以及耗散结构论、协同论、突变论等科学理论日臻完善,并成为人们从事社会经济活动实践的重要指导思想。大系统理论、信息理论与自组织控制原理等,运用于企业管理的实践,能科学地描述企业生产经营活动和企业管理系统的本质特征,从而使传统的、封闭式的、小生产者落后的管理观念发生根本性的变革,促进与实现企业管理的科学化与现代化。

(2)为科学管理提供方法、手段和工具。信息技术、控制技术、电子计算机及软件开发技术的发展,数理统计、概率论、社会学、心理学等学科最新研究成果在管理中的综合运用,为企业管理提供了方法、手段和工具,使生产要素得以更加科学合理的优化配置与充分利用,决策更加科学,从而提高企业管理的效率与适应外部环境变化的能力。

(3)促进企业职工素质的全面提高。现代企业的运行,只有劳动者掌握了先进的科技知识和生产技能,管理人员能创造性地综合运用现代管理方法和手段,才能形成现实的生产力。高素质的职工队伍是企业活力的源泉,是企业赢得市场,取得竞争优势的关键。

二、科学技术是第一生产力

(一)深刻理解"科学技术是第一生产力"的内涵

邓小平同志提出的"科学技术是生产力,而且是第一生产力"的科学论断是对马克思主义科学学说和生产力理论的丰富和发展。这一论断的提出,揭示了科学技术对当代生产力发展的第一位变革作用。深刻认识与理解"科学技术是第一生产力"的内涵,具有重大的现实意义和深远的历史意义。

(1)现代科学技术成为生产力诸要素的主导要素。人类社会的发展历史说明,科学技术,特别是近半个世纪以来的高科技融合、渗透到生产力诸要素中,使生产力发生了质的飞跃,促进了经济的发展,推动了社会的进步。

具体说来,科学技术之所以是第一生产力,主要是由于科学技术在生产领域中所具有的功能决定的。科学上的发现和发明经过渗透、扩散、物化到生产力中,使生产力的各要素得到改进、提高、拓展,甚至创新,增加新的生产力要素,从而对生产发展产生巨大的促进作用。一些学者把现代科学技术与生产力诸要素之间的关系表达为:

$$生产力 = \frac{科学}{技术} \times \left(劳动力 + \frac{劳动}{工具} + \frac{劳动}{对象} + 管理 \right)$$

(2)现代科学技术的超前性已成为经济发展中最主要的驱动力。20世纪以前,科学、技术、生产三者的关系,往往是生产实际的需要刺激了技术的发展,进而为科学理论的形成奠定了基础。而第二次世界大战以后,三者的关系及相互作用机制发生了逆转,即科学理论走在技术和生产的前面,为技术生产的发展开辟了各种可能的途径。现代科学技术的这种强烈的超前性,决定了它的第一生产力的地位,成为影响经济增长的决定性因素。据统计,发达国家科技对经济增长的贡献率,已由20世纪初的5%—20%,上升到80年代的60%—80%,已超过劳动、资本而成为经济发展的第一大推动力。

(二)科学技术要转化为现实生产力

科学技术转化为现实生产力,是指把科学转化为技术,把技术转化为产品、工程。

把科学技术转化为现实生产力是一个复杂的过程,受到许多因素的影响,涉及到战略选择、规划、管理、政策、环境和机制等多方面的问题。科学转化为技术是通过开展应用研究和技术开发来实现的,而科学技术转化为现实生产力是通过技术传播和转移来进行的。

科学技术转化为现实生产力的主体应放在企业上,其关键是企业的技术创新、技术进步。企业是国民经济的细胞,是社会生产力的直接承担者,是科技进步促进人类经济社会发展的载体,是运用现代科技适应市场需求变化,满足人民群众不断增长的物质和文化生活需要的主体。

随着社会的进步,科学技术的深入发展,科学技术和生产的结合越来越紧密,越来越多的企业加大科学研究、技术开发的力度,逐步成长为集科学、技术、经济于一身,科、工、贸一体化的集团。而高等院校、科研单位和企业的紧密合作,使科技成果的转化速度大大加快,也使有限的科技资源的配置更加合理。

第二节 企业技术进步

一、企业技术进步的含义

对企业技术进步,有广义和狭义两种理解。所谓狭义的企业技术进步,是指科学技术成果在生产中的运用而导致新产品、新工艺、新设备的出现。此概念适用于某项技术革新或某项科研成果的经济效益。而广义的企业技术进步,则不但包括了狭义技术进步所指的生产技术水平的变化,而且包括了管理水平的进步、劳动者素质的提高、服务水平的改善以及各种政策因素等在内的变化,可以说广义的技术进步包括了内涵扩大再生产的全部因素。具体说,企业的技术进步包括以下几方面的含义:

(一)产品的技术进步

它是指产品技术水平的提高和产品开发技术手段的进步。包括采用各种新技术使产品的功能、适用性、质量、结构、材料、可靠性、操作维修性、经济性等得到改善和提高;运用现代创造技法和价值工程等,提高产品开发效率和效果。产品的技术进步主要体现在:一是新产品储备率,即企业根据市场变化,及时推出新产品的种数占已有产品种类的比例。新产品储备率高说明企业产品的技术进度也高;二是新产品开发周期,开发周期越短,产品的技术进步越快;三是产品的功能、质量和成本水平满足用户要求的程度,表明产品技术进步的效益;四是产品的多样化水平,即产品在规格、型号、花色等方面呈现多样性,说明产品技术的适应性强。

（二）工艺的技术进步

它是指生产工艺过程各种手段和方法的不断创新。通过工艺的技术进步，可以节能降耗，提高劳动生产率和产品质量、降低成本、防止环境污染等。工艺技术进步主要指工艺装备的完善和发展以及工艺方法、工艺规程、质量与成本控制手段等的不断变革。随着科学技术的发展，企业工艺技术进步日益呈现自动化、柔性化、智能化等发展趋势。

（三）企业管理的技术进步

随着科学技术的进步，不断进行管理观念、管理方法和管理手段的创新，提高科学决策的水平和效率，实现企业管理职能的技术进步。其实质是合理配置企业资源、实现产品结构、产业组织结构的合理化和规模经营。

（四）职工素质的提高

实现产品和工艺的技术进步对劳动者的知识和技能提出了更高的要求，因此，企业管理者、技术人员、操作者的知识更新、技术、技能水平的提高就成为实现企业技术进步的关键。

二、企业技术进步的原则

企业技术进步，既是现代科学技术发展带动和市场需要推动的必然结果，又受企业自身条件和社会环境的制约。因此，只有提高企业技术进步的适应性和科学性，才能促使企业持续、健康地发展。企业技术进步应遵循以下基本原则：

（一）以市场为导向，以满足市场需求为目标

技术以人为本，一切科学技术的最终目的是满足人民日益增长的物质文化的需要。如何将先进的科学技术转化为人们需要的产品和服务，是企业生存发展的出发点和归宿点，是企业社会价值的最终体现。正如我国著名管理专家杨沛霆所言：技术是很重要的，但从用户社会需求出发去搞技术才是最重要的。

（二）企业效益与社会效益相统一

能否取得较大的经济效益是衡量企业技术进步的重要标准。但贯彻经济效益原则要求系统观念或综合观念，正确处理近期效益与长远效益、企业效益与社会效益的关系。

（三）技术的先进性与适用性相统一

企业技术进步的动态过程一般有两种形式：一种是在已有的技术基础上，不改变技术所运用的科学原理，使技术更加完善和成熟，或促进新技术在生产中的推广应用的渐进形式；另一种是用全新技术代替原有技术的跃进形式。全新技术是现代大生产中居领先地位，起主导作用的技术，它具有起点高、功能强、带动生产率高、成本低、潜力大等一系列优势，但在资金、技术、劳动者素质、社会经济基础等方面有一系列的要求和约束。因此，企业技术进步应选择先进适用技术，即适用的先进技术，既要考虑技术的先进性，又要考虑国家和企业内部的技术经济条件，使企业技术进步与企业的市场目标、长远发展战略有机统一起来。

（四）技术进步与企业改革、改组相结合

随着科学技术水平的发展，社会的进步，我国产业结构、产品结构、技术结构、企业组织结构与社会经济发展的矛盾日趋突出，不解决结构性问题，技术进步的作用就难以充分发挥。因此，企业技术进步必须与深化企业内部改革、调整企业产品结构、调整企业组织结构有机结合起来，在企业联合、兼并、改组，实行专业化协作及规模经营的基础上，充分发挥技术进步的结构效应。

（五）立足自身，充分利用两种资源

企业的技术进步，应立足自身，充分利用企业内部积累，加大技术开发的投入，加强技术开发的力量，调动企业技术人员和广大职工的积极性；同时，要充分利用国内外技术资源，积极开展联合攻关、联合开发，大力引进技术资金和人才，从整体上提高企业技术水平和技术创新能力。

三、促进企业技术进步的主要途径

促进企业技术进步的最重要的途径有三个：技术创新、技术引进和技术改造。

（一）技术创新

德国经济学家德里希·李斯特早在 100 年前就曾有过一句名言："一个国家可能很穷，但它若是有创造财富的生产力，它的日子就会越过越富；财富的生产力比之财富本身不知道要重要多少倍。"江泽民总书记曾明确指出："创新是一个民族进步的灵魂，是国家兴旺发达的不竭动力。"可见，技术创新当是人类创造财富和积累财富的根本所在，是人类财富的源泉。而对于现代社会财富直接创造者的企业，技术创新则是其在竞争中发展，赢得和保持某种或某些竞争优势的根本动力。

1. 技术创新的定义

所谓创新，依这一名词发明者熊彼特的定义，是把一种从来没有过的关于生产要素的"新组合"引入生产体系。这种组合包括：① 引进新产品；② 引用新技术；③ 开辟新市场；④ 控制原材料新的供应来源；⑤ 实现工业的新组织。这一概念包括了各种可提高资源配置效率的新活动，其含义相当广泛，这些活动不一定与技术相关。当然，与技术相关的创新组合①和②是熊彼特创新的主要内容。

所谓技术创新是指与新产品的制造、新工艺过程或设备的首次商业应用有关的技术的、设计的、制造及商业的活动。它包括：① 产品创新；② 过程创新；③ 扩散。

这里所谓的产品创新，是指技术上有变化的产品的商品化，它可以是完全新产品，也可以是改进新产品。而过程创新，也叫工艺创新，是指一个产品的生产技术的重大变革，它包括新工艺、新设备及新的管理和组织方法。所谓扩散，则是指创新通过市场或非市场的渠道的传播。没有扩散，创新不可能有经济影响。

2. 技术创新的特征

作为企业的一项重要的经济活动,技术创新的主要经济特征可归结为以下几方面:

(1)创造性。创造出新的资源以及对生产要素的重新组合,必然伴随着改进与提高的创造性活动,这是技术创新的最基本的特征。它要求创新的主体——企业必须要具有强烈的创新意识、一定的富有创造性的决策能力和勇于承担风险的意识,要有创造性的组织才能。

(2)累积性。每一轮新的创新都要以先前的创新成果为基础,新一轮创新并不是全盘否定原有的产品和生产要素组合,而是在已有知识累积到一定程度时对旧有产品和工艺的一种扬弃和技术突破。技术创新累积性的另一层含义是,技术创新并不是一定会带来技术上的重大突破,在企业创新实践过程中,大量的成功的创新往往是渐进的,是点点滴滴累积而得的,而不一定是技术上的新飞跃。

(3)效益性。任何层次及规模的技术创新活动,都需要一定数量的资源投入,这是实现预期的创新目标的物质性保证。伴随着这种投入,每一次成功的技术创新又总会相应获得一定的新财富或比较利益,这也是企业进行技术创新活动的根本动力所在。从更高的角度讲,技术创新的效益性,不仅表现为企业的经济效益,而且还会有一定程度的社会效益以及宏观的经济效益——企业的持续不断的技术创新是促进一国经济增长和发展的基本保证。

(4)风险性。技术创新活动同时又是一项风险很高的创造性的技术经济活动。在这一复杂的过程中,有些因素是可控的,也有一些因素是不可控的,是难以事先估计或把握的。即使在发达国家,也有近90%的技术创新项目在进入市场实现商业化之前即宣告失败。技术创新的风险主要来自三个方面:一是技术性风险,如技术开发本身的成熟度不够;二是市场风险,如消费者的需求发生变化等;三是社会风险,如自然风险和政策性风险等。企业在创新过程中必须严密组织、科学管理,以将风险降到最低限。

(5)扩散性。尽管技术创新会伴随高风险,但它一旦取得成功,便会对企业的发展乃至整个经济的增长产生巨大的推动作用。促使成功的创新活动产生最大的经济影响力的一个重要途径就是成功技术创新成果的扩散。技术创新及其扩散的过程，才是真正的促进发展、增进财富的过程，技术创新的宏观经济效益才能得以实现。

3. 技术创新的分类

（1）希克斯分类。英国著名经济学家希克斯在《工资理论》一书中，给出了一种创新分类。他假设只存在两种生产要素：资本和劳动，因此创新可分为三种类型：一是节省劳动的创新，是指相对于劳动边际产品而言，增加了资本的边际产品。二是节省资本的创新，是指相对于资本边际产品而言，增加了劳动的边际产品。三是中性的创新，是指以同样的比例同时增加了资本和劳动的边际产品。这一分类是新古典理论分析技术进步的概念框架，有助于人们分析创新的走向。

（2）SPRU 分类。它是由英国苏塞克斯大学的科学政策研究所提出的。它们将创新分为以下几类：一是渐进的创新。这是一种渐进的、连续的小创新，这些创新常出自直接从事生产的工程师、工人、用户之手。这类创新虽然在规模、科学突破上不起眼，却可能有很大的商业价值。二是根本性的创新。它的特点是在观念上有根本的突破，常伴有产品创新、过程创新和组织创新的连锁反应，可在一段时间内引致产业结构的变化。三是技术系统的变革。这种创新往往会产生深远意义的变革，它不但有根本性的、渐进的创新，通常还会有技术上有关联的创新群的出现，因此会波及经济的几个部门，可能伴随有新兴产业的出现。四是技术—经济范式变更。这种变更既伴随着许多根本性的创新群，又包含有许多技术系统的变更，它几乎影响到经济的每一个部门，并改变人们的常识，它们的兴衰将表现为经济周期。与微电子技术相关的创新就是典型的例子。

4. 技术创新的过程

技术创新是一个动态的过程。在这一过程中，以创新思维的形成为起点，随着信息、资源、人力、物力等要素的不断投入，创新活动不断深入,各个环节必须紧密配合,才能顺利实现创新目标,经济学家引入了"技术创新链"的概念来分析技术创新过程。

澳大利亚经济学家康纳德·瓦茨认为,"技术创新链"由七个主要环节相连而成,它们依次为:因某项发明或实际需要而产生创新设想;为市场分析、企业计划和技术开发活动筹集资金;进行技术开发活动;进行市场分析,拟定发展计划;为生产和销售进行投资;投入生产并销售;取得应有的收益。将这一过程进一步概括为以下环节:一是创新思路形成阶段;二是将创新思维转化为新的产品或新的工艺的开发阶段;三是新产品的市场营销活动阶段,即技术创新成果的商业化阶段;四是创新成果的扩散阶段,在这一阶段,创新成果开始形成规模效益和累积效应,其结果是推动企业乃至整个产业的技术进步与发展。而这一过程的循环不息,则最终会推动整个国家技术水平的不断提高,进而推动国家经济的日益繁荣。

(二)技术引进

技术引进又称技术输入,是充分利用国际技术资源,引进外国的先进技术、装备、管理知识和经验,促进企业技术进步的有效手段。

1. 技术引进的方式

技术引进的一般方式主要有两大类:一类是通过国际学术交流和情报的交流,政府间及民间的技术援助、合作等方式引进先进技术;另一类是通过国际技术贸易的方式,在平等互利的基础上,引进技术知识,包括以图纸、技术资料、技术规范等形式提供的工艺流程、配方、产品设计、质量控制以及管理等方面的专有技术;技术装备;技术服务以及获得专利权或其他工业产权的转让或许可。

技术引进的具体方式和途径主要有:

(1)引进成套设备。这种方式可以在较短的时间内形成一定的生产能力,对填补技术和产品空白有显著效果。其不足:一是需要大量外汇;二是难以得到关键技术,难以摆脱对国外技术的依赖性。

(2)补偿贸易。这种方式将引进技术与出口、返销产品相结合,可以用产品偿还引进技术的资金和利息。

（3）来料加工等，包括来样加工、来图加工、产品装配等。这种方式掌握技术快，有利于技术人员和工人技术水平的提高。

（4）合作生产，即与国外企业或科研单位合作共同研制产品或成套设备。这种方式可以对等交换技术，取长补短，提高效率，节约经费，缩短研制周期。

（5）许可证贸易。这种方式的主要内容是专利、专有技术知识与商标的有偿转让。其优点是可获得垄断技术的使用权以及继续技术援助，有利于引进方掌握先进技术。但许可证贸易往往要求条件苛刻，引进方应熟悉国际技术贸易知识与国际法律惯例，否则容易上当受骗。

（6）合资经营。其优点是可以利用外资，并引进先进的技术和管理，同时把技术、生产、销售有机地结合起来。

上述方式中，前三种一般称为"硬件"引进，主要是引进生产能力，并不能真正或有效地引进先进技术；后三种被称为"软件"引进，以引进技术为重点。发展中国家，一般在经济起步的初期以引进成套项目为主，在经济发展到一定阶段，应以引进"软件"为主，以真正掌握先进技术。

2. 技术引进必须注意的问题

（1）引进技术必须先进适用，平等互利。引进的技术必须先进适用，真正提高企业和国家的科技水平。主要体现在：能生产和发展高科技产品；能提高产品质量，降低成本，节约能源和材料；有利于充分利用本国资源；能扩大产品出口，增加外汇收入；有利于改善生产条件和保护环境；有利于改善和提高企业经营管理水平。

（2）技术引进的实施程序和步骤必须科学规范。技术引进工作组织实施的阶段、步骤如图 11-1 所示。

（3）做好引进技术的消化、吸收和国产化工作。技术引进可有力地推动企业技术水平的提高，但是科学技术的背后是巨大的经济利益。世界上最先进的技术是买不来的，如果不能把自主开发创新与引进国外

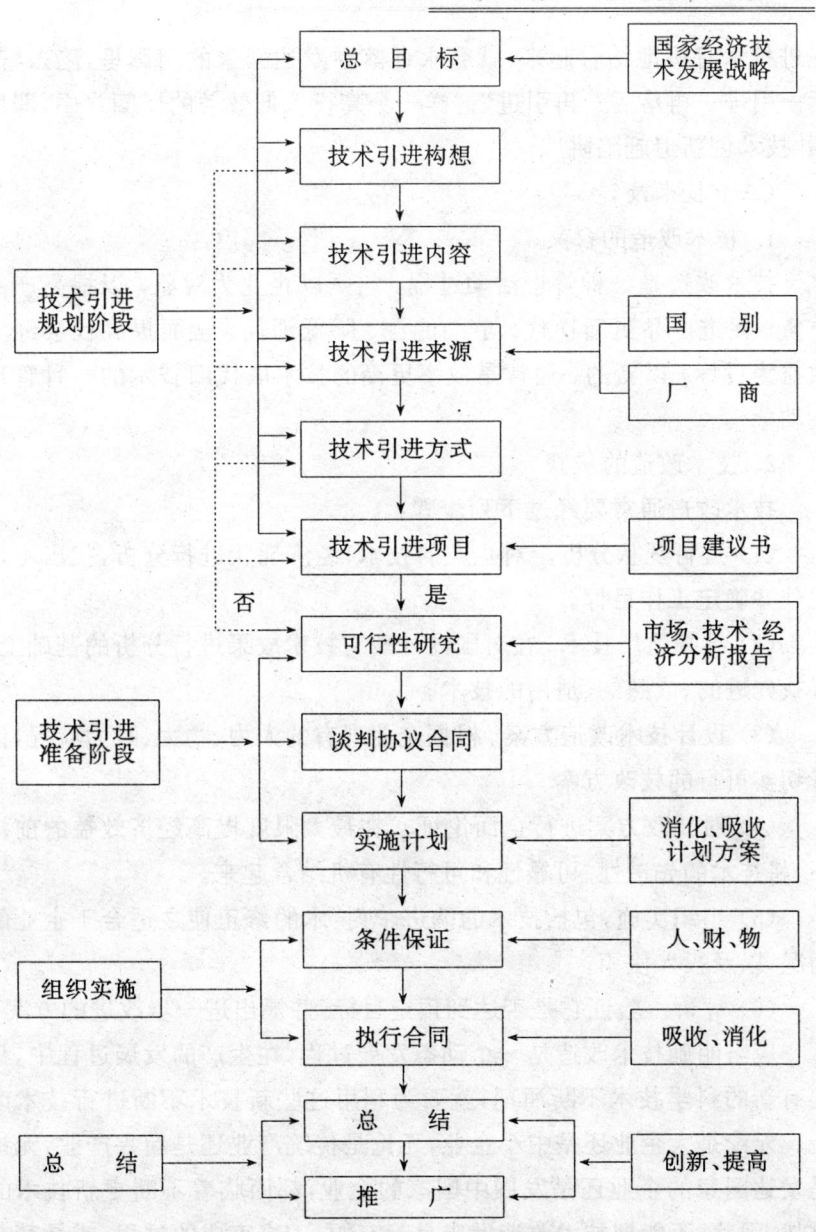

图 11-1　技术引进工作组织实施程序图

先进技术有机地结合起来,就会永远落在发达国家的阴影里,陷入"落后—引进—再落后—再引进"这样一个高投入低效益的怪圈之中,即所谓"技术创新追赶陷阱"。

（三）技术改造

1. 技术改造的含义

技术改造是一种管理活动过程。它是以企业为对象,以提高产品质量、促进产品更新换代、节约能源、降低消耗、全面提高社会经济效益为目标,以新的、通常是效率更高的技术取代旧技术的一种管理活动。

2. 技术改造的步骤

技术改造通常要经过下列步骤:

（1）进行现状分析。对企业的技术、经济现状进行分析,找出不足之处并确定工作目标。

（2）寻找适用技术。在对国内外现有技术成果进行分析的基础上,寻找先进的、成熟的、适用的技术。

（3）设计技术改造方案。根据企业现有的人力、物力、财力状况,设计切实可行的技改方案。

（4）对技改方案进行全面论证。在最大限度提高经济效益的前提下,将技术的先进性、可靠性和可行性有机结合起来。

（5）组织实施,包括技术的购进、对技术的修正使之适合于企业的情况,以及投入使用。

（6）评价。验证它是否达到预定目标,并提出进一步改进的方案。

应当明确技术改造是一个动态发展过程,在生产的发展过程中,只要有新的科学技术不断涌现,就要为利用这些新技术不断进行技术改造。无论是大企业还是中小企业,无论是传统产业还是新兴产业,无论是发达国家的企业还是发展中国家的企业,都面临着不断更新技术的挑战。因此,不能把技术改造看成是静态的、一次完成的过程,或是某个特定历史时期的有限过程。

2. 企业技术改造的主要内容

（1）加工工艺的改造。这是指运用新的科学技术成果，对产品的材料、加工制造方法、工艺流程、工艺检测、质量控制、包装、维修等技术环节进行的革新和改造。如采用柔性生产系统，进行多品种、小批量生产，提高对市场需求变化的适应性。通过加工工艺的改造，实现成本低、质量高、品种多、不污染的现代化生产。

（2）设备的改造。设备的改造必须与加工工艺的改造同步进行，使之适应和满足工艺技术进步的要求。

3. 技术改造的可行性分析

企业技术改造涉及到国家整个产业结构的优化和产品结构的调整，关系到技术是否先进适用，能否取得期望的经济效益以及技改投资的筹措、回收、偿还等诸方面的问题。因此，企业技术改造必须突出重点，有步骤、有计划地进行，做好技术改造项目的可行性研究。技术改造项目的可行性研究应包括以下主要内容：

（1）项目概要说明，包括企业现有状况，技改的必要性和经济社会意义，可行性研究分析的依据等。

（2）国内外市场需求预测，包括产品的技术水平、生产规模的确定，进入市场的前景。

（3）燃料、动力、原材料、协作配套件以及公用设施的适应和保证程度。

（4）设备的选型、供应、费用等可供选择的方案及其论证。

（5）环境污染及其防治方案。

（6）生产组织、管理职能调整及人员培训计划。

（7）投资估算和资金的筹措，包括筹资渠道、筹资成本、回收期、还款方式以及外汇风险预测等。

（8）项目实施进度以及对引进技术的吸收、国产化的计划安排。

（9）经济与社会效益的综合评价与分析，包括生产成本与销售收入测算，分年的现金流量及损益测算，盈亏平衡分析，其他技术、经济、社会指标等。

（10）论证结论及较理想的选择方案。

第三节　新产品开发

一、新产品的含义、分类及开发的主要方式

（一）新产品的含义

所谓新产品是指与老产品相比较，在产品结构、性能、技术特征等某一方面或几方面有明显改进、提高或有独创的，具有先进性和实用性，能提高经济效益，有推广价值，并且在一定的区域范围内第一次试制生产的工业产品。产品开发能力是反映和评价企业技术素质的重要标志，是企业技术进步的重要内容。

（二）新产品的分类

（1）按新产品具有新技术性能的程度分，可分为：改进性新产品，即应用新技术对老产品进行改造，使其性能有一定提高的新产品；换代新产品，指采用新的材料、元器件及新的技术制成，其技术性能有重大改进和提高的新产品；全新产品，指采用新原理、新结构、新材料、新技术制成的新产品。

（2）按新产品所在的区域范围分，可分为：省、市、自治区新产品，指在其他省、市、自治区已成功生产，但本企业所在省、市、自治区还尚未研制生产过的新产品；国家新产品，指国外已有某些国家研制成功，而在我国属首次研制成功，填补国内空白的新产品；国际新产品，是指我国首先独创，在国际上领先，填补国际空白的新产品。

（3）按新产品开发的决策主体分，可分为：企业自主开发产品，指企业通过市场调查，预测市场需求的发展变化趋势，为满足用户需求而开发销售的新产品；用户订货开发，是指企业根据用户提出的具体要求和方案，进行开发并生产交货的产品。

（三）新产品开发的主要方式

企业开发新产品的主要方式有以下几种：

（1）自主开发。这是一种具有独创性的工作，完全依靠自己的力量，自行承担新产品开发设计全过程的工作。这种开发方式适用于科研力量较强，技术力量雄厚的企业。

（2）产学研合作开发。这是指企业与企业，企业与高等院校、科研院所共担风险、互利互惠、优势互补、共同发展的机制下的合作开发。其内容、形式主要有：合作研究、共建中试基地以及技工贸实体、技术转让、信息与人才的交流、设备仪器共用、技术咨询与服务等。这种方式适用于企业自身开发能力不足的中小企业。

（3）技术引进。这是指利用国外、省外已有的成熟技术从事的新产品开发。这种方式可以节省研制经费，减少开发风险，缩短开发周期，对自身研究开发能力较弱，而加工制造能力较强的企业更为适用。

（4）自主开发与技术引进相结合。这是指在对引进技术充分消化、吸收的基础上，通过自主的研究开发，进一步提高、创新的方式。这种方式既能借鉴国外最新技术成果，少走弯路，可能从根本上发挥企业自身的积极性，推动企业的技术进步，提高科技人员的开发能力。

二、新产品开发的程序

企业新产品开发，不仅受宏观因素和自身条件的影响与制约，而且从确定产品开发方向，组织实施到投放市场，要经历许多阶段。为保证新产品开发成功，必须遵循科学的程序。新产品开发的程序一般分为以下几个阶段：

（一）调查规划阶段

充分利用企业、社会信息网络系统，对有关信息进行加工、处理、鉴别，为制定新产品开发方案提供科学的依据。调查的主要内容有：

（1）技术调查，即调查研究有关产品的现状和发展趋势，分析掌握技术发展的动态，预测未来可能出现的新技术。

（2）市场调查。了解把握国内外市场对产品需求的发展趋势，以保证新产品在预期时间内的市场适应性。

（3）同类企业调查。了解掌握国内外同类企业新产品开发的状况、优势与劣势，以便选择新产品开发的方式。

（二）新产品开发的构思创意与筛选阶段

构思创意是新产品孕育、诞生的开始。新产品开发的构思创意一般来自以下几个方面：

（1）用户。企业开发新产品的目的是满足用户和社会的需要，因此用户和消费者的建议、要求和希望是构思创意的重要来源。

（2）专业科技人员。科研院所、大专院校、技术咨询服务部门的专业科技人员具有比较丰富的专业理论和技术知识。企业要充分利用社会条件，调动各方积极性，使专业科技人员为企业提供新产品开发的构思创意。

（3）本企业职工。企业的职工最了解本企业产品的生产和销售状况，因此，充分发挥企业职工的聪明才智，是新产品构思创意的重要来源。

从来自各方面的创意方案中选择出既具备开发条件，又符合企业长远发展战略和市场需要的较优方案，以及使企业具有一定技术储备的后续发展方案。

（三）产品开发决策阶段

对初步入选的几个创意方案进行决策论证。即根据新产品开发目标的要求，对未来产品的基本特征和开发条件进行具体的对比分析，包括产品的结构形式、主要技术参数、质量标准、工艺装备条件、目标成本、开发费用预算、企业现有条件的利用程度、开发实施的计划等。通过技术经济对比论证，从中选出满意方案。

（四）产品设计和工艺准备阶段

产品设计是为新产品的试制、制造和使用提供全套图纸和技术文件，包括编制技术任务书、初步设计、技术设计和工作图设计等。工艺准备是为新产品的试制和成批生产提供全套工艺文件和工艺装备。

（五）新产品试制阶段

新产品试制包括样品试制和小批试制。

（1）样品试制。样品试制的目的是检验、考核产品的设计质量、产品结构与性能以及主要工艺是否达到开发要求，找出各方面存在的问题，对产品设计作必要的修改，使产品设计基本定型。

（2）小批试制。小批试制的重点是验证产品和图纸的工艺性，考核全部工艺文件和工艺装备在正常生产条件下能否达到和保证所规定的技术要求，在此基础上对工艺设计作进一步的修改。小批试制是完成从试制到正式生产的过渡。

（六）新产品试验与评价鉴定阶段

新产品小批试制后应进行试车及试验，对样品进行全面的检查试验与调整，之后对新产品从技术上、经济上作出全面评价、鉴定，以确定是否可以进入下一阶段试制或成批大量生产。搞好新产品的鉴定评价是产品开发的重要环节。评价鉴定的内容一般包括：检查产品是否符合已批准的技术文件和技术标准；工艺文件、工艺装备是否先进合理；检查成品和零部件的质量；评价产品的一般性能、使用性能、安全性能、工艺性能、可靠性能、环境性能以及对产品进行技术经济分析。有些产品在鉴定后，还需要经过一定范围和一定时间的使用考验，以广泛听取用户意见，进一步加以改进，之后作出定型结论，投入正式生产。

（七）新产品的市场开发阶段

市场开发既是新产品开发的终点，又是下一代新产品开发的起点。通过市场开发可以掌握产品对市场的适应程度，总结新产品开发成功的经验以及存在的问题，以提高研制开发水平，并为下一代产品开发提供依据。新产品的市场开发工作主要有：

（1）研制成果的合法化工作，包括新产品生产许可证的审批、产品专利申请和商标注册等，使新产品取得法律地位，并以法律手段保护企业的利益和知识产权。

（2）新产品的市场开拓工作，主要包括通过试销，掌握市场容量，预测可能达到的市场占有率以及销售量；编制产品的使用说明书，培训营销人员，做好广告宣传，进行整体的 CIS 策划、组织好零配件供应以及技术服务等工作，使新产品快速商品化、市场化。

第 四 篇

企业财务管理

第十二章

企业财务管理概述

第一节　财务管理的含义和特点

一、财务管理的含义

财务管理是合理组织财务活动,正确处理财务关系的一项综合性的价值管理活动。为此,要了解什么是财务管理,必须先分析企业的财务活动和财务关系。

（一）企业财务活动

企业财务活动是以资金收支为主的企业资金运动的总称。考察企业财务活动就是研究企业经营过程中的资金运动。随着再生产过程的不断进行,企业资金总是处于不断运动之中,企业的资金运动过程又是资金形态不断变化的过程。在物资购买阶段,企业资金由货币形态转化为固定资产、原材料等实物形态的资金——固定资金、储备资金;在生产阶段,已消耗的生产资料价值——固定资产损耗价值和储备资金,以及劳动者创造的价值转移到产品中,资金形态转化为另一种实物形态的资金——生产资金和成品资金;通过销售阶段,成品资金形态又转化为货币资金形态。

企业资金在经营过程中从货币资金开始,经过若干阶段,依次转换其形态,又回到货币资金的过程称作资金循环。资金循环包括四个方面的内容,即资金筹集、资金的投放使用、资金的耗费、收入的取得和分配。企业的资金运动过程可用图 12-1 表示。

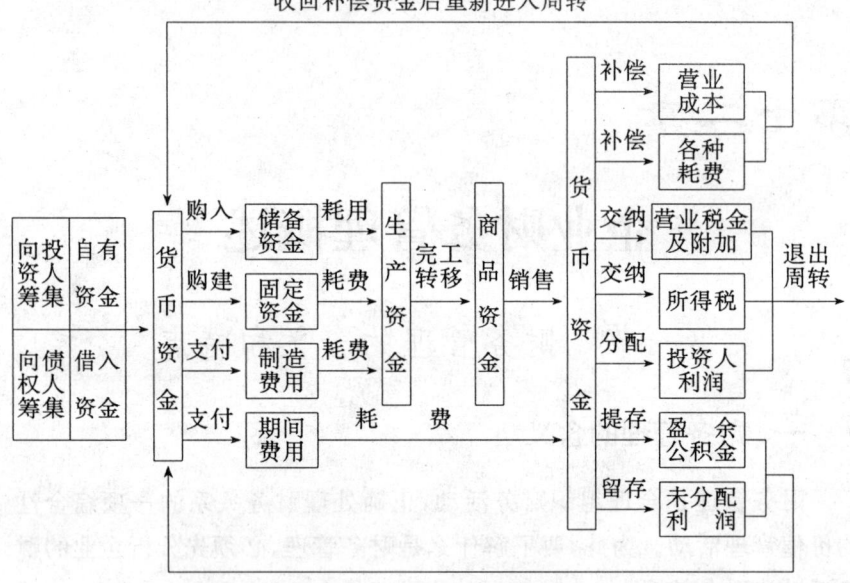

图 12-1 企业资金运动图示

企业的资金运动,构成了企业经济活动的一个独立方面,具有自己的规律,这就是企业的财务活动。企业的财务活动可分为筹资引起的财务活动、投资引起的财务活动、经营引起的财务活动、分配引起的财务活动。上述四个方面相互联系、相互依存,构成了完整的企业财务活动,也构成了财务管理的基本内容。

（二）企业财务关系

企业财务关系是指企业在组织财务活动过程中与各有关方面发生的经济关系。企业的筹资活动、投资活动、经营活动、利润及其分配活动与企业上下左右各方面有着广泛的联系。企业的财务关系可概括为以下几个方面：

（1）企业与投资者之间的财务关系。这种关系体现了所有权的性质,反映了所有者与经营者之间的产权和经营权关系。

（2）企业与债权人之间的财务关系。这种关系体现了债权债务的关系。

（3）企业与国家之间的财务关系。它体现了国家以政府管理者身份参与企业资金分配的关系，这种关系主要通过税收体现。

（4）企业与其他单位之间的财务关系。这种关系体现了企业之间的分工协作和经济利益关系。

（5）企业内部各单位的财务关系。这主要是指企业内部各单位之间在生产经营各环节中相互提供产品或劳务所形成的经济关系。

（6）企业与职工之间的财务关系。这主要是指企业向职工支付劳务报酬过程中所形成的经济关系。

二、财务管理的特点

企业生产经营活动的复杂性，决定了企业管理必须包括多方面的内容，如生产管理、技术管理、劳动人事管理、设备管理、销售管理、财务管理等。各项工作是互相联系、紧密配合的，同时又具有各自的特点。财务管理的特点有如下几个方面：

（一）财务管理是一项综合性管理工作

企业管理在实行分工、分权的管理过程中形成了一系列专业管理，有的侧重于使用价值的管理，有的侧重于价值的管理，有的侧重于劳动要素的管理，有的侧重于信息的管理。社会经济的发展，要求财务管理主要是运用价值形式对经营活动实施管理。通过价值形式，把企业的一切物质条件、经营过程和经营结果都合理地加以规划和控制，达到企业效益不断提高、财富不断增加的目的。因此，财务管理既是企业管理的一个独立方面，又是一项综合性的管理工作。

（二）财务管理与企业各方面具有广泛联系

在企业中，一切涉及到资金的收支活动，都与财务管理有关。事实上，企业内部各部门与资金不发生联系的现象是很少见的。因此，财务管理的触角，常常伸向企业经营的各个角落。每一个部门都会通过资金的使用与财务部门发生联系。每一个部门也都要在合理使用资金、节约资金支出等方面接受财务部门的指导,受到财务制度的约束,以此来保证企业经济效益的提高。

（三）财务管理能迅速反映企业生产经营状况

在企业管理中,决策是否得当,经营是否合理,技术是否先进,产销是否顺畅,都可迅速地在企业财务指标中得到反映,企业生产的产品如果适销对路,质量优良可靠,则可带动生产发展,实现产销两旺,资金周转加快,盈利能力增强,这一切都可以通过各种财务指标迅速地反映出来。

第二节 财务管理的目标和原则

一、企业目标与企业财务管理目标

财务管理是企业管理的一部分,是有关资金的获得和有效使用的管理工作。财务管理的目标取决于企业的总目标。

（一）企业目标及其对财务管理的要求

企业是一个以盈利为目标的组织,其出发点和归宿是盈利。企业一旦成立,就会面临竞争,并始终处于生存和倒闭、发展和萎缩的矛盾之中,企业必须生存下去才能获利,只有不断发展才能求得生存。因此,企业管理的目标可以概括为生存、发展和获利。

1. 生存

企业只有生存,才能获利。因此,企业应力求保持以收抵支和偿还到期债务的能力,减少破产风险,使企业能够长期、稳定地生存下去。这是企业目标对财务管理的第一个要求。

2. 发展

企业是在发展中求得生存的。企业的发展离不开资金。筹集企业发展所需的资金,是企业目标对财务管理的第二个要求。

3. 获利

企业必须能获利,才有存在的价值。通过合理有效地使用资金使企业获利,是企业目标对财务管理的第三个要求。

(二) 企业财务管理的目标

上述企业对财务管理的要求,需要统一起来加以表达,以便判断一项财务决策是否符合企业目标。关于企业财务管理目标的综合表达,有以下三种观点:

1. 利润最大

这种观点认为,利润代表了企业新创造的财富,利润越多,企业的财富增加得越多,越接近企业的目标。这种观点的问题是:① 没有考虑利润取得的时间;② 没有考虑所获利润和投入资本额的关系;③ 没有考虑获取利润所承担风险的大小。

2. 每股盈余最大化或权益资本净利率最大化

这种观点认为,应当把企业的利润和投资者投入的资本联系起来考察,用每股盈余(或权益资本净利率)来概括企业的财务管理目标,可以避免"利润最大化目标"的某些缺点。但这种观点仍存在的问题是:① 仍然没有考虑每股盈余取得的时间性;② 仍然没有考虑每股盈余的风险。

3. 企业价值最大化或股东财富最大化

这种观点认为,企业价值最大化或股东财富最大化是财务管理的目标。股东创办企业的目的是扩大财富,他们是企业的所有者,企业价值最大化就是股东财富最大化。企业的价值,在于它能给所有者带来未来报酬,包括股利和出售其股权换取现金。如同商品的价值一样,企业的价值只有投入市场才能通过价格表现出来。

二、财务管理的原则

财务管理的原则是企业财务管理工作必须遵循的准则。它是从理财实践中抽象出来的并在实践中证明是正确的行为规范,它反映着理财活动的内在要求。企业财务管理的原则一般包括以下几项：

（一）系统性原则

系统是由若干个相互作用、互相依存的部分有机结合而成的整体。财务管理从资金筹集开始，到资金收回为止，经历了资金筹集、资金投入、资金耗费、资金收回与资金分配等几个阶段，这几个阶段互相联系，相互作用，组成一个整体，具有系统的性质。为此，作为财务管理工作，必须从财务管理系统的内部和外部联系出发，从各组成部分的协调和统一出发，这就是财务管理的系统原则。

（二）平衡性原则

平衡性原则是指财务管理活动不仅要保持各种资金存量的协调平衡，而且要关注资金流量的协调平衡。企业取得资金收入，意味着一次资金周转结束，而企业发生资金支出，则意味着另一次资金周转的开始。要保持资金周转的顺利进行，就要求资金收支不仅在一定期间取得总额的平衡，并且做到在每一时点上的协调平衡。只有遵循平衡性原则，才能保证资金周转得以周而复始地进行。

（三）收益与风险均衡原则

收益与风险均衡原则是指在进行财务管理活动中，必须对每一项具体的财务管理活动全面分析其收益性和风险性，按照收益与风险适当均衡的要求，决定采取行动的方案，并在实施方案时趋利避害，以获取较好的收益。

（四）成本效益原则

成本效益原则是指对财务管理活动中所费与所得进行分析比较，对经济行为的得失进行衡量，使成本与收益得到最佳的结合，以求获取最好的效益。

（五）弹性原则

弹性原则是指企业适应市场变化的能力，即企业生产经营和财务活动的可调整性。弹性原则要求企业在财务管理工作中，必须在追求准确和节约的同时，留有合理的伸缩余地，以及当市场出现变动时，企业可以随时、自动作出调整。

（六）利益关系协调原则

利益关系协调原则是指在财务管理活动中,要理顺不同利益者之间的经济利益关系,维护有关方面的合法权益,以调动其积极性。

第三节 财务管理的环境和环节

一、财务管理的环境

财务管理的环境,是指对企业财务活动和财务管理产生影响作用的企业内外部的各种因素。

企业的财务活动的运行受到财务管理环境的制约,经济体制、金融、财税、市场和法律等各种环境及其变化,会导致筹资成本的高低及筹资风险的大小、生产经营成本的升降、资金占用的多少、投资报酬的高低及投资风险的大小、支付能力的强弱和利润的增减等的变化,因此财务管理人员应善于研究财务管理环境,科学地预测环境的变化,并作出相应的对策。

按照财务管理环境的范围可将其分为宏观理财环境和微观理财环境。

宏观理财环境是指在宏观范围内普遍作用于各个部门、地区的各类企业的财务管理的各种条件,通常存在于企业的外部。企业是整个社会经济体系的一个基层系统,整个社会是企业赖以运行的土壤,无论社会经济状况的变化、市场的变动,还是经济政策的调整、国际经济形势的变化等,都会对企业财务活动产生直接或间接的作用,甚至产生严重的影响。财务管理的宏观环境十分广阔,包括经济、政治、社会、自然条件等各种因素。从经济角度来看,主要包括国家经济发展水平、产业政策、金融市场状况等。

微观理财环境是指在某一特定范围内的对某种财务活动产生重

要影响的各种条件。这种微观环境通常与某些企业的内部条件直接或间接有关，从而决定着某些或某类企业所面临的特殊问题。一般而言，微观理财环境通常包括企业的组织形式、结构、生产状况、销售状况。

二、财务管理的环节

财务管理的环节是指财务管理的工作步骤与一般程序。一般来说，企业财务管理包括以下几个环节：

（一）财务预测

财务预测是根据财务活动的历史资料，考虑现实的要求和条件，对企业未来的财务活动和财务成果作出科学的预计和测算。财务预测环节的主要任务在于：测算各项生产经营方案的经济效益，为决策提供可靠的依据，预计财务收支的发展变化情况，以确定经营目标；测定各项定额和标准，为编制计划、分解计划指标服务。具体地说，财务预测环节的工作主要包括：明确预测目标；收集相关资料；建立预测模型；实施财务预测。

（二）财务决策

财务决策是指财务人员在财务目标的总体要求下，通过专门的方法从各种备选方案中遴选出最佳方案。在市场经济条件下，财务管理的核心是财务决策，财务预测是为财务决策服务的，决策关系到企业的兴衰成败。财务决策环节的工作主要是确定决策目标；提出备选方案；选择最佳方案。

（三）财务预算

财务预算是运用科学的技术手段和数量方法，对目标进行综合平衡，制订主要的计划指标，拟定增产节约措施，协调各项计划指标，财务预算是以财务决策确立的方案和财务预测提供的信息为基础编制的，是财务预测和财务决策的具体化，是控制财务活动的依据。财务预算的编制一般包括以下几个步骤：分析财务环境，确立预算指标；协调财务能力,组织综合平衡;选择预算方法,编制财务预算。

（四）财务控制

财务控制是在财务管理的过程中,利用有关信息和特定手段,对企业财务活动施加影响或调节,以便实现预算指标、提高经济效益。实行财务控制是落实预算任务、保证预算实现的有效措施。一般而言,财务控制要经过以下步骤:制定控制标准,分解落实责任;实施追踪控制,及时调整误差;分析执行差异,搞好考核奖惩。

（五）财务分析

财务分析是根据核算资料,运用特定方法,对企业财务活动过程及其结果进行分析和评价的一项工作。一般而言,财务分析包括以下步骤:占有资料,掌握信息;指标对比,揭露矛盾;分析原因,明确责任;提出措施,改进工作。

第四节　财务管理的价值观念

一、时间价值的含义

时间价值在西方通常称为货币的时间价值,在中国称为资金的时间价值,其定义并不完全统一。资金时间价值,是指一定量资金在不同时点上的价值量的差额。众所周知,在商品经济条件下,即使不存在通货膨胀,等量资金在不同时点上的价值量也不相等,今天的 1 元钱和将来的 1 元钱不等值,前者要比后者的经济价值大。比如,银行存款年利率为 10%,将今天的 100 元钱存入银行,一年以后就会是 110 元。可见,经过一年时间,这 100 元钱发生了 10 元的增值,今天的 100 元钱和一年后的 110 元钱等值。资金在使用过程中随时间的推移而发生的增值,即为资金的时间价值。

在我国,通常情况下,资金的时间价值被认为是没有风险和没有通货膨胀条件下的社会平均资金利润率,这是利润平均化规律作用的结果。银行存款利率、贷款利率、各种债券利率、股票的股利率都可以看作是投资报酬率,他们与时间价值都是有区别的,只有在没有风险和没有通货膨胀的情况,时间价值才与上述各报酬率相等。

二、复利终值和现值的计算

资金的时间价值一般都是按复利的方式计算的。所谓复利,就是不仅本金要计算利息,利息也要计算利息,即通常所说的"利上滚利"。

（一）复利终值（已知现值 P,求终值 F）

终值又称未来值,是指若干期后包括本金和利息在内的未来价值,又称本利和。终值的计算公式为:

$$F = P \cdot (1+i)^n$$

式中　F——复利终值;

　　　P——复利现值;

　　　i——利息率;

　　　n——计算期数。

式中的 $(1+i)^n$ 通常称为复利终值系数,用符号 $(F/P, i, n)$ 表示,复利终值的计算公式可以写成: $F = P \cdot (F/P, i, n)$。复利终值系数可以通过查阅"1 元复利终值表"直接获得。

（二）复利的现值（已知终值 F,求现值 P）

复利现值是复利终值的逆运算,它是指今后某一特定时间收到或付出的一笔款项,按折现率 (i) 所计算的现值时点价值。其计算公式为:

$$P = F \cdot (1+i)^{-n}$$

式中的 $(1+i)^{-n}$ 通常称作"复利现值系数",记作 $(P/F, i, n)$,可以直接查阅"1 元复利现值表"获得。上式也可写作:

$$P = F \cdot (P/F, i, n)$$

三、年金终值和现值的计算

年金是指一定时期内每期相等金额的收付款项。折旧、利息、租金、保险费等均表现为年金的形式。年金按付款方式，可分为普通年金或后付年金、即付年金或先付年金、延期年金和永续年金。

（一）普通年金终值和现值的计算

1. 普通年金终值的计算（已知年金 A，求年金终值 F）

普通年金是指一定时期内每期期末等额收付的系列款项。年金终值犹如零存整取的本利和，它是一定时期内每期期末收付款项的复利之和。其计算公式为：

$$F = A \cdot \left[\frac{(1+i)^n - 1}{i} \right]$$

式中方括号中的数值，通常称作"年金终值系数"，记作 $(F/A, i, n)$，可直接查阅"1 元年金终值表"获得。上式可写作：

$$F = A \cdot (F/A, i, n)$$

2. 普通年金现值的计算（已知年金 A，求年金现值 P）

年金现值是指一定时期内每期期末收付款项的复利现值之和。其计算公式为：

$$P = A \cdot \left[\frac{1 - (1+i)^{-n}}{i} \right]$$

式中方括号内的数值称作"年金现值系数"，记作 $(P/A, i, n)$，可直接查阅"1 元年金现值表"获得。上式也可以写作：

$$P = A \cdot (P/A, i, n)$$

（二）即付年金的终值与现值

即付年金是指一定时期内每期期初等额收付的系列款项，又称先付年金。即付年金与普通年金的区别仅在于付款时间的不同。

1. 即付年金终值的计算

即付年金的终值是其最后一期期末时的本利和，是各期收付款项的复利终值之和。

n 期即付年金与 n 期普通年金的付款次数相同，但由于其付款时间不同,n 期即付年金终值比 n 期普通年金的终值多计算一期利息。因此,在 n 期普通年金终值的基础上乘上 $(1+i)$ 就是 n 期即付年金的终值。其计算公式为:

$$F=A \cdot \left[\frac{(1+i)^n-1}{i}\right] \cdot (1+i)=A \cdot \left[\frac{(1+i)^{n+1}-1}{i}-1\right]$$

式中方括号内的数值称作"即付年金终值系数",它是在普通年金终值系数的基础上,期数加1,系数减1所得的结果。通常记作 $[(P/A, i, n+1)-1]$。这样,通过查阅"1元年金终值表"得 $(n+1)$ 期的值,然后减去1,便可得对应的即付年金系数的值。

2. 即付年金现值的计算

n 期即付年金现值与 n 期普通年金现值的期限相同,n 期即付年金现值比 n 期普通年金价值多折现一期,因此,在 n 期普通年金现值的基础上乘以 $(1+i)$,便可求出 n 期即付年金的现值。

$$P=A \cdot \left[\frac{1-(1+i)^{-n}}{i}\right] \cdot (1+i)=A \cdot \left[\frac{1-(1+i)^{-(n-1)}}{i}+1\right]$$

式中方括号内的数值称作"即付年金现值系数",它是在普通年金系数的基础上,期数减1,系数加1所得的结果。通常记作 $[(P/A,i,n-1)+1]$。这样,通过查阅"1元年金现值表"得 $(n-1)$ 期的值,然后加1,便可得出对应的即付年金现值系数的值。

(三)递延年金现值的计算

递延年金是指第一次收付款发生的时间不在第一期末,而是隔若干期后才开始发生的系列等额收付款项。递延年金的现值是自若干时期后开始每期款项的现值之和,其计算公式为:

$$P=A \cdot \left[\frac{1-(1+i)^{-(m+n)}}{i}-\frac{1-(1+i)^{-m}}{i}\right]$$

$$=A \cdot [(P/A,i,m+n)-(P/A,i,m)]$$

或者

$$P=A \cdot \left[\frac{1-(1+i)^{-n}}{i}\right] \cdot (1+i)^{-m}$$

$$=A \cdot (P/A,i,n) \cdot (P/F,i,m)$$

上述第一个式子是先计算出 $m+n$ 期的普通年金现值,然后减去前 m 期的普通年金现值,即得递延年金的现值;第二个式子是先将此递延年金视为 n 期普通年金,求出在第 $m+1$ 期期初的现值,然后再折算到第一期期初。

(四)永续年金现值的计算

永续年金是指无限期等额收付的特种年金,可视为普通年金的特殊形式,即期限趋于无穷的普通年金。由于永续年金持续期无限,没有终止的时间,因此没有终值,只有现值。通过普通年金现值计算可推导出永续年金现值的计算公式为:

$$P = \frac{A}{i}$$

二、风险价值

(一)风险的含义

风险一般是指某一行动的结果具有变动性。人们只能够事先确定采取某种行动可能形成的结果,以及每种结果出现的可能性的程度,而行动的最终结果究竟会怎样,人们不得而知。比如,向上抛一枚硬币,我们可以事先肯定,当硬币落到地面上时,有正面朝上和朝下两种结果,而且每种结果出现的可能性各占一半,但究竟会是正面朝上还是朝下,谁也不能肯定。

与风险相联系的另一个概念是不确定性,即人们事先只知道采取某种行动可能形成的各种结果,但不知道它们出现的概率,或者两者都不知道,而只能作些粗略的估计。从财务管理的角度而言,风险也就是企业在各项财务活动过程中,由于各种难以预料或无法控制的因素作用,使企业的实际收益与预计收益发生背离,从而有蒙受经济损失的可能性。由于人们普遍具有风险反感心理,因而一提到风险,多数都将其错误地理解为与损失是同一概念。事实上,风险本身未必就是能带来超出预期的损失,呈现其不利的一面;风险同样可带来超出预期的收益,呈现其有利的一面。

财务管理中的风险按形成的原因一般可分为经营风险和财务风险两大类。

1. 经营风险

经营风险是指因生产经营方面的原因给企业盈利带来的不确定性。企业生产经营的许多方面都会受到来源于企业外部和内部的诸多因素的影响,具有很大的不确定性。比如,由于原材料供应地的政治经济情况变动,运输路线改变,原材料价格变动,新材料、新设备的出现等因素带来的供应方面的风险;由于产品生产方向不对头,产品更新时期掌握不好,生产质量不合格,新产品、新技术开发试验不成功,生产组织不合理等因素带来的生产方面的风险;由于出现新的竞争对手,消费者爱好发生变化,销售决策失误,产品广告推销不力以及货款回收不及时等因素带来的销售方面的风险。此外,还存在劳动力市场供求关系变化,发生通货膨胀,自然气候恶化,税收调整以及其他宏观经济政策的变化等方面的因素,也会直接或间接地影响企业正常经济活动。所有这些生产经营方面的不确定性,都会引起企业的利润或利润率的高低变化,从而给企业带来风险。

2. 财务风险

财务风险又称筹资风险,是指由于举债而给企业财务成果带来的不确定性。企业举债经营,全部资金中除自有资金外还有一部分借入资金,这会对自有资金的盈利能力造成影响;同时,借入资金需还本付息,一旦无力偿付到期债务,企业便会陷入财务困境甚至破产。当企业息税前资金利润率高于借入资金利息率时,使用借入资金获得的利润率除了补偿利息外还有剩余,因而使自有资金利润率提高。但是,若企业息税前资金利润率低于借入资金利息率,这时,使用借入资金获得的利润还不够支付利息,还需动用自有资金的一部分利润来支付利息,从而使自有资金利润率降低。如果企业息税前利润还不够支付利息,就要用自有资金来支付,使企业发生亏损。若企业亏损严重,财务状况恶化,丧失支付能力,就会出现无法还本付息甚至招致破产的危险。总之,由于许多因素的影响,企业息税前资金利润率和借入资金利息率差额具有不确定性,从而引起自有资金利润率的高低变化,这种风险即为筹资风险。这种风险程度的大小受借入资金对自有资金比例的影响,借入资金比例越大,风险程度随之增大;借入比例越小,风险程度也随之减少。对财务风险的管理,关键是要保证有一个合理的资金结构,维持适当的负债水平,既要充分利用举债经营这一手段获取财务杠杆收益,提高自有资金盈利能力,同时要注意防止过度举债而引起的财务风险的加大,避免陷入财务困境。

（二）风险报酬

上述的资金的价值是投资者在无风险条件下进行投资所要求的报酬率(这里暂不考虑通货膨胀因素)。这是以确定的报酬率为计算依据的,也就是以肯定能取得的报酬为条件的。但是,企业财务和经营管理活动总是处于或大或小的风险之中,任何经济预测的准确性都是相对的,预测的时间越短,不确定的程度就越低。因此,为了简化决策分析工作,在短期财务决策中一般不考虑风险因素。而在长期财务决策中,则不得不考虑风险因素,计量风险程度。

任何投资者宁愿要肯定的某一报酬率,而不愿意要不肯定的同一报酬率,这种现象叫做风险反感。在风险反感普遍存在的情况下,诱使投资者进行风险投资的,是超过时间价值(也即无风险报酬率)的那部分额外报酬率,即风险报酬率。

所谓风险报酬率,就是指投资者因冒风险进行投资而要求的,超过资金时间价值的那部分额外报酬率。

如果不考虑通货膨胀的话,投资者进行风险投资或期望的投资报酬率便是资金的时间价值(无风险报酬率)与风险报酬率之和。即：

期望投资报酬率＝资金时间价值(或无风险报酬率)＋风险报酬率

假如,资金时间价值为10%,某项投资期望报酬率为15%,在不考虑通货膨胀的情况下,该项投资的风险报酬率便是 5%。

（三）风险衡量

风险客观存在,广泛影响着企业的财务和经营活动,因此,正视风险并将风险程度予以量化,进行较为准确的衡量,便成为企业财务管理中的一项重要工作。风险与概率直接相关,并由此而同期望值、标准离差、标准离差率等发生联系,对风险进行衡量时应着重考虑以下几方面因素。

1. 概率分布

在现实生活中,某一事件在完全相同的条件下可能发生也可能不发生,既可能出现这种结果又可能出现那种结果,我们称这类事件为随机事件,X_i 表示随机事件的第 i 种结果,P_i 为出现该种结果的相应概率。若 X_i 出现,则 $P_i=1$。若不出现,则 $P_i=0$,同时,所有可能结果出现的概率之和必定为 1。因此,概率必须符合下列两个要求:

$$0 \leqslant P_i \leqslant 1$$

$$\sum_{i=1}^{n} P_i = 1$$

将随机事件各种可能的结果按一定的规则进行排列,同时列出各结果出现的相应概率,这一完整的描述称为概率分布。

2. 期望值

期望值是一个概率分布中的所有可能结果,以各自相应的概率为权数计算的加权平均值,是加权平均的中心值,通常用符号 $\overline{E}$ 表示,其计算公式为:

$$\overline{E} = \sum_{i=1}^{n} X_i P_i$$

期望收益反映预计收益的平均化,在各种不确定性因素影响下,它代表着投资者的合理预期。

3. 标准离差

标准离差是反映概率分布中各种可能结果对期望值的偏离程度,也即离散程度的一个数值,通常以符号 σ 表示,其计算公式为:

$$\sigma = \sqrt{\sum_{i=1}^{n} (X_i - \overline{E})^2 \cdot P_i}$$

标准离差以绝对数衡量决策方案的风险,在期望值相同的情况下,标准离差越大,风险越大;反之,标准离差越小,则风险越小。

4. 标准离差率

标准离差率是标准离差同期望值之比,通常用符号 q 表示,其计算公式为:

$$q = \frac{\sigma}{E}$$

标准离差率是一个相对指标,它以相对数反映决策方案的风险程度。标准离差作为绝对数,只适用于相同期望值决策方案风险程度的比较,对于期望值不同的决策方案,评价和比较其各自的风险程度只能借助于标准离差率这一相对数值。在期望值不同的情况下,标准离差率越大,风险越大;反之,标准离差率越小,风险越小。

通过上述方法将决策方案的风险加以量化后,决策者便可据此作出决策。对于单个方案,决策者可根据其标准离差率的大小,并将其同设定的可接受的此项指标最高限值对比,看前者是否低于后者,然后作出取舍。对于多方案择优,决策者的行动准则应是选择低风险高收益的方案,即选择标准离差最低、期望收益最高的方案。然而高收益往往伴有高风险,低收益方案其风险程度往往也较低。究竟选择何种方案,就要权衡期望收益与风险,而且还要视决策者对风险的态度而定。对风险比较反感的人可能会选择期望收益较低同时风险也较低的方案,喜冒风险的人则可能选择风险虽高但同时收益也高的方案。

第十三章

企业筹资管理

第一节 · 企业筹资概述

一、企业筹资的意义和基本要求

企业筹资，是指企业根据其生产经营、对外投资及调整资金结构的需要，通过一定的渠道，采取适当的方式，获取所需资金的一种行为。

要成立一个企业，就必须有相应的资本，否则企业的生产经营无从谈起。由于季节性和临时性等原因，或由于扩大生产经营规模的需要，更需要筹集资金。因此，资金筹集既是企业生产经营活动的前提，又是企业再生产顺利进行的保证。同时筹资也为投资提供了基础和前提，没有资金的筹集，就无法进行资金的投放。从一定意义上讲，筹资的数量与结构直接影响企业效益的好坏。因此，筹资管理在财务管理中处于极其重要的地位。

企业筹资是一项重要而复杂的工作，必须认真研究各种因素，力求提高筹资效益。具体要求包括：合理确定资金需要量，提高筹资效果；适时取得资金，保证资金投放需要；认真选择筹资渠道和方式，力求降低资金成本；合理确定资金结构，正确安排举债经营。

二、企业筹资的渠道与方式

（一）企业筹资的渠道

筹资渠道，是指企业取得资金的来源，即企业可以从哪些渠道获取资金。我国企业目前筹资渠道主要有：

（1）国家财政资金。国家财政资金在企业资金来源中占有相当大的比重。国家对企业的直接投资是国有企业最主要的资金来源渠道。国家财政资金分为以下三种形式：一是无偿拨款；二是国家对企业"税前还贷"或减免各种税款形成的资金；三是有偿使用周转金贷款。

（2）银行信贷资金。银行对企业的贷款是我国目前各类企业最为重要的资金来源。我国银行分为商业性银行和政策性银行两种。现有的中国工商银行、中国建设银行、中国农业银行等商业性银行是以盈利为目的、从事信贷资金投放的金融机构，它主要为企业提供各种商业贷款。现有的国家开发银行、中国农业发展银行和中国进出口信贷银行等政策性银行可以为特定企业提供政策性贷款。

（3）非银行金融机构资金。非银行金融机构主要指信托投资公司、保险公司、租赁公司、证券公司、企业集团的财务公司等。这些公司所提供的各种金融服务，既包括信贷资金投放，也包括物资的融通，还包括为企业承销证券等金融服务。

（4）其他企业资金。企业在生产经营过程中，往往形成部分暂时闲置的资金，并为一定的目的而进行相互投资；另外，企业间的购销业务可以通过商业信用方式来完成，从而形成债务人对债权人的短期信用资金占用。企业间的相互投资和商业信用的存在，使其他企业资金也成为企业资金的重要来源。

（5）居民个人资金。企业职工和居民个人的结余货币，作为"游离"于银行及非银行金融机构等之外的个人资金，形成民间闲置资金，可用于对企业进行投资，从而为企业所利用。

（6）企业自留资金。它是企业内部形成的资金，主要包括计提折旧，提取公积金和未分配利润等。它们无须企业通过一定的方式去筹集，而直接由企业内部自动生成或转移，是企业自我筹资的渠道。

（7）外商资金。外商资金是外国投资者以及我国港、澳、台地区投资者投入的资金，是外商投资企业的重要资金来源。

（二）企业筹资的方式

筹资方式，是指企业筹措资金所采用的具体形式。如果说筹资渠道属于客观存在，那么筹资方式则属于企业主观能动行为。企业筹资管理的重要内容是如何针对客观存在的筹资渠道，选择合理的筹资方式进行筹资。认识筹资方式的种类及各种筹资方式的属性，有利于企业选择适宜的筹资方式并有效地进行筹资组合，降低成本，提高筹资效益。

目前我国企业筹资方式主要有以下几种：吸收直接投资；发行股票；银行借款；商业信用；发行债券；融资租赁。这些筹资方式的含义及特征，将在本章以后各节中介绍。

（三）筹资渠道与筹资方式的对应关系

筹资渠道在于了解资金有没有的问题，筹资方式则解决通过何种方式取得资金的问题，它们间存在一定的对应关系。一定的筹资方式可能只适用于某一特定的筹资渠道，但是同一渠道的资金往往可采用不同的方式去取得。它们间的对应关系，可用表 13-1 表示。

表 13-1

筹资方式与筹资渠道间的对应关系

	吸收直接投资	发行股票	银行借款	发行债券	商业信用	融资租赁
国家财政资金	√	√				
银行信贷资金	√		√			
非银行金融机构资金	√	√	√			√
其他企业资金	√			√	√	√
居民个人资金	√	√		√		
企业自留资金	√	√				
外商资金	√	√				√

三、企业筹资的类型

企业组织形式不同，生产经营所处的阶段不同，对资金的数量需求和性质要求也就不同。企业从不同筹资渠道和用不同筹资方式筹集的资金，由于具体的来源、方式、期限等的不同，形成不同的类型。

（一）短期资金与长期资金

1. 短期资金

短期资金是指使用期限在一年以内的资金，一般通过短期借款、商业信用、发行短期债券等方式来筹集，主要投资于现金、应收帐款、存货等，用于满足企业由于生产经营过程中资金周转的暂时短缺。短期资金具有占用期限短、财务风险大、资金成本相对低的特点。

2. 长期资金

长期资金是指使用期限在一年以上的资金，主要用于购建固定资产、无形资产或进行长期投资，通常采用吸收直接投资、发行股票、发行长期债券、长期银行借款、融资租赁等方式来筹集。长期资金是企业长期、持续、稳定地进行生产经营的前提和保证。它具有占用期限长、财务风险小、资金成本相对较高的特点。

企业的长期资金和短期资金，有时也可相互融通。如可用短期资金来满足临时性的长期资金需要，或者用长期资金来解决临时性的短期资金不足。

（二）主权资金与负债资金

1. 主权资金

主权资金，即所有者权益，是指企业依法筹集并长期拥有、自主支配使用的资金，包括投资者投入企业的资本及持续经营中形成的经营积累，如实收资本、资本公积、盈余公积和未分配利润等，在数量上等于企业全部资产减去负债后的余额。企业一般通过吸收直接投资、发行股票、内部积累等方式来筹集主权资金。主权资金具有如下特性：

（1）主权资金体现的是一种所有权关系，是所有者对企业净资产的要求权。

（2）主权资金的所有者凭其所有权参与企业的经营管理和利润分配，并对企业的经营状况承担责任。

（3）企业对主权资金依法享有经营权，在企业存续期内所有者除依法转让外，不得抽回资本。

2. 负债资金

负债资金，即负债，是指企业依法筹措并使用、应按期归还的资金。企业一般通过银行借款、商业信用、发行债券、融资租赁等方式来筹集负债资金。负债资金具有如下特性：

（1）负债资金体现的是一种债权债务关系，有确切的债权人和到期日，属于企业的债务。

（2）企业的债权人无权参与企业的经营管理，对企业的经营状况也不承担责任，但有权按期索取本息。

（3）企业对借入资金在约定的期限内享有使用权，并有按期还本付息的义务。

一般来讲，企业采用负债资金的方式筹集资金，承担的财务风险较大，但付出的资金成本较低。企业采用主权资金的方式筹集资金，财务风险较小，但付出的资金成本相对较高。

第二节　权益资金的筹集

一、直接投资的筹集

（一）吸收直接投资的种类和形式

企业采用吸收直接投资的方式筹集的资金可分以下四类：

（1）吸收国家投资。吸收国家投资是国有企业筹集自有资金的重要来源，主要是财政拨款形成的国家资本金。

（2）吸收法人投资。法人投资是指法人单位以其依法可以支配的资产投入企业，目前主要指法人单位在进行横向经济联合时所产生的联营和相互之间购买股票的投资。吸收法人投资一般具有如下特点：发生在法人单位之间；以参与企业利润分配为目的；出资方式灵活多样。

（3）吸收个人投资。个人投资是指社会个人或本企业内部职工以个人合法财产投入企业，这种情况形成个人资本金。个人投资一般具有如下特点：参加投资的人员较多；每人投资的数额相对较少；以参与企业利润分配为目的。

（4）吸收外商投资。外商投资是指外国投资者以及我国港、澳、台地区投资者投入的资金。吸收外商投资一般具有以下特点：可以筹集外汇资金；出资方式比较灵活；一般仅有中外合资、合作或外商独资经营企业才能采用。

企业在吸收直接投资时，投资者可以用货币资金、厂房、机器设备、材料物资、无形资产作价投资。

（二）吸收直接投资的评价

1. 吸收直接投资的优点

（1）有利于增强企业信誉。吸收投资所筹集的资金属于自有资金，能增强企业的信誉和借款能力，对扩大企业经营规模、壮大企业发展实力具有重要意义。

（2）有利于尽快形成生产能力。吸收直接投资可以直接获取投资者的先进设备和先进技术，有利于尽快形成生产能力，尽快开拓市场。

（3）有利于降低财务风险。吸收直接投资可以根据企业经营状况向投资者支付报酬，支付的多少与企业经营状况的好坏存在直接的关系。比较灵活，所以财务风险较小。

2. 吸收直接投资的缺点

（1）资金成本较高。一般来讲，企业采用吸收直接投资方式筹集资金所负担的资金成本较高，特别是企业经营状况较好和盈利较强时，更是如此。因为向投资者支付的报酬是根据其出资额的数额和企业实现利润的多少来计算的。

（2）企业控制权容易分散。投资者一般按其投资数量取得企业的经营管理权,如果外部投资者较多,则投资者对企业的控制权就比较分散。

二、股票筹资

(一)普通股筹资

发行股票筹资是股份公司获取自有资金的基本方式。股票是股份公司发给股东证明其在公司投资入股并借以取得股息的一种有价证券。它代表持股人在公司中拥有的所有权。按股东享有权利和承担义务的大小来划分,股票可分为普通股股票和优先股股票。

1. 普通股及其种类

普通股股票,简称普通股,是股份公司发行的具有管理权、股利不固定的股票。普通股是最基本的股票,是公司资本中的基本部分。普通股具备股票的最一般特性。通常情况下,股份有限公司只发行普通股。

持有普通股股份者为普通股股东。依我国《公司法》的规定,普通股股东主要有如下权利:公司管理权;分享盈余权;出售或转让股份权;优先认股权;剩余财产要求权。

2. 普通股筹资的优点

(1) 没有固定到期日,无需偿还。发行普通股筹资的资本是公司的永久性资本,除公司清算外,无需偿还。这对保证公司对资金的最低要求具有重要的意义。

(2) 没有固定的股利负担。股份公司普通股股利的支付与否和支付多少,视公司有无盈利和经营需要而定。公司有盈余,并认为适合分配股利,就可以分给股东;公司盈余较少,或虽有盈余但资金短缺或有更有利的投资机会,就可少支付或不支付股利。

(3) 筹资风险小。由于普通股没有固定的到期日,也不用支付固定的股利,普通股筹资实际上不存在不能偿付的风险,因此筹资风险小。

(4) 能增强公司的举债能力。发行普通股筹集的资本是公司最基本的资金来源,它反映了公司的实力,可作为其他方式筹资的基础,尤其可为债权人提供保障,增强公司的举债能力。

3. 普通股筹资的缺点

(1)资金成本较高。一般来说,普通股筹资的成本要大于债务资金。这主要是股利要从净利润中支付,而债务资金的利息可在税前扣除,另外,普通股的发行费用也比较高。

(2)容易分散控制权。利用普通股筹资,出售了新的股票,引进了新的股东,容易导致公司控制权的分散。

此外,新股东分享公司未发行新股前积累的盈余,会降低普通股的每股净收益,从而可能引起股价的下跌。

(二)优先股筹资

1. 优先股的性质、种类和权利

优先股是一种有双重性质的证券,它与普通股有许多相似之处,但又具有债券的某些特征。

从法律上讲,优先股是企业自有资金的一部分。优先股股东所拥有的权利与普通股股东近似。优先股的股利不能像债务利息那样从税前扣除,而必须从净利润中支付。但优先股有固定的股利,这与债券利息相似,优先股对盈利的分配和剩余资产的求偿具有优先权,这也类似于债券。

另外,公司的不同利益集团,对优先股有不同的认识。普通股的股东一般把优先股看成是一种特殊债券,这是因为,它必须在普通股之前取得利益,分享财产。投资人在购买普通股票时也往往把优先股看做债券。但是,从债券的持有人来看,优先股则属于股票,因为它对债券起到保护作用,可以减少债券投资的风险,属于主权资金。从公司管理当局和财务人员的观点来看,优先股则具有双重性质,这是因为,优先股虽没有固定的到期日,不用偿还本金,但往往需要支付固定的股利,成为财务上的一项负担。所以,当公司利用优先股集资时,一定要考虑它这两方面的特性。

优先股按其所包含的优先权利不同,可作进一步的分类。最主要的有：累积优先股和非累积优先股；参加优先股和不参加优先股；可转换优先股与不可转换优先股；可赎回优先股与不可赎回优先股。

优先股的"优先"是相对普通股而言的，这种优先权主要表现在以下几个方面：优先取得股息权；优先分配公司剩余财产权；优先股股东一般无表决权。

2. 优先股筹资的优点

（1）没有固定到期日，不用偿还本金。事实上等于使用的是一笔无限期的贷款，无偿还本金义务，也无需做再筹资计划。但大多数优先股又附有收回条款，这就使得使用这种资金更有弹性。当财务状况较弱时发行，而财务状况转强时收回，有利于结合资金需求，同时也能控制公司的资金结构。

（2）股利支付既固定，又有一定弹性。一般而言，优先股都采用固定股利，但固定股利的支付并不构成公司的法定义务。如果财务状况不佳，则可暂时不支付优先股股利，那么，优先股股东也不能像债权人一样迫使公司破产。

（3）有利于增强公司信誉。从法律上讲，优先股属于自有资金，因而，优先股扩大了权益基础，可适当增加公司的信誉，加强公司的借款能力。

3. 优先股筹资的缺点

（1）筹资成本高。优先股通常以高于债券利率的股息率支付股利，即其成本低于普通股，但一般高于债券，同时，优先股所支付的股利要从税后利润中支付，不同于债券利息可在税前扣除。因此，优先股成本较高。

（2）筹资限制多。发行优先股，通常有许多限制条款，例如，对普通股股利支付上的限制，对公司借债限制等。

（3）财务负担重。如前所述，优先股需要支付固定股利，但又不能在税前扣除，所以，当利润下降时，优先股的股利会成为一项较重的财务负担，有时不得不延期支付。

第三节 负债资金的筹集

负债资金是通过负债筹集来的资金。负债是企业一项重要的资金来源，几乎没有一家企业只靠自有资本，而不运用负债就能满足资金需要的。负债筹资是与股票筹资性质不同的筹资方式。与股票筹资相比，负债筹资具有如下特点：① 负债筹集的资金具有使用上的时间性，到期需要偿还；② 不论企业经营好坏，负债资金需固定支付利息，从而形成企业固定的负担；③ 负债筹资的资金成本一般比股票筹资的成本低；④ 负债筹资不会分散投资者对企业的控制权。

按照所筹资金可使用时间的长短，负债资金可分为长期负债资金和短期负债资金。

一、短期负债资金的筹集

短期负债是指在一年或超过一年的一个营业周期内必须清偿的债务，主要包括银行短期借款、应付帐款、应付票据、预收帐款、应计费用等。

（一）短期借款

短期借款是指企业向银行和其他非银行金融机构借入的期限在一年以内的借款。企业举借短期借款，首先必须提出申请，经审查同意后，借贷双方签订借款合同，注明借款的用途、金额、利率、期限、还款方式、违约责任等；然后企业根据借款合同办理借款手续；借款手续完毕，企业便可取得借款。

我国目前的短期借款按照目的和用途可分为若干种，主要有生产周转借款、临时借款、结算借款等。

短期借款筹资的特点是：在短期负债筹资中，短期借款的重要性仅次于商业信用。短期借款可以随企业的需要安排，便于灵活使用，且取得亦较简便。但突出的缺点是成本较高。

（二）商业信用

商业信用是商品购销活动过程中因延期付款或预收货款而形成的借贷关系。

商业信用的具体形式有应付帐款、应付票据、预付帐款等。

1. 应付帐款

应付帐款也称赊购商品，是指购买货物未付款而欠对方的帐项，即卖方允许买方在购货一定期限内支付货款的一种形式。它是一种最典型、最常见的商业信用形式。卖方利用这种方式促销，而对于买方来说延期付款则等于向卖方借用资金购进商品，可以满足短期的资金需求。

（1）应付帐款的信用条件。所谓信用条件是指销货人对付款时间和现金折扣所作的具体规定。如"1/10, n/30"就表示在开票之日起 10 日内付款，可享受 1% 的现金折扣，如果放弃，则所有货款 30 天到期。

（2）应付帐款的成本。应付帐款的成本取决于信用期限和现金折扣。信用期限就是赊购业务的最后付款时间。现金折扣是销货企业给予的一种优惠政策。例如"2/10, n/30"表示一种优惠方式，其中的 30 天表示信用期，10 天表示折扣期。

如果销货企业提供了现金折扣，但购货企业没有加以利用，从而丧失了少支付货款的优惠条件，这部分多支付的货款就是购货企业利用应付帐款筹资的机会成本。其计算公式为：

$$\frac{放弃现金}{折扣成本}=\frac{现金折扣百分比}{1-现金折扣百分比}\times\frac{360}{信用期-折扣期}$$

由于应付帐款的成本与折扣期同方向变化，与信用期反方向变化，假定折扣期一定，则信用期越短，应付帐款的成本就越大。如果购货企业在允许的条件下延展，那么延展时间越长，其成本越小。

2. 应付票据

应付票据是指企业进行延期付款商品交易时开具的反映债权债务关系的商业汇票。根据承兑人的不同，应付票据分为商业承兑汇票和银行承兑汇票两种。商业承兑汇票是指由收款人开出、经付款人承兑，或

第三节　负债资金的募集

由付款人开出并承兑的汇票。银行承兑汇票是指由收款人或承兑申请人开出，由银行审查同意承兑的汇票。应付票据的付款期限由交易双方商定，一般为 1—6 个月。

应付票据可以带息，也可以不带息。应付票据的利率一般比银行借款的利率低，且不用保持相应的补偿余额和支付协议费，所以应付票据的融资成本低于银行借款成本。但是应付票据到期必须归还，如若延期便要支付罚金，因而风险较大。

3. 预收帐款

预收帐款是指卖方按购销合同和协议规定在付出商品之前向买方预先收取部分或全部货款的信用方式。对于卖方来讲，预收帐款相当于向买方借用资金后用货物抵偿。预收帐款一般用于生产周期长，资金需求量大的货物及紧俏货物的销售。预收帐款这种短期收款方式一般无须付出代价。

4. 应付费用

企业往往还存在一些在非商品交易中产生，但亦为自发性融资的应付费用，如应付工资、应交税金、其他应付款等。应付费用是企业受益在前，费用支付在后，相当于享用了受损方的借款，一定程度地缓解了企业的资金需要。应付费用的期限具有强制性，不能由企业自由使用，但通常不需花代价即可取得。

5. 商业信用筹资的优点

（1）筹资便利。利用商业信用筹措资金非常方便。因商业信用与商品买卖同时进行，属于一种自然性融资，不用做非常正规的安排。

（2）筹资成本低。如果没有现金折扣，或企业不放弃现金折扣，则利用商业信用筹资没有资金成本。

（3）限制条件少。如果企业利用银行借款集资，银行往往对贷款的使用规定一些限制条件，而商业信用则限制少。

6. 商业信用筹资的缺点

（1）期限较短。商业信用的期限一般较短，如果企业取得现金折扣,期限更短。

(2)有时成本较高。商业信用如果放弃现金折扣,要付较高的资金成本。

二、长期负债资金的筹集

目前在我国,长期负债资金的筹集主要有长期借款、公司债券和融资租赁等方式。

（一）长期借款

1．长期借款及其种类

长期借款是指企业向银行或其他非银行金融机构借入的使用期限超过一年的借款,主要用于购建固定资产和满足长期流动资金占用的需要。长期借款在一定时期内可以被企业作为一种永久性借款,供企业长期占用。在借款期限内,贷款机构一般不会随意收回。

长期借款种类很多,企业可根据自身的情况和各种借款条件选用。通常,长期借款可按不同标准进行如下分类:按借款是否需要担保,分为信用贷款和抵押贷款;按提供贷款的机构,可分为政策性银行贷款、商业银行贷款和其他金融机构贷款;按借款的用途,可分为基本建设借款和专项借款。

2．长期借款筹资的优点

（1）筹资速度快。发行各种证券筹集长期资金所需时间一般较长,要做好证券发行的准备,如印刷证券、申请批准等,证券的发行也需要一定时间。而银行借款与发行证券相比,一般所需时间较短,可以迅速地获取资金。

（2）筹资成本低。就目前我国情况来看,利用银行借款所支付的利息比发行债券所支付的利息低;由于借款属于间接筹资,长期借款利息可在所得税前列支,可减少企业实际负担的成本;无需支付大量的发行费用。

（3）借款弹性好。企业与银行可以直接接触,可通过直接商谈,来确定借款时间、数量和利息。在借款期间,如果企业情况发生了变化,也可与银行进行协商,修改借款的数量和条件。借款到期后,如有正当理由,还可延期归还。

3. 长期借款筹资的缺点

(1)财务风险大。企业举借长期借款,必须定期还本付息,在经营不利的情况下,可能会产生不能偿付的风险,甚至会导致破产。

(2)限制条款较多。企业与银行签订的借款合同中,一般都有一些限制条款,如定期报送有关报表、不准改变借款用途等,这些条款可能会限制企业的经营活动。

(3)筹资数额有限。银行一般不愿借出巨额的长期借款。因此,利用银行借款筹资都有一定的上限。

(二)发行债券

1. 债券及其种类

债券是社会各类经济主体为筹集负债资金而向投资人出具的、承诺按一定利率定期支付利息,并到期偿还本金的债权债务凭证。发行债券是企业筹集资金的一种重要方式。

企业债券可以从不同的角度进行分类,其主要的分类方式有:按债券是否记名,可以将债券分成记名债券和无记名债券;按能否转换为公司股票,可将债券分为可转换债券和不可转换债券;按有无抵押担保,可将债券分为信用债券、抵押债券和担保债券。

2. 债券筹资的优点

(1)资金成本较低。发行债券筹资的成本要比股票筹资的成本低,因为债券发行费用较低,其利息允许在所得税前支付,可以享受扣减所得税的优惠,所以公司实际上负担的债券成本一般低于股票成本。

(2)保证控制权。债券持有人无权干涉公司的管理事务,因此,公司发行债券不会像增发股票那样可能会分散股东对公司的控制权。

(3)财务杠杆作用。发行债券的公司只需支付固定的利息,付息后的盈利可用于分配给股东或留归公司扩大营业,从而有利于增加股东财富和企业价值。

（4）便于调整资本结构。公司通过发行可转换债券，在发行债券时规定可提前赎回债券，有利于公司主动地、合理地调整资本结构，确定负债与资本的有效比例。

3. 债券筹资的缺点

（1）筹资数量有限。利用债券筹资有一定的限度，当公司的负债比率超出了一定程度后，债券筹资的成本要迅速上升。我国《公司法》规定，发行公司流通在外的债券累计总额不得超过公司净资产的 40%。

（2）财务风险较高。债券有固定的到期日，并需定期支付利息。利用债券筹资，要承担还本、付息的义务。若公司经营不善，会给公司带来更大的财务困难，有时甚至导致破产。

（3）限制条件多。发行债券的限制条件一般要比长期借款、租赁筹资的限制条件要多而且严格，从而限制了公司对债券筹资方式的使用，甚至会影响公司以后的筹资能力。

（三）融资租赁

租赁是指出租人在承租人给予一定报酬的条件下，授予承租人在约定的期限内占有和使用财产权利的一种契约性行为。租赁的种类很多，目前我国主要有经营租赁和融资租赁两类。下面仅介绍融资租赁。

1. 融资租赁及其特点

融资租赁通常是一种长期租赁，它是指出租人按照签订的租赁协议或合同，购置承租人需用的资产，并将其租赁给承租人长期使用，承租人可在资产的大部分使用寿命期内，获得资产的使用权，从而最终获取所租赁的资产所有权，也称为"财务租赁"或"资本租赁"。

融资租赁的特点主要有：一般由承租企业向租赁公司提出正式申请，由租赁公司融资购进设备给承租企业；租赁期限较长，大多为设备耐用年限一半以上；租赁合同比较稳定，在规定的租期内非经双方同意，任何一方不得中途解约，这有利于维护双方的权益；由承租企业负责设备的维修保养和保险，但无权自行拆卸改装；租赁期满时，按事先约定的办法处置设备,一般有退还或续租、留购三种选择,通常由承租企业留购。

2. 融资租赁的形式

融资租赁的形式主要有以下三种:

(1) 直接租赁。直接租赁是指承租人直接向出租人租入所需要的资产,并付出租金的形式。它涉及出租人与承租人两个当事人。直接租赁的出租人主要是制造厂商、租赁公司。除制造厂商外,其他出租人都从制造厂商购买资产出租给承租人。通常所指的融资租赁,不作特别说明时即为直接租赁。

(2) 售后回租。售后回租是由承租人将所购置设备出售给出租人,然后从出租人处租回设备并使用的形式。租赁业务进行的程序是先做资产买卖交易,然后再进行资产租赁交易。采用这种租赁形式,出售资产的企业可得到相当于售价的一笔资金,同时仍然可以使用资产。当然,在此期间,该企业要支付租金,并失去了财产所有权。从事售后租回的出租人为租赁公司等金融机构。

(3) 杠杆租赁。杠杆租赁要涉及承租人、出租人和资金出借者三方当事人。从承租人的角度来看,这种租赁与其他租赁形式并无区别,同样是按合同的规定,在基本租赁期内定期支付定额租金,取得资产的使用权。但对出租人却不同,出租人只出购买资产所需的部分资金(如30%),作为自己的投资;另外以该资产作为担保向资金出借者借入其余资金(如70%)。因此,它既是出租人又是借款人,同时拥有对资产的所有权,既收取租金又要偿付债务。如果出租人不能按期偿还借款,那么资产的所有权就要转归资金出借者。

3. 融资租赁筹资的优点

(1) 筹资速度快。融资租赁是筹资与设备购置同时进行的,可以缩短设备的购进、安装时间,使企业尽快形成生产力。

(2) 限制条款少。如前所述,债券和长期借款都订有相当多的限制条款,与此相比,融资租赁一般比较少。

（3）设备淘汰风险小。当今，科学技术在迅速发展，固定资产更新周期日趋缩短，企业设备陈旧过时的风险很大，利用融资租赁筹资可减少这一风险，这是因为多数租赁协议都规定由出租人承担设备陈旧过时的风险。

（4）到期还本负担轻。租金在整个租期内分摊，不用到期归还大量本金，可适当减少不能偿付的风险。

（5）税收负担轻。租金可在税前扣除，具有抵免所得税的效用。

（6）租赁可提供一种新的资金来源。有些企业，由于种种原因，如负债比率过高，不能向外界筹集大量资金，这时，租赁筹资便成为最佳的选择。

4. 融资租赁筹资的缺点

融资租赁筹资的最主要缺点就是资金成本较高。一般来说，其租金要比举借银行借款或发行债券所负担的利息高得多。在财务困难时，固定的租金也会构成一项较沉重的负担。另外，采用租赁形式不能享有设备残值，这也是一种损失。

第四节　企业筹资决策

一、资金成本

（一）资金成本的含义

在市场经济条件下，企业无论采用何种方式筹资并投入使用，都要付出一定的代价。资金成本就是指企业为筹集和使用资金而付出的代价。从广义上讲，企业筹集和使用任何资金，不论是短期的还是长期的，都要付出代价。狭义的资金成本仅指筹集和使用长期资金的成本。因此，本节仅讨论长期资金的成本。

资金成本包括筹资成本和用资成本两部分内容：

1. 筹资成本。筹资成本是指企业在筹措资金过程中为获取资金而付出的费用,如向银行支付的借款手续费,因发行股票、债券而支付的发行费等。筹资成本通常是在筹措资金时一次支付的费用,在用资过程中不再发生。

2. 用资成本。用资成本是指企业在生产经营、投资过程中因使用资金而付出的费用,如向股东支付的股利、向债权人支付的利息等。用资成本一般与所筹资金的多少及所筹资金使用时间的长短有关,具有经常性、定期性支付的特征,这是资金成本的主要内容。资金成本可以用绝对数表示,也可以用相对数表示。在一般情况下,如果不作特别说明,资金成本即是相对数表示的成本率。用公式表示为:

$$K=\frac{D}{P-F}\times 100\%$$

或
$$K=\frac{D}{P(1-f)}\times 100\%$$

式中　K——资金成本,以百分率表示;

D——使用费用;

P——筹资总额;

F——筹资费用;

f——筹资费用率,即筹资费用与筹资数额的比率。

(二) 个别资金成本

个别资金成本是指各种长期资本的成本。企业的长期资本一般有长期借款、债券、优先股、普通股、留用利润等,其中前两项可统称为债务资金或简称债务,后三项可统称为权益资本或简称权益。个别资金成本相应有长期借款成本、债券成本、优先股成本、普通股成本、留用利润成本等,前两者统称债务成本,后三者统称权益成本。

1. 债务成本

(1) 长期借款成本。企业长期借款的成本可按下列公式计算:

$$K_l=\frac{I_l(1-T)}{L(1-F_l)}=\frac{i\cdot L\cdot(1-T)}{L(1-F_l)}$$

式中　K_l——长期借款成本;

I_l——长期借款年利息；

T——企业所得税率；

L——长期借款筹资额，即借款本金；

i——银行借款利息率；

F_l——长期借款筹资费用率。

在长期借款附加补偿性余额的情况下，长期借款筹资额应扣除补偿性余额，从而长期借款成本将会提高。

例如，某企业取得长期借款 100 万元，年利率 10%，期限 3 年，每年付息一次，到期一次还本，筹措这笔借款的费用率为 0.2%，企业所得税率为 33%。则这笔长期借款的成本计算为：

$$K_l = \frac{100 \times 10\% \times (1-33\%)}{100 \times (1-0.2\%)} \approx 6.84\%$$

(2) 债券成本。债券成本中的利息亦在所得税前列支，但发行债券的筹资费用一般较高，应予以考虑。债券的筹资费用即债券的发行费用，包括申请债券发行手续费、债券注册费、印刷费、上市费以及推销费用等。其中有些费用按一定的标准支付，有的并无固定的标准。

债券的发行价格有平价、溢价、折价三种。债券利息按面额和票面利率确定，但债券的筹资额应按具体发行价格计算，以便正确计算债券成本。债券成本的计算公式为：

$$K_b = \frac{I_b(1-T)}{B_0(1-F_b)} = \frac{B \cdot i \cdot (1-T)}{B_0(1-F_b)}$$

式中　　K_b——债券成本；

I_b——债券年利息；

T——企业所得税率；

B——债券面值；

B_0——债券筹资额，按发行价格确定；

i——债券票面利息率；

F_b——债券筹资费用率。

例如,某公司发行总面额为 200 万元的债券 400 张,总价格 230 万元,票面利率 14%,发行费用占发行价格的 6%,公司所得税率为 33%,则该债券成本计算为:

$$K_b = \frac{200 \times 14\% \times (1-33\%)}{230 \times (1-6\%)} \approx 8.67\%$$

上例若为平价发行债券,则成本为:

$$K_b = \frac{14\% \times (1-33\%)}{1-6\%} \approx 9.77\%$$

如果折价发行,总价款为 180 万元,其成本为:

$$K_b = \frac{200 \times 14\% \times (1-33\%)}{180 \times (1-6\%)} \approx 10.85\%$$

2. 权益成本

权益成本主要有吸收直接投资的成本、优先股成本、普通股成本、留用利润成本等。各种权益形式的权利责任不同,计算方法也不同。

股利是从所得税后的净利润中支付的,不会减少企业应缴的所得税。因此,权益成本的计算方法不同于债务成本。

(1) 优先股成本。公司发行优先股筹资需要支付发行费用,优先股股利通常是固定的。因此,优先股成本可按下列公式计算:

$$K_p = \frac{D}{P_0(1-F_p)}$$

式中 K_p——优先股成本;

　　　　D——优先股年股利;

　　　　P_0——优先股筹资额;

　　　　F_p——优先股筹资费用率。

优先股筹资额应按优先股的发行价格确定。

例如,某公司发行优先股总面额 100 万元,总价为 125 万元,筹资费用率为 6%,规定年股利率为 14%,则优先股成本计算为:

$$K_p = \frac{100 \times 14\%}{125 \times (1-6\%)} = 11.91\%$$

　　由于优先股股利在税后支付,而债券利息在税前支付。当公司破产清算时,优先股持有人的求偿权在债券持有人之后,故其风险大于债券。因此,优先股成本明显高于债券成本。

　　(2)普通股成本。普通股成本的计算,存在多种不同方法,其主要方法为估价法。这种方法是利用估价普通股现值的公式,来计算普通股成本的一种方法。普通股现值的计算公式为:

$$V_0 = \sum_{i=1}^{n} \frac{D_i}{(1+K_s)^i} + \frac{V_n}{(1+K_s)^n}$$

　　由于股票没有到期日,那么,当 $n \to \infty$ 时,$\dfrac{V_n}{(1+K_s)^n} \to 0$,所以,股票的现值为:

$$V_0 = \sum_{i=1}^{n} \frac{D_i}{(1+K_s)^i}$$

以上两式中　　V_0——普通股现值;

　　　　　　　　D_i——第 i 期支付的股利;

　　　　　　　　V_n——普通股终值;

　　　　　　　　K_s——普通股成本。

　　这样,可利用以上两式求出 K_s,即普通股成本。

　　以上两个公式计算都比较复杂,如果每年股利固定不变,则可视为永续年金,计算公式可简化为:

$$K_s = \frac{D}{V_0}$$

　　把筹资费用也考虑进去,则:

$$K_s = \frac{D}{V_0(1-f)}$$

式中　　K_s——普通股成本;

　　　　D——每年固定股利;

　　　　V_0——普通股金额,按发行价计算;

　　　　f——普通股筹资费用率。

　　许多公司的股利都是不断增加的,假设年增长率为 g,则普通股成本的计算公式为:

$$K_s = \frac{D_1}{V_0(1-f)} + g$$

式中　D_1——第 1 年的股利。

例如,某公司以面值发行普通股总价格 1 000 万元,筹资费用率为 4%,第一年股利率为 12%,以后每年增长 3%,则普通股成本为:

$$K_s = \frac{1\,000 \times 12\%}{1\,000 \times (1-4\%)} + 3\% = 15.5\%$$

上述普通股成本的确定方法,通常称为股利增长模型,是一种常用的方法。

(3) 留用利润成本。公司的留用利润是由公司税后净利形成的,它属于普通股股东。从表面上看,公司使用留用利润似乎不花费什么成本,而事实上,股东愿意将它留用于公司而不作为股利取出投资于别处,是为求得与普通股等价的报酬,因此,留用利润也有成本,不过是一种机会成本。留用利润成本的确定方法与普通股成本基本相同,只是不考虑筹资费用。其计算公式为:

$$K_e = \frac{D_1}{V_0} + g$$

式中　K_e——留用利润成本。

在公司全部资本中,普通股以及留用利润的风险最大,要求报酬相应最高,因此,其资金成本也最高。

以上是对股份公司权益成本的确定。对于非股份公司的企业,其权益资本主要由吸收的直接投资和留用利润构成。它们的成本确定方法与公司的股票成本和留用利润成本相比,具有明显的不同,主要是:① 吸收投资的协议或合同有的约定有固定的分利比率,这类似于公司优先股;② 吸收投资及留用利润不能在证券市场上交易,无法形成公平的交易价格;③ 在未约定固定分利比率的情况下,吸收投资要求的报酬难以预计,其成本的确定方法还有待研究。

(三) 综合资金成本

综合资金成本是指企业全部长期资本的总成本,通常是以各种资

本占全部资本的比重为权数,对个别资金成本进行加权平均确定的,故也称为加权平均资金成本。其计算公式为:

$$K_w = \sum K_j W_j \quad (其中:\sum W_j = 1)$$

式中　K_w——综合资金成本;

　　　K_j——第 j 种个别资金成本;

　　　W_j——第 j 种个别奖金成本占全部资本的比重。

在已经确定个别资金成本的情况下,取得企业各种资本占全部资本的比重后,即可计算企业的综合资金成本。

例如,某公司共有长期资本(帐面价值)1 000 万元,其中长期借款 100 万元,债券 200 万元,优先股 100 万元,普通股 400 万元,留用利润 200 万元,其个别资金成本分别为 6%、6.5%、12%、15%、14.5%。则该公司的综合资金成本计算为:

第一步:计算各种资金成本占全部资本的比重。

　　长期债款: $W_l = 100/1\,000 = 0.1$

　　债　券: $W_b = 200/1\,000 = 0.2$

　　优 先 股: $W_p = 100/1\,000 = 0.1$

　　普 通 股: $W_s = 400/1\,000 = 0.4$

　　留用利润: $W_e = 200/1\,000 = 0.2$

第二步:计算综合资金成本。

$$
\begin{aligned}
K_w &= W_l K_l + W_b K_b + W_p K_p + W_s K_s + W_e K_e \\
&= 6\% \times 0.1 + 6.5\% \times 0.2 + 12\% \times 0.1 + 15\% \times 0.4 + 14.5\% \times 0.2 \\
&= 0.6\% + 1.3\% + 1.2\% + 6\% + 2.9\% \\
&= 12\%
\end{aligned}
$$

上述加权平均资金成本计算中的权数是按帐面价值确定的。这种帐面价值权数的资料易于从资产负债表中取得,但如果债券和股票的市场价值已脱离帐面价值许多,就会误估加权平均资金成本,不利于筹资决策。

在实践中，加权平均资本的权数还有两种选择，即市场价值权数和目标价值权数。

（1）市场价值权数。是指债券、股票等以现行市场价格确定权数，从而计算加权平均资金成本。

（2）目标价值权数。是指债券、股票等以未来预计的目标市场价值确定权数，从而估计加权平均资金成本。

（四）边际资金成本

边际资金成本是指资本每增加一个单位而增加的成本。

加权平均的资金成本，是企业过去筹集的或目前使用的资本的成本。但是，企业各种资本的成本，随时间的推移或筹资条件的变化而不断变化，加权平均的资金成本也不是一成不变的。一个企业进行投资，不能仅仅考虑目前所使用的资金成本，还要考虑为投资项目新筹集的资本的成本，这就需要计算资本的边际成本。现举例说明边际成本的计算过程。

例如，甲公司现有资本 100 万元，其中长期负债 20 万元，优先股 5 万元，普通股 75 万元，为了满足追加投资需要，公司拟筹措新资，这需要计算确定资金的边际成本。其计算过程如下：

1. 确定公司最优的资金结构

甲公司的财务人员经过认真分析，认为目前的资金结构即为最优资金的结构，因此，在今后筹资时，继续保持长期债务占 20％，优先股占 5％，普通股占 75％的资金结构。

2. 确定各种筹资方式的资金成本

甲公司的财务人员认真分析了目前金融市场状况和企业筹资能力，认为随着公司筹资规模的不断扩大，各种筹资成本也会增加，详细情况列示如表 13-2。

3. 计算筹资总额分界点

根据目标资金结构和各种筹资方式资金成本变化的分界点，计算

表 13-2

甲公司筹资资料

资本种类	目标资本结构	新筹资的数量范围	资金成本
长期负债	0.2	10 000 元以内 10 000—40 000 元 40 000 元以上	6% 7% 8%
优 先 股	0.05	2 500 元以内 2 500 元以上	10% 12%
普 通 股	0.75	22 500 元以内 22 500—75 000 元 75 000 元以上	14% 15% 16%

筹资总额的分界点,其具体计算公式为:

$$BP_i = \frac{TF_i}{W_i}$$

式中　BP_i——筹资总额分界点;

　　　TF_i——第 i 种筹资方式的成本分界点;

　　　W_i——目标资金结构中第 i 种筹资方式所占的比例。

甲公司的筹资总额分界点如表 13-3 所示。

表 13-3

筹资分界点计算表

单位:元

资本种类	资金成本（%）	各种资本筹资范围	筹资总额分界点	筹资总额范围
长期负债	6 7 8	10 000 以内 10 000—40 000 40 000 以上	10 000/0.2＝50 000 40 000/0.2＝200 000	50 000 以内 50 000—200 000 200 000 以上
优 先 股	10 12	2 500 以内 2 500 以上	2 500/0.05＝50 000	50 000 以内 50 000 以上
普 通 股	14 15 16	22 500 以内 22 500—75 000 75 000 以上	22 500/0.75＝30 000 75 000/0.75＝100 000	30 000 以内 30 000—100 000 100 000 以上

表 13-3 显示了特定筹资种类成本变化的分界点。例如,长期债务在 10 000 元以内时,其成本为 6%,而在目标资本结构中,债务的比重

为 20%,这表明在债务成本由 6% 上升到 7% 之前,企业可筹集 50 000 元资本;当筹资总额多于 50 000 元时,债务成本就要上升到 7%。

4. 计算边际资金成本

根据上一步计算出的筹资总额分界点,可得出下列五组新的筹资范围:① 30 000 元以内;② 30 000—50 000 元;③ 50 000—100 000 元;④ 100 000—200 000 元;⑤ 200 000 元以上。

对上列五个筹资范围分别计算加权平均资金成本,即可得到各种筹资范围的边际成本,计算过程如表 13-4 所示。

表 13-4

资金边际成本计算表

序号	筹资总额的范围（元）	筹资方式	资金结构	资金成本（%）	资金的边际成本（%）
1	0—30 000	长期债券 优 先 股 普 通 股	0.20 0.05 0.75	6 10 14	1.2 0.5 10.5
		第一个范围的资金边际成本＝12.2			
2	30 000—50 000	长期债券 优 先 股 普 通 股	0.20 0.05 0.75	6 10 15	1.2 0.5 11.25
		第二个范围的资金边际成本＝12.95			
3	50 000—100 000	长期债券 优 先 股 普 通 股	0.20 0.05 0.75	7 12 15	1.4 0.6 11.25
		第三个范围的资金边际成本＝13.25			
4	100 000—200 000	长期债券 优 先 股 普 通 股	0.20 0.05 0.75	7 12 16	1.4 0.6 12
		第四个范围的资金边际成本＝14			
5	200 000 以上	长期债券 优 先 股 普 通 股	0.20 0.05 0.75	8 12 16	1.6 0.6 12
		第五个范围的资金边际成本＝14.2			

二、杠杆原理

杠杆是一个应用很广泛的概念,作为预测和分析的工具,杠杆原理在财务管理上反映产量、收入、利息及息税前利润(支付利息及缴纳所得税前的利润)和每股收益之间的关系。本节将介绍三种杠杆:经营杠杆、财务杠杆和复合杠杆。

(一)经营杠杆

1. 经营杠杆的含义

经营杠杆是指在某一固定成本比重下,销售量变动对息税前利润产生的作用。在其他条件不变的情况下,产销量的增加虽然一般不会改变固定成本总额,但会降低单位固定成本,从而提高单位利润,使息税前利润的增长率大于产销量的增长率;反之,产销量的减少会提高单位固定成本,降低单位利润,使息税前利润下降率也大于产销量下降率。如果不存在固定成本,所有成本都是变动的,那么边际贡献就是息税前利润,这时息税前利润变动率就同产销量变动率完全一致。这就是经营杠杆作用的结果。

2. 经营杠杆系数

经营杠杆系数是指息税前利润变化率相当于产销量变化率的倍数,并用字母 DOL 表示。其计算公式为:

$$经营杠杆系数＝息税前利润变动率/产销量变动率$$

或

$$DOL = \frac{\Delta EBIT/EBIT}{\Delta S/S}$$

式中　$EBIT$——变动前的息税前利润;

　　　$\Delta EBIT$——息税前利润的变动额;

　　　S——变动前的产销量;

　　　ΔS——产销量的变动额。

例如,大华公司有关资料如表 13-5 所示,假设产销量一致,试计算该企业的经营杠杆系数。

表 13-5

资 料 表

单位：元

	产销量变动前	产销量变动后	变 动 额	变动率(%)
销售额	40 000	48 000	8 000	20
变动成本	24 000	28 800	4 800	20
边际贡献	16 000	19 200	3 200	20
固定成本	8 000	8 000	——	——
息税前利润	8 000	11 200	3 200	20

根据上述公式得：

$$DOL = \frac{\Delta EBIT/EBIT}{\Delta S/S} = \frac{3\,200/8\,000}{8\,000/40\,000} = 2$$

上述公式是计算经营杠杆系数的常用公式，但利用该公式，必须根据变动前和变动后的有关资料才能进行计算。为了简化计算，我们根据上述公式可以推导出用基期资料计算经营杠杆系数的公式，即

经营杠杆系数＝基期边际贡献/基期息税前利润

将表 13-5 的资料代入得：

$$DOL = \frac{16\,000}{8\,000} = 2$$

3. 经营杠杆与经营风险

引起企业经营风险的主要原因，是市场需求和成本等因素的不确定性，经营杠杆本身并不是利润不稳定的根源。但是，产销量增加时，息税前利润将以 DOL 的倍数的幅度增加；而产销量减少时，息税前利润又将以 DOL 倍数的幅度减少。可见，经营杠杆扩大了市场和生产等不确定因素对利润变动的影响。而且经营杠杆系数越高，利润变动越激烈，企业的经营风险就越大。于是，企业经营风险的大小和经营杠杆有重大关系。一般来说，在其他因素不变的情况下，固定成本越高，经营杠杆系数越大，经营风险越大。

（二）财务杠杆

1. 财务杠杆的含义

不论企业营业利润多少，债务的利息和优先股的股利通常都是固定不变的。当息税前利润增大时，每1元盈余所负担的固定财务费用就会相对减少，这能给普通股股东带来更多的盈余；反之，当息税前利润减少时，每1元盈余所负担的固定财务费用就会相对增加，这就会大幅度减少普通股的盈余。这种债务对投资者收益的影响，称作财务杠杆。现用表13-6加以说明。

表13-6

甲、乙公司的资金结构与普通股利润表

单位：元

项　　目	甲公司	乙公司
股本(面值：100)	600 000	300 000
发行在外股数(股)	60 000	30 000
债券(利息率为8%)	0	3 000 000
资金总额	6 000 000	6 000 000
息税前利润	600 000	600 000
利息	0	240 000
税前利润	600 000	360 000
所得税(50%税率)	300 000	180 000
净利润	300 000	180 000
每股利润	5	6
息税前利润增长率(%)	20	20
增长后的息税前利润	720 000	720 000
债券利息	0	240 000
税前利润	720 000	480 000
所得税(50%税率)	360 000	240 000
净利润	360 000	240 000
每股利润	6	8
每股利润增加额	1	2
普通股利润增长率(%)	20	33.33

在表 13-6 中,甲、乙两个公司的资金总额相等,息税前利润相等,息税前利润的增长率也相同,不同的只是资金结构。甲公司全部资金都是普通股,乙公司的资金中普通股和债券各占一半。在息税前利润增长 20% 的情况下,甲公司每股利润增长 20%,而乙公司却增长了 33%,这就是财务杠杆的作用。当然,如果息税前利润下降,乙公司每股利润的下降幅度要大于甲公司每股利润的下降幅度。

2. 财务杠杆系数

对财务杠杆进行计量的最常用指标是财务杠杆系数。所谓财务杠杆系数是普通股每股利润的变动率相当于息税前利润变动率的倍数。其计算公式为:

$$财务杠杆系数 = \frac{普通股每股利润变动率}{息税前利润变动率}$$

$$DFL = \frac{\Delta EPS / EPS}{\Delta EBIT / EBIT}$$

式中　　DFL——财务杠杆系数;

ΔEPS——普通股每股利润变动额或普通股利润变动额;

EPS——基期每股利润或基期普通股利润;

$\Delta EBIT$——息税前利润变动额;

$EBIT$——基期息税前利润。

把表 13-6 的有关资料代入公式,得:

$$DFL_甲 = \frac{1/5}{120\,000 / 60\,000} = 1.00$$

$$DFL_乙 = \frac{2/6}{120\,000 / 60\,000} = 1.67$$

这说明,在利润增加时,乙公司每股利润的增长幅度大于甲公司的增长幅度;当然,当利润减少时,乙公司每股利润减少得也更快。因此,公司息税前利润较多,增长幅度较大时,适当地利用负债性资金,发挥财务杠杆的作用,可增加每股利润,使股票价格上涨,增加企业价值。

3. 财务杠杆与财务风险

财务风险是指企业为取得财务杠杆利益而利用负债资金时,增加了破产机会或普通股利润大幅度变动的机会所带来的风险。企业为取得财务杠杆利益,就要增加负债;一旦企业息税前利润下降,不足以补偿固定利息支出,企业的每股利润就会下降得更快。现举例说明如表13-7。

表 13-7

丙、丁公司的资金结构与财务风险

单位:元

项 目	丙公司	丁公司
普通股	1 000 000	500 000
利息率为 8% 的债券	0	500 000
资金总额	1 000 000	1 000 000
计划息税前利润	100 000	100 000
实际息税前利润	30 000	30 000
借款利息	0	40 000
税前利润	30 000	−10 000

从表 13-7 中可以看出,丙公司没有负债,就没有财务风险;丁公司有负债,当息税前利润比计划减少时,就有了比较大的财务风险。如果不能及时扭亏为盈,可能会导致破产。

(三)复合杠杆

1. 复合杠杆的含义

如前所述,由于存在固定的生产经营成本,产生经营杠杆作用,使息税前利润的变动率大于业务量的变动率;同样,由于存在固定的财务成本(如固定利息和优先股股利),产生财务杠杆作用,使企业每股利润的变动率大于息税前利润的变动率。如果两种杠杆共同起作用,那么销售额稍有变动就会使每股收益产生更大的变动。通常将这两种杠杆的连锁作用称为复合杠杆。

例如,某企业有关资料如表 13-8 所示,试看复合杠杆的作用。

表 13-8

某企业有关资料表

单位:元

项　　目	1997 年	1998 年	1998 年比 1997 年增减（％）
销售收入①	5 000	6 000	20
变动成本②	2 000	2 400	20
固定成本	2 000	2 000	0
息税前利润（EBIT）	1 000	1 600	60
利息	400	400	0
税前利润	600	1 200	100
所得税（税率为 50％）	300	600	100
净利润	300	600	100
普通股发行在外股数（股）	500	500	0
每股利润	0.6	1.2	100

① 单位产品售价 10 元。

② 单位变动成本 4 元。

从表 13-8 中看到,在复合杠杆的作用下,业务量增加 20％,每股利润便增长 100％。当然,如果业务量下降 20％,企业的每股利润也会下降 100％。

2. 复合杠杆系数

从以上分析中得知,只要企业同时存在固定的生产经营成本和固定的利息费用等财务支出,就会存在复合杠杆的作用。但不同企业,复合杠杆作用的程度是不完全一致的,为此,需要对复合杠杆作用的程度进行计量。对复合杠杆进行计量的最常用指标是复合杠杆系数或复合杠杆度。所谓复合杠杆系数,是指每股利润变动率相当于业务量变动率的倍数。其计算公式为：

$$复合杠杆系数=\frac{每股利润变动率}{产销量变动率}$$

$$DCL=\frac{\Delta EPS/EPS}{\Delta S/S}$$

式中　DCL——复合杠杆系数；

EPS——变动前的每股利润；

ΔEPS——每股利润变动额；

S——变动前产销量；

ΔS——产销量的变动额。·

把表 13-8 中的有关数据代入，得：

$$DCL=\frac{0.6\div0.6}{1\,000\div5\,000}=\frac{100\%}{20\%}=5$$

为简化计算，可根据上述公式推导出计算复合杠杆系数的简单公式：

$$DCL=\frac{\Delta EPS/EPS}{\Delta S/S}=\frac{\Delta EPS/EPS}{\Delta EBIT/EBIT}\times\frac{\Delta EBIT/EBIT}{\Delta S/S}=DOL\times DFL$$

这就是说，在本例中，企业的业务量每增减 1%，每股利润增减 5%，因此，业务量有一个比较小的增长，每股利润便会大幅度增长；反之，业务量有比较小的下降，每股利润便会大幅度下降。

3. 复合杠杆与企业风险

从以上分析看到，在复合杠杆的作用下，当企业经济效益好时，每股利润会大幅度上升，当企业经济效益差时，每股利润会大幅度下降。企业复合杠杆系数越大，每股利润的波动幅度越大。由于复合杠杆作用使每股利润大幅度波动而造成的风险，称为复合风险。在其他因素不变的情况下，复合杠杆系数越大，复合风险越大；复合杠杆系数小，复合风险越小。

（三）资本结构

1. 资本结构及其作用

资本结构是指企业各种资金的构成及其比例关系。资本结构是企业筹资决策的核心问题。企业应综合考虑有关影响因素,运用适当的方法确定最佳资本结构,并在以后追加筹资中继续保持。企业现有资本结构不合理,应通过筹资活动进行调整,使其趋于合理化。

在通常情况下,企业的资本结构由长期债务资本和权益资本构成。资本结构指的就是长期债务资本和权益资本各占多大比例。

在企业资本结构中,合理地安排债务资本,对企业具有重要影响:

(1)合理安排债务资本有利于降低资金成本,由于债务资本利息率通常低于权益资本股利率,而且债务资本利息从税前支付,企业可减少交纳所得税,从而使得债务资本的成本明显低于权益资本的成本。因此,在一定的限度内合理提高债务资本的比率,就可降低企业的综合资金成本。

(2)利用债务资本可以获取财务杠杆利益。不论企业利润多少,由于债务利息通常都是固定不变的,当息税前利润增大时,每1元利润所负担的固定利息就会相对减少,从而可分配公司股东的税后利润也会相应增加。因此,利用债务资本可以发挥财务杠杆的作用,给企业股东带来财务杠杆利益。

(3)使用债务资本会加大企业的财务风险。企业运用债务资本,一方面可以发挥财务杠杆的作用,获取财务杠杆利益,但另一方面也使企业的债务增加,给企业带来一定的财务风险,包括定期付息还本的风险和可能导致所有权收益下降的风险。

总之,适当利用债务资本可降低企业资金成本。同时,由于财务杠杆的作用,会使每股利润增加,进而会提高股票的市场价格,但债务的增加也必然伴随一定的财务风险,这又会造成资金成本上升和股票价格下跌。因此,财务人员必须在风险与报酬之间进行权衡,确定合理的资金结构。

2. 比较资金成本法

企业在作出筹资决策之前,先拟定若干个备选方案,分别计算各方案加权平均的资金成本,并根据加权平均资金成本的高低来确定资金结构的方法,叫比较资金成本法。

企业的资本结构决策,可分为初次利用债务资本和追加债务资本两种情况。前者可称为初始资本结构决策,后者可称为追加资本结构决策。

(1) 初始资本结构决策。在实际中,企业对拟定的筹资总额,可以采用多种筹资方式来筹集,同时每种筹资方式的筹资数额亦可有不同安排,由此形成若干个资金结构可供选择。现举例说明。

例如,某企业筹资规模确定为 600 万元,有三个备选方案,其资本结构分别为:

方案甲:长期借款 100 万元,债券 300 万元,普通股 200 万元;

方案乙:长期借款 140 万元,债券 160 万元,普通股 300 万元;

方案丙:长期借款 200 万元,债券 240 万元,普通股 160 万元。

各种筹资方式对应的个别资金成本如表 13-9 所示。

表 13-9

资 金 成 本 表

单位:万元

筹资方式	方 案 甲		方 案 乙		方 案 丙	
	筹资额	资金成本	筹资额	资金成本	筹资额	资金成本
长期借款	100	6%	140	6.5%	200	7%
债 券	300	9%	160	7.5%	240	8%
普 通 股	200	15%	300	15%	160	15%
合 计	600		600		600	

为了确定上述三个方案哪个最好,下面分别计算其加权平均资金成本。

第一,计算甲方案的加权平均资金成本。

$$K_{w甲}=1/6\times6\%+1/2\times9\%+1/3\times15\%=10.5\%$$

第二,计算乙方案的加权平均资金成本。

$$K_{w乙}=7/30\times6.5\%+4/15\times7.5\%+1/2\times15\%=11.02\%$$

第三,计算丙方案的加权平均资金成本。

$$K_{w丙}=1/3\times7\%+6/15\times8\%+4/15\times15\%=9.53\%$$

从以上计算可以看出,丙方案的加权资金成本最低,所以应选用丙方案。

(2)追加资本结构决策。企业因追加投资以及筹资环境的变化,原有的资本结构就会发生变化,原有的最佳资本结构就未必仍是最优的。因此,企业应在资金结构不断变化中寻求最佳结构。下面举例说明。

例如,某企业原来资金总额为 3 200 万元,其中债券筹资 1 600 万元,普通股 1 600 万元。债券的年利率为 10%。普通股每股面值 1 元,发行价格 10 元,目前价格也为 10 元,今年期望股利为 1 元/股,预计以后每年增加股利 5%。假设该企业所得税税率为 30%,发行的各种证券均无筹资费。

该企业现拟增资 800 万元,以扩大生产经营规模,现有如下三个方案可供选择。

甲方案:增加发行 800 万元的债券,因负债增加,投资人风险加大,债券利率增至 12% 才能发行,预计普通股股利不变,但由于风险加大,普通股市价降至 8 元/股。

乙方案:发行债券 400 万元,年利率为 10%,发行股票 40 万股,每股发行价 10 元,预计普通股股利不变。

丙方案:发行股票 72.72 万股,普通股市价增至 11 元/股。

为了确定上述三个方案哪个最好,下面分别计算其加权平均资金成本。

第一,计算计划年初加权平均资金成本。

$$K_{wo}=50\%\times7\%+50\%\times15\%=11\%$$

第二,计算甲方案的加权平均资金成本。

$$K_{w甲}=40\%\times7\%+20\%\times8.4\%+40\%\times17.5\%=11.48\%$$

第三,计算乙方案的加权平均资金成本。

$$K_{w乙}=50\%\times7\%+50\%\times15\%=11\%$$

第四,计算丙方案的加权平均资金成本。

$$K_{w丙}=40\%\times7\%+60\%\times14.1\%=11.26\%$$

从以上计算可以看出,乙方案的加权平均资金成本最低,所以应选用乙方案,即该企业应保持原来的资金结构,50%为负债资金,50%为自有资金。

这种方法通俗易懂,计算过程也不是十分复杂,是确定资金结构的一种常用方法。但因所拟定的方案数量有限,故有把最优方案漏掉的可能。

3. EBIT—EPS 分析法

研究资金结构,不能脱离企业的盈利能力,企业的盈利能力,一般用息税前利润($EBIT$)表示;确定资金结构不能不考虑它对股东财富的影响,股东财富用每股利润(EPS)来表示。

将以上两方面联系起来,分析资金结构与每股利润之间的关系,进而来确定合理的资金结构的方法,叫息税前利润—每股利润分析法,简写为 EBIT—EPS 分析法。

这种方法要确定每股利润的无差别点。每股利润的无差别点是指两种筹资方式下普通股每股利润等同时的息税前利润点,所以该法又叫每股利润无差别点法。通过对 $EBIT$ 和 EPS 关系的分析,我们可以求出此点。

$$EPS=[(EBIT-I)(1-T)-D_p]/N$$

式中　I——债务年利息;

　　　D_p——优先股股息;

　　　T——税率;

　　　N——普通股股数。

例如,华特公司目前有资金 75 万元,现因生产发展需要准备再筹集 25 万元资金,这些资金可以利用发行股票来筹集,也可以利用发行债券来筹集。表 13-10 列示了原资金结构和筹资后资金结构情况。

表 13-10

华特公司资金结构变化情况表

单位:元

筹 资 方 式	原资金结构	增加筹资后资金结构	
		增发普通股(A)	增发公司债(B)
公司债(利率 8%)	100 000	100 000	350 000
普通股(面值 10 元)	200 000	300 000①	200 000
资本公积	250 000	400 000①	250 000
留存收益	200 000	200 000	200 000
资金总额合计	750 000	1 000 000	1 000 000
普通股股数(股)	20 000	30 000	20 000

① 发行新股票时,每股发行价格为 25 元,筹资 250 000 元须发行 10 000 股,普通股股本增加 100 000 元,资本公积金增加 150 000 元。

根据资金结构的变化情况,我们可采用 EBIT—EPS 分析法分析资金结构对普通股每股利润的影响。详细的分析情况见表 13-11。

表 13-11

华特公司不同资金结构下的每股利润

单位:元

项 目	增发股票	增发债券
预计息税前利润(EBIT)	200 000	200 000
减:利息	8 000	28 000
税前利润	192 000	172 000
减:所得税(50%)	96 000	86 000
净利润	96 000	86 000
普通股股数	30 000	20 000
每股利润(EPS)	3.2	4.3

从表 13-11 中可以看到,在息税前利润为 200 000 元的情况下,利用增发公司债的形式筹集资金能使每股利润上升较多,这可能更有利于股票价格上涨,更符合理财目标。

那么,究竟息税前利润为多少时发行普通股有利,息税前利润为多少时发行公司债有利呢? 这就要测算每股利润无差异点处的息税前利润。

其计算公式为:

$$[(EBIT^* - I_1)(1-T) - D_1]/N_1 = [(EBIT^* - I_2)(1-T) - D_2]/N_2$$

式中　$EBIT^*$——每股利润无差异点处的息税前利润;

　　　　I_1, I_2——两种筹资方式下的年利息;

　　　　D_1, D_2——两种筹资方式下的优先股股利;

　　　　N_1, N_2——两种筹资方式下的流通在外的普通股股数。

现把华特公司的资料代入上式得:

$$[(EBIT^* - 8\,000) \times (1-50\%) - 0]/30\,000$$

$$= [(EBIT^* - 28\,000) \times (1-50\%) - 0]/20\,000$$

求得:　　　　　　　　　　$EBIT^* = 68\,000(元)$

在此点　　　　　　　　　$EPS_1 = EPS_2 = 1(元)$

这就是说,当盈利能力 $EBIT > 68\,000$ 元时,利用负债集资较为有利;当盈利能力 $EBIT < 68\,000$ 元时,不应再增加负债,以发行普通股为宜;当 $EBIT = 68\,000$ 元时,采用两种方式无差别。华特公司预计 $EBIT$ 为 200 000 元,故采用发行公司债的方式较为有利。

这种分析方法只考虑了资金结构对每股利润的影响,并假定每股利润最大,股票价格也就最高。但把资金结构对风险的影响置于视野之外,是不全面的。因为随着负债的增加,投资者的风险加大,股票价格和企业价值也会有下降的趋势,所以,单纯地用 EBIT—EPS 分析法有时会作出错误的决策。但在资金市场不完善的时候,投资人主要根据每股利润的多少来作出投资决策,每股利润的增加也的确有利于股票价格的上升。

我们探讨的有关确定资金结构的方法,可以有效地帮助财务管理人员确定合理的资金结构。但这些方法并不能当作绝对的判别标准,在应用这些方法时,还应结合其他因素,以便使资金结构趋于最优。

第十四章

企业投资管理

第一节　企业投资概述

一、企业投资的意义

企业投资是指企业投入财力，以期望在未来获取收益的一种行为。在市场经济条件下，企业能否把筹集到的资金投放到收益高、回收快、风险小的项目上去，对企业的生存和发展是十分重要的。财务管理中的投资与会计中的投资含义不完全一致，通常，会计上的投资是指对外投资，而财务管理中的投资既包括对外投资，也包括对内投资。

（1）企业投资是实现财务管理目标的基本前提。企业财务管理的目标是不断提高企业价值，为此，就要采取各种措施增加利润，降低风险。企业要想获得利润，就必须进行投资，在投资中获得效益。

（2）企业投资是发展生产的必要手段。在科学技术、社会经济迅速发展的今天，企业无论是维持简单再生产还是实现扩大再生产，都必须进行一定的投资。企业只有通过一系列的投资活动，才能做到增强实力、广开财源、谋求发展。

（3）企业投资是降低风险的重要方法。企业把资金投向生产经营的关键环节或薄弱环节，可以使企业各种生产经营能力配套、平衡，形成更大的综合生产能力。企业如果把资金投向多个行业，实行多角化经营，则更能增加企业销售和盈余的稳定性。这些都是降低企业经营风险的重要方法。

二、企业投资的分类

为了加强投资管理,提高投资效益,必须分清投资的性质,对投资进行科学的分类。

(1)按投资与企业生产经营的关系,投资可分为直接投资和间接投资两类。直接投资是指把资金投放于生产经营性资产,以便获取利润的投资。在非金融性企业中,直接投资所占比重很大。间接投资又称证券投资,是指把资金投入于证券等金融资产,以便取得股利或利息收入的投资。随着我国金融市场的完善和多渠道筹资的形成,企业间接投资将越来越广泛。

(2)按投资回收时间的长短,投资可分为短期投资和长期投资两类。短期投资又称流动资产投资,是指能够并且也准备在一年以内收回的投资,主要指对现金、应收帐款、存货、短期有价证券等的投资,长期证券如能随时变现亦可作为短期投资。长期投资则是指一年以上才能收回的投资,主要指对厂房、机器设备等固定资产的投资,也包括对无形资产和长期有价证券的投资。由于长期投资中固定资产占的比重很大,所以,长期投资有时专指固定资产投资。

(3)根据投资的方向,投资可分为对内投资和对外投资两类。对内投资是指把资金投在企业内部,购置各种生产经营用资产的投资。对外投资是指企业以现金、实物、无形资产等方式或者以购买股票、债券等有价证券方式向其他单位的投资。对内投资都是直接投资,对外投资主要是间接投资,也可以是直接投资。随着企业横向经济联合的开展,对外投资越来越重要。

(4)根据投资在生产过程中的作用,投资可分为初创投资和后续投资。初创投资是在建立新企业时所进行的各种投资。它的特点是投入的资金通过建设形成企业的原始资产,为企业的生产、经营创造必要的条件。后续投资则是指为巩固和发展企业再生产所进行的更新性投资,为实现扩大再生产所进行的追加性投资,为调整生产经营方向所进行的转移性投资等。

三、企业投资管理的基本原则

企业在投资时必须坚持以下原则：

1. 认真进行市场调查，及时捕捉投资机会

在商品经济条件下，投资机会不是固定不变的，而是不断变化的，它要受到诸多因素的影响。最主要的是受到市场需求变化的影响。企业在投资之前，必须认真进行市场调查和市场分析，寻找最有利的投资机会。随着经济不断发展，人民收入水平不断增加，人们对消费的需求也就发生很大变化，无数的投资机会正是在这种变化中产生的。

2. 建立科学的投资决策程序，认真进行投资项目的可行性分析

在市场经济条件下，企业的投资决策都会面临一定的风险。为了保证投资决策的正确有效，必须按科学的投资决策程序，认真进行投资项目的可行性分析。投资项目可行性分析的主要任务是对投资项目技术上的可行性和经济上的有效性进行论证，运用各种方法计算出有关指标，以便合理确定不同项目的优劣。

3. 及时足额地筹集资金，保证投资项目的资金供应

企业的投资项目，特别是大型投资项目，建设周期长，所需资金多，一旦开工，就必须有足够的资金供应。否则，就会使工程建设中途下马，出现"半截子工程"，造成很大的损失。因此，在投资项目上马之前，必须科学预测投资所需资金的数量和时间，采用适当的方法，筹措资金，保证投资项目顺利完成，尽快产生投资效益。

4. 认真分析风险和收益的关系，适当控制企业的投资风险

收益和风险是共存的。一般而言，收益越大，风险也越大。企业在进行投资时，必须在考虑收益的同时认真考虑风险情况，只有在收益和风险达到最好的均衡时，才有可能不断增加企业价值，实现财务管理的目标。

第二节 流动资产管理

流动资产是指可以在一年或超过一年的一个营业周期内变现或使用的资产，主要包括现金、有价证券、应收帐款和存货等。流动资产一般的特点是流动性大、周转期短。流动资产一般在企业全部投资中占有很大比重。因此对流动资产管理水平的高低直接关系到企业的经营效益。本节介绍现金、应收帐款和存货的管理，有价证券的管理在第三节介绍。

一、现金的管理

现金是指在生产过程中暂停留在货币形态的资金，包括库存现金、银行存款和其他货币资金。

现金是企业可以立即作为支付手段的资产，在企业所拥有的全部资产中，现金的流动性最大。因此，拥有足够的现金对于降低企业风险，增强企业资产的流动性和债务的可清偿性有着重要的意义。但是，现金属于非盈利资产，持有量过多，势必给企业造成机会损失，降低企业资产的获利能力。因此，企业必须合理确定现金持有量，使现金收支不但在数量上，而且在时间上相互衔接，以便在保证企业经营活动所需现金的同时，尽量减少企业闲置数量，提高资金收益率。

（一）现金预算

为了有计划地管理现金，企业应逐期编制现金预算。通过现金预算，可以了解企业各期现金收入和支出情况，从而确定现金结余或短缺的数额及时间，为企业筹资或投资提供依据。

现金预算包括现金收入、现金支出、现金余额和现金筹集。在编制现金预算时首先要分析未来一定时期内的现金流入量和现金流出量。

现金流入量来源于销售收入、投资收益及其他现金收入，其中销售收入是现金流入量中最主要的部分，其金额可以直接从销售预算中得到；投资收益的收入时间比较固定，数量也容易确定；其他现金收入可根据企业以往资料并考虑预算期的情况分析确定。

预算期现金流入量加期初现金余额，构成预算期可用现金金额。

现金流出量主要包括购货支出、营业费用支出、利息支出、上缴所得税、利润分配以及其他现金支出。现金流出量中的购货支出可从材料预算中得到；营业费用支出（如销售费用）可从费用预算中得到；利息支出所需的现金可从偿债计划中得到；所得税付出的现金以及利润分配支出的现金可根据企业的盈利计划预先估计，支付时间也比较固定。

通过以上对现金流入量和现金流出量的分析，企业就可以确定出一定时期现金的余额。

$$现金余额＝预算期可用现金数－预算期现金流出量$$

如果可用现金数大于需用数，说明现金有结余，企业可以设法进行对外短期投资；反之，说明现金短缺，企业应设法筹资予以补足。

（二）最佳现金余额

最佳现金余额就是一个既能保证企业经营对现金的需要，又能使持有现金的代价最低的现金数量。

在成熟的证券市场条件下，企业可将现金管理与有价证券管理结合起来，当现金过多时，就进行有价证券投资，以获取高于银行存款利率的报酬；而当现金较少时，就售出有价证券，以换回现金。企业最佳现金余额取决于企业对现金的需要量、有价证券的利息率以及现金与有价证券之间的转换成本。本节介绍两种确定最佳现金余额的方法。

1. 存货模型

确定最佳现金持有量的存货模型的基本原理来源于存货管理中的经济批量模型。这一模型最早是由美国财务专家威廉·鲍曼于 1952 年运用于现金管理的，故又称鲍曼模型。

存货模型假设企业的现金流入和流出的数量是稳定的，则企业每日(或每月、每周)所需的现金数量是一定的。其过程如图 14-1。

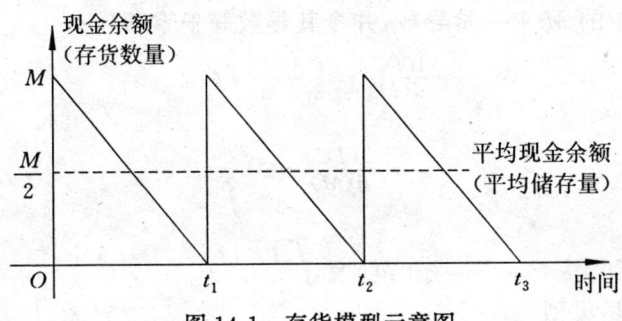

图 14-1　存货模型示意图

图 14-1 中,企业原有 M 元现金,在一段时期内均匀使用,在时间 t_1 时用完,此时企业售出有价证券 M 元补充,然后这笔现金又逐渐使用,到时间 t_2 时用完,再出售 M 元有价证券补充,如此反复。

图 14-1 中的 M 就是最佳现金余额。确定 M 就是要使持有现金的成本最低。现金持有成本包括两方面内容:

(1)持有现金所放弃的报酬,也就是持有现金的机会成本,这种成本通常是短期有价证券的利息率。

(2)现金与有价证券的转换成本,即有价证券的交易费用,假定它与交易的次数成正比,与交易量无关。

$$持有成本＝平均现金余额×有价证券利率＝\frac{M}{2} \cdot i$$

$$转换成本＝转换次数×每次固定转换成本＝\frac{T}{M} \cdot F$$

上式中　　M——现金余额初值,即为每次证券变现的数额;

　　　　　i——持有现金的机会成本,即有价证券的收益率;

　　　　　T——一定时期所需现金总额;

　　　　　F——每次转换有价证券的固定成本。

$$持有现金的总成本＝持有成本＋转换成本$$

即
$$TC＝\frac{M}{2} \cdot i + \frac{T}{M} \cdot F$$

总成本中,持有成本和转换成本是相互矛盾的,存货模型的目标就

是要确定一个 M^* 值,使两者相加之和最低。要使总成本最低,只需对上述公式中的 M 求一阶导数,并令其导数等于零,即

$$\frac{\mathrm{d}(TC)}{\mathrm{d}(M)} = \frac{i}{2} - \frac{T}{M^2} \cdot F$$

令

$$\frac{\mathrm{d}(TC)}{\mathrm{d}(M)} = 0$$

则

$$M^* = \sqrt{\frac{2TF}{i}}$$

2. 随机模型

随机模型是默顿·米勒与丹尼尔·奥尔于 1966 年首次提出的,因此,又称米勒—奥尔模型。

随机模型是在现金需求量难以预知的情况下进行现金持有量控制的方法。对企业来讲,往往是现金需求量波动大且难以预知,但企业可以根据历史经验和现实需要,制定一个控制区域,当现金余额达到该区域上限时,就将现金转换成有价证券,当现金余额下降到下限时,就售出有价证券,而如果现金余额处于上下限之间时,现金和有价证券都不需要转换。控制上限和下限的确定与现金和有价证券的转换成本以及持有现金的机会成本有关,其目标是要求以尽可能低的总成本来满足企业现金的需要量。这种对现金持有量的控制,如图 14-2。

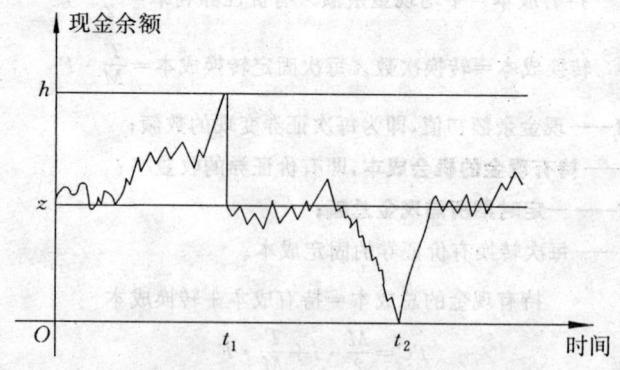

图 14-2　随机模型示意图

图 14-2 为随机模型示意图,图中 h 为上限,O 为下限。

图 14-2 中当现金余额增加到 h 数量时,就买进 $(h-z)$ 数量的有价证券,使现金余额成为 z,当现金余额减少到 O 时,则卖出 z 数量的有价证券,使现金余额仍为 z。如果现金与有价证券之间相互转换需要一定的间隔时间,则下限应设得比 O 大。

以上介绍的两种方法中,存货模式是建立在现金支出完全确定的基础上的,而随机模型是假定现金支出完全不确定,是随机的。企业实际的现金支出一部分是可预知的,一部分是不可预知的,因此,可根据以往的经验确定一个可控的弹性限度,并根据未来的现金支出情况加以调整,如果预测到近期内将需要额外现金,则即使现金余额达到了控制上限,也不急于买入有价证券,如果预测到近期无现金需要,则即使现金余额达到了控制下限,也不急于卖出有价证券。

二、应收帐款管理

应收帐款是企业因对外赊销产品、材料、供应劳务等而应向购货或接受劳务单位收取的款项,是企业流动资产的主要组成部分。应收帐款相当于企业向客户提供的短期贷款。企业向客户提供商业信用的目的在于扩大产品销售,增加收益,节约存货资金占用、降低存货管理成本,但提供商业信用使企业应计现金流入量与实际现金流入量在时间上不一致,同时,应收帐款的增加,还会造成坏帐损失、资金成本和管理成本的增加。因此,企业对应收帐款的管理就是对其应收帐款上的投资进行收益与风险的权衡,制定出最佳的信用政策和收帐政策。

（一）信用政策

所谓信用政策就是通过权衡收益和风险,对应收帐款水平进行规划与控制而确立的基本原则与行为规范。企业的信用政策包括信用标准和信用条件。

1. 信用标准

所谓信用标准是客户获得企业商业信用所应具备的最低条件,通常以预期的坏帐损失率表示。信用标准的确定,对企业影响甚大。若企业信用标准过高,只对少数信誉良好的客户授予信用,则可减少应收帐款的机会成本,减少坏帐损失,但也会影响企业市场竞争能力的提高和销售收入的扩大;反之,如果信用标准较低,虽然有利于扩大销售,提高市场竞争力和占有率,但相应会增加应收帐款投资和坏帐损失。由此可见,企业在信用标准的确定上,面临着两难的选择。其实,这也是风险、收益、成本的对称关系在企业信用标准制定方面的客观反映。因此,企业应根据自身情况,全面权衡增加赊销所取得的收益与增加应收帐款所支出的成本的数量对比关系,从而确定客户的信用标准。

2. 信用条件

所谓信用条件就是指企业接受客户信用定单时所提出的付款要求,主要包括信用期限、折扣期限及现金折扣等。信用条件的基本表现方式如:"1/10、$n/30$",意思是:若客户能够在发票开出后的 10 日内付款,可以享受 1% 的现金折扣;如果放弃折扣优惠,则全部款项必须在30 日内付清。在此,30 天为信用期限,10 天为折扣期限,1% 为现金折扣。

信用期限是指企业允许客户从购货到支付货款的时间限定。通常,延长信用期限,可以扩大销售,增加毛利。但延长信用期限也会使平均收帐期延长,占用在应收帐款上的资金相应增加,引起机会成本、坏帐损失和收帐费用的增加。因此,企业是否给客户延长信用期限,应视延长信用期限增加的边际收入是否大于增加的边际成本而定。

现金折扣实际上是产品售价的扣减,企业决定是否提供以及提供多大程度的现金折扣,应根据提供折扣后所得的收益是否大于现金折扣的成本而定。如果加速收帐带来的机会收益大于现金折扣成本,企业就可以采取现金折扣或进一步改变当前的折扣方针,如果加速收款的机会收益小于现金折扣成本的话,现金优惠条件便被认为是不恰当的。

(二)收帐政策

收帐政策是指企业向客户收取逾期尚未付款的应收帐款的程序。

收帐费用是确定收帐政策时需要考虑的重要因素之一。收帐费用包括收帐所花的邮电通讯费、派专人收款的差旅费和不得已时的法律诉讼费用等。要确定适宜的收帐费用水平,就要在收帐费用与坏帐损失和应收帐款机会成本之间进行权衡。

企业信用政策和收帐政策的制定都面临着报酬与成本的权衡问题。制定应收帐款管理最佳策略须将信用标准、信用条件和收帐政策三者结合分析,决策中应比较每一种政策改变后的收益与改变后的成本,通过比较,选择最佳的政策。

三、存货管理

存货是企业在生产经营过程中为销售或耗用而储备的物资,包括各种原材料、在产品、产成品。存货是流动资产中所占比例较大的项目,在工业企业中约占流动资产的 50%—60%。存货管理水平的高低对企业财务状况影响极大。存货管理的目的是既要充分保证生产经营对存货的需要,又要尽量避免存货积压,降低存货成本。

存货管理的具体方法请参阅第十章的有关内容。

第三节 证券投资管理

目前,在我国证券市场上流通的有价证券主要有国库券、金融债券、企业债券和股票等,其特点是可在二级市场上流通,具有很强的变现能力。当企业持有的现金余额超过正常经营活动的需要时,就可将闲置现金投资于有价证券,以获取比银行存款利率更高的报酬率。

一、债券投资

(一)债券投资的种类与目的

企业债券投资按不同标准可进行不同的分类,这里按债券投资的时间将债券投资分为短期债券投资和长期债券投资两类。其中短期债券投资是指在一年以内就能到期或准备在一年之内变现的投资；长期债券投资是指在一年以上才能到期且不准备在一年以内变现的投资。

企业进行短期债券投资的目的主要是为了配合企业对资金的需求，调节现金余额，使现金余额达到合理水平。当企业现金余额太多时，便投资于债券，使现金余额降低；反之，当企业现金余额太少时，则出售原来投资的债券，收回现金，使现金余额提高。企业进行长期债券投资的目的主要是为了获得稳定的收益。

（二）债券的估价方法

企业进行债券投资，必须知道债券价格的计算方法，现介绍几个最常见的估价模型。

1. 一般情况下的债券估价模型

一般情况下的债券估价模型是指按复利方式计算的债券的估价公式。其计算公式为：

$$P = \sum_{i=1}^{n} \frac{i \times F}{(1+K)^i} + \frac{F}{(1+K)^n} = \sum_{i=1}^{n} \frac{I}{(1+K)^i} + \frac{F}{(1+K)^n}$$
$$= I \times (P/A, K, n) + F \times (P/F, K, n)$$

式中　　P——债券价格；

　　　　i——债券票面利息率；

　　　　F——债券面值；

　　　　I——每年利息；

　　　　K——市场利率或投资人要求的必要报酬率；

　　　　n——付息总期数。

2. 一次还本付息且不计复利的债券估价模型

我国很多债券属于此种。其计算公式为：

$$P = \frac{F + F \times i \times n}{(1+K)^n} = (F + F \times i \times n) \times (P/F, K, n)$$

公式中符号含义同前式。

3. 贴现发行时债券的估价模型

有些债券以贴现方式发行，没有票面利率，到期按面值偿还。这些债券的估价模型为：

$$P=\frac{F}{(1+K)^n}=F\times(P/F,K,n)$$

公式中的符号含义同前式。

（三）债券投资的优缺点

1. 债券投资的优点

企业进行债券投资的优点主要表现在以下三个方面：

（1）本金安全性高。与股票相比，债券投资风险比较小。政府发行的债券有国家财务作后盾，其本金的安全性非常高，通常视为无风险证券。企业债券的持有者拥有优先求偿权，即当企业破产时，优先于股东分得企业资产，因此，其本金损失的可能性小。

（2）收入比较稳定。债券票面一般都标有固定利息率，债券的发行人有按时支付利息的法定义务，因此，在正常情况下，投资于债券都能获得比较稳定的收入。

（3）许多债券都具有较好的流动性。政府及大企业发行的债券一般都可在金融市场上迅速出售，流动性很好。

2. 债券投资的缺点

企业进行债券投资的缺点主要表现在以下两个方面：

（1）购买力风险比较大。债券的面值和利息率在发行时就已确定，如果投资期间的通货膨胀率比较高，则本金和利息的购买力将不同程度地受到侵蚀，在通货膨胀率非常高时，投资者虽然名义上有收益，但实际上却有损失。

（2）没有经营管理权。投资于债券只是获得收益的一种手段，无权对债券发行单位施以影响和控制。

二、股票投资

（一）股票投资的种类及目的

股票投资主要有普通股投资和优先股投资两种。企业投资于优先股,可以获得固定的股利收入,优先股股票价格的波动相对也较小。因而,投资优先股的风险较低。企业投资于普通股,股利收入忽高忽低,股票价格波动较大。因而,投资于普通股的风险较大,但投资于普通股,一般能获得较高收益。

企业进行股票投资的目的主要有两种:一是作为一般的证券投资,获取股利收入及股票买卖差价;二是利用购买某一企业的大量股票达到控制该企业的目的。在第一种情况下,企业仅将某种股票作为它证券组合的一个重要组成部分,不应冒险将大量资金投资于某一企业的股票上。而在第二种情况下,企业应集中资金投资于被控企业的股票上,这时考虑更多的不应是目前利益——股票投资收益的高低,而应是长期利益——占有多少股权才能达到控股的目的。

(二)股票的估价方法

同进行债券投资一样,企业进行股票投资,也必须知道股票价格的计算方法。优先股的估价比较简单,其计算方法与债券基本一样,在此,不再赘述。现介绍几个最常见的普通股估价模型。

1. 短期持有股票、未来准备出售的股票估价模型

在一般情况下,投资者投资于股票,不仅希望得到股利收入,还希望在未来出售股票时从股票价格的上涨中获得好处。此时的股票估价模型为:

$$V = \sum_{t=1}^{n} \frac{d_t}{(1+K)^t} + \frac{V_n}{(1+K)^n}$$

式中　V——股票现在价格;

　　　V_n——未来出售时预计的股票价格;

　　　K——投资人要求的必要报酬率;

　　　d_t——第 t 期的预期股利;

　　　n——预计持有股票的期数。

2. 长期持有股票,股利稳定不变的股票估价模型

在每年股利稳定不变,投资人持有期间很长的情况下,股票的估价

模型可简化为：

$$V = \frac{d}{K}$$

式中 V——股票现在价格；

d——每年固定股利；

K——投资人要求的报酬率。

公式的推导过程为：

$$V = \sum_{t=1}^{n} \frac{d_t}{(1+K)^t} + \frac{V_n}{(1+K)^n}$$

当 n 非常大时，上式中的 $\frac{V_n}{(1+K)^n} \to 0$，而 $\sum_{t=1}^{n} \frac{d_t}{(1+K)^t}$ 则可看作是永续年金，由永续年金现值的计算公式可知：

$$V = \frac{d}{K}$$

3. 长期持有股票，股利固定增长的股票估价模型

如果一个公司的股利不断增长，投资人的投资期限又非常长，则股票的估价就更困难了，只能计算近似数。设上年股利为 d_0，每年股利比上年增长率为 g，则：

$$V = \frac{d_0(1+g)}{(1+K)} + \frac{d_0(1+g)^2}{(1+K)^2} + \cdots + \frac{d_0(1+g)^n}{(1+K)^n}$$

假设 $K > g$，当 $n \to \infty$ 时，则：

$$V = \frac{d_0(1+g)}{(K-g)} = \frac{d_1}{(K-g)}$$

式中 d_1——第一年的股利。

（三）股票投资的优缺点

1. 股票投资的优点

股票投资是一种具有挑战性的投资，其收益和风险都比较高。股票投资的优点主要有：

（1）能获得比较高的报酬。普通股票的价格虽然变动频繁，但从长期看，优质股票的价格总是上涨的居多，只要选择得当，都能取得优厚的投资收益。

（2）能适当降低购买力风险。普通股的股利不固定，在通货膨胀率比较高时，由于物价普遍上涨，股份公司盈利增加，股利的支付也随之增加，因此，与固定收益证券相比，普通股能有效地降低购买力风险。

（3）拥有一定的经营控制权。普通股股东属股份公司的所有者，有权监督和控制企业的生产经营情况，因此，欲控制一家企业，最好是收购这家企业的股票。

2. 股票投资的缺点

股票投资的缺点主要是风险大，这是因为：

（1）普通股对企业资产和盈利的求偿权均居于最后。企业破产时，股东原来的投资可能得不到全数补偿，甚至一无所有。

（2）普通股的价格受众多因素影响，很不稳定。政治因素、经济因素、投资人心理因素、企业的盈利情况、风险情况，都会影响股票价格，这也使股票投资具有较高的风险。

（3）普通股的收入不稳定。普通股股利的多少，视企业经营状况和财务状况而定，其有无、多寡均无法律上的保证，其收入的风险也远远大于固定收益证券。

第四节　固定资产投资管理

一、固定资产的日常管理

固定资产是指使用期限超过一年，单位价值在规定标准以上，并且在使用过程中保持原有实物形态的资产，包括房屋及建筑物、机器设备、运输设备、工具器具等。

（一）固定资产分类

企业固定资产按其经济用途和使用情况可分为以下六类：

（1）生产用固定资产，指企业生产单位和为生产服务的行政管理部门使用的各种固定资产。包括：① 房屋，指生产单位和行政管理部门使用的房屋，如厂房、办公楼等；② 建筑物，指除房屋以外的其他建筑物，如水塔、蓄水池、储油罐等；③ 运输设备，指运载货物用的各种运输工具，如运输用卡车、船舶等；④ 生产设备，指企业生产加工产品或维修用的各种机器设备；⑤ 仪器及试验设备，指对材料、工艺、产品进行研究试用的各类仪器设备等；⑥ 其他生产使用的固定资产，指不属于以上各类的生产用固定资产，如消防用具、办公用具以及行政管理用的汽车等。

（2）非生产用固定资产，指非生产单位使用的各种固定资产。如职工宿舍、俱乐部、食堂、浴室等单位所使用的房屋、设备、器具等。

（3）租出固定资产，指出租给外单位使用的多余或闲置的固定资产。

（4）未使用固定资产，指尚未使用的新增固定资产，调入尚待安装的固定资产，进行改建、扩建的固定资产，以及长期停止使用的固定资产。

（5）不需用固定资产，指本企业目前和今后都不需用，准备处理的固定资产。

（6）融资租入固定资产，指企业以融资租赁方式租入的机器设备、运输设备和生产设备等固定资产。

（二）固定资产折旧

1. 计提折旧的固定资产范围

（1）房屋及建筑物，不论是否使用，从入帐的次月起就应计提折旧。

（2）在用固定资产，指已投入使用的生产设备、运输设备、仪器及试验设备等生产性固定资产以及已投入使用的非生产性固定资产。

(3) 季节性停用和修理停用的固定资产。

(4) 以融资租赁方式租入的固定资产。

(5) 以经营租赁方式租出的固定资产。

2. 不计提折旧的固定资产范围

(1) 除房屋及建筑物以外的未使用、不需用的固定资产。

(2) 以经营租赁方式租入的固定资产。

(3) 已提足折旧的但继续使用的固定资产,按照规定提取维简费的固定资产。

(4) 破产、关停企业的固定资产。连续停工一个月以上的车间和基本处于停产状态的企业,其设备均不提取折旧;生产任务不足,处于半停产状态的企业的设备,减半提取折旧。

(5) 提前报废的固定资产,以前已经估价单独入帐的土地等,也不计提折旧。

企业固定资产折旧,从固定资产投入使用月份的次月起,按月计提;停止使用的固定资产,从停用月份的次月起,停止计提折旧。

3. 固定资产折旧方法

(1) 平均年限法,亦称使用年限法。它是按照固定资产的预计使用年限平均分摊固定资产折旧额的方法。这种方法计算的折旧额在各个使用年(月)份都是相等的,折旧的累计额所绘出的图线是直线,因此该法也称直线法。其计算公式为:

$$\text{固定资产年度折旧额} = \frac{\text{固定资产原值} - (\text{残值} - \text{清理费用})}{\text{规定折旧年限}}$$

$$\text{固定资产月折旧额} = \text{年度折旧额} \div 12$$

固定资产残值率一般按照固定资产原值的 3%—5% 确定。

(2) 工作量法,是按照固定资产生产经营过程中所完成的工作量计提其折旧的一种方法。该法是平均年限法派生出的方法,适用于各种时期使用程度不同的专业大型机械设备,计算公式为:

按照工作小时计算折旧额:

$$每工作小时折旧额 = \frac{原值 \times (1 - 残值率)}{规定的总工作小时}$$

$$月折旧额 = 月实际工作小时 \times 每工作小时折旧额$$

按照台班计算折旧额：

$$每台班折旧额 = \frac{原值 \times (1 - 残值率)}{规定的总工作台班数}$$

$$月折旧额 = 月实际工作台班 \times 每台班折旧额$$

按照行驶里程计算折旧额：

$$单位里程折旧额 = \frac{原值 \times (1 - 残值率)}{规定的总行驶里程}$$

$$月折旧额 = 月实际行驶里程 \times 单位里程折旧额$$

（3）双倍余额递减法，是按照固定资产帐面净值和百分比计算折旧的方法，是快速折旧法的一种。其计算公式为：

$$年折旧率 = \frac{2}{折旧年限} \times 100\%$$

$$月折旧率 = 年折旧率 \div 12$$

$$月折旧额 = 固定资产帐面净值 \times 月折旧率$$

（4）年数总和法，亦称年数总额法，是根据固定资产原值减去预计净残值后的余额，按照逐年递减的折旧率计提折旧的一种方法，是快速折旧法的一种。其折旧率以该项固定资产预计尚可使用年数（包括当年）作分子，而以逐年可使用年数之和作分母。分母是固定的，而分子每年变动，折旧率也每年变动，其折旧率和折旧额的计算公式为：

$$当年折旧率 = \frac{尚可使用年数}{逐年使用年数之和}$$

$$折旧额 = (原值 - 预计残值) \times 当年折旧率$$

（三）固定资产修理

1. 固定资产的中小修理

固定资产的中小修理，也称"经常修理"，是为保持固定资产正常工作效能所进行的经常修理。与固定资产大修理相比，中小修理的特点是：间隔时间短、修理范围小、费用支出少。中小修理发生的费用一次性计入成本。

2. 固定资产大修理

固定资产大修理，是指为恢复固定资产原有生产效能和保持正常使用年限而对固定资产所作的全面彻底的修理。大修理一般按技术规程规定，若干年进行一次。其特点是：间隔时间长、修理范围大、所需费用多，具有固定资产局部再生产性质。

对发生的固定资产大修理费用，可采用以下三种方式处理：

（1）类似固定资产中小修理费，将发生的大修理费用直接计入当期成本或有关费用；

（2）预提大修理费用。鉴于大修理费用支出多的特点，如在实际进行大修理时，按其发生的费用直接计入成本，就会引起成本和利润的波动，为此可通过对机器设备等固定资产在全部使用期间必须进行的若干次大修理费用的预测，求得每年（月）的平均数，预提大修理费用。

（3）待摊大修理费用。为解决大修理费用发生的不均衡性，也可采用待摊的办法，即先据实支出发生的固定资产大修理费，然后再分摊到一年之内的有关成本中。

二、固定资产投资决策

（一）现金流量

固定资产投资决策中的现金流量，一般由以下三个部分构成：

1. 初始现金流量

初始现金流量是指开始投资时发生的现金流量，一般包括如下的几个部分：

（1）固定资产上的投资，包括固定资产的购入或建造成本、运输成本和安装成本等。

（2）流动资产上的投资，包括对材料、在产品、产成品和现金等流动资产上的投资。

（3）其他投资费用，指与长期投资有关的职工培训费、谈判费、注册费用等。

（4）原有固定资产的变价收入，主要是指固定资产更新时原有固定资产的变卖所得的现金收入。

2. 营业现金流量

营业现金流量是指投资项目投入使用后，在其寿命周期内由于生产经营所带来的现金流入和流出的数量。这种现金流量一般以年为单位进行计算。这里现金流入一般是指营业现金收入，现金流出是指营业现金支出和交纳的税金。如果一个投资项目的每年销售收入等于营业现金收入，付现成本（指不包括折旧的成本）等于营业现金支出，那么，年营业现金净流量可用下列公式计算：

$$每年净现金流量（NCF）=每年营业收入-付现成本-所得税$$

或　　　　$$每年净现金流量（NCF）=净利+折旧$$

3. 终结现金流量

终结现金流量是指投资项目完结时所发生的现金流量，主要包括：

（1）固定资产的残值收入或变价收入。

（2）原有垫支在各种流动资产上的资金的收回。

（3）停止使用土地的变价收入等。

为了正确地评价投资项目的优劣，必须正确地计算现金流量。下面举例说明现金流量的计算方法。

例如，大华公司准备购入一设备以扩充生产能力。现有甲、乙两个方案可供选择，甲方案需投资 10 000 元，使用寿命为 5 年，采用直线法计提折旧，5 年后设备无残值。5 年中每年销售收入为 6 000 元，每年的付现成本为 2 000 元。乙方案需投资 12 000 元，另外在第一年垫支营运资金 3 000 元，采用直线折旧法计提折旧，使用寿命也为 5 年，5 年后有残值收入 2 000 元。5 年中每年的销售收入为 8 000 元，付现成本第一年为3 000元,以后随着设备陈旧,逐年将增加修理费400元,假设所得税率为40%。要求计算两个方案的现金流量。

为计算现金流量,先计算两个方案每年的折旧额:

$$甲方案每年折旧额=\frac{10\,000}{5}=2\,000(元)$$

$$乙方案每年折旧额=\frac{12\,000-2\,000}{5}=2\,000(元)$$

下面先用表14-1计算两个方案的营业现金流量,然后,再结合初始现金流量和终结现金流量编制两个方案的全部现金流量表。如表14-2。

表14-1

投资项目的营业现金流量计算表

单位:元

t	1	2	3	4	5
甲方案:					
销售收入(1)	6 000	6 000	6 000	6 000	6 000
付现成本(2)	2 000	2 000	2 000	2 000	2 000
折旧(3)	2 000	2 000	2 000	2 000	2 000
税前净利(4)=(1)−(2)−(3)	2 000	2 000	2 000	2 000	2 000
所得税(5)=(4)×40%	800	800	800	800	800
税后净利(6)=(4)−(5)	1 200	1 200	1 200	1 200	1 200
营业现金流量(7)=(1)−(2)−(5)=(3)+(6)	3 200	3 200	3 200	3 200	3 200
乙方案:					
销售收入(1)	8 000	8 000	8 000	8 000	8 000
付现成本(2)	3 000	3 400	3 800	4 200	4 600
折旧(3)	2 000	2 000	2 000	2 000	2 000
税前净利(4)=(1)−(2)−(3)	3 000	2 600	2 200	1 800	1 400
所得税(5)=(4)×40%	1 200	1 040	880	720	560
税后净利(6)=(4)−(5)	1 800	1 560	1 320	1 080	840
营业现金流量(7)=(1)−(2)−(5)=(3)+(6)	3 800	3 560	3 320	3 080	2 840

表 14-2

投资项目现金流量计算表

单位：元

t	0	1	2	3	4	5
甲方案：						
固定资产投资	−10 000					
营业现金流量		3 200	3 200	3 200	3 200	3 200
现金流量合计	−10 000	3 200	3 200	3 200	3 200	3 200
乙方案：						
固定资产投资	−12 000					
营运资金垫支	−3 000					
营运现金流量		3 800	3 560	3 320	3 080	2 840
固定资产残值						2 000
营运资金回收						3 000
现金流量合计	−15 000	3 800	3 560	3 320	3 080	7 840

在表 14-1 和表 14-2 中，$t=0$ 代表第一年年初，$t=1$ 代表第一年年末，$t=2$ 代表第二年年末……在现金流量的计算中，为了简化计算，一般都假定各年投资在年初一次进行，而各年营业现金流量则看作是各年年末一次发生的，把终结现金流量看作是最后一年末发生的。

（二）非贴现现金流量指标

非贴现现金流量指标是指不考虑时间价值的各种指标。这类指标主要有：

1. 投资回收期

投资回收期（用 PP 表示）是指回收初始投资所需要的时间，一般以年为单位，是一种运用很久、很广的投资决策指标。

投资回收期的计算，因每年的营业净现金流量是否相等而有所不同。

如果每年的营业净现金流量（NCF）相等，则投资回收期可按下式计算：

$$投资回收期 = \frac{原始投资额}{每年\ NCF}$$

如果每年 NCF 不相等，那么，计算回收期要根据每年年末尚未回收的投资额加以确定。

例如，根据表 14-2 中大华公司的资料分别计算甲、乙两个方案的回收期。

甲方案每年 NCF 相等，故：

$$甲方案回收期 = \frac{原始投资额}{每年\ NCF} = \frac{10\ 000}{3\ 200} = 3.125（年）$$

乙方案每年现金流量不等，应先计算其各年尚未回收的投资额，具体如表 14-3。

表 14-3

资 料 表

单位：元

年　份	每年净现金流量	年末尚未回收的投资额
1	3 800	11 200
2	3 560	7 640
3	3 320	4 320
4	3 080	1 240
5	7 840	—

乙方案的回收期＝4＋1 240/7 840＝4.16（年）

投资回收期法的概念容易理解，计算也比较简便，但这一指标没有考虑货币的时间价值，没有考虑回收期满后的现金流量状况。

例如，假设有两个方案的预计现金流量如表 14-4 所示。要求计算两个方案回收期并比较优劣。

表 14-4

单位：元

t	0	1	2	3	4	5
A 方案现金流量	−10 000	4 000	6 000	4 000	4 000	4 000
B 方案现金流量	−10 000	4 000	6 000	6 000	6 000	6 000

两个方案的回收期相同，都是 2 年，如果用回收期进行评价，似乎两者不相上下，但实际上 B 方案明显优于 A 方案。

2. 平均报酬率

平均报酬率（用 ARR 表示）是投资项目寿命周期内平均的年投资报酬率，也称平均投资报酬率。其计算公式为：

$$平均报酬率（ARR）=\frac{平均现金流量}{原始投资额}\times100\%$$

例如，现仍以大华公司的实例（详见表 14-1 和表 14-2）说明平均报酬率的计算。

$$ARR_{甲}=\frac{3\,200}{10\,000}\times100\%=32\%$$

$$ARR_{乙}=\frac{(3\,800+3\,560+3\,320+3\,080+7\,840)\div5}{15\,000}\times100\%=28.8\%$$

在采用平均报酬率这一指标时，应事先确定一个企业要求达到的平均报酬率，或称必要平均报酬率。在进行决策时，只有高于必要的平均报酬率的方案才能入选。而在有多个方案的互斥选择中，则选用平均报酬率最高的方案。

平均报酬率的优点是简明、易算、易懂。其主要缺点是没有考虑资金的时间价值，第一年的现金流量与最后一年的现金流量被看作具有相同的价值，所以，有时会作出错误的决策。

（三）贴现现金流量指标

贴现现金流量指标是指考虑了资金时间价值的指标。这类指标主要有：

1. 净现值

投资项目投入使用后的净现金流量,按资本成本或企业要求达到的报酬率折算为现值,减去初始投资以后的余额,叫净现值(通常用 NPV 表示)。其计算公式为:

$$NPV = \left[\frac{NCF_1}{(1+K)^1} + \frac{NCF_2}{(1+K)^2} + \cdots + \frac{NCF_n}{(1+K)^n} - C \right]$$

$$= \sum_{t=1}^{n} \frac{NCF_t}{(1+K)^t} - C$$

式中　　NPV——净现值;

NCF_t——第 t 年的净现金流量;

K——贴现率(资金成本或企业要求的报酬率);

n——项目预计使用年限;

C——初始投资额。

净现值还有另外一种表述方法,即净现值是从投资开始至项目寿命终结时所有一切现金流量(包括现金流出和现金流入)的现值之和。其计算公式为:

$$NPV = \sum_{t=1}^{n} \frac{CFAT_t}{(1+K)^t}$$

式中　　n——开始投资至项目寿命终结时的年数;

$CFAT_t$——第 t 年的现金流量;

K——贴现率(资金成本或企业要求的报酬率)。

净现值的计算步骤如下:

第一步:计算每年的营业净现金流量。

第二步:计算未来报酬的总现值。这又可分成三步:

(1) 将每年的营业净现金流量折算成现值。

如果每年的 NCF 相等,则按年金法折成现值;如果每年的 NCF 不相等,则先对每年的 NCF 进行贴现,然后加以合计。

(2) 将终结现金流量折算成现值。

(3) 计算未来报酬的总现值。

第三步:计算净现值。

净现值＝未来报酬的总现值－初始投资

净现值法的决策规则是,在只有一个备选方案的采纳与否决策中,净现值为正者则采纳,净现值为负者不采纳。在有多个备选方案的互斥选择决策中,应选用净现值是正值中的最大者。

例如,仍以大华公司的资料为例(详见表 14-1 和表 14-2),假设资金成本为 10%,要求分别计算两个方案的净现值并比较优劣。

甲方案的 NCF 相等,故计算如下:

$$NPV_甲＝未来报酬的总现值－初始投资额$$

$$＝NCF×(P/F,K,n)-10\ 000$$

$$＝3\ 200×(P/F,10\%,5)-10\ 000$$

$$＝3\ 200×3.791-10\ 000$$

$$＝2\ 131.2(元)$$

乙方案的 NCF 不相等,故列表计算如表 14-5 所示。

表 14-5

净现值计算表

单位:元

t	各年的 NCF (1)	现值系数$(P/F,10\%,n)$ (2)	现 值 (3)＝(1)×(2)
1	3 800	0.909	3 454
2	3 560	0.826	2 941
3	3 320	0.751	2 493
4	3 080	0.683	2 104
5	7 840	0.621	4 869
未来报酬的总现值			15 861
减:初始投资			15 000
净现值			$NPV＝861$

从上面计算中我们可以看出,两个方案的净现值均大于零,都是可取的。但甲方案的净现值大于乙方案,故大华公司应选用甲方案。

净现值法的优点是:此法考虑了货币的时间价值,能够反映各种投资方案的净收益,是一种较好的方法;净现值法的缺点是:净现值法并不能揭示各个投资方案本身可能达到的实际报酬率是多少。

2. 内部报酬率

内部报酬率又称内含报酬率(用 IRR 来表示)是使投资项目的净现值等于零的贴现率。

内部报酬率实际上反映了投资项目的真实报酬,目前越来越多的企业使用该项指标对投资项目进行评价。内部报酬率的计算公式为:

$$IRR = \frac{NCF_1}{(1+r)^1} + \frac{NCF_2}{(1+r)^2} + \cdots + \frac{NCF_n}{(1+r)^n} - C = 0$$

即

$$IRR = \sum_{t=1}^{n} \frac{NCF_t}{(1+r)^t}$$

式中　NCF_t——第 t 年的现金净流量;

r——内部报酬率;

n——项目使用年限;

C——初始投资额。

内部报酬率的计算步骤如下:

(1) 如果每年的 NCF 相等,则按下列步骤计算:

第一步:计算年金现值系数。

年金现值系数＝初始投资额/每年 NCF

第二步:查年金现值系数表,在相同的期数内,找出与上述年金现值系数相邻近的较大和较小的两个贴现率。

第三步:根据上述两个邻近的贴现率和已求得的年金现值系数,采用插值法计算出该投资方案的内部报酬率。

(2) 如果每年的 NCF 不相等,则需要按下列步骤计算:

第一步:先预估一个贴现率,并按此贴现率计算净现值。如果计算出的净现值为正数,则表示预估的贴现率小于该项目的实际内部报酬率,应提高贴现率,再进行测算;如果计算出的净现值为负数,则表明预估的贴现率大于该方案的实际内含报酬率,应降低贴现率,再进行测算。经过如此反复测算,找到净现值由正到负并且比较接近于零的两个贴现率。

第二步:根据上述两个邻近的贴现率再用插值法计算出方案的实际内部报酬率。

采用内部报酬率法的决策规则是,在只有一个备选方案的采纳与否决策中,如果计算出的内部报酬率大于或等于企业的资本成本或必要报酬率就采纳;反之,则拒绝。在有多个备选方案的互斥选择决策中,选用内部报酬率超过资本成本或必要报酬率最多的投资项目。

例如,仍以大华公司的资料为例(见表14-1、表14-2)。要求分别计算两个方案的内部报酬率并比较优劣。

(1)由于甲方案的每年 NCF 相等,因而,可采用如下方法计算内部报酬率。

$$年金现值系数=\frac{初始投资额}{每年\ NCF}=\frac{10\ 000}{3\ 200}=3.125$$

查年金现值系数表,第五期与 3.125 相邻近的年金现值系数在18%—20%之间,现用插值法计算如下:

$$
\begin{array}{ccc}
贴现率 & & 年金现值系数 \\
18\% & x\% & 3.127 \quad 0.002 \\
?\% & \Big\}2\% & 3.125 \quad \Big\}0.136 \\
20\% & & 2.991 \\
\end{array}
$$

$$\frac{x}{2}=\frac{0.002}{0.136}$$

$$x=0.03$$

甲方案的内部报酬率$=18\%+0.03\%=18.03\%$

(2)乙方案的每年 NCF 不相等,因而,必须逐次进行测算,测算过程见表14-6。

表 14-6

测 算 表

单位:元

时间 (t)	NCF_t	测试 10%		测试 12%		测试 14%	
		复利现值系数 (P/F, 10%,t)	现 值	复利现值系数 (P/F, 12%,t)	现 值	复利现值系数 (P/F, 14%,t)	现 值
0	−15 000	1.00	−15 000	1.00	−15 000	1.00	−15 000
1	3 800	0.909	3 454	0.893	3 393	0.877	3 333
2	3 560	0.826	2 941	0.797	2 837	0.769	2 738
3	3 320	0.751	2 493	0.712	2 364	0.675	2 241
4	3 080	0.683	2 104	0.636	1 959	0.592	1 823
5	7 840	0.621	4 869	0.576	4 516	0.519	4 069
NPV	—	—	861	—	69	—	−796

在表 14-6 中,先按 10% 的贴现率进行测算,净现值为正数;便把贴现率调高到 12%,进行第二次测算,净现值仍为正数;于是把贴现率调到 14%,进行第三次测算,净现值为负数。说明该项目的内部报酬率一定在 12%—14% 之间。

现用插值法计算如下:

贴现率 净现值

$$
\left.\begin{array}{l}
12\% \\
?\% \\
14\%
\end{array}\right\}
\begin{array}{l}
x\% \\
\end{array}
\left.\begin{array}{l}
\\
\end{array}\right\}2\%
\qquad
\left.\begin{array}{l}
69 \\
0 \\
-796
\end{array}\right\}
\left.\begin{array}{l}
69 \\
\end{array}\right\}861
$$

$$\frac{x}{2}=\frac{69}{861}$$

$$x=0.16$$

乙方案的内部报酬率 = 12% + 0.16% = 12.16%

　　从以上计算两个方案的内部报酬率可以看出,甲方案的内部报酬率较高,故甲方案效益比乙方案好。

　　内部报酬率法考虑了资金的时间价值,反映了投资项目的真实报酬率,概念也易于理解。但这种方法的计算过程比较复杂。特别是每年 NCF 不相等的投资项目,一般要经过多次测算才能算出。

　　3. 利润指数

　　利润指数又称现值指数(用 PI 表示)是投资项目未来报酬的总现值与初始投资额的现值之比。

　　利润指数的计算公式为:

$$PI = \left[\frac{NCF_1}{(1+K)^1} + \frac{NCF_2}{(1+K)^2} + \cdots + \frac{NCF_n}{(1+K)^n} \right] \div C$$

即
$$PI = \frac{未来报酬值的总现值}{初始投资额}$$

　　利润指数的计算步骤如下:

　　第一步:计算未来报酬的总现值。这与计算净现值所采用的方法相同。

　　第二步:计算利润指数,即根据未来的报酬总现值和初始投资额之比计算利润指数。

　　利润指数法的决策规则是,在只有一个备选方案的采纳与否决策中,利润指数大于或等于1,则采纳,否则就拒绝。在有多个方案的互斥选择决策中,应采用利润指数超过1最多的投资项目。

　　例如,仍以大华公司的资料(见表 14-1 和表 14-2)为例。要求分别计算两个方案的利润指数并比较优劣。

$$甲方案的利润指数 = \frac{未来报酬的总现值}{初始投资额} = \frac{12\,131.2}{10\,000} = 1.21$$

$$乙方案的利润指数 = \frac{未来报酬的总现值}{初始投资额} = \frac{15\,861}{15\,000} = 1.06$$

　　甲、乙两个方案的利润指数都大于 1,故两个方案都可进行投资,但因甲方案的利润指数更大,故应采用甲方案。

利润指数法的优点是：考虑了资金的时间价值，能够真实地反映投资项目的盈亏程度，由于利润指数是用相对数来表示的，所以，有利于在初始投资额不同的投资方案之间进行对比。利润指数法的缺点是：利润指数这一概念不便于理解。

第十五章

成本费用管理

第一节　成本要素与成本项目

一、成本费用的含义

企业在生产经营过程中，必然要发生各种耗费，包括原材料等劳动对象的耗费，机器设备等劳动手段的耗费，以及人工资源劳动的耗费，成本费用就是指企业在生产和销售商品、提供劳务等日常活动中所产生的各种耗费。

企业在一定会计期间发生的费用中，为生产一定种类和一定数量的产品所发生的费用，即生产产品所耗费的直接材料费用，直接人工费用和间接制造费用的总和，就是本期生产成本（或称为制造成本）。企业一定期间所发生的不能直接归属于特定的产品成本的费用，包括企业为组织生产经营活动等所发生的管理费用和财务费用，以及在销售产品或提供劳务过程中所发生的营业费用，即属于期间费用，将其直接计入相应会计期间的损益。

二、成本费用的分类

（一）按照费用的经济用途分类

费用按照其经济用途，可以分为生产成本和期间费用两大类。属于生产成本的费用，按照其计入的方式不同，又分为直接费用和间接费用。

1. 生产成本

（1）直接费用。直接费用是指企业在生产商品和提供劳务过程中所发生的直接材料耗费、直接人工工资和其他直接费用。

直接材料费用，是指企业在生产商品和提供劳务过程中所消耗的，直接用于产品生产，构成产品实体的原料、主要材料、外购半成品及有助于产品形成的辅助材料和其他材料费用。

直接人工费用，是指企业在生产商品和提供劳务过程中，直接参加产品生产的工人工资以及按生产工人工资总额和规定的比例计算提取的职工福利费等。

其他直接费用，是指企业发生的除直接材料费用和直接人工费用以外的，与生产商品或提供劳务有直接关系的费用。

直接费用应当按照其实际发生数进行核算，按照成本计算对象进行归集，直接计入产品的生产成本。

（2）间接费用，即制造费用。间接费用是指应由产品生产成本负担的，不能直接计入各产品成本的有关费用，主要是指企业各生产单位（如生产车间）为组织和管理生产而发生的各项间接费用，包括工资和福利费、折旧费、修理费、办公费、水电费、机物料消耗、劳动保护费以及其他制造费用。间接费用应当按照一定的程序和方法进行分配，计入相关产品的生产成本。

企业一定期间的直接费用和间接费用，构成企业一定期间的生产成本总额，对于当期发生的生产成本，企业应当根据实际情况，如企业的生产组织类型、生产经营特点等，选择合理的成本计算方法，进行成本计算，确定当期产品的单位生产成本。

2. 期间费用

期间费用是指企业当期发生的必须从当期收入得到补偿的费用。正是由于它仅与当期实现的收入相关，必须计入当期损益，所以称其为期间费用。期间费用主要包括管理费用、营业费用和财务费用。

（二）按照费用的经济内容分类

费用按照其经济内容进行分类，可以分为以下项目：

（1）外购材料费用，指企业为生产而耗用的一切从外部购入的原材料、半成品、辅助材料、包装物、修理用备件和低值易耗品等。

（2）外购燃料费用，指企业为进行生产而耗用的一切从外部购进的各种燃料。

（3）外购动力费用，指企业为进行生产而耗用的从外部购进的各种动力。

（4）工资费用及职工福利费用，指企业应计入生产费用的职工工资以及按照工资总额的一定比例提取的职工福利费。

（5）折旧费用，指企业所拥有的或控制的固定资产按照使用情况计提的折旧费用。

（6）利息支出，指企业为筹集生产经营资金而发生的利息支出。

（7）税金，指企业应计入生产费用的各种税金，如房产税、车船使用税、土地使用税等。

（8）其他支出，指不属于以上各项目的费用支出。

费用按经济内容进行分类，可以反映企业在一定时期发生了哪些费用，数额各是多少，用以分析企业各个时期各种费用占全部费用的比重，考核费用计划的执行情况。

（三）按与产品产量的关系划分

按与产品产量的关系划分可将成本分为固定成本和变动成本。凡是与产品产量增减没有直接关系的费用称为固定成本，这种成本在各期的支出水平比较稳定，如固定资产折旧。凡是与产品产量有直接关系的费用称为变动成本，一般这种成本费用在各期支出水平同产品产量成正比例变化，如原材料费用等。在企业的各种费用中，如固定资产维修费等，这可视为半变动成本。采用成本与产量之间关系的分类方法有助于产品成本的分析，以寻求降低产品成本的途径，同时有助于产品成本和产品利润的预测，有利于企业的成本管理。

第二节 成 本 控 制

一、成本控制的意义

（一）成本控制的含义

成本控制就是在企业的生产经营活动中，对影响成本的各种因素加强管理，及时发现与预定的目标成本之间的差异，采取一定的措施，保证完成预定的目标成本，尽可能以最少的耗费，取得最大成果。

以成本的发生为基点，成本控制分为事前控制、事中控制和事后控制。成本的事前控制指在产品投产前对影响成本的各项经济活动进行事前规划、审核、确定目标成本，它是成本的前馈控制。成本的事中控制包括成本预测、成本决策和编制成本计划。成本的事中控制指在成本形成过程中，随时与目标成本对比，发现问题采取措施，予以纠正，以保证目标成本的实现，它是成本的过程控制。成本的事后控制指成本形成之后，把日常的差异及其原因汇总起来进行分析研究，探索成本升降的原因，明确经济责任，为下一个成本循环的目标成本确定提出改进意见，以不断降低成本，提高企业经济效益，它是成本的后馈控制。成本的事前控制主要是确定成本标准；事中控制主要是围绕成本标准，一时一事对单项成本开支进行控制；事后控制主要是分析考核，为改进下一期生产经营作出贡献。

成本控制有广义和狭义之分。广义的成本控制包括事前控制、事中控制和事后控制。狭义的成本控制仅指成本的事中控制，即过程控制。狭义的成本控制的内容包括两个方面：一是成本控制的一般方法；二是如何将成本落实到各有关责任中心。本节着重阐述狭义成本控制的一般方法。

（二）成本控制的原则

1. 全面性原则

由于成本牵涉到企业的方方面面,因此成本控制要进行全员控制,全过程控制,全方位控制。

2.分级归口管理原则

企业的成本目标,要层层分解,层层归口,层层落实,落实到各车间、各部门、各工段、各小组甚至个人,形成一个成本控制系统。一般来说,控制的范围越小越好,因为这样可使各有关责任单位明确责任范围,使成本控制真正落到实处。

3.权责利相结合原则

落实到某一个车间、部门、小组或个人的目标成本,必须与他们的责任大小、控制范围相一致,否则控制就不可能产生积极的效果。同时为了充分调动控制者的积极性,应将成本控制的好坏与奖励的大小结合起来。

4.例外管理原则

例外管理原则是成本效益原则在成本控制中的体现。成本控制所产生的效益必须大于因进行成本控制而发生的耗费。企业实际发生的费用,不可能每一项都和预算完全一致。如果不管成本差异大小,都要予以详细的记录,查明原因,将不胜其烦。因此根据成本效益原则,成本控制应将精力集中在非正常的金额较大的例外事项上。解决了这些问题,就等于解决了关键问题,目标成本的实现就有了可靠的保证。

(三)成本控制的基础工作

为使成本控制有效地进行,必须做好以下几项基础工作:

(1)明确各级管理组织和各级人员的责任和权限,把成本费用根据发生的部门、地点分解开来,分给有关部门、车间、工段、班组,并赋予它们一定的权利,由它们对成本进行控制,并根据成绩好坏予以一定的奖励或惩罚。成本的分级归口管理是对成本进行有效控制的必备基础之一。

(2)根据不同情况,制定切实可行的成本控制标准。控制标准是控制的参照依据。标准不能定得太高,太高则可望而不可及,容易挫伤控制者的积极性,太低则失去控制的意义。

（3）搞好成本费用的日常核算工作。搞好成本的日常核算工作就是为成本控制提供经济的真实而相关的信息。为此企业必须根据成本效益原则,建立健全一套完善的成本核算系统。对企业的生产经营耗费和产品成本进行价值核算,提供费用开支和成本资料。

（四）成本控制的方法

成本控制要分别按不同的成本特性来进行。对于变动成本要按单位成本进行控制,对于固定成本则要按其总额进行控制。无论是变动成本还是固定成本都要区分不同的成本动因,采用不同的控制方法。所谓成本动因,就是引起成本变化的原因。例如变动成本的成本动因有材料成本、直接人工成本和间接变动成本;固定成本的成本动因有约束性固定成本和酌定性固定成本。再细究材料成本的成本动因有数量因素、结构因素、价格因素;直接人工成本有工时耗用和工资率因素;间接变动成本有工时耗用和分配率因素等等。关于成本控制的方法,下面将结合例外管理原则具体予以说明。

二、标准成本控制

标准成本控制是通过标准成本系统实现的。标准成本系统是为克服实际成本计算系统的缺陷,提供有助于成本控制的确切信息而建立的一种成本计算和控制系统。标准成本系统并不是一种单纯的成本计算方法,它把成本的事前计划、日常控制和最终产品成本的确定有机地结合起来,标准成本系统的业务流程如图 15-1 所示。

"标准成本"一词在实际工作中有两种含义。一种是指单位产品的标准成本,它是根据单位产品的标准消耗量和标准单价计算出来的,其计算公式为：

$$单位产品标准成本＝单位产品标准消耗量×标准单价$$

另一种是指实际产量的标准成本，它是根据实际产品产量和单位

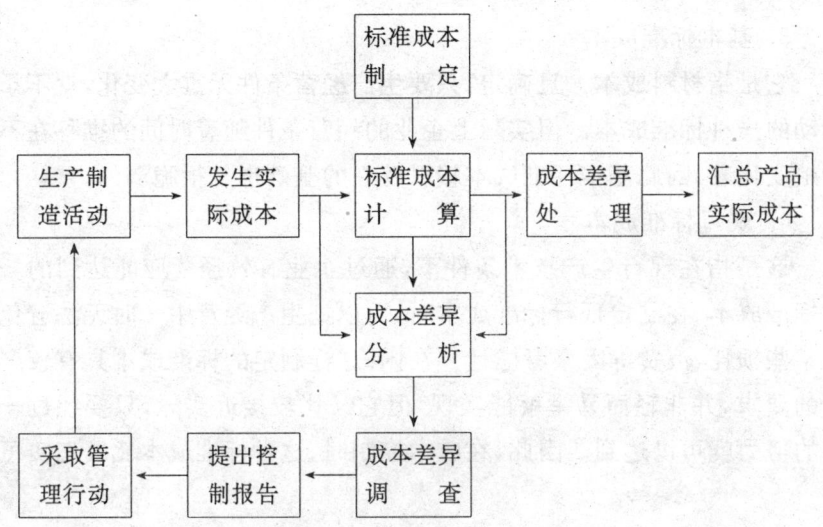

图 15-1 标准成本系统流程图

产品成本标准计算出来的,其计算公式为:

标准成本＝实际产量×单位产品标准成本

标准成本按其制定所根据的生产技术和经营管理水平,有五种不同的概念。

1. 理想标准成本

这是指在最理想的作业条件下,即效率最高、材料损失极少、机器不发生损坏、工人提供了力所能及的最高产量等情况下所应有的成本。采用这种标准成本进行成本控制,意味着不能有任何的浪费和损耗,因而在实际工作中很难达到,所以很少被采用。

2. 正常标准成本

它是指根据正常工作效率,正常经营能力利用程度和正常价格而制定的一种标准成本。所谓"正常"是指过去若干时期实际数据的平均值,平均的目的是排除企业经营中的偶然因素。由于正常标准成本是一种长期平均数,没有考虑到未来时期的变化因素,因此在成本控制中很难衡量成本控制的业绩。

3. 基本标准成本

它是指材料成本一旦确定,只要生产经营条件无重大变化,就不予变动的一种标准成本。但实际上企业的经营条件随着时间的推移在不断地变化着,因此基本标准成本赖以存在的基础也是很脆弱的。

4. 现行标准成本

这是指在现行生产技术条件下,通过企业有效经营应能达到的一种标准成本。在制定现行标准成本时,可以把生产经营中一时无法避免的某些损耗、浪费等因素考虑计算在内。这样制定的标准成本具有较严格的要求,并非轻而易举就能实现,但它又比较接近实际,只要经过一定的努力就可以达到。因此,在成本控制时,这种标准成本比较切实可行。

5. 预期标准成本

它是根据企业现有生产技术条件,结合总的目标成本,考虑到未来时期可能的变化因素制定的一种标准成本,它是对现行标准成本的改进。企业在进行成本控制、选择标准成本形式时,以预期标准成本为宜。这样方能恰当地表现出企业各部门、各车间、各工段、各小组工作效率的高低和成本的节约或浪费,促进目标成本的实现。

三、目标成本控制

(一)目标成本的确定

目标成本是指根据预计或实现的销售收入扣除目标利润计算出来的成本,即:目标成本＝预计销售收入－目标利润。通过预计目标利润就可以初步确定目标成本。目标成本可采用目标利润率法和上年利润基数法确定。

1. 目标利润率法

$$目标利润＝预计销售收入×同类企业平均销售利润率$$

或

$$目标利润＝本企业净资产×同类企业平均净资产利润率$$

例如，某炼钢厂钢坯的同业平均销售利润率为 4.441％，预计本年销售量为 102 万吨，钢坯市场价格1 766 元/吨，则：

目标利润＝102 万吨×1 766 元/吨×4.441％＝8 000(万元)

目标总成本＝102 万吨×1 766 元/吨－8 000＝172 132(万元)

目标单位成本＝172 132 万元÷102 万吨＝1 688(元/吨)

采用目标利润率法的理由是，本企业必须达到同类企业的平均报酬水平，才能在竞争中生存，有的企业使用同行业先进水平的利润率进行目标成本预计，其理由是，别人能办到的事情我们也应该能办到。

2. 上年利润基数法

目标利润＝上年利润×年利润增长率

采用本法的理由是，未来是历史的继续，应考虑现有基础(上年利润)，未来不会重复历史，要预计未来的变化(利润增长率)，包括自身进步和环境的改变。

按上述两种方法计算出的目标成本只是初步设想，提供了分析问题的起点，它不一定完全符合实际，还需要对其可行性进行分析。

对目标成本的可行性分析就是对初步测算得出的结果是否符合实际情况作出分析和判断。

分析时主要应根据本企业实际成本的变化趋势，同类企业的成本水平，充分考虑本企业增产节约的潜力，对某一时期的成本总水平作出预计，比较其与目标成本的水平是否大体一致。经过测算，如果预计目标成本是可行的，则将其分解，下达有关部门和单位，如果经反复测算、挖潜，仍不能达到目标成本，就要考虑放弃该产品并设法安排剩余的生产能力。如果从全局看不宜停产该产品，也要限定产量，并确定亏损限额。

目标成本的制定，从企业的总目标开始，逐级分解成基层的具体目标，制定时强调执行人自己参与，专业人员协助，以发挥各级管理人员和全体员工的积极性和创造性，目标成本控制的要点是：

（1）初步在最高层设置目标，并以此作为一切工作的中心，起到指导资源分配、激励员工努力工作和评价经营成效的作用。总目标将来要转化为分公司或部门的目标，一直到最底层的目标，但它是试验性的，下级在拟定可考核的子目标时，可对其进行修订，因为强制分派任务，不可能唤起承诺意识。

（2）依组织结构关系将总目标分解，明确每个目标和子目标都应有一个责任中心和主要负责人，并明确其应完成的任务和应承担的责任。

（3）拟定目标的过程在一定程度上是自上而下和自下而上的反复循环过程，在循环中发现问题，总结经验，及时解决。

（二）目标成本差异的揭示

1. 变动成本差异的揭示

变动成本包括直接材料、直接人工和变动制造费等。作为变动成本控制的项目，必须与成本项目一致。

（1）材料差异。引起材料差异的因素有两个，即材料耗用差异和材料价格差异。

材料价格差异：材料价格差异即材料实际价格和标准价格的差异。计算公式为：

$$材料价格差异＝（实际价格－标准价格）×材料实际数量$$

需要说明的是，上述公式中材料实际数量是采用实际采购数量还是采用生产中的实际耗用量，这要根据具体情况决定，如价格差异是在企业供应部门的控制范围内，属于供应部门的考核指标，那么这个材料实际数量应该是实际采购数量，即材料价格差异在材料采购时认定。如要计算本期耗用材料的价格差异，那么这个材料实际数量应该是实际耗用量。从成本控制角度来考虑，为了及时揭示价格差异改进材料采购工作，材料实际数量应以实际采购量为好。

材料数量差异：材料数量差异即生产经营过程中，材料实际耗用量和标准耗用量之间的差额。用公式可表示为：

$$材料数量差异＝（实际耗用量－标准耗用量）×标准价格$$

一般情况下材料数量差异应在材料领用时揭示。通常领用材料时，可根据限额领料卡领料，应另填领料单，经有关部门或领导的批准方可领料。这些领料单从成本控制角度来考察就是材料数量差异凭证。

（2）直接人工差异。直接人工差异可归纳为两类：人工工时差异和工资率差异。

人工工时差异：这是因工时利用情况好坏而引起的差异，如劳动生产率提高，工时利用充分，在相同情况下可生产出更多的产品，从而降低成本；反之，则使成本上升。人工工时差异计算公式为：

$$人工工时差异＝（实际工时－实际产量×单位标准工时）×标准工资率$$

工资率差异：它是指实际工资率和标准工资率不同引起的差异。实际工资率高于标准工资率那就是不利差异；反之，则是有利差异，其计算公式为：

$$工资率差异＝实际工时×（实际工资率－标准工资率）$$

引起工资率差异的原因有客观因素和主观因素两种。客观因素如国家调整工资水平，物价上涨引起工资水平的上升。主观因素可能是人事部门选择了具有较高工作效率的工人或可能对其中一些工人付了较高的工资所致。

（3）变动制造费用差异。变动制造费用差异有两个因素构成：工时差异和分配率差异。

变动制造费用工时差异：变动制造费用的节约与否与劳动生产率的高低有密切关系，提高劳动生产率，可相对降低单位产品所负担的变动制造费用，从而使变动制造费用有所节约。变动制造费用工时差异的计算公式为：

$$变动制造费用工时差异＝\left（实际工时－实际产量×单位标准工时\right）×标准小时费用分配率$$

变动制造费用分配率差异：即使没有工时差异，变动制造费用也会发生一定的差异。这种差异大多是由变动制造费用耗用水平发生变化而引起的。如电费、煤炭价格上涨，引起变动制造费用耗用水平上升。变动制造费用分配率差异计算公式为：

$$\begin{matrix}\text{变动制造费用}\\\text{分配率差异}\end{matrix}=\left(\begin{matrix}\text{实际小时}\\\text{费用分配率}\end{matrix}-\begin{matrix}\text{标准小时}\\\text{费用分配率}\end{matrix}\right)-\begin{matrix}\text{实际}\\\text{工时}\end{matrix}$$

2. 固定成本差异的揭示

固定成本指在一定时间范围内与经营业务量变动无关的成本，如折旧、财产保险、管理人员工资等等。因此固定成本主要控制其总额。但是如果产量比预算增加，而固定成本总额却保持不变，固定成本相对来说节约了；反之，则相对超支了。从控制固定成本，揭示其差异的角度来说，前者称为固定成本预算差异，后者则称为产量差异。它们的计算公式分别为：

固定成本预算差异＝固定成本实际发生数－预算数

固定成本产量差异＝固定成本预算－实际产量×预算分配率

固定成本预算分配率＝固定成本预算总额÷预算产量

例如：大华公司 2000 年生产甲产品有关资料如下：

产品甲标准成本卡

直接材料	20 千克	单价 30 元
直接人工	5 工时	工资率 4 元
变动制造费用	5 工时	分配率 10 元
固定制造费用	5 工时	分配率 8 元
预算产量	1 000 件	

实 际 资 料

实际产量	1 200 件	
实际领用材料	25 000 千克	单价 29 元
直接人工工时	5 800 工时	每小时平均工资率 4.5 元
制造费用发生	101 000 元	
其中：变动制造费用	59 000 元	固定制造费用 42 000 元

根据上述资料,有关差异揭示如下:

(1) 材料差异:

材料数量差异＝(实际耗用量－实际产量×标准单耗)×标准单价

$$＝(25\ 000－1\ 200×20)×30＝30\ 000(元)(超支)$$

材料价格差异＝材料实际耗用量×(实际单价－标准单价)

$$＝25\ 000×(29－30)＝－25\ 000(元)(节约)$$

(2) 直接人工差异:

人工工时差异＝实际产量×(实际单位工时－标准单位工时)×标准分配率

$$＝(5\ 800－1\ 200×5)×4＝－800(元)(节约)$$

工资率差异＝实际耗用工时×(实际工资率－标准工资率)

$$＝5\ 800×(4.5－4)＝2\ 900(元)(超支)$$

(3) 变动制造费用差异:

变动制造费用工时差异＝(实际工时－标准工时)×标准分配率

$$＝(5\ 800－1\ 200×5)×10＝－2\ 000(元)(节约)$$

变动制造费用分配率差异＝实际工时×(实际分配率－标准分配率)

$$＝59\ 000－5\ 800×10＝1\ 000(元)(超支)$$

(4) 固定成本差异:

固定成本预算差异＝实际数－预算数

$$＝42\ 000－1\ 000×5×8＝2\ 000(元)(超支)$$

固定成本产量差异＝预算数－实际产量×标准工时×标准分配率

$$＝40\ 000－1\ 200×5×8＝－8\ 000(元)(节约)$$

第十六章

利润及利润分配

第一节　利润总额的构成

利润总额是企业在一定期间从事生产经营、投资业务及其他非经营活动取得的净收益,是企业全部收入减去有关成本费用后的差额。收入大于相关的成本与费用,企业就可获取盈利;收入小于相关的成本与费用,企业就会发生亏损。利润总额集中反映了企业经营活动各方面的效益,是企业最终的财务成果。它是衡量企业经营管理的重要指标,也是企业利润分配的重要依据。

根据有关规定,企业的利润总额一般包括营业利润、投资净收益和营业外收支净额。用公式表示为:

$$利润总额＝营业利润＋投资净收益＋营业外收支净额$$

一、营业利润

营业利润是指企业在日常生产经营活动中创造并实现的利润,是企业营业收入扣除营业成本、费用、各种流转税及附加税费后的余额,它是企业利润总额的主要组成部分。其计算公式为:

$$营业利润＝主营业务利润＋其他业务利润－管理费用－财务费用$$

(一)主营业务利润

主营业务利润是企业通过基本生产经营活动创造和实现的利润,是企业营业利润的主要构成部分。工业企业的主营业务利润就是它的产品销售利润,由产品销售净收入、产品销售成本、产品销售费用、产品销售税金及附加构成。其计算公式为：

$$产品销售利润 = 产品销售收入 - 产品销售成本 - 产品销售费用 - 产品销售税金及附加$$

（1）产品销售收入，是指企业销售产品、自制半成品和提供工业性劳务等取得的净收入，它是产品销售收入扣除销售退回、销售折让后的余额。

（2）产品销售成本，是指已销产品的实际生产成本，包括为生产产品而实际消耗的直接材料、直接工资、其他直接支出和制造费用。

（3）产品销售费用，是指在销售产品和提供劳务等过程中发生的应由企业负担的运输费、装卸费、包装费、保险费、委托代销手续费、展览广告费和销售服务费用，以及专设销售机构的人员工资、办公费、差旅费、折旧费及其他经费等。

（4）产品销售税金及附加，是指已销售产品缴纳的消费税、城市维护建设税、资源税和教育费附加。

（二）其他业务利润

其他业务利润是指企业通过基本生产经营活动以外的其他经营活动创造和实现的利润。工业企业的其他业务利润就是其他销售利润，由其他业务收入和其他业务支出构成。其计算公式为：

$$其他业务利润 = 其他业务收入 - 其他业务支出$$

（1）其他业务收入，是指企业除商品产品销售以外的其他销售或其他业务的收入，包括材料销售、固定资产出租、包装物出租、外购商品销售、无形资产转让、提供非工业性劳务等取得的收入。

（2）其他业务支出，是指在材料销售、固定资产出租、包装物出租、无形资产转让和提供非工业性劳务等过程中所发生的相关成本、费用，以及为此而缴纳的消费税、营业税、城市维护建设税和教育费附加等。

（三）管理费用

管理费用是指企业行政管理部门为管理和组织整个企业生产经营

活动而发生的各项费用,主要包括由企业统一负担的公司经费、工会经费、职工教育经费、劳动保险费、待业保险费、董事会会费、咨询费、审计费、诉讼费、排污费、绿化费、税金、土地使用费、土地损失补偿费、技术转让费、技术开发费、无形资产摊销、开办费摊销、业务招待费、坏帐损失、上交上级管理费及其他。

管理费用是企业期间费用之一,直接体现为当期损益,抵减营业利润。

(四)财务费用

财务费用是指企业为筹集资金而发生的各种费用,具体包括企业生产经营期间发生的利息净支出,由于汇率变动以及不同货币兑换等原因而发生的汇兑净损失、金融机构手续费以及为筹资而发生的其他费用等。

财务费用同管理费用一样,也是企业期间费用,直接体现为当期损益,抵减营业利润。

二、投资净收益

投资净收益是指企业在从事对外投资活动,充分利用闲置资金过程中获得的净收益,即对外投资收益抵减对外投资损失后的余额。

$$投资净收益=投资收益-投资损失$$

(一)投资收益

投资收益是指企业对外投资取得的收益,包括对外投资分得的利润、股利和债券利息,投资到期收回或者中途转让所得款项高于帐面价值的余额,以及按照权益法计算的股权投资在被投资单位增加的净资产中所拥有的数额(也即长期投资的增加额)等。

(二)投资损失

投资损失是指企业对外投资所发生的损失,包括对外投资到期收回或中途转让所得款项低于帐面价值的差额,以及按照权益法计算的股权投资在被投资单位减少的净资产中所分担的数额(也即长期投资的减少额)等。

三、营业外收支净额

营业外收支净额是指企业在正常经营活动和对外投资活动以外获得的净收益,是营业外收入抵减营业外支出后的余额。

$$营业外收支净额＝营业外收入－营业外支出$$

(一)营业外收入

营业外收入是相对于企业销售收入而言的,是与企业生产经营活动没有直接联系的各项收入。具体包括固定资产的盘盈和出售净收益,企业收取的各种罚款收入,因债权人原因确实无法支付的应付款项,教育费附加返还款等。

(二)营业外支出

营业外支出是相对于企业生产经营耗费而言的,是与企业生产经营活动没有直接联系的各项支出。具体包括固定资产盘亏、报废和出售的净损失,非季节性和非大修理期间的停工损失,企业自办职工子弟学校和技工学校经费(但新建校舍支出除外),非常损失,公益救济性捐赠,以及因未履行经济合同、协议而支付的赔偿费、违约金、罚息等罚款性支出。

第二节　利润分配

一、利润分配的基本原则

企业利润分配主要是确定企业的净利润如何在分发给投资者和用于再投资这两方面进行分配。利润分配是一项十分重要的工作,它不仅影响企业的筹资和投资决策,而且涉及国家、企业、投资者、职工等多方面的利益关系,涉及企业长远利益与近期利益、整体利益与局部利益等关系的处理与协调。为合理组织企业财务活动和正确处理财务关系,企业在进行利润分配时应遵循以下原则:

（一）依法分配原则

企业的利润分配必须依法进行。为规范企业的收益分配行为,国家制定和颁布了若干法规,主要包括企业制度方面的法规、财务制度方面的法规等。这些法规规定了企业利润分配的基本要求、一般程序和重大比例,企业应认真执行。

（二）兼顾各方面利益原则

利润分配直接关系到有关各方的切身利益。国家作为社会管理者,为行使其自身职能,必须有充足的资金保证。这就要求企业以缴纳税款的方式,无偿上缴一部分利润。投资者作为资本投入者、企业所有者,依法享有收益分配权。企业的净利润归投资者所有,是企业的基本制度。但职工作为利润的直接创造者,除了获得工资及奖金等劳动报酬外,还要以适当方式参与净利润的分配。提取公益金,用于职工集体福利设施的购建开支。可见,企业进行收益分配时,应统筹兼顾,合理安排。既要满足国家集中财力的需要,又要考虑企业自身发展的要求;既要维护投资者的合法权益,又要保障职工的切身利益。

（三）分配与积累并重原则

企业进行利润分配,应正确处理长远利益和近期利益的辩证关系,将两者有机结合起来,坚持分配与积累并重。考虑未来发展需要,增强企业后劲,企业除按规定提取法定盈余公积金以外,可适当留存一部分利润作为积累。这部分积累不仅为企业扩大再生产筹措了资金,同时也增强了企业抵抗风险的能力。此外,还可以达到以丰补歉,平抑利润分配数额波动幅度,稳定投资报酬率的效果。实践证明,投资者更为青睐能够提供稳定回报的企业,而利润分配时高时低的企业因暗含不稳定信息,对投资者的吸引力难免大打折扣。因而企业在进行利润分配过程时应当正确处理分配与积累的关系。

（四）投资与收益对等原则

企业分配利润应当体现"谁投资谁受益"、受益大小与投资比例相适应,即投资与受益对等原则。这就要求企业在向投资者分配利益时,应本着平等一致的原则,按照各方投入资本的多少来进行,决不允许发生任何一方随意多分多占的现象。

（五）盈亏自负原则

企业生产经营发生亏损,应由企业用以后年度实现的利润进行弥补。盈亏自负,是市场经济要求在企业利润分配原则上的体现。坚持这一原则,有利于调动企业自身的积极性,使企业职工从根本上关心企业的生产经营成果,克服盈利归企业、亏损找国家的传统观念,理顺企业与国家之间的利益关系。

二、企业利润分配的内容和顺序

企业利润分配包括两个层次的内容:一是企业利润总额的分配;二是企业所得税后利润的分配。

（一）企业利润总额的调整

为了正确计算应缴的所得税,企业利润总额应按规定作相应调整,增减有关项目。按国家税法规定,企业利润总额的调整主要包括以下几项内容:

1. 所得税前弥补亏损

企业发生的年度亏损,可以用下一年度的税前利润来弥补;下一年度利润不足弥补的,可以在以后五年内延续弥补;五年内不足弥补的,用税后利润等弥补。如果企业用税前利润弥补亏损,则当年度的企业应纳税所得额（即应税利润）便可相应调整,即弥补亏损的利润免交所得税。

2. 投资收益中已纳税的项目或按照规定只需补交所得税的项目

实行"先税后分"办法以后,企业对外投资分回的利润、股利等投资收益,在分回前是已纳过税的,因此,在本企业计缴所得税时应予扣除或抵减,以避免双重征税。但适用税率不一致时,少缴的部分应按规定补缴。

3. 应纳税的损益扣减项目

应纳税的损益扣减项目,是指企业计算利润总额时已经扣除,但按照所得税法规定应当缴纳所得税的项目,如超限额业务招待费、不符合规定多摊销的递延资产和无形资产费用、多计提的折旧费用、非公益救济性捐赠、各种税收的滞纳金和罚款等。

企业的利润总额,作上述调整后,就是应纳税所得额,据此按税法规定的比例税率计缴所得税,任何企业都不得偷漏国家税款。

(二)企业税后利润分配的一般顺序

企业缴纳所得税后的利润,除国家另有规定者外,一般应按下列顺序分配。

1. 弥补企业以前年度亏损

弥补以前年度亏损是指企业以前年度发生的亏损,因超过所得税法规定的税前弥补期限而完全由税后利润弥补的亏损。

2. 提取法定盈余公积金

法定盈余公积金是指企业依据国家有关规定,从当年税后利润中提取的公共资本积累资金,是国家为了保证企业的发展,防止短期行为,从法律角度对利润分配施加的一种限制性措施。按规定,公司制企业法定盈余公积金按税后利润的 10% 提取,其他类型的企业可按高于 10% 的比例提取。当法定盈余公积金已达注册资本的 50% 时,可不再提取。该项资金可用于弥补亏损,亦可用于转增资本金,但转增资本金后,企业法定盈余公积金一般不得低于注册资本的 25%。

3. 提取公益金

公益金是指企业按照规定从税后利润中提取的职工公共利益资金,是国家为了使企业充分考虑职工集体福利设施的不断改善,保障职工的切身利益,而从法律角度所作的一项强制规定。按规定,公司制企业的公益金按税后利润的 5%—10% 提取,其他类型的企业可按不超过提取法定公积金的比例提取。公益金主要用于企业的职工集体福利设施支出,如建造职工宿舍、食堂、托幼设施、医疗保健设施等,而不能直接发给职工用于个人消费。公益金是所有者权益的一部分,职工对这些福利设施只能使用,不能拥有,并负有保管之责。

4. 向投资者分配利润

向投资者分配利润,是企业利润分配的最后一项内容。企业向投资者分配利润时,应根据可分配利润额,按照企业的性质和组织形式,或合同章程的规定,经企业最高权力机构商定分配方案并形成决议后,方可进行。

在具体分配时,如果是契约式的合伙企业,则按照设立企业时的合同或章程中规定的分配比例进行分配;如果是有限责任公司,则按投资各方在企业注册资本中的出资比例进行分配;如果是股份有限公司,则按下列顺序分配。

(1) 支付优先股股利。优先股的股利在分配普通股股利之前优先分配。股利数额应按约定的股息率计提,其计算公式为:

$$每股股利 = 优先股面值 \times 约定的股息率$$

(2) 提取任意盈余公积金。任意盈余公积金是指企业出于经营、管理等方面的需要,依照公司章程或股东会议决议自主提取的盈余公积金,其目的是为了对向投资者分配利润施加限制和调节。任意盈余公积金与法定公积金一样,可用于弥补亏损、转增资本金,亦可用于分配股利。

(3) 根据公司股利政策,支付普通股股利。股份有限公司原则上应从累计盈利中分派股利,无盈利不得支付股利,即所谓"无利不分"的原则。但为了维护公司股票的信誉,避免股票价格的大幅度波动,在用盈余公积金弥补亏损后,经股东会特别决议,可以按照不超过股票面值6%的比率用盈余公积金分配股利。但分配股利后,企业法定盈余公积金占其注册资本的比例不得低于25%。

第三节　股利分配政策

股利分配政策是指管理当局对股利分配有关事项所作出的方针与决策。由于税法的强制性和严肃性,因而利润分配中的纳税政策没有方案的选择性,利润分配政策从根本上说就是股利政策。

企业税后利润,可以留存,也可用于投资分红支出。在企业利润有限的情况下,如何解决好留存与分红的比例,是处理短期利益与长期利益、企业与股东等关系的关键。正确的税后利润分配政策对企业具有特别重要的意义。

一、股利政策理论

股利分配作为财务管理的一项重要内容,同样要考虑其对公司价值的影响。针对这一问题形成了两种不同的股利理论。

（一）股利无关论

股利无关论,即 MM 理论。MM 理论是美国财务专家米勒和莫迪葛利尼在 1961 年提出来的。这一理论建立在这样一些假定之上：① 不存在个人或公司所得税；② 不存在股票的发行和交易费用（即不存在股票筹资费用）；③ 公司的投资决策与股利决策彼此独立（即投资决策不受股利分配的影响）；④ 公司的投资者和管理当局可相同地获得关于未来投资机会的信息。上述假定描述的是一种完美无缺的市场,因而股利无关论又被称为完全市场理论。股利无关论认为：

1. 投资者并不关心公司股利的分配

若公司留存较多的利润用于再投资,会导致公司股票价格上升；此时尽管股利较低,但需用现金的投资者可以出售股票换取现金。若公司发放较多的股利,投资者又可以用现金再买入一些股票以扩大投资。也就是说,投资者对股利和资本利得并无偏好。

2. 股利的支付比率不影响公司的价值

既然投资者不关心股利的分配,公司的价值就完全由其投资的获利能力所决定,公司的盈余在股利和保留盈余之间的分配并不影响公司的价值(即使公司有理想的投资机会而又支付了高额股利,也可以募集新股,新投资者会认可公司的投资机会)。

(二)股利相关论

这种理论认为,公司的股利政策与公司的市场价值(或股票的价格)是密切相关的。从这一基本观点出发,根据对股利政策与股票价格相关性的不同理解,又形成了几种各具特色的股利相关论。

1. 一鸟在手论

该理论认为,保留盈余再投资带来资本利得的不确定性高于股利支付的不确性,所以投资者偏好股利而非资本利得。也就是说,投资者愿意以较高的价格购买能够支付较多股利的股票,股利政策也就会对股票价格产生实质性的影响。根据这一理论进行股利决策,就应提高股利支付率。

2. 信息传播论

该理论认为,股利的多少实际上是公司管理者向投资者传播公司盈利情况的信息。若公司改变过去一贯的股利政策,就意味着公司管理者向投资者发出了改变公司未来盈利的信号。股利提高表明公司未来创造现金的能力有所增强,公司股票便会受到投资者的欢迎;反之,则表明公司未来创造现金的能力有可能减弱,投资者便会抛出股票。

3. 所得税差异理论

在许多国家的税法中,长期资本利得的所得税率要低于普通所得税率。由于股利税率比资本利得的税率高,投资者自然喜欢公司少支付股利而将较多的盈余保留下来用于再投资,以期提高股票价格,把股利转化为资本利得。根据这种理论,股利政策与企业价值也是相关的,而只有采取低股利和推迟股利支付的政策,才有可能使公司的价值达到最大。

二、股利分配政策的选择与内部融资

支付给股东的盈余与留在企业的保留盈余,存在此消彼长的关系。所以,股利分配既决定给股东分配多少红利,也决定有多少净利留在企业。减少股利分配,会增加保留盈余,减少外部融资需求。股利决策也是内部融资决策。

企业在确定收益分配政策时,应综合考虑各种影响因素,结合自身实际情况,权衡利弊得失,从优选择。在理财实践中,企业经常采用的收益分配政策主要有以下几种:

(一)剩余股利政策

剩余股利政策就是公司有着良好的投资机会时,根据一定的目标资本结构(最佳资本结构),测算出投资所需的权益资本,先从盈余当中留用,然后将剩余的盈余作为股利予以分配。

采用剩余股利政策时,应遵循四个步骤:① 设定目标资本结构,即确定权益资本与债务资本的比率,在此资本结构下,加权平均资金成本将达到最低水平。② 确定目标资本结构下投资所需的股东权益数额。③ 最大限度地使用保留盈余来满足投资方案所需的权益资本数额。④ 投资方案所需权益资本已经满足后若有剩余盈余,再将其作为股利发放给股东。

例如,假定某公司某年提取了公积金、公益金后的税后净利为750万元,第二年的投资计划所需资金1 000万元,公司的目标资本结构为权益资本占60%、债务资本占40%,那么,按照目标资本结构的要求,公司投资方案所需的权益资本数额为:

$$1\,000 \times 60\% = 600(万元)$$

公司当年全部可用于分配股利的盈余为750万元,可以满足上述投资方案所需的权益资本数额并有剩余,剩余部分再作为股利发放。当年发放的股利额即为:

$$750-600=150(万元)$$

假定该公司当年流通在外的只有普通股 100 万股,那么每股股利即为:

$$150÷100=1.5(元)$$

剩余股利政策的理论依据是股利无关论,即股利分配与股价无关,投资者对股利和资本利得没有偏好,而将投资者获取股利放在次要地位。这样做的根本理由是在于保持理想的资本结构,使加权平均资金成本最低,其根本目的是提高公司的价值(股票价格)。

剩余分配政策在理想的有效资本市场下是一种合理的股利分配政策。但现实与理想存在差异,该政策在运用上有一定的局限性。首先,现实的股票市场是不完善的;其次,剩余分配政策在现实中运用时绝大多数情况下是一种不分配股利政策,这会造成投资者的不信任;第三,分派股利是管理者将公司的信息传送给投资者的重要渠道,而剩余股利政策却将这一渠道给堵塞了。因此,剩余股利政策一般在公司需用大量资金的成长阶段及公司再上新台阶时才可采用。

(二)固定或持续增长的股利政策

固定或持续增长的股利政策是将每年发放的股利固定在一固定的水平上并在较长的时期内不变的政策,只有当公司认为未来盈余将会显著地、不可逆转地增长时,才提高年度的股利发放额。不过,在通货膨胀的情况下,大多数公司的盈余会随之提高,且大多数投资者也希望公司能提供足以抵消通货膨胀不利影响的股利。因此在长期通货膨胀的年代里也应提高股利发放额。

固定或持续增长股利政策的理论依据是"一鸟在手论"和"信息传播论"。采用这种股利政策的理由在于:

第一,稳定的股利向市场传递着公司正常发展的信息,有利于树立公司良好形象,增强投资者对公司的信心,稳定股票的价格。

第二,稳定的股利额有利于投资者安排股利收入和支出,特别是对那些对股利有着很高依赖性的股东更是如此。而股利忽高忽低的股票，则不会受这些股东的欢迎，股票价格会因此而下降。

该股利政策的缺点在于股利的支付与盈余相脱节。当盈余较低时仍要支付固定的股利，这可能导致资金短缺，财务状况恶化；同时不能像剩余股利政策那样保持较低的资金成本。

（三）固定股利支付率政策

固定股利支付率政策，是公司确定一个股利占盈余的比率，长期按此比率支付股利的政策。在这一股利政策下，各年股利额随公司经营的好坏而上下波动，获得较多盈余的年份股利额高，获得盈余少的年份股利额低。固定股利支付率政策与剩余股利政策的顺序相反，该政策是先考虑派发股利，后考虑保留盈余。因此，固定股利支付率越高，公司留有的盈余越少。

固定股利支付率政策的理论依据是"一鸟在手论"，即股利的分配与股票价格相关，且现在的股利收入是固定的，而保留盈余进行投资给股票投资者带来的收益具有不确定性，股票投资者对获得现在的收入具有特别的偏好。实行固定股利支付率政策的优点是能使股利与公司盈余紧密地配合，以体现多盈多分、少盈少分、无盈不分的原则，才算真正公平地对待了每一位股东。但是，在这种政策下各年的股利变动较大，极易造成公司不稳定的感觉，对于稳定股票价格不利。

（四）低正常股利加额外股利政策

低正常股利加额外股利政策，是公司一般情况下每年只支付固定的、数额较低的股利；在盈余多的年份，再根据实际情况向股东发放额外股利。但额外股利并不固定化，不意味着公司永久地提高了规定的股利率。

低正常股利加额外股利政策的理论依据仍然是"一鸟在手论"和"信息传播论"，只是运用的方式和思考的角度不同。由于公司派发的股利固定地维持在一个较低的水平上，在公司盈利较少或需用较多的保留盈余进行投资时，公司仍然能按照规定的股利水平派发股利，体现了

"一鸟在手论",维持股票的现有价格。而一旦公司盈利较大且有剩余现金,公司就可以派发额外股利,公司将派发额外股利的信息传播给股票投资者,体现"信息传播论",有利于股票价格的上扬。

上面所阐述的是企业在实际经济生活中常用的几种分配策略。其中,固定股利政策、正常股利加额外股利政策是企业普遍采用,并为广大的投资者所认可的两种基本政策。企业在决定分配政策时,可以比照上述政策的思想,充分考虑实际情况,选择适宜的股利分配政策。

第四节 股利支付的程序和方式

一、股份公司股利支付程序

股份有限公司向股东支付股利,前后要经历一个过程,依次为股利宣告日、股权登记日、除息日和股利支付日。

1. 股利宣告日

这是指公司董事会将股利支付情况予以公告的日期。公告中将宣布每股股利、股权登记日、除息日和股利支付日等事项。我国的股份公司通常一年派发一次股利,也有在年中派发中期股利的。

2. 股权登记日

这是指有权领取股利的股东资格登记截止日期。只有在股权登记日前在公司股东名册上有名的股东,才有权分享股利,证券交易所中的中央清算登记系统为股权登记提供了很大的方便,一般在营业结束的当天即可打印出股东名册。

3. 除息日

这是指领取股利的权利与股票相互分离的日期。在除息日前,股利权从属于股票,持有股票者即享有领取股利的权利;除息日开始,股利权与股票相分离,新购入股票的人不能分享股利。这是因为股票买卖的交接、过户需要一定时间,如果股票交易日期离股权登记日太近,公司将无法在股权登记日得知更换股东的信息,只能以原股东为股利支付对象,为了避免可能发生的冲突,证券业一般规定在股权登记日的前四天为除息日。自此日起,公司股票的交易称为无息交易,其股票称为无息股。这就是说,一个新股东要想取得本期股利,必须在股权登记日的四天之前购入股票,否则即使持有股票也无权领取股利。通常在除息日之前进行交易的股票,其价格高于在除息日之后进行交易的股票价格,其原因主要在于前种股票的价格包含应得的股利收入在内。

4. 股利支付日

这是指向股东发放股利的日期,亦称付息日,其通常规定为股权登记日之后的 3—4 个星期内。从这一天开始的几天内,公司应通过各种手段将股利支付给股东。

例如,假定海华公司 19×8 年 11 月 15 日发布公告:"本公司董事会在 19×8 年 11 月 15 日的会议上决定,本年度发放每股为 5 元的股利;本公司将于 19×9 年 1 月 2 日将上述股利支付给已在 19×8 年 12 月 15 日登记为本公司股东的人士。"

那么,对海华公司而言,19×8 年 11 月 15 日为海华公司的股利宣告日;19×8 年 12 月 15 日为其股权登记日;19×8 年 12 月 11 日为其除息日;19×9 年 1 月 2 日则为其股利支付日。

二、股份公司的股利形式

（一）现金股利

现金股利是指以现金支付股利的形式,是企业最常见的、也是最易被投资者接受的股利支付方式。这种形式能满足大多数投资者希望得到一定数额的现金这种实在的收益要求。但这种形式增加了企业现金流出量,增加企业的支付压力,在特殊情况下,有悖于留存现金用于企业投资与发展的初衷。因此,采用现金股利形式时,企业必须具备两个基本条件:一是企业要有足够的未指明用途的留存收益（未分配利润）;二是企业要有足够的现金。

（二）股票股利

股票股利是指企业以股票形式发放的股利,其具体做法可以是在公司注册资本尚未足额时,以其认购的股票作为股利支付;也可以是发行新股支付股利。实际操作过程中,有的公司增资发行新股时,预先扣除当年应分配股利,减价配售给老股东;也有的发行新股时进行无偿增资配股,即股东不须缴纳任何现金和实物,即可取得公司发行的股票。

股票股利是一种比较特殊的股利。股票股利并不直接增加股东的财富,不导致公司资产的流出或负债的增加,因而不是公司资金的使用,同时也并不因此而增加公司的财产,但会引起所有者权益各项目的结构发生变化。

（三）财产股利

财产股利是以现金以外的资产支付的股利,主要是以公司所拥有的其他企业的有价证券,如债券、股票,作为股利支付给股东。

（四）负债股利

负债股利是公司以负债支付的股利,通常以公司的应付票据支付给股东,不得已情况下也有发行公司债券抵付股利的。

财产股利和负债股利实际上是现金股利的替代。这两种股利方式目前在我国公司实务中很少使用,但并非法律所禁止。

第十七章

企业财务分析

第一节 偿债能力分析

偿债能力是指企业偿还到期债务（包括本息）的能力。偿债能力分析包括短期偿债能力分析和长期偿债能力分析。

现将后面举例时需要用到的大华公司的资产负债表和利润表列举如表 17-1 和表 17-2。

表 17-1

资 产 负 债 表

2000 年 12 月 31 日   单位：万元

资　　产	年初数	年末数	负债及所有者权益	年初数	年末数
流动资产：			流动负债：		
货币资金	800	900	短期借款	2 000	2 300
短期投资	1 000	500	应付帐款	1 000	1 200
应收帐款	1 200	1 300	预收帐款	300	400
预付帐款	40	70	其他应付款	100	100
存货	4 000	5 200	流动负债合计	3 400	4 000
待摊费用	60	80	长期负债	2 000	2 500
流动资产合计	7 100	8 050	所有者权益：		
长期投资	400	400	实收资本	12 000	12 000
固定资产净值	12 000	14 000	盈余公积	1 600	1 600
无形资产	500	550	未分配利润	1 000	2 900
			所有者权益合计	14 600	16 500
资产总计	20 000	23 000	负债及所有者权益合计	20 000	23 000

表 17-2

利 润 表

2000 年度　　　　　　　　　　　　单位：万元

项　　　目	上 年 数	本 年 数
一、产品销售收入	18 000	20 000
减：产品销售成本	10 700	12 200
产品销售费用	1 620	1 900
产品销售税金及附加	1 080	1 200
二、产品销售利润	4 600	4 700
加：其他业务利润	600	1 000
减：管理费用	800	1 000
财务费用	200	300
三、营业利润	4 200	4 400
加：投资收益	300	300
营业外收入	100	150
减：营业外支出	600	650
四、利润总额	4 000	4 200
减：所得税（税率为 40%）	1 600	1 680
五、净利润	2 400	2 520

一、短期偿债能力分析

短期偿债能力指企业流动资产对流动负债及时足额偿还的保证程度，是衡量企业当前财务能力，特别是流动资产变现能力的重要标志。

企业短期偿债能力的衡量指标主要有流动比率、速动比率和现金比率三项。

（一）流动比率

流动比率是流动资产与流动负债的比率，它表明企业每一元流动负债有多少流动资产作为偿还的保证。其计算公式为：

$$流动比率＝流动资产÷流动负债$$

一般情况下，流动比率越高。反映企业短期偿债能力越强，债权人的权益越有保证。按照西方企业的长期经验，一般认为 2∶1 的比例比较适宜。它表明企业财务状况稳定可靠；除了满足日常生产经营的流动资金需要外，还有足够的财力偿付到期短期债务。

例如，根据表 17-1 资料，大华公司 2000 年的流动比率为：

$$年初流动比率＝7\,100÷3\,400＝2.088$$
$$年末流动比率＝8\,050÷4\,000＝2.013$$

大华公司 2000 年年初、年末流动比率均超过一般公认标准，反映该公司具有较强的短期偿债能力。

（二）速动比率

速动比率是企业速动资产与流动负债的比率。所谓速动资产，是指流动资产减去变现能力较差的存货、待摊费用、待处理流动资产损失等后的余额。其计算公式为：

$$速动比率＝速动资产÷流动负债$$

西方企业传统经验认为，速动比率为 1 时是安全边际。因为如果速动比率小于 1 ，必使企业面临很大的偿债风险；如果速动比率大于 1，尽管债务偿还的安全性很高，但却会因企业现金及应收帐款资金占用过多而大大增加企业的机会成本。

例如，根据表 17-1 资料，大华公司 2000 年的速动比率为：

$$年初速动比率＝(800＋1\,000＋1\,200＋40)÷3\,400＝0.894$$
$$年末速动比率＝(900＋500＋1\,300＋70)÷4\,000＝0.693$$

计算表明，大华公司 2000 年末的速动比率比年初有所降低。

（三）现金比率

现金比率是企业现金类资产与流动负债的比率。现金类资产包括企业所拥有的货币资金和持有的有价证券（即资产负债表中的短期投资）。其计算公式为：

$$现金比率＝（现金＋有价证券）÷流动负债$$

但需注意的是：企业不可能、也无必要保留过多的现金类资产。如果这一比率过高，就意味着企业流动负债未能得到合理的运用，经常以获利能力低的现金类资产保持着。这会导致企业机会成本增加。

例如，根据表 17-1 资料，大华公司 2000 年的现金比率为：

$$年初现金比率＝（800＋1\,000）÷3\,400＝0.529$$

$$年末现金比率＝（900＋500）÷4\,000＝0.350$$

大华公司 2000 年年初、年末的现金比率都比较高，年初竟超过 50%，年末有些改进，这说明企业还需进一步有效地运用现金类资产，合理安排资产结构，提高资金使用效益。

二、长期偿债能力分析

长期偿债能力，是指企业偿还长期负债的能力。其分析指标主要有资产负债率、产权比率和利息保障倍数等项。

（一）资产负债率

资产负债率又称负债比率，是企业负债总额对资产总额的比率。它表明企业资产总额中，债权人提供资金所占的比重，以及企业资产对债权人权益的保障程度。这一比率越小，表明企业的长期偿债能力越强。其计算公式为：

$$资产负债表＝负债总额÷资产总额$$

例如，根据表 17-1 资料，大华公司 2000 年的资产负债率为：

$$年初资产负债率＝5\,400÷20\,000＝0.270$$

$$年末资产负债率＝6\,500÷23\,000＝0.283$$

需要注意的是，并非企业所有的资产都可以作为偿债的物质保证的。在清算状态下,待摊费用、待处理财产损失、递延资产等难以作为偿债的保证;即使在企业持续经营期间,上述资产的摊销价值也需要依靠存货等资产的价值才能得以补偿和收回,其本身并无直接的变现能力,相反还要对其他资产的变现能力产生反向影响。至于无形资产当中的商誉、商标、专利、非专利技术等能否用于偿债,也存在极大的不确定性。故又提出有形资产负债率这一比较稳健的指标对企业的长期偿债能力进行评价,其计算公式为:

$$有形资产负债率=负债总额÷有形资产总额$$

$$有形资产总额=\frac{资产}{总额}-\left(\frac{无形资产及}{递延资产}+\frac{待摊}{费用}+\frac{待\ 处\ 理}{财产损失}\right)$$

例如,根据表 17-1 资料,大华公司 2000 年的有形资产负债率为:

年初有形资产负债率=5 400÷(20 000−500−60)=0.278
年末有形资产负债率=6 500÷(23 000−550−80)=0.291

(二) 产 权 比 率

产权比率是指负债总额与所有者权益的比率,是企业财务结构稳健与否的重要标志,也称资本负债率。其计算公式为:

$$产权比率=负债总额÷所有者权益$$

它反映企业所有者权益对债权人权益的保障程度。这一比率越低,表明企业的长期偿债能力越强,债权人权益的保障程度越高,承担的风险越小,但企业不能充分地发挥负债的财务杠杆效应。

例如,根据表 17-1 资料,大华公司 2000 年的产权比率为:

年初产权比率=5 400÷14 600=0.370
年末产权比率=6 500÷16 500=0.394

与设置有形资产负债率的指标的原因相同,还需要对产权比率的公式进行必要的调整,即对有形净值负债率进行计算、分析。其计算公式为:

$$有形净值负债率=负债总额÷有形净值总额$$

有形净值＝净资产（或所有者权益）－无形资产

例如，根据表 17-1 资料，大华公司 2000 年的有形净值负债率为：

年初有形净值负债率＝5 400÷(14 600－500)＝0.383

年末有形净值负债率＝6 500÷(16 500－550)＝0.408

（三）利息保障倍数

利息保障倍数又称已获利息倍数，是指企业息税前利润与利息费用的比率。反映了获利能力对债务偿付的保证程度。其计算公式为：

利息保障倍数＝息税前利润÷债务利息

息税前利润是指包括债务利息与所得税前的正常业务经营利润，但不包括非正常项目。为了准确地反映利息的保障程度，债务利息应包括财务费用中的利息和资本化的利息两部分。

从长期看，利息保障倍数至少应当大于 1，且比值越高，企业长期偿债能力一般也就越强。如果利息保障倍数过小，企业将面临亏损、偿债的安全性与稳定性下降的风险。究竟企业利息保障倍数应是利息的多少倍，才算偿付能力强，这要根据往年经验结合行业特点来判断。

例如，根据表 17-2 资料，假定表中财务费用全部为利息费用，大华公司利息保障倍数为：

1999 年利息保障倍数＝(4 000＋200)÷200＝21(倍)

2000 年利息保障倍数＝(4 200＋300)÷300＝15(倍)

从以上计算来看，应当说大华公司 1999 年和 2000 年的利息保障倍数都较高，有较强的偿付负债利息的能力。但还需进一步结合企业往年的情况和行业的特点进行判断。

第二节　营运能力分析

资产营运能力的强弱关键取决于周转速度。一般说来，周转速度越快,资产的使用效率越高,则资产营运能力越强;反之,营运能力就越差。所谓周转率即企业在一定时期内资产的周转额与平均余额的比率,它反映企业资金在一定时期的周转次数。周转次数越多,周转速度越快,表明营运能力越强。

资产营运能力的分析可以从以下几个方面进行:

一、流动资产周转情况分析

反映流动资产周转情况的指标主要有应收帐款周转率、存货周转率和流动资产周转率。

(一) 应收帐款周转率

它是反映应收帐款周转速度的指标,是一定时期内商品或产品赊销收入净额与应收帐款平均余额的比值。其计算公式为:

应收帐款周转率(次数)＝赊销收入净额÷应收帐款平均余额

赊销收入净额＝销售收入－现销收入－销售折扣与折让

应收帐款平均余额＝(期初应收帐款＋期末应收帐款)÷2

应收帐款周转期(天数)＝计算期天数÷应收帐款周转次数

$$＝\frac{计算期天数}{应收帐款平均余额}×\frac{应收帐款平均余额}{赊销收入净额}$$

应收帐款周转率反映了企业应收帐款变现速度的快慢及管理效率的高低,周转率高表明:收帐迅速,帐龄较短;资产流动性强,短期偿债能力强;可以减少收帐费用和坏帐损失,从而相对增加企业流动资产的投资收益。

计算应收帐款周转率时,需要注意以下几个问题:公式中的应收帐款包括会计核算中的"应收帐款"和"应收票据"等全部赊销帐款在内,且其金额应为扣除坏帐准备后的净额;如果应收帐款余额的波动性较大,应尽可能使用更详尽的计算资料,如按每月的应收帐款余额来计算其平均占用额;分子、分母的数据应注意时间的对应性。

例如,假定前例中大华公司 1998 年应收帐款年末余额为 1 100 万元,1999 年和 2000 年度销售收入中赊销部分均占 30％,则两年应收帐款周转率可计算如表 17-3 所示。

表 17-3

应收帐款周转率计算表

单位：万元

项　　　目	1998 年	1999 年	2000 年
赊销收入净额		5 400	6 000
应收帐款年末余额	1 100	1 200	1 300
应收帐款平均余额		1 150	1 250
应收帐款周转次数（次）		4.7	4.8
应收帐款周转天数（天）		76.6	75.0

（二）存货周转率

它是一定时期内企业销售成本与存货平均资金占用额的比率。其计算公式为：

$$存货周转率（次数）＝销货成本÷存货平均余额$$

$$存货平均余额＝（期初存货＋期末存货）÷2$$

$$存货周转期（天数）＝计算期天数÷存货周转率$$

$$＝\left(\begin{array}{c}计算期\\天\ \ 数\end{array}×\begin{array}{c}存货平\\均余额\end{array}\right)÷\begin{array}{c}销货\\成本\end{array}$$

一般来讲,存货周转率越高越好,存货周转率越高,表明其变现的速度越快,周转额越大,资金占用水平越低。因此,通过存货周转分析,有利于找出存货管理存在的问题,尽可能降低资金占用水平。

在计算存货周转率时应注意：存货计价方法对存货周转率具有较大的影响,因此,在分析企业不同时期或不同企业的存货周转率时,应注意存货计价方法的口径是否一致；分子、分母的数据应注意时间上的对应性。

例如,假设大华公司 1998 年存货年末余额为 3 800 万元,该公司 1999 年、2000 年存货周转率,可计算如表 17-4 所示。

表 17-4

存货周转率计算表

单位:万元

项 目	1998 年	1999 年	2000 年
销货成本		12 320	14 100
存货年末余额	3 800	4 000	5 200
存货平均余额		3 900	4 600
存货周转次数(次)		3.16	3.06
存货周转天数(天)		113.9	117.6

(三) 流动资产周转率

它是流动资产的平均占用额与流动资产在一定时期所完成的周转额(销售收入)之间的比率。其计算公式为:

$$流动资产周转率(次数) = 销售收入净额 \div 流动资产平均占用额$$

$$流动资产周转期(天数) = 计算期天数 \div 流动资产周转率$$

$$= \left(计算期天数 \times 流动资产平均占用额 \right) \div 销售收入净额$$

流动资产平均占用额应按分析期的不同分别加以确定,并应保持分子的销售收入净额与分母的流动资产平均占用额在时间上的一致性。

在一定时期内,流动资产周转次数越多,表明以相同的流动资产完成的周转额越多,流动资产利用效果越好。

例如,假设大华公司 1998 年流动资产年末余额为 6 000 万元,该公司 1999 年、2000 年流动资产周转情况计算如表 17-5 所示。

表 17-5

流动资产周转率计算表

单位：万元

项　　目	1998 年	1999 年	2000 年
产品销售收入净额		18 000	20 000
流动资产年末余额	6 000	7 100	8 050
流动资产平均余额		6 550	7 575
流动资产周转次数（次）		2.75	2.64
流动资产周转天数（天）		131.0	136.4

由此可见，该公司 2000 年流动资产周转速度比 1999 年延缓了5.4天，流动资金占用增加，增加占用的数额可计算如下：

$$(136.4-131.0)\times 20\,000\div 360=300(万元)$$

二、固定资产周转率

固定资产周转率是指企业年销售收入净额与固定资产平均净值的比率。其计算公式为：

固定资产周转率＝销售收入净额÷固定资产平均净值

固定资产周转率高，表明企业固定资产利用充分；反之，则表明固定资产使用效率不高，企业的营运能力不强。

运用固定资产周转率时，需要考虑固定资产因计提折旧，其净值在不断地减少的影响，以及因更新重置，其净值突然增加的影响。同时，由于折旧方法的不同，可能影响其可比性。故在分析时，一定要剔除掉这些不可比因素。

例如，假设大华公司 1998 年末固定资产净值为 11 800 万元，则该公司 1999 年、2000 年固定资产周转率计算如表 17-6 所示。

表 17-6

固定资产周转率计算表

单位：万元

项　　　目	1998 年	1999 年	2000 年
销售收入净额		18 000	20 000
固定资产年末净值	11 800	12 000	14 000
固定资产平均净值		11 900	13 000
固定资产周转次数(次)		1.51	1.54

三、总资产周转率

总资产周转率是企业销售收入净额与资产总额的比率。其计算公式为：

$$总资产周转率＝销售收入净额÷资产平均占用额$$

资产平均占用额应按分析期的不同分别加以确定，并应当与分子的销售收入净额在时间上保持一致。

$$月平均占用额＝(月初＋月末)÷2$$

$$季平均占用额＝(1/2 季初＋第一月末＋第二月末＋1/2 季末)÷3$$

$$年平均占用额＝(1/2 年初＋一季末＋二季末＋三季末＋1/2 年末)÷4$$

这一比率用来分析企业全部资产的使用效率。如果这个比率较低，说明企业利用全部资产进行经营的效率较差。

例如，假设大华公司 1998 年末全部资产总额为 19 000 万元，则该公司 1999 年和 2000 年的总资产周转率可计算如表 17-7 所示。

表 17-7

总资产周转率计算表

单位：万元

项　　　目	1998 年	1999 年	2000 年
销售收入净额		18 000	20 000
全部资产年末余额	19 000	20 000	23 000
全部资产平均余额		19 500	21 500
全部资产周转次数(次)		0.92	0.93

第三节 盈利能力分析

企业盈利能力的分析可从一般分析和社会贡献能力分析两方面研究。

一、企业盈利能力的一般分析

（一）销售利润率

销售利润率是企业利润与销售收入的比率。其计算公式为：

$$销售利润率＝利润÷销售收入$$

从利润表来看，企业的利润可以分为五个层次：商品销售毛利、商品经营利润、营业利润、利润总额、净利润。其中利润总额和净利润包含着非销售利润因素，所以能够更直接反映销售获利能力的指标是毛利率、经营利润率和营业利润率。由于商品产品销售业务是企业的主营业务活动，因此，经营利润水平的高低对企业总体能力有着举足轻重的影响。同时，通过考察经营利润占整个利润总额比重的升降，可以发现企业经营理财状况的稳定性、面临的危险或可能出现的转机迹象。

例如，根据表 17-2 可计算销售利润率如表 17-8 所示。

表 17-8

销售利润率计算表

单位：万元

项　　　　目	1999 年	2000 年
商品销售毛利	7 300	7 800
商品经营利润	4 600	4 700
营业利润	4 200	4 400
利润总额	4 000	4 200

项　　目	1999 年	2000 年
净利润	2 400	2 520
产品销售收入	18 000	20 000
毛利率(%)	40.56	39
经营利润率(%)	25.56	23.5
营业利润率(%)	23.33	22
销售利润率(%)	22.22	21
销售净利率(%)	13.33	12.6

（二）成本利润率

成本利润率是指利润与成本的比率。其计算公式为：

$$成本利润率＝利润÷成本$$

同利润一样，成本也可以分为几个层次：销售成本、经营成本（销售成本＋销售费用＋销售税金及附加）、营业成本（经营成本＋管理费用＋财务费用＋其他业务成本）、税前成本（营业成本＋营业外支出）和税后成本（税前成本＋所得税）。因此在评价成本开支效果时，必须注意成本与利润间层次上的对应关系，即销售毛利与销售成本（销售成本毛利率）、经营利润与经营成本（经营成本利润率）、营业利润与营业成本（营业成本利润率）、利润总额与税前成本（税前成本利润率）、净利润与税后成本（税后成本净利率）彼此对应。这不仅符合收益与成本的匹配关系，而且能够有效地揭示出企业各项成本的使用效果。这其中，经营成本利润率更具有代表性，它反映了企业主要成本的利用效果，是企业加强成本管理的着眼点。

例如，根据表 17-2 计算成本利润率如表 17-9 所示。

（三）总资产报酬率

总资产报酬率是企业息税前利润与企业资产平均总额的比率。其

表 17-9

成本利润率计算表

单位：万元

项　　　目	1999 年	2000 年
① 商品销售毛利	7 300	7 800
② 商品经营利润	4 600	4 700
③ 营业利润	4 200	4 400
④ 利润总额	4 000	4 200
⑤ 净利润	2 400	2 520
⑥ 销售成本	10 700	12 200
⑦ 商品经营成本	13 400	15 300
⑧ 营业成本	14 400	16 600
⑨ 税前成本	15 000	17 250
⑩ 税后成本	16 600	18 930
⑪ 销售成本毛利率⑪$=\dfrac{①}{⑥}$	68.22	63.93
⑫ 经营成本利润率⑫$=\dfrac{②}{⑦}$	34.33	30.72
⑬ 营业成本利润率⑬$=\dfrac{③}{⑧}$	29.17	26.51
⑭ 税前成本利润率⑭$=\dfrac{④}{⑨}$	26.67	24.35
⑮ 税后成本净利率⑮$=\dfrac{⑤}{⑩}$	14.46	13.31

计算公式为：

$$总资产报酬率＝息税前利润÷资产平均总额$$

资产平均总额为年初资产总额与年末资产总额的平均数。该比率越高,表明企业的资产利用效益越好,整个企业盈利能力越强,经营管理水平越高。

例如,根据表 17-2、17-7 及有关资料,可计算大华公司总资产报酬率为：

$$1999 年总资产报酬率=(4\,000+200)\div[(19\,000+20\,000)\div2]$$
$$=0.215$$
$$2000 年总资产报酬率=(4\,200+300)\div[(20\,000+23\,000)\div2]$$
$$=0.209$$

（四）自有资金利润率

自有资金利润率是净利润与自有资金的比值。其计算公式为：

$$自有资金利润率=净利润\div平均所有者权益$$

企业从事财务管理活动的最终目的是实现所有者财富最大化,从静态角度来讲,首先就是最大限度地提高自有资金利润率。因此,该指标是企业盈利能力指标的核心,而且也是整个财务指标体系的核心。

例如,根据有关资料,假设大华公司 1998 年末所有者权益合计为 13\,000 万元,则该公司 1999 年和 2000 年的自有资金利润率为：

$$1999 年自有资金利润率=2\,400\div[(13\,000+14\,600)\div2]=2\,400\div13\,800$$
$$=0.174$$
$$2000 年自有资金利润率=2\,520\div[(14\,600+16\,500)\div2]=2\,520\div15\,550$$
$$=0.162$$

（五）资本保值增值率

资本保值增值率是指所有者权益的期末总额与期初总额的比值。其计算公式为：

$$资本保值增值率=期末所有者权益总额\div期初所有者权益总额$$

一般说来,如果资本保值增值率大于 1,说明所有者权益增加,否则，如小于 1，则意味着所有者权益遭受损失。应当注意的是这一指标的高低除了受企业经营成果的影响外，还受企业利润分配政策的影响。

例如，根据有关资料，计算大华公司 1999 年和 2000 年的资本保值增值率为：

1999 年资本保值增值率＝14 600÷13 000＝1.123
2000 年资本保值增值率＝16 500÷14 600＝1.130

二、社会贡献能力分析

在现代经济社会，企业对社会贡献的主要评价指标有两个：

（一）社会贡献率

社会贡献率是企业社会贡献总额与平均资产总额的比值。它反映了企业占用社会经济资源所产生的社会经济效益大小。其计算公式为：

社会贡献率＝企业社会贡献总额÷平均资产总额

社会贡献总额包括：工资（含奖金、津贴等工资性收入）、劳保退休统筹及其他社会福利支出、利息支出净额、应交或已交的各项税款、附加及福利等。

例如，假定大华公司 1999 年和 2000 年的社会贡献总额分别为 6 200 万元和 5 600 万元。根据表 17-1 资料，该企业的社会贡献率为：

1999 年社会贡献率＝6 200÷[（19 000＋20 000）÷2]＝0.318
2000 年社会贡献率＝5 600÷[（20 000＋23 000）÷2]＝0.26

（二）社会积累率

社会积累率是企业上交的各项财政收入与企业社会贡献总额的比值。其计算公式为：

社会积累率＝上交国家财政总额÷企业社会贡献总额

上交的财政收入总额包括企业依法向财政交纳的各项税款,如:增值税、所得税、产品销售税金及附加、其他税款等。

例如,假定大华公司1999年和2000年缴纳的增值税分别为1 241万元和1 326万元。企业除缴纳增值税、所得税、产品销售税金及附加外,不再缴纳其他税款。根据表17-2资料,该企业社会积累率为:

1999年社会积累率=(1 080+1 600+1 241)÷6 200=0.632

2000年社会积累率=(1 200+1 680+1 326)÷5 600=0.751

第四节　财务综合分析

一、财务综合分析的含义

财务分析的最终目的在于全方位地了解企业经营理财的状况,并藉以对企业经济效益的优劣作出系统的、合理的评价。单独分析任何一项财务指标,都难以全面评价企业的财务状况和经营成果,要想对企业财务状况和经营成果有一个总的评价,就必须进行相互关联的分析,采用适当的标准进行综合性的评价。所谓财务综合分析就是将营运能力、偿债能力和盈利能力等诸方面的分析纳入一个有机的整体之中,全面地对企业经营状况、财务状况进行解剖和分析,从而对企业经济效益的优劣作出准确的评价与判断。

二、财务综合分析方法

财务综合分析的方法很多,其中应用比较广泛的有杜邦财务分析体系和沃尔比重评分法。

(一)杜邦财务分析体系

杜邦财务分析体系(简称杜邦体系)是利用各财务指标间的内在关系,对企业综合经营理财及经济效益进行系统分析评价的方法。因其最初由美国杜邦公司创立并成功运用而得名。杜邦财务分析体系的基本结构如图 17-1 所示(图中数据根据表 17-1 与表 17-2 计算所得)。

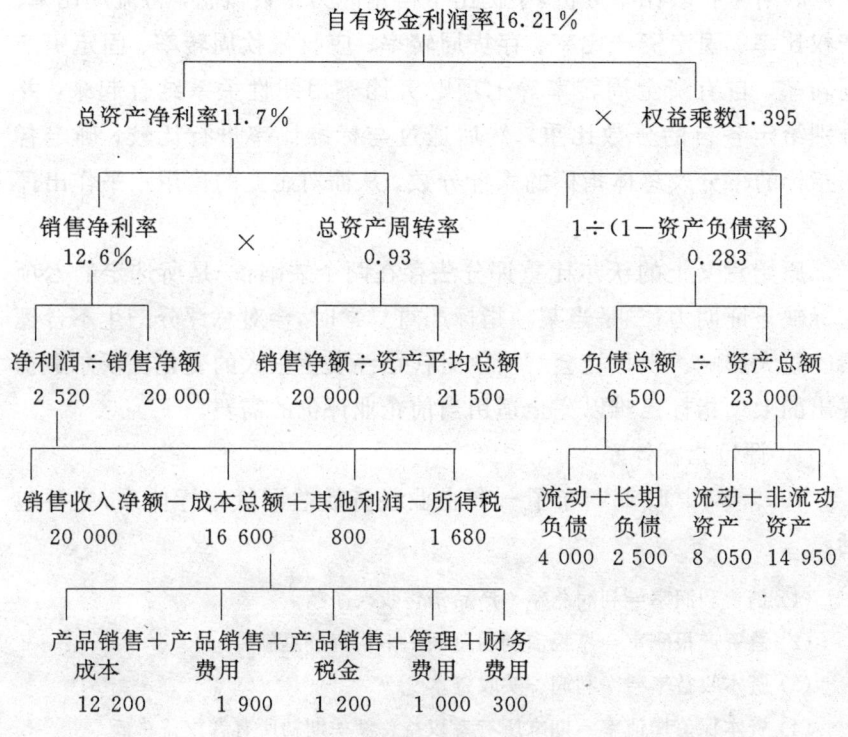

图 17-1 杜邦财务分析体系

通过杜邦体系自上而下地分析,不仅可以揭示出企业各项财务指标间的结构关系,查明各项主要指标变动的影响因素,而且为决策者优化经营理财状况,提高企业经营效益提供了思路:提高主权资本净利率的根本在于扩大销售、节约成本、优化投资配置、加速资金周转、优化资金结构、确立风险意识等。

(二)沃尔比重评分法

在进行财务分析时,人们遇到的一个主要困难就是计算出财务比率之后,无法判断它是偏高还是偏低。与本企业的历史比较,也只能看出自身的变化，却难以评价其在市场竞争中的优劣地位。为了弥补这些缺陷，亚历山大·沃尔在其于 20 世纪初出版的《信用晴雨表研究》和《财务报表比率分析》中提出了信用能力指数概念，将流动比率、产权比率、固定资产比率、存货周转率、应收帐款周转率、固定资产周转率、自有资金周转率等七项财务比率用线性关系结合起来，并分别给定各自的分数比重，然后通过与标准比率进行比较，确定各项指标的得分及总体指标的累计分数，从而对企业的信用水平作出评价。

原始意义上的沃尔比重评分法存在两个缺陷：一是所选定的七项指标缺乏证明力；二是当某项指标严重异常时，会对总评分产生不合逻辑的重大影响。现代社会与沃尔时代已经发生很大的变化。沃尔最初提出的七项指标已难以完全适用当前企业评价的需要。

1. 评价指标体系

1995 年，财政部颁布了一套企业经济效益评价指标体系，主要包括：

(1) 销售利润率＝利润总额÷产品销售收入净额

(2) 总资产报酬率＝息税前利润总额÷平均资产总额

(3) 资本收益率＝净利润÷实收资本

(4) 资本保值增值率＝期末所有者权益总额÷期初所有者权益总额

(5) 资产负债率＝负债总额÷资产总额

(6) 流动比率(或速动比率)＝流动资产(或速动资产)÷流动负债

(7) 应收帐款周转率＝赊销净额÷平均应收帐款余额

(8) 存货周转率＝产品销售成本÷平均存货成本

(9) 社会贡献率＝企业社会贡献总额÷平均资产总额

(10) 社会积累率＝上交国家财政总额÷企业社会贡献总额

上述指标可以分成四类：(1)—(4)项为获利能力指标，(5)—(6)项为偿债能力指标，(7)—(8)项为营运能力指标，(9)—(10)项为社会贡献指标。

2. 综合评分方法

该套指标体系的综合评分一般方法如下：

(1) 以行业平均先进水平为标准值。

(2) 标准值的重要性权数总计为 100 分，其中销售利润率 15 分、总资产报酬率 15 分、资本收益率 15 分、资本保值增值率 10 分、资产负债率 5 分、流动比率(或速动比率)5 分、应收帐款周转率 5 分、存货周转率 5 分、社会贡献率 10 分、社会积累率 15 分。

(3) 根据企业财务报表，分项计算十项指标的实际值，然后加权平均计算十项指标的综合实际分数。其计算公式为：

$$综合实际分数 = \sum(权数 \times 关系比率)$$

其中，关系比率总的说来是实际值与标准值的比率。具体计算方法要区分三种情况：

第一，凡实际值大于标准值为理想的，其计算公式为：

$$关系比率 = 1 + \frac{实际值 - 标准值}{标准值}$$

$$或 = \frac{实际值}{标准值}$$

第二，凡实际值小于标准值为理想的，其计算公式为：

$$关系比率 = 1 + \frac{标准值 - 实际值}{标准值}$$

第三，凡实际值脱离标准值均为不理想的，其计算公式为：

$$关系比率 = 1 - \frac{|实际值 - 标准值|}{标准值}$$

综合评分法是评价企业总体财务状况的一种比较可取的方法，但这一方法的正确性决定于指标的选定、标准值的合理程度、标准值重要性权数的确定等。

例如，根据本章前三节的有关资料，可计算出大华公司的综合评分情况如表 17-10 所示。

表 17-10

大华公司综合评分计算表

财务评价指标	标准值	实际值	关系比率	权 数	得 分
销售利润率	15％	21％	1.4	15	21
总资产报酬率	10％	20.9％	2.09	15	31.35
资本收益率	12％	21％	1.75	15	26.25
资本保值增值率	108％	113％	1.046	10	10.46
资产负债率	50％	28.3％	0.566	5	2.83
流动比率	2	2.013	0.935	5	4.68
应收帐款周转率	4	4.8	1.2	5	6
存货周转率	2	3.08	1.54	5	7.7
社会贡献率	20％	26％	1.30	10	13
社会积累率	40％	75.1％	1.8775	15	28.16
合　　计				100	151.43

李 海 波 工 作 室

新世纪财经系列教科书

	定价
新编金融概论	18.00 元
新编小企业会计实务	18.00 元
新编税法实务	16.00 元
新编小企业统计实务	22.00 元
新编会计电算化	28.00 元
新编审计学(第四版)	15.60 元
珠算(第二版)	15.00 元
财务管理(第七版)	20.00 元
财务管理习题集	9.00 元
企业管理概论(第二版)	23.60 元
中国税制(第三版)	18.00 元
中国税制习题与解答	11.00 元
新编经济法(第五版)	26.00 元
新编经济法习题与解答	12.80 元
新编财政学(第三版)	22.00 元
新编财政与金融(第四版)	28.00 元
新编统计学	24.50 元
新编国际金融	20.00 元
新编经济应用文写作教程	18.00 元
资产评估	19.00 元

　　新世纪财经系列教科书,内容新颖、科学规范、富有特色、实用性强。全国各地新华书店、经济书店、本社发行科均有售。

　　发行科电话:021－64411389　　　传真:021－64411325
　　地址:上海市中山西路 2230 号　　　邮编:200235
　　邮购汇款额为:书款＋邮资(书款总额10%)＋邮挂费(3.00 元)

李 海 波 工 作 室
新世纪高职高专教科书

国际贸易新编	21.00 元
税法(第二版)	16.00 元
基础会计	19.00 元
新编财经职业道德	13.50 元
预算会计	19.00 元
经济法基础(第二版)	23.00 元
经济应用文写作	26.50 元
基础会计仿真操作指导	13.50 元
高等应用数学(上册)	19.50 元
高等应用数学(下册)	18.00 元
成本会计	16.00 元
税务会计	19.00 元
统计学	20.00 元
货币银行学	16.50 元
会计基础与记账技术(第三版)	17.00 元

发行科电话:021－64411389　　传真:021－64411325

地址:上海市中山西路 2230 号　　邮编:200235

邮购汇款额为:书款＋邮资(书款总额 10％)＋邮挂费(3.00 元)

李海波工作室

　　李海波工作室由我国著名会计学专家李海波教授创办,多年来,李海波会计系列、财经系列教科书在图书市场声誉卓著,深受广大读者的欢迎和有关专家的好评。李海波工作室经政府有关部门批准,已经正式注册,工作室的图书及相关业务呈现了新的发展势头。

　　李海波工作室邀集会计、经济等各路专家、教授及出版人才,专门从事图书的选题策划和书稿的创作编写以及相关出版业务,兼做有关教育培训、财务咨询等业务。

　　李海波教授、研究员毕业于中央财经大学,中国注册会计师,享受国务院特殊津贴专家,长期从事会计、财经等专业的教学、研究和高校管理工作;先后兼任中国会计学会理事、中国审计学会理事、中国生产力学会常务理事等职;曾受聘担任国家教育部全国专科教育人才培养工作委员会副主任,并被收入《中国大学校长名典》和《中国教育名人录》。

　　多年来,李海波工作室策划了许多高质量的图书。李海波教授主编了《新编会计学原理》、《公司会计》、《企业会计》、《新编成本会计》、《新编小型企业会计》、《新编审计学》、《财务管理》、《经济法》、《财政与金融》、《金融会计》、《管理会计》、《会计电算化》、《统计学》、《生产力词典》等九十多部著作、教材和词典,论文六十多篇。他主编的图书获得过许多荣誉和奖项,包括"全国优秀畅销书一等奖"、"全国优秀教材奖"、"优秀教材学术专著奖"、"双效书荣誉奖"、"建国精品图书奖"等。李海波会计系列、财经系列教科书经受了市场的检验,正在不断地完善和丰富。许多书不断重版、重印,其中《新编会计学原理》再版几十次,重印90多次,发行全国各地,单本发行量多达300多万册。

　　以李海波名字命名的李海波工作室,在会计、财经等专业图书的策划、编辑、出版等方面积累了丰富的经验,有独特的优势,与出版社有着长期的、良好的合作关系。

立信会计出版社

立信版部分书目

立信英汉财会大词典(精装)	陈今池	66.00 元
立信英汉财会简明词典(64 开)	孙庆元	8.50 元
立信英汉国际经济、贸易、金融词典(精)	胡式如	88.00 元
英汉—汉英会计审计词典(精)	程超凡	83.00 元
会计名词用语词典汉日英(精)	孙铁斋	59.00 元
英汉汉英银行外汇业务词汇表	楼海燕	9.50 元
会计辞典(精装)(第二版)	俞文青	65.00 元
生产力经济学辞典(新编)(精装)	张志诚	55.00 元
世界法学名人词典(精装)	唐荣智	81.00 元
中国经济地理(第四版)	胡 欣	31.00 元
财经应用文写作教程	文天谷	19.00 元
常用经济应用文写作教程	盛明华	23.40 元
财会职业道德(修订本)	金家富	13.20 元
成功走向社会——就业指南	陈 敏	18.00 元

立信版部分书目

办公室日语(16 开)	高见泽孟	13.40 元
日本人学商业中国语	施　敏等	18.00 元
经贸英语 300 句	康　青	9.00 元
商店购物英语 300 句	李　惠等	8.50 元
办公室英语 300 句	吴宝康	8.10 元
宾馆英语 300 句	吴宝康等	8.50 元
旅游接待英语 300 句	赵圣骅等	8.50 元
银行英语 300 句	奚鸿源	9.00 元
商务谈判英语 300 句	陈宪良	10.50 元
餐饮英语 300 句	吴宝康等	13.70 元
出入境英语 300 句	李　惠	10.50 元
国际商务英语函电常见错句选析	吴宝康	19.00 元
涉外商务英语函件	赵如松	25.40 元
会计基础(英文版第九版)影印(16 开)	劳伦斯	36.40 元
会计基本原理(英文版)影印(16 开)	威　廉	18.40 元
外贸财务、会计及国际结算(英汉双语)	纪洪天	31.00 元
初级会计专业英语(第二版)	常　勋	17.00 元
会计专业英语(第三版)	常　勋	26.00 元
最新实用日本会计(汉·日对照)	计　钢	21.00 元
汉英对照西方会计—财务会计	陆廷纲	21.90 元
西方财务会计(英文版)(16 开)	曹惠民	25.00 元